Gebietsübersicht

I. Flensburger Förde — Åbenrå Fjord
II. Kleiner Belt
III. Gewässer südlich Fünens
IV. Gewässer nördlich Fünens
V. Kattegat
VI. Limfjord
VII. Smålands Fahrwasser
VIII. Großer Belt
IX. Ise- und Roskildefjord
X. Der Sund
XI. Bornholm
XII. Dänische Nordseeküste

Ankern in Dänemark

— Ein Handbuch der schönsten Ankerplätze —

Literarischer Norden

Gerti und Harm Claußen

Ankern in Dänemark

Ein Handbuch der schönsten Ankerplätze

Verlagshaus Die Barque
Hamburg

Haftungsausschluß

Die Autoren sowie der Verlag können für Irrtümer, Fehler, Weglassungen oder aufgrund zwischenzeitlich eingetretener Änderungen keinerlei Gewähr oder Haftung übernehmen.
Alle Pläne und Beschreibungen dienen der Orientierung und ersetzen nicht die neuesten Seekarten, die zur sicheren Schiffsführung unbedingt notwendig sind, da Wassertiefen und die Lage der Seezeichen Änderungen unterworfen sind.

Zur Erläuterung

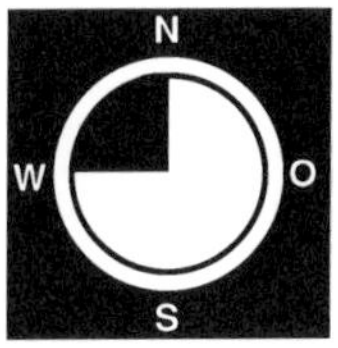

Neben (fast) jedem Namen der im Inhalt beschriebenen Ankerbuchten und -plätze finden Sie eine Windrose. So können Sie auf einen Blick erkennen, welche Windrichtung ein ruhiges Ankerliegen zuläßt und bei welcher Windrichtung es „ungemütlich" oder gar gefährlich wird: **Dunkler Ausschnitt** = ablandiger Wind, sicheres und ruhiges Liegen möglich. **Heller Ausschnitt** = bei Winden aus diesen Richtungen ist das Ankern nicht empfehlenswert. Wird gar keine Windrose gezeigt, beschreibt der Text mehrere Möglichkeiten (z. B. bei einer Insel). Angaben zur Windrichtung finden sich dann unter dem Abschnitt „Ankerplatz".

ISBN 3-89242-107-2

---

2. überarbeitete Auflage

Redaktion:	Rüdiger M. Wöllert, Barsbüttel b. Hamburg
Umschlaggestaltung und Layout:	Yacht Photo Service, Hamburg
Umschlagphotos:	Gerti und Harm Claußen, Reinbek (1)
	Yacht Photo Service, Hamburg (3)
Photos und Graphik im Innenteil:	Gerti und Harm Claußen, Reinbek
Lithographie:	Neue Repro GmbH, Norderstedt
Gesamtherstellung:	C. H. Wäser, Bad Segeberg

Printed in Germany

Inhaltsverzeichnis

IV. GEWÄSSER NÖRDLICH FÜNENS

V. KATTEGAT

VI. LIMFJORD

Vorwort

Ankern ist die harmonische Fortsetzung eines schönen Segeltages. Langsam schwojt das Boot in den Wind, die Segel fallen und plötzlich herrscht Ruhe.

Jahr für Jahr zieht es uns in die dänische Inselwelt zu bekannten und neuen Ankerplätzen. Die Schatzkiste der Ostsee scheint unerschöpflich zu sein, vor allem für diejenigen, die sich an den kleinen Schönheiten der Natur erfreuen können. Wir fanden manches kleine Paradies abseits der in den Ferienmonaten überfüllten Häfen und Marinas. Möge der ursprüngliche Reiz dieser schönen Plätze noch lange erhalten bleiben.

Der Schwerpunkt des Buches liegt auf den Plänen und nautischen Angaben zu den Ankerbuchten. Sämtliche verarbeiteten Informationen beruhen auf eigenen Beobachtungen und Messungen. Zusätzlich wurden die Seekarten mit dem größten Maßstab, Karten des Geodætisk Instituts (1:25.000) und Veröffentlichungen aus Seehandbüchern usw. herangezogen. Trotz des sorgfältigen Vorgehens bei der Bearbeitung sollte sich der Schiffsführer immer seiner nautischen Sorgfaltspflicht bewußt sein. **Eine detaillierte Skizze ist nur ein nautisches Hilfsmittel und macht den Gebrauch der Seekarten nicht überflüssig.**

Außer auf nautische Gegebenheiten möchten wir Ihre Aufmerksamkeit auf ökologische und kulturelle Sehenswürdigkeiten richten. Die Natur bietet dazu zahlreiche Möglichkeiten und eine Vielfalt an Materialien, mit deren Hilfe Freizeit für Erwachsene und Kinder spielerisch sinnvoll gestaltet werden kann. Wir hoffen, daß unsere Vorschläge Ihnen Freude und Anregungen vermitteln werden.

Ein Buch über die schönsten Ankerbuchten Dänemarks kann nur eine Auswahl unter vielen weiteren Ankermöglichkeiten bieten. Ein Versuch, die Gesamtheit der Möglichkeiten zu erfassen, ist bei der Vielgestaltigkeit der dänischen Küste und Inseln von vornherein zum Scheitern verurteilt. Durch die gezielte Auswahl meinen wir, eine Informationslücke zu schließen und neben dem Leistungsgedanken des Segelsports den erholsamen und gesundheitlichen Gesichtspunkt wieder stärker ins Blickfeld zu rücken.

Gedanken zu diesem Thema beschäftigten uns schon viele Jahre. Zwischen Beginnen und Verwerfen lag nur die Breite einer Ermutigung von außen. Diese bekamen wir durch unseren Lektor, Herrn Wöllert, der uns ermutigte, einfach zu beginnen.

Wir wünschen allen Benutzern des Handbuches beim Besuch der schönsten Ankerplätze Dänemarks viele erholsame Stunden. Lassen Sie mit uns dort den Anker und den Alltag fallen.

Ihre
Gerti und Harm Claußen
von der Segelyacht „Gemma“

Reinbek, im Mai 1988

Zur 2. Auflage

Viele Leserzuschriften haben uns gezeigt, daß wir mit der Idee zu diesem Buch, den Beschreibungen und Plänen Ihren Wünschen entsprochen haben. Daher wurde anläßlich der Neuauflage an der Konzeption nichts verändert. Inhaltlich sind ausschließlich verschiedene kleine Ergänzungen und zwischenzeitliche Berichtigungen eingeflossen. Selbstverständlich freuen wir uns über Ihre Anregungen und hoffen auch zukünftig auf einen regen Briefwechsel.

Ihre
Gerti und Harm Claußen

Reinbek, im Januar 1990

Zur Einführung

Jedes Segelrevier hat seine Besonderheiten. Die Gewässer rund um Dänemark sind bis auf die Nordseeküste fast tidenfrei und ankerfreundlich. Schutzhäfen befinden sich meistens in der Nähe und sind, sollte der Ankerplatz wegen einer Winddrehung oder eines Wetterumschlags einmal verlassen werden müssen, in kurzer Zeit erreichbar. Die folgenden Hinweise und Grundregeln reichen aus, um sicher in diesem herrlichen Revier ankern zu können.

Die praxisbewährte Ankerausrüstung

Der Anker

Anker gehören zur generellen Sicherheits- und Standardausrüstung eines Bootes. Häufig fristen sie an Bord aber ein Aschenputteldasein — und wenn sie gebraucht werden, zeigen sie oft enttäuschende Ankerergebnisse, weil sie unzureichend an Gewicht oder in der Bauart sind. Ein Anker, der ständig slippt, erzeugt Mißtrauen gegen das Ankern allgemein — leider, denn das Ankern birgt ebenso wie das Segeln seinen besonderen Reiz.
Deshalb ein wichtiger Rat: Bevor Sie Ihren Segeltörn beginnen, prüfen Sie kritisch Ihr Ankergeschirr.
Die vom Germanischen Lloyd festgelegten Werte für das Ankergeschirr von Segelyachten unterschiedlicher Verdrängung reichen für die Küstengewässer der Ostsee unbedenklich aus (siehe Anhang). Anstelle des unhandlichen und schweren Stockankers ist ein sogenannter Anker von hoher Haltekraft empfehlenswert, der nicht unter 15 kg wiegen sollte, um auch gegebenenfalls starken Bodenbewuchs durchdringen zu können. Ein zu leichter Anker wird sich entgegen allen theoretischen Haltekraftwerten unvollständig eingraben oder bei Bodenbewuchs ständig slippen.

Zur Auswahl stehen eine Vielzahl von Ankertypen und -variationen. Wählen Sie als Haupt- oder Dienstanker einen bekannten und bewährten Typ, wie z. B. den CQR-, Danforth-, D'Hone oder Bruce-Anker. Trotz ihrer unterschiedlichen Halteeigenschaften bieten sie die nötige Gewähr für die Sicherheit Ihres Bootes. Finden Sie möglichst einen für Ihr Boot handlichen und bequemen Kompromiß, bei dem auch die vorhandenen Decksbeschläge und die Staumöglichkeiten berücksichtigt werden sollten. Sonst wird das Ankern stets zu einer unbeliebten Arbeit (Ankertypen siehe Anhang).

Der Reserveanker

Alle Ankertests haben ergeben, daß es den Allroundanker nicht gibt. Jeder Typ ist mehr oder weniger ein Spezialist für bestimmte Ankergründe. Daraus ergibt sich, daß ein Zweitanker eines anderen Typs an Bord sein sollte. Er kann den Hauptanker unterstützen oder gegebenenfalls ersetzen. Er kann auch dazu dienen, das Boot auf einem möglichst kleinen Schwojkreis zu halten, um bei Platzmangel nicht mit einem Nachbarn zu kollidieren. Deshalb der Rat, daß ein Zweitanker — selbst auf kleinen Seekreuzern — an Bord sein sollte!

Ankerleine oder -kette?

Diese oft diskutierte Frage ist nicht allgemeingültig zu beantworten. Ausschlaggebend ist der Anwendungsbereich. Am vielseitigsten ist eine Kombination aus Kettenvorlauf und Ankerleine. Durch das Gewicht der Kette werden eventuelle Stampfbewegungen vor Anker abgefangen, und der horizontale Zug auf den Anker am Grund bleibt erhalten. Eine sichere Möglichkeit, einem unbeabsichtigten Ausbrechen des Ankers entgegenzuwirken. Der Kettenvorläufer sollte eine Länge von 10 m und die Stärke von 8 mm nicht unterschreiten, um wirksam arbeiten zu können. 10 m Kette bei einer Stärke von 8 mm wiegen ca. 14 kg.
Will man länger und in weniger geschützten Buchten ankern, so sollte der Hauptanker mit 30—50 m Ankerkette versehen werden, die — möglichst tief im Boot — in einem Ankerkasten verstaut liegen sollte. 30 m einer 8-mm-Kette wiegen ca. 43,5 kg. Sie sparen dafür Stauraum im Vergleich zu einer Leine.
Als Ankertau sind ca. 50 m geflochtene Nylonleine (Multiplait 8-fach) mit hohem Reck am besten geeignet. Die Bruchlast dieses Materials ist sehr hoch, so daß schon verhältnismäßig dünne Querschnitte ausreichen (siehe Anhang).
Jedes Ankergeschirr ist nur so gut wie seine schwächste Stelle, deshalb sollten die Schäkel zwischen Anker, Kette und Leine so groß wie möglich gewählt werden; sie sind die Schwachstellen im System. Um den Bolzen des Ankerschäkels nicht zu verlieren, sichert man ihn durch ein Drahtbändsel oder durch einen Splint (Abb. siehe nächste Seite).

Ankern mit Komfort

Am Ankergeschirr sollte nicht gespart werden! Irgendwann hängt vielleicht die Sicherheit des Bootes und der Mannschaft davon ab.

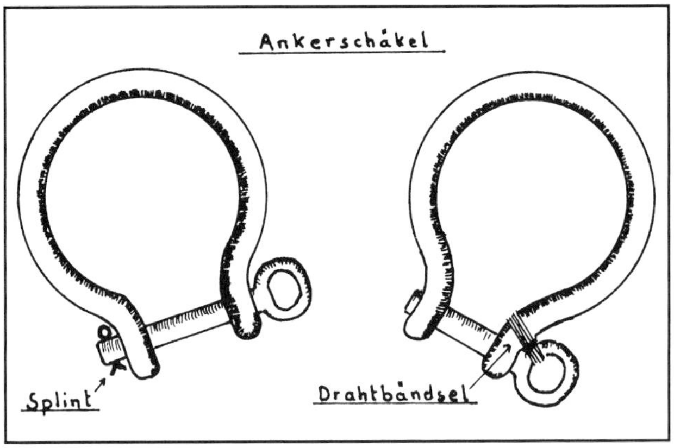

Sicherung des Schäkels durch Splint oder Drahtbändsel

Ein kräftiger Bugbeschlag mit einer großen Ankerrolle kann gleichzeitig als Halterung für den Hauptanker dienen. So ist er schnell klar zum Fallen und braucht nicht mühsam verstaut oder hervorgeholt zu werden.

„Hiev op den Anker!" ist leichter gesagt als getan. Wer kennt nicht die „langen Arme" und das schmerzende Kreuz nach getaner Schwerstarbeit? Eine Ankerwinde bewirkt Wunder und eine Ankertalje tut es zur Not auch.

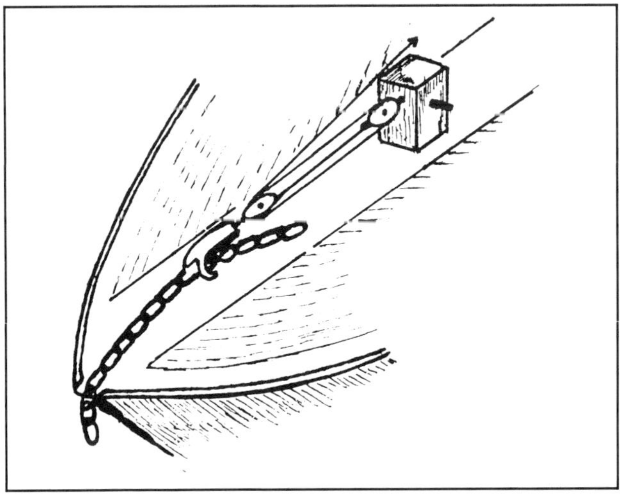

Ankertalje

Mit einer kleinen Ankerwinde ist selbst ein schwerer Anker kein Problem mehr. Ohne Mühe hieven Sie so einen 20-kg-Anker an Deck, ohne ihn dabei anzufassen. Und alles im Stehen, ohne Verrenkungen! Dann wird er beigelascht und ab geht's.

Das Beiboot

Eine kleine Gaffelslup sucht sich ihren Weg durch die Ankerlieger in der Bucht von Korshavn. Der Anker fällt und durch die abendliche Stille tönt eine Frauenstimme: „Und wie komme ich hier an Land?" Das weiß der Skipper auch nicht. Ein Beiboot ist nicht an Bord. So lernten wir eine neue Möglichkeit kennen, ohne Beiboot an Land zu gelangen: Die Seglerin benutzte eine große Plastikschüssel für ihre trockene Kleidung und ein Handtuch, damit schwamm sie an Land. Ideal fand sie die Lösung aber nicht.
Ein kleines Gummiboot reicht schon für ein gelegentliches Ankervergnügen aus. Es läßt sich gut verstauen und belastet die Bordkasse nicht sehr. Für längere Ausflüge, einen starken Motor oder zum Ankerausfahren bei starkem Wind ist es dagegen ungeeignet. Qualität und Umfang eines Ausrüstungsgegenstandes sollten auch in diesem Fall dem angestrebten Verwendungszweck entsprechen.
Eine gute Alternative zum Schlauchboot stellen die Klappdingies aus Kunststoff, Aluminium oder Holz dar. Sie lassen sich an der Seereling beilaschen und nehmen so nur wenig Platz an Deck ein (siehe Anhang).

Kleine Tips zum Ankern

Ankerpraxis

Ein gutes Ankermanöver ist ein seemännischer Genuß für Beteiligte und Zuschauer. Planung und Vorbereitung tragen viel zum Gelingen bei. Jedes Mannschaftsmitglied sollte genau wissen, was es zu tun hat und wie der Bootsführer sich die Ausführung seines Manövers vorstellt. Dafür sind vereinbarte Zeichen sicherlich besser geeignet als lautstarke Kommandos über die gesamte Bootslänge hinweg. Die Ankerkette oder -leine muß klar zum Fallen und der Bolzen des Ankerschäkels gesichert sein. Die Fock wird vorher geborgen, damit das Vorschiff einen freien Arbeitsplatz bietet.
Nehmen Sie sich Zeit bei der Auswahl des Ankerplatzes. Von dieser Entscheidung kann die Sicherheit des Bootes abhängen.
Ist der Platz erreicht, läßt man das Boot in den Wind schießen und den Anker mit reichlich Kette oder Leine fallen. Lassen Sie das Großsegel ruhig stehen. Es unterstützt durch seinen Windwiderstand das Eingraben des Ankers. Unter Motor geht man nach dem Fallen auf langsam rückwärts. Durch eine Seitenpeilung läßt sich schnell feststellen, ob der Anker hält oder nicht. Vertreibt das Boot bei rücklaufender Maschine nicht mehr achteraus, so kann man davon ausgehen, daß der Anker sich tatsächlich eingegraben hat und nicht nur im Bodenbewuchs hängt. Beim kleinsten Zweifel sollte das Ankermanöver wiederholt werden, oder Sie versuchen es an

einem anderen, besser geeigneten Ankerplatz noch einmal. Bei ruhigem Wetter entspricht die Kettenlänge mindestens der dreifachen Wassertiefe am Ankerplatz. Beim Gebrauch einer Ankerleine benötigt man die fünffache Länge, um den gleichen Durchhang zu bewirken.
Lyø, Korshavn und Langør sind im Sommer beliebte Ankerplätze. Dort u. a. empfiehlt es sich, mit Hilfe eines zweiten Ankers den Schwojkreis möglichst klein zu halten, um Ankernachbarn nicht zu nahe zu kommen.
Die Lage der Anker kennzeichnet man sinnvollerweise durch Ankerbojen. Fender eignen sich ausgezeichnet dafür. So lassen sich leicht „Ankersalat" und Ärger vermeiden.

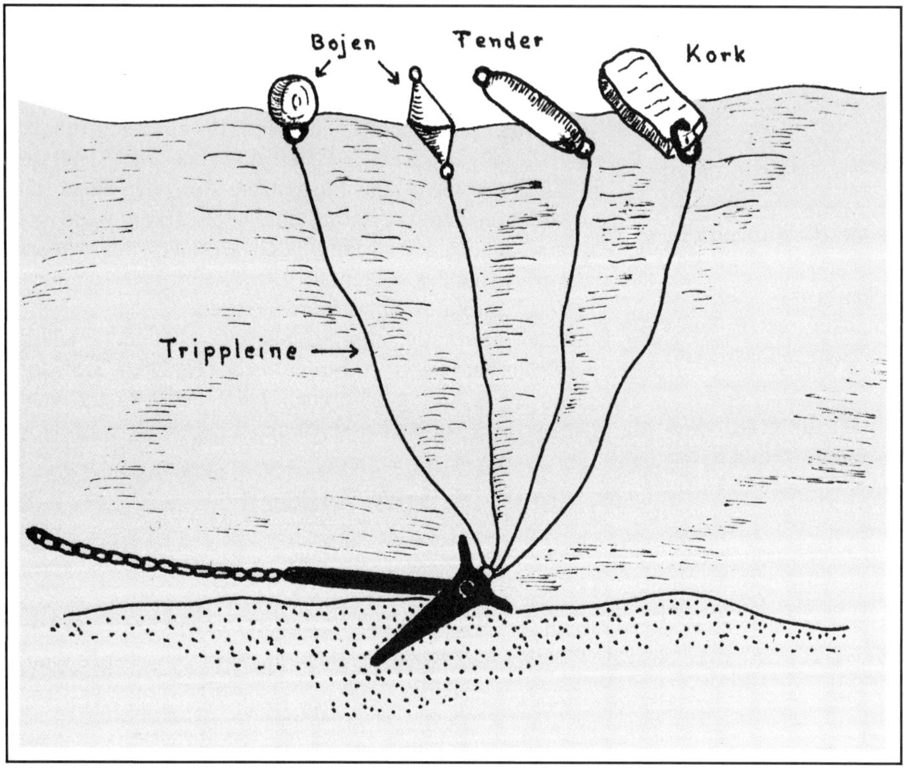

Kennzeichnung der Lage des Ankers durch Boje oder Fender

Ankeraufgehen

Ein frischer Sommermorgen. Noch liegt etwas Dunst über den Ufern. Die Boote schlafen wie Vögel auf dem Wasser. Nur das Großsegel flappt leise. Die Kette wird auf und nieder geholt. Kommt der Wind aus der gewünschten Richtung, wird der Anker aus dem Grund gebrochen. Das Boot fällt ab und nimmt langsam Fahrt auf. Ein Nachbar steckt verschlafen seinen Kopf aus dem Luk. Dann herrscht wieder Ruhe.
Mit dem Motor geht es auch, aber nicht so zart und nicht so leise.
Meistens läßt sich ein Anker ohne viel Mühe aus dem Grund brechen. Aber manchmal rührt sich nichts. Versuchen Sie es einmal so:
Die gesamte Crew versammelt sich auf dem Vorschiff. Die Ankerkette wird steif geholt, und anschließend gehen alle nach achtern. Jetzt hebt sich der Bug durch die Gewichtsverlagerung und der Anker meistens auch. Schwell läßt sich für dieses Manöver auch ausnutzen!
Oder so: Das Großsegel und je nach Bedarf auch die Fock werden gesetzt und dicht geholt. Durch die Fahrt, die das Boot aufnimmt, wird der Anker aus dem Grund gesegelt;
mit Maschinenkraft geht das auch. Aber Vorsicht: Bei diesem Kraftmanöver kann es leicht zu Farbabschürfungen am Rumpf kommen.
Und noch eine Möglichkeit: Sollte der Anker mit einer Ankerboje und einer kräftigen Trippleine versehen sein, so steckt man daran eine Schot an, die bis zur Winsch reicht. Und schon läßt sich der Anker rückwärts aus dem Grund hieven.

Der Ankerplatz

Ankern Sie nie auf Legerwall!

Ein Seemann lernt nie aus, aber diesen Grundsatz sollte er beherzigen. Der Preis, den er für die Lehrstunde u. U. zahlt, könnte der Bootspreis sein.

Alle in diesem Buch beschriebenen Ankerplätze bieten bei **ablandigen** Winden ausreichend Schutz und Sicherheit. Trotzdem sollten Sie die folgende Checkliste bei jedem Ankermanöver gedanklich abhaken:

1. Welcher Ankerplatz ist bei einer vorhandenen Wahlmöglichkeit der bessere?
   Eine niedrige, bewaldete Küste ist einer Steilküste meistens vorzuziehen. Ein Waldsaum bietet guten Schutz vor starken ablandigen Winden. Dagegen muß man unter hohen Steilküsten mit heftigen Fallböen rechnen. Hier ist es aus Sicherheitsgründen stets empfehlenswert, einen zweiten Anker auszubringen.
2. Bietet der Ankerplatz bei vorherrschenden Winden, Seegang oder Schwell ausreichend Schutz?
   Bei stürmischen, auflandigen Winden kann es vorkommen, daß durch Brechung der Wellen an der Küste Schwell um eine Huk in die Ankerbucht läuft. Das ist zwar nicht gefährlich, aber unangenehm. Besonders der erhoffte Schutz in Lee einer kleinen Insel kann zu einer herben Enttäuschung werden. Durch Überschneidung zweier Wellenrichtungen, die um die Insel herumlaufen und sich in Lee treffen, entsteht bei starken Winden eine grobe Kabbelsee.

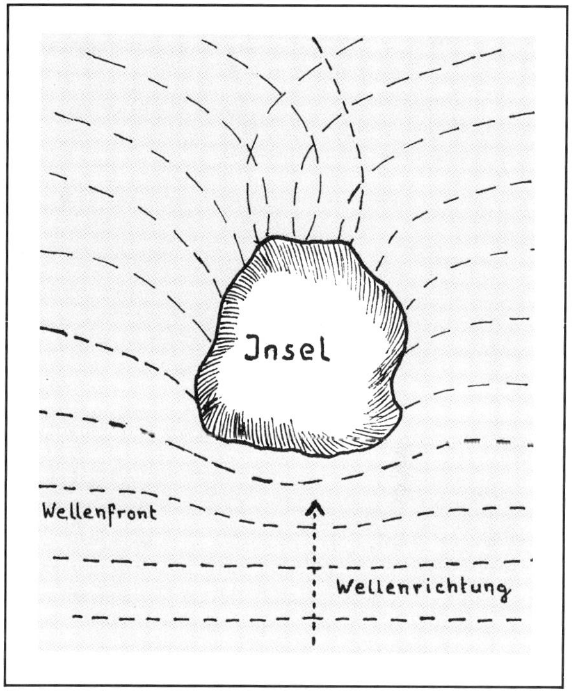

Brechung von Wellen an einer Insel

3. Ist laut Wetterbericht mit einer Winddrehung und Zunahme der Windstärke zu rechnen? Falls ja, welche Auswirkung hat beides auf meinen Ankerplatz?
   Sollten Sie ein Gefühl der Unsicherheit spüren, dann suchen Sie den nächsten Schutzhafen auf!
4. Ist der in der Seekarte oder Skizze vermerkte Ankergrund gut genug, um sicher für eine längere Zeit ankern zu können?
   Um Ihnen eine Beurteilung zu erleichtern, haben wir im Anhang eine Rangliste erstellt.
5. Hat sich mein Anker tatsächlich eingegraben, oder hängt er nur im Bodenbewuchs?
   Anker-Seitenpeilungen und kurzes Rückwärtsfahren mit der Maschine schaffen Gewißheit. Die Ankerpeilung sollte regelmäßig überprüft werden!
6. Ist ausreichend Kette oder Leine gesteckt?
   Vor dem Schlafengehen stecken Sie möglichst noch ein paar Meter mehr. Die Gewißheit, alles für die Sicherheit des Bootes getan zu haben, läßt die Crew ruhiger schlafen.
7. Ist mein Schwojkreis angemessen oder besteht Kollisionsgefahr mit den Nachbarn?
   Ein zweiter Anker oder ein kurzer, schwerer Kettenvorläufer können den Schwojkreis verringern.

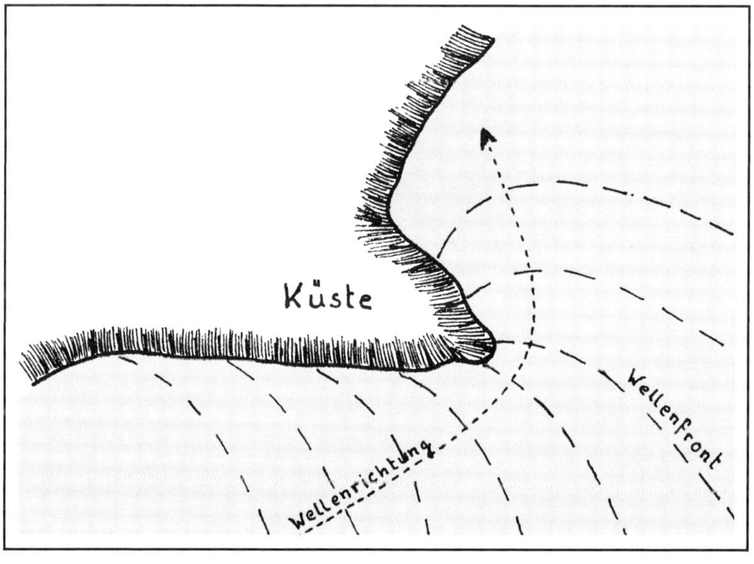

Ablenkung von Wellen durch Brechung

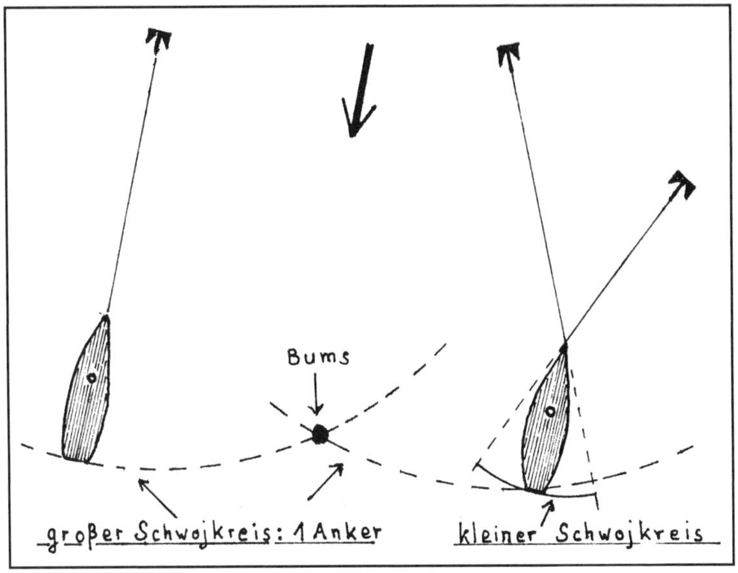

Veränderung des Schwojkreises durch Ausbringen eines 2. Ankers.

Im Zweifelsfalle sollte nach gutem Seemannsbrauch das zuletzt vor Anker gegangene Boot die Situation klären und gegebenenfalls seinen Ankerplatz verlegen.

8. Ankere ich versehentlich im Bereich von Unterwasserkabeln oder sonstigen Unterwasserhindernissen?
   Zwei Kabelbaken am Ufer geben Antwort auf die erste Frage, Seekarte oder Ankerplan auf die zweite.
9. Sind Segel und Motor klar, so daß ich bei einer Wetterverschlechterung sofort seeklar bin?
   Es entspricht alter Segelschiffstradition, daß ein Segelboot vor Anker stets seeklar ist.

Noch ein Tip:

Bevor Sie sich für einen Ankerplatz entscheiden, versuchen Sie, die Szene in sich aufzunehmen: die Beiboote, die mit heulendem Außenbordmotor Slalom um die Ankerlieger fahren, sind ein allgemeines Ärgernis. Schwell und Lärm lassen nicht nur die Tassen, sondern auch die Nerven hüpfen. Auch Wasserskiläufer, reger Fischerbootverkehr und naher Campingbetrieb können Ihre Ankerfreuden trüben. Buchten, die einem „Open-Air-Konzert“ gleichen, tragen sicherlich nicht zur herbeigesehnten Ruhe und Entspannung bei.

Signalführung vor Anker

Am Tage

Zwischen Sonnenaufgang und Sonnenuntergang müssen alle Fahrzeuge, die vor Anker liegen, im vorderen Teil einen schwarzen Ball von mindestens 0,61 m Durchmesser dort führen, wo er am besten gesehen werden kann.

tags

In der Nacht

Ein Fahrzeug vor Anker von weniger als 50 m Länge muß im vorderen Teil ein weißes Rundumlicht dort führen, wo es am besten gesehen werden kann. Es muß über den ganzen Horizont mindestens zwei Seemeilen weit sichtbar sein.

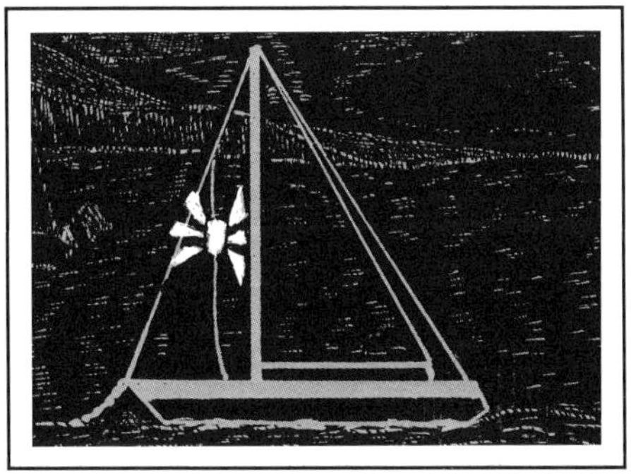
nachts

Bestimmungen für die Benutzung der „Dansk Sejlunion"-Festmacherbojen

Die Festmacherbojen sind Eigentum der Dansk Sejlunion. Es handelt sich um gelbe Tonnen, die mit einem „D.S." gekennzeichnet sind.

Segler aus dem Ausland dürfen die Bojen kostenlos benutzen. Sie müssen sich jedoch an folgende Bestimmungen halten:

1. Eine Festmacherboje sollte maximal für 24 Stunden belegt werden.
2. Die Bojen sind höchsten für Boote bis 15 t geeignet.
3. Die Benutzung geschieht auf eigene Verantwortung!
4. Will man mit mehreren Booten an einer Tonne liegen (maximale Belastung beachten!), so gilt folgende Regelung:
   Das zuerst festgemachte Boot bestimmt, ob andere Boote längsseits oder hintereinander liegen oder anderweitig festmachen dürfen. Ferner haben die später ankommenden Boote für ausreichend Fender zu sorgen und sich nach den Festmacheanweisungen des ersten Bootes zu richten.

Wassersport und Naturschutz

Ich bin der Fels, die Wassertiefe.
Ich bin nicht hier,
um die Natur zu beherrschen oder sie zu nutzen.
Ich bin selbst Natur!
(Lied der Hopi-Indianer)

Viele Dänen haben ein sehr inniges Verhältnis zu ihrer Naturlandschaft. Sie pflegen und bewahren sie liebevoll und sind als Gemeinschaft bereit, dafür auf die wirtschaftliche Nutzung weiter Flächen zu verzichten. Die Artenvielfalt von Tieren und Pflanzen ist für viele unserer Nachbarn im Norden ein Indiz für die menschliche Lebensqualität.

Als Gast und Wassersportler an den Küsten dieses schmucken Landes sollten wir unsere Gastgeber bei der Bewahrung ihrer Natur unterstützen und die **Natur- und Umweltschutzbestimmungen genauestens beachten.**

Diese Bestimmungen sind enger gefaßt als das „almandsret" in Schweden und Norwegen. Es heißt im Naturschutzgesetz Nr. 530 vom 10. Oktober 1984: „Durch dieses Gesetz wird angestrebt, die Natur und die landwirtschaftlichen Werte Dänemarks zu schützen, um der Bevölkerung in weitestgehendem Umfang die Möglichkeit einzuräumen, diese zu genießen." Es soll nicht verboten, sondern zum Nutzen aller geschützt werden!

Besonders wichtig sind für Ankerlieger die in § 54 enthaltenen Bestimmungen:

„Strandufer und andere Küstenstrecken, auf denen sich keine zusammenhängenden Rasenflächen oder andere Landvegetation befindet, sind dem Publikum für den Verkehr zu Fuß sowie für einen kurzfristigen Aufenthalt und zum Baden zugänglich.

Auf privatem Besitz dürfen der Aufenthalt und das Baden nicht innerhalb von 50 Metern um Wohnhäuser herum stattfinden.

In der Zeit vom 1. April bis 1. September dürfen Hunde nur an der Leine geführt werden.

An Stellen, die für einen Aufenthalt und das Baden zugänglich sind, ist es erlaubt, für kurze Zeit ein Boot ohne Motor auf den Strand zu legen.

Verkehr, Aufenthalt und Baden erfolgen auf eigene Gefahr."

Die Strand- und Dünenlandschaft an der Küste Westjütlands ist besonders empfindlich gegen menschliche Eingriffe. Deshalb steht die Küstenlandschaft zwischen Skagen und Rømø unter besonderem Naturschutz. Das Gebiet ist durch Hinweisschilder (s. Abb.) deutlich markiert:

Hier darf nur gewandert und kurz gerastet werden. Offene Feuer sind ganzjährig verboten. Selbst das Rauchen ist in der Zeit vom 1. März bis zum 31. Oktober in Wäldern, in Heidegebieten, auf Grasflächen und in der Nähe von Schonungen untersagt.

Alle können mithelfen, viele kleine Naturparadiese zu erhalten, wenn folgende Regeln beachtet werden:

- Abfälle nicht in der Landschaft zurücklassen.
- Öl und Treibstoffe nie in das Wasser gelangen lassen. Bereits 1 g Altöl machen ca. 10000 Liter Wasser ungenießbar!
- Schilfgürtel und Uferstreifen nicht beschädigen.
- Im Uferbereich möglichst langsam und leise fahren.
- Nicht zu dicht am Schilfgürtel ankern.

  Daumenregel:
  Wenn Sie das Schilf mit dem Daumen der ausgestreckten Hand abdecken können, sind Sie weit genug weg.

Daumenregel

- In den Wattengebieten keine Sandbänke anlaufen. Seehunde haben eine Fluchtdistanz von 300 — 500 m.
- Das Spielen, Graben, Rutschen in den Dünen unterlassen.
- Kein offenes Feuer anzünden und Vorsicht beim Rauchen.
- Hunde nur an der Leine führen.
- Nicht näher als 50 — 100 m an Brutkolonien herangehen.
- Von April bis Juni Vögel nicht beim Brutgeschäft stören.

(Die 10 goldenen Regeln für das Verhalten von Wassersportlern in der Natur des Deutschen Segler-Verbandes und des Deutschen Motoryachtverbandes finden Sie als weitere Information im Anhang.)

Lassen Sie jetzt den Anker ganz sacht und behutsam ins stille Wasser gleiten, gleichsam, als wollte man sich für die Störung entschuldigen. In solchen Augenblicken ist man selbst wieder Natur.

Flensburger Förde
bis
Åbenrå Fjord

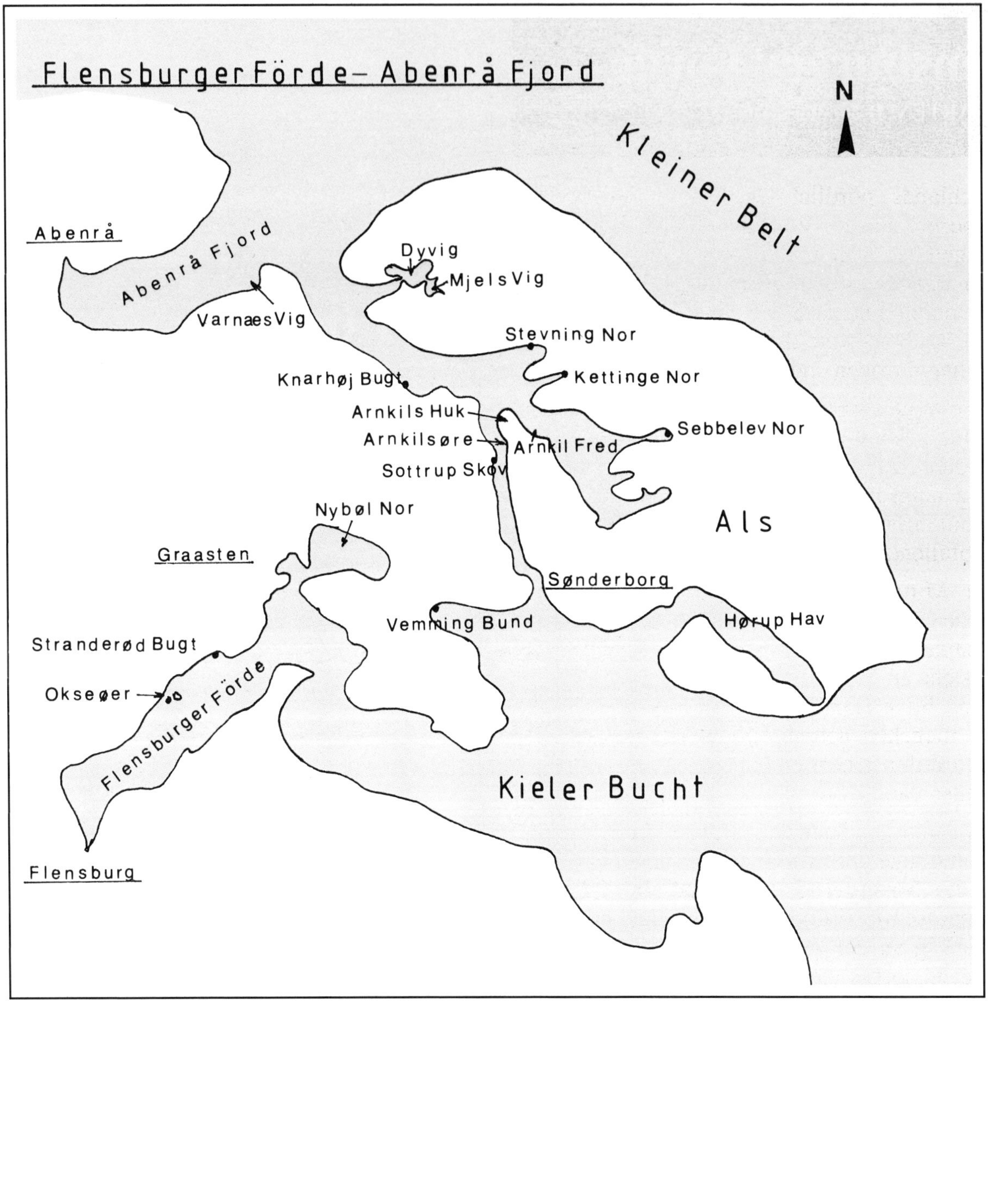

Flensburger Förde– Abenrå Fjord
N
Kleiner Belt
Abenrå
Abenrå Fjord
Dyvig
Mjels Vig
Varnaes Vig
Stevning Nor
Knarhøj Bugt
Kettinge Nor
Arnkils Huk
Sebbelev Nor
Arnkilsøre
Arnkil Fred
Sottrup Skov
Nybøl Nor
Als
Graasten
Sønderborg
Vemming Bund
Hørup Hav
Stranderød Bugt
Okseøer
Flensburger Förde
Kieler Bucht
Flensburg

Flensburger Förde

SEEKARTEN: D 26, 3003; DK 152

Deutschlands nördlichstes Segelrevier ist die Flensburger Förde. Von der Untiefe Kalkgrund schlängelt sie sich mal in nordwestliche, dann wieder in südwestliche Richtung 19 sm weit ins Land hinein bis nach Flensburg. Ein Traumrevier! Bei Starkwind dagegen zeigt sie ihre weißen Schaumkronen und läßt nicht mit sich spaßen.

Durch die Holnis Enge, bei der die berüchtigte rote Tonne „Schwiegermutter" liegt, die man nie schneiden darf, da es dahinter sofort sehr flach wird, gelangt man von der Außen- in die Innenförde mit ihren schönen, zum Teil bewaldeten und steil abfallenden Ufern.

In der Mitte der Förde verläuft die deutsch-dänische Grenzlinie. Man bemerkt sie kaum. Personalpapiere sollten beim Besuch in Dänemark jedoch stets an Bord sein, da eine allzu legere, eigenmächtige Handhabung der Grenzformalitäten so manchen netten Zöllner doch verärgert. Das Nordufer gehört zu Dänemark, das Südufer zu Deutschland.

An der dänischen Seite der Flensburger Förde findet man einige gute Ankerplätze, wie das **Nybøl Nor,** die **Stranderød Bugt** und die **Okseøer** (Ochseninseln). Früher gehörte auch noch die Skelde Vig an der Außenförde dazu. Doch zur Zeit liegen dort so viele Fischerbojen aus, daß das Ankern keine Freude mehr bereitet.

Alle genannten Plätze sind bei den ortsansässigen Wassersportlern sehr beliebt, und an schönen Wochenenden trifft man dort viele Segelkameraden.

Nybøl Nor

POSITION: 54° 55,5′ N - 09° 38,0′ E
SEEKARTEN: D 26, 3003; DK 152, 154

Allgemeine Beschreibung

Das ca. 2 sm lange und knappe 1 sm breite Nybøl Nor stellt die nordöstliche Erweiterung des Egernsundes dar.
Das Noor ist im westlichen und östlichen Teil von Wäldern und Feldern umgeben, während sich im südlichen Teil mehrere Ziegelwerke mit ihren Anlegern befinden.

Ansteuerung

Um ins Nybøl Nor zu gelangen, muß zunächst die Klappbrücke von Egernsund passiert werden, die auf ein Signal hin in der Zeit von 6.00—24.00 Uhr öffnet (Signalflagge N, Schallsignal „lang-kurz", Anruf über UKW-Kanal 16). Bei starkem Verkehr auf der Brücke muß mit einer Wartezeit (max. 30 Minuten) gerechnet werden. Bei mehr als 8 Bft. Windstärke bleibt die Brücke geschlossen.
Als Ansteuerungshilfe für Egernsund können die weithin sichtbaren Kräne der dort ansässigen Werft dienen.
Nach Passieren der Brücke läßt man den Ort Egernsund an Steuerbord und folgt der betonnten Fahrrinne ins Noor.

Achtung

— Vor dem Westufer liegt eine ausgedehnte Untiefe mit nur 0,6 m Wassertiefe!
— In der Mitte des Noores befindet sich eine unbezeichnete Untiefe mit 1,2 m Wassertiefe!

Ankerplatz

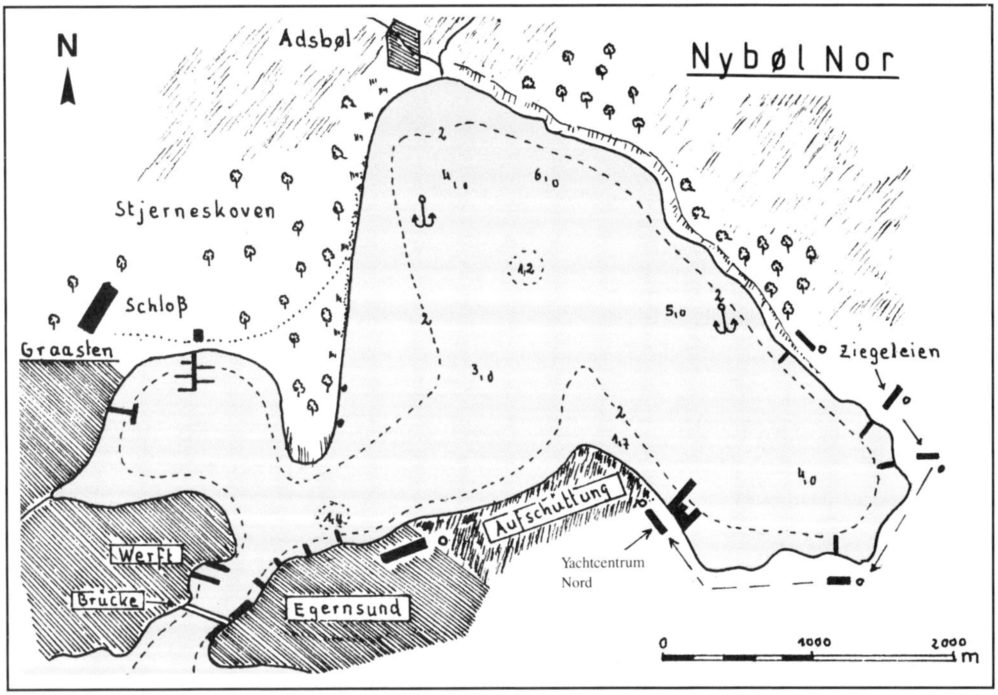

Ein sehr schöner Ankerplatz befindet sich vor dem Nordwestufer zwischen dem Wald Stjerneskoven und dem Dorf Adsbøl. Dort gibt es etwas Sandstrand. Die 2-m-Linie verläuft ca. 200 m von Land entfernt. Der Grund besteht überwiegend aus Sand und Ton. Er ist teilweise verkrautet.
Leider liegen dort einige abgewrackte Oldtimer, die die Stimmung des Ortes beeinträchtigen.
Das Nybøl Nor bietet, je nachdem vor welchem Uferabschnitt geankert wird, Schutz vor Winden aus allen Richtungen.

Versorgungsmöglichkeiten

In Gråsten (ca. 1,5 km entfernt)

Nächster Hafen

Gråsten (ca. 2 sm), Egernsund (ca. 2 sm)
Yachtcentrum Nord (ca. 2 sm bzw. 1 sm)

Freizeittips

- *Bademöglichkeit, besonders für kleine Kinder geeignet, da der Grund vom Ufer aus nur langsam abfällt.*
- *Wegen der geschützten Lage ein Paradies für Opti-Segler und Surfer.*
- *Besuch des Gråsten-Schlosses, zu dem ein sehr schöner Schloßgarten mit vielen Rosen gehört (ca. 1/2 Std. Fußweg durch den Wald).*

Kulturelles

Das Nybøl Nor entstand in der Eiszeit als Stausee beim Abschmelzen des Eises. Die aus gelbem Ton bestehenden Bodenablagerungen führten zur Gründung von Ziegeleien rund um das Noor. Ihre Blütezeit war gegen Ende des letzten Jahrhunderts. Damals gab es 37 Werke, die einen großen Teil der Steine zum Bau des Nordostseekanals lieferten. Heute existieren nur noch zehn von ihnen, die immerhin noch knapp ein Drittel der gesamten Ziegelproduktion Dänemarks stellen.
Wußten Sie: Aus einem Kubikmeter Ton können 700 Ziegel gefertigt werden!

Stranderød Bugt

POSITION: 54° 52,8′ N - 09° 32,2′ E
SEEKARTEN: D 26, 3003; DK 152

Allgemeine Beschreibung

Die Stranderød Bugt wird im Westen durch den Munkemølle Grund und im Osten durch Brænstoft Hage begrenzt.
Das Nordwestufer läuft in einem schmalen, schönen Sandstrand aus, hinter dem es in eine steile, von Feldern und Wiesen bedeckte Hügellandschaft übergeht. Im Scheitel der Bucht liegt der kleine Ort Stranderød mit zwei kleinen Anlegern.

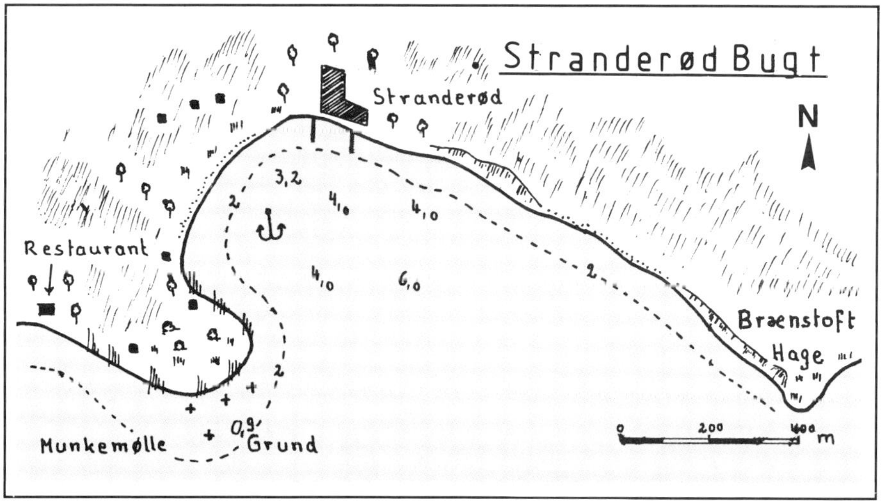

Ansteuerung

Nach der grünen Tonne Brænstoft Hage kann direkt in die Bucht eingelaufen werden.
Aus der Innenförde kommend, halte man sich gut von der steinigen Untiefe Munkemølle Grund frei, die südlich der Landzunge liegt.

Achtung

Steinige, unbezeichnete Untiefe Munkemølle Grund (0,9 m Wassertiefe)

Ankerplatz

Der beste Ankerplatz befindet sich vor dem kleinen Sandstrand im Nordwesten der Bucht. Man ankert etwa 100 bis 180 m vom Ufer entfernt auf 3 — 4 m Wassertiefe mit Sandgrund.
In der Strandérød Bugt liegt man ruhig und sicher bei Winden aus Westsüdwest über Nord bis Ost.

Versorgungsmöglichkeiten

Kaufmann im gut 2 km südwestlich gelegenen Sønderhav.

Nächster Hafen

Schausende (ca. 1,7 sm)

Freizeittips

— *Ein kurzer Spaziergang führt hinüber in die westlich gelegene Nachbarbucht. Dort liegt ganz idyllisch direkt am Wasser ein Café/Restaurant, das einen herrlichen Blick über die Förde bietet.*

— *Gut geeignet zum Baden.*
Zum Badevergnügen kann auch folgendes Spiel beitragen:

„Auf Beutejagd"
Mitspieler: Möglichst viele.
Material: Ein buntes Tuch.
Spielregel: Ein Schwarm Fische tummelt sich im Wasser. Plötzlich entdeckt einer von ihnen eine Beute: ein buntes Tuch! Schnell steckt er es sich mit einem Zipfel an seiner Badehose fest und versucht, es in Sicherheit zu bringen. Doch die anderen haben die Beute auch gesehen und beginnen, ihm diese abzujagen.
Gelingt es einem Mitspieler, sie zu erhaschen, beginnt die Jagd von vorne.

Okseøer

POSITION: 54° 51,5′ N - 09° 30,5′ E
SEEKARTEN: D 26, 3003; DK 152

N W O S

Allgemeine Beschreibung

Die Okseøer liegen querab von Glücksburg und sind ein beliebter Ankerplatz bei Flensburger Seglern.
An der flachen Nordwestseite der sonst von Steilküste umgebenen großen Ochseninsel befindet sich eine kleine Werft mit Steganlagen. Das Innere der Insel wird landwirtschaftlich genutzt. Die kleine Ochseninsel ist bewaldet und darf nicht betreten werden.

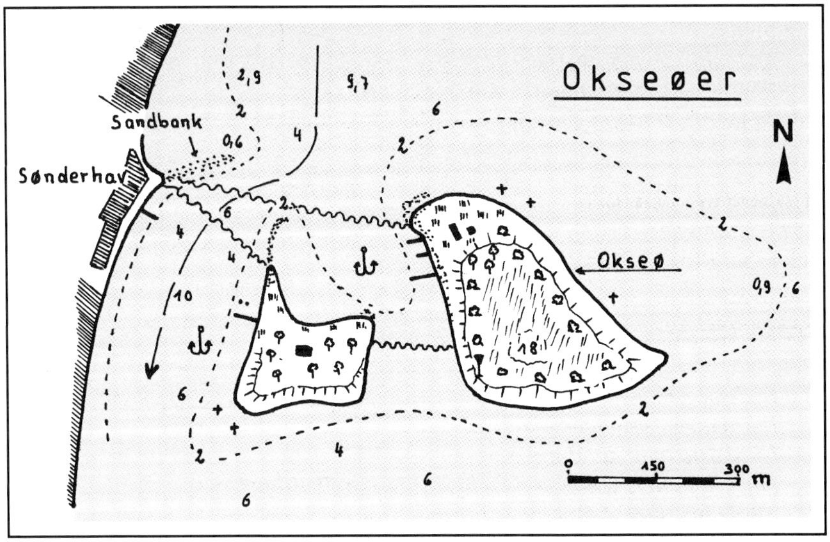

Ansteuerung

Die Ochseninseln können von allen Richtungen aus angesteuert werden. Der Ostseite der großen Ochseninsel ist eine steinige Untiefe vorgelagert. Die nördliche Durchfahrt zwischen Sønderhav und der kleinen Ochseninsel ist zwischen den 2-m-Linien nur etwa 60 m breit. Man halte sich von Norden kommend gut frei von der langen Sandbank mit nur 0,6 m Wassertiefe, die sich in nordöstlicher Richtung von Sønderhav aus erstreckt. Sie ist gut an der Wasserkabbelung

zu erkennen. Nach ihrem Runden halte man auf die Küste von Sønderhav zu. Dort hat man bis dicht unter das Ufer tiefes Wasser.
Die Durchfahrt zwischen der großen und kleinen Ochseninsel ist mit Booten bis zu 1,80 m Tiefgang möglich. Ein Leckerbissen für sehr Ortskundige!

Ankerplatz

Der beste Ankerplatz befindet sich zwischen den beiden Inseln, die einen gegen alle Winde geschützten Naturhafen bilden. Man ankert auf ca. 3,00 — 4,00 m Wassertiefe mit Sandgrund. Tagsüber liegen auch Boote vor dem Ostufer der großen Ochseninsel oder ca. 100 m vor dem Westufer der kleinen Ochseninsel. Die steilen Ufer der beiden Inseln gewähren Abdeckung bei Wind aus allen Richtungen.

Versorgungsmöglichkeiten

— Wasser ist bei der Werft erhältlich.
— Kaufmann und Restaurant in Sønderhav am Festland.
Eine kleine Fähre fährt hinüber.

Nächster Hafen

Glücksburg (ca. 1,2 sm)

Freizeittips

— *Bademöglichkeit*
— *Bei einem Rundgang auf der Steilküste um die Insel herum kann man den schönen Ausblick über die Flensburger Förde bis nach Glücksburg genießen und sich an dem quirligen, bunten Treiben auf dem Wasser erfreuen.*

Kulturelles

Die kleine Werft auf der großen Ochseninsel ist bei Folkebootseglern bekannt: Auf ihr wurden einige der ersten und besten Folke- und Folke-Juniorboote aus schmucker Lerche gebaut.

Vemming Bund

POSITION: 54° 53,4′ N - 09° 43,7′ E
SEEKARTEN: D 26; DK 152

N W O S

Allgemeine Beschreibung

Der Vemming Bund liegt etwas westlich von Sønderborg, umgeben von Wiesen und Feldern; eine typisch dänische Bauernlandschaft. Den Scheitel der Bucht säumt ein Sandstrand, an dem im Sommer ein reger Camping- und Badebetrieb herrscht.

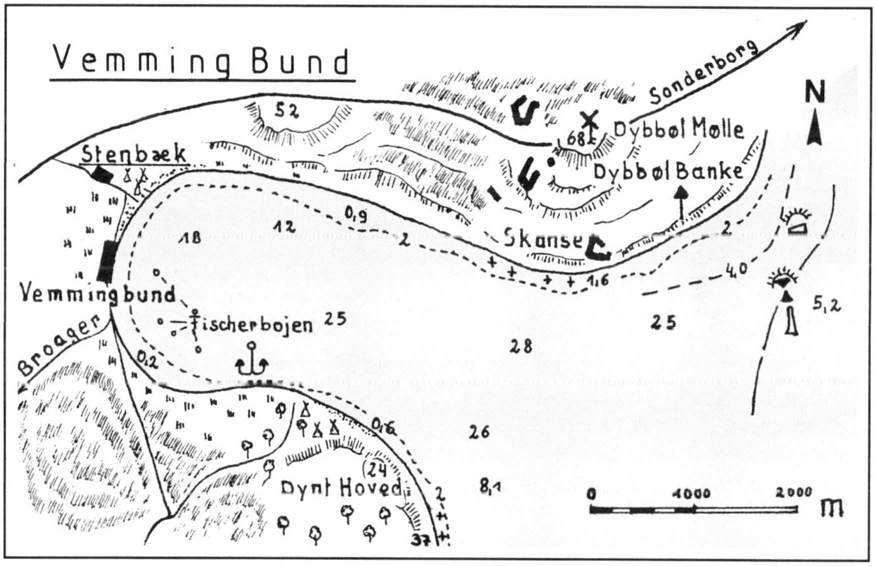

Ansteuerung

Der Vemming Bund ist von der Sønderborg Bugt problemlos anzulaufen.
Von Sønderborg kommend beachte man die beiden Flachs Vester Hage und Øster Hage am Ausgang des Als Sunds.

> **Achtung**
> Im Südteil der Bucht liegen dicht unter Land Fischerbojen.

Ankerplatz

Je nach Windverhältnissen kann man überall in der Bucht ankern.
Einen landschaftlich sehr reizvollen Ankerplatz findet man vor dem hohen bewaldeten Ufer Dynt Hoved im Südteil des Vemming Bundes. Dort muß man dicht vor der Küste ankern, da der Grund steil abfällt. Er besteht aus Schlick und Ton. Man liegt dort gut bei Winden aus Süd bis West.
Die zahlreichen Fischerbojen im westlichen Scheitel der Bucht erschweren dort das Ankern erheblich. Ferner machen Lärm und Schwell der kleinen Motorboote vom nahen Campingplatz Stenbæk das Liegen unruhig.

Versorgungsmöglichkeiten

Bei den Campingplätzen Dynt Strand bzw. Vemmingbund Camping sowie im Ort Vemmingbund.

Nächster Hafen

Sønderborg (max. 3 sm)

Freizeittips

- *Broager mit der berühmten Kirche mit den Zwillingstürmen aus dem 13. Jahrhundert und die Dybbøler Schanzen, die einen herrlichen Rundblick bieten, sind von Vemmingbund aus gut zu Fuß zu ereichen.*
- *Wanderung zur Huk Dynt Hoved und Gammelmark. Von hier aus schossen die Preußen von hinten in die Dybbøler Schanzen und setzten Sønderborg in Brand.*

Kulturelles

Die Dybbøler Schanzen spielten in zwei Kriegen zwischen Dänemark und Deutschland (1848 und 1864) eine wichtige Rolle.
1864 wurden sie nach 34stündiger Belagerung von den Preußen gestürmt. Das Gebiet um die zehn Schanzen herum steht heute unter Naturschutz.
Auf dem 68 m hohen Hügel „Dybbøl Banke" steht die zweimal zerstörte, aber immer wieder aufgebaute Windmühle Dybbøl Mølle. Sie wurde zum nationalen Symbol des dänischen Widerstandes und beherbergt heute ein kleines Museum.

Dybbøl Mølle

Hørup Hav

POSITION: 54° 54′ N - 09° 55′ E
SEEKARTEN: D 26; DK 152

Allgemeine Beschreibung

Das Hørup Hav erstreckt sich zwischen den Inseln Als und Kegnæs. Nur eine schmale Landbrücke, Drejet, verbindet beide miteinander. Felder und Wiesen säumen die Bucht, stellenweise unterbrochen von bewaldeten Steilufern an der Nordseite.

Nur wenige deutsche Tourensegler besuchen diese Gegend. So trifft man hier überwiegend dänische Segler unter sich.

Ankermöglichkeiten gibt es im Hørup Hav viele. Das tiefe Wasser reicht bis dicht unter die beiden Ufer. Nur bei steifem Nordwest wird es dort ungemütlich.

Ansteuerung

Von der Sønderborg Bugt segelt man direkt zur Westküste von Kegnæs und läuft an ihr nordostwärts bis zur grünen Tonne entlang. Sie markiert das Ende einer sehr flachen Sandbank. Diese Tonne muß einlaufend in das Hørup Hav unbedingt an Steuerbord bleiben!

> **Achtung**
> — Innerhalb der 2-m-Linie liegen zum Teil große Steine.
> — Im Uferbereich sind Fischerbojen ausgelegt.

Ankerplatz

Fernab vom sommerlichen Seglerstrom liegt man in der Gåsevig. Sie ist nur eine bescheidene Andeutung von einer Bucht und doch kuschelig genug, um sich darin geborgen zu fühlen. Man ankert auf 3 — 4 m Wassertiefe. Der Grund besteht aus Schlick und Ton mit vereinzelten Steinen und Tangfeldern. Man achte besonders darauf, nicht die Fischerbojen beim Schwojen zu beschädigen!
Weitere Ankerplätze bieten sich unter der hohen Küste bei Vibæk oder etwas nördlich des Hafens Hørup Havns an. Hier liegen im Sommer oft Yachten, die im kleinen Hafen keinen Platz mehr finden. Man ankert auf ca. 3 — 4 m Wasser.

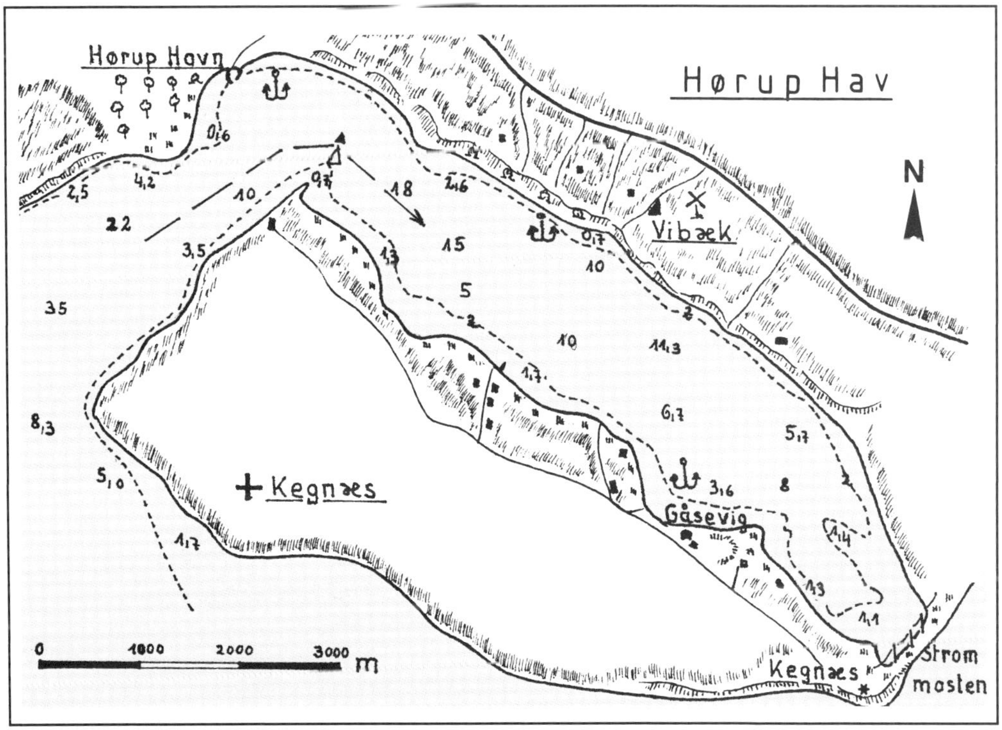

Versorgungsmöglichkeiten

In Hørup Havn Supermarkt und gutes Restaurant.

Nächster Hafen

Hørup Havn (max. 3,6 sm)

Freizeittips

— *Gut geeignet zum Opti-Segeln und Surfen;*

- *Wanderung zum 32 m hohen Leuchtturm Kegnæs;*
- *Besuch des Vogelreservats Trillen südwestlich von Hørup Havn, in dem viele Schwimm- und Stelzvögel (u.a. Fischreiher) zu beobachten sind.*
- *Die ortsansässige Glasbläserei in Hørup Havn darf besichtigt werden.*

Kulturelles

Abseits vom Ort thront die weit sichtbare Kirche von Hørup auf einem Hügel. Die Legende berichtet, daß sie beim Bau um das Jahr 1200 am Fuße des Hügels stehen sollte. Doch jeden Morgen, wenn die Arbeiter zur Baustelle kamen, war das Werk des Vortages zerstört und eine Stimme, die aus dem Berg kam, rief: „Høger up — høger up." Erst als die Kirche oben auf der Bergspitze stand, verstummte die Stimme. Kirche und Dorf wurden daraufhin „Høgerup" genannt, woraus später „Hørup" wurde.

Als Sund

SEEKARTEN: D 27, 3002; DK 152, 154, 155

Als Als Sund wird die schmale, ca. 6 sm lange Verbindung zwischen der Sønderborg Bugt im Süden und dem Als Fjord im Norden bezeichnet. Landschaftlich reizvoll ist der nördliche Teil des Sundes mit seinen stellenweise bewaldeten Ufern. Dort findet man mehrere geschützte und schön gelegene Ankerplätze wie **Sottrup Storskov,** die Bucht südlich der Landzunge **Arnkilshuk** und vor dem steilen Ufer zwischen Arnkilshuk und **Arnkilsøre.** Alle werden gern von Seglern auf ihrer Fahrt durch den Als Sund als Übernachtungs- und/ oder Tagesliegeplatz aufgesucht.

Im Süden überspannt bei Sønderborg die Christian-X.-Brücke den Als Sund. Sie öffnet normalerweise einmal in der Stunde. Straßen- und Zugverkehr haben Vorrecht, so daß auch längere Wartezeiten in Kauf genommen werden müssen. Tagsüber darf die Brücke nur unter Motor passiert werden (Ausnahme von 19.00 — 6.30 Uhr). Als Brückensignal ist die Flagge „N" zu setzen.
Das Brückenpersonal ist über UKW Kanal 16 (Arbeitskanäle 12 und 13) oder Telefon (04) 423939 erreichbar.

Im Als Sund muß mit Strom gerechnet werden, der normalerweise mit einer Geschwindigkeit von 1 — 1,5 sm/Std. nordwärts setzt. Er kann aber auch 2 — 2,5 sm/Std. erreichen!

Sottrup Skov

POSITION: 54° 57,8′ N - 09° 45,2′ E
SEEKARTEN: D 27, 3002; DK 152, 154, 155

Allgemeine Beschreibung

Sottrup Skov ist ein beliebter Ankerplatz, der an der Westseite ca. 1,5 sm vor dem nördlichen Ausgang des Als Sund liegt. Das Ufer besteht aus einem Schilfsaum, hinter dem sich der ausgedehnte Laubwald Storskov erhebt. Nördlich der Huk befindet sich der Anleger von Sottrupskov.

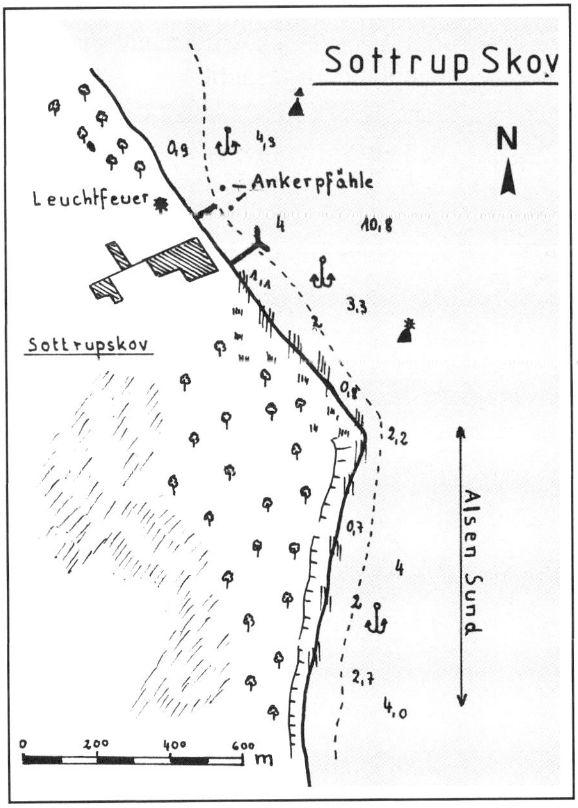

Ansteuerung

Der Ankerplatz kann direkt vom Fahrwasser aus angelaufen werden.

Ankerplatz

Es kann dicht unter dem Waldufer geankert werden. Die 2-m-Linie verläuft ca. 100 m vom Land entfernt. Der Ankergrund besteht aus Sand mit Seegrasbewuchs.
Je nach Windrichtung liegt man besser südlich oder nördlich der Huk in der Nähe der Sottrupskov Brücke. Dort stehen auch zwei Pfähle, an denen man mit Heckanker festmachen kann.
Man ankert auf etwa 2 — 4 m Wassertiefe.

Versorgungsmöglichkeiten

— Müll, Wasser, Dusche beim Anleger Sottrupskov
— Kaufmann im Dorf Sottrupskov

Nächster Hafen

Sottrupskov (in unmittelbarer Nähe) bzw. Sønderborg (ca. 6 sm)

Freizeittips

Gute Spaziergehmöglichkeit im Wald von Sottrup Storskov. Wer ein geschultes Auge hat, kann noch heute an einigen Buchen eingeritzte Markierungen erkennen. Es handelt sich um Kolonnenmarken ehemaliger preußischer Truppeneinheiten, die hier 1864 im deutsch-dänischen Krieg lagerten.

Arnkilshuk

POSITION: 54° 58,9′ N - 09° 45,4′ E
SEEKARTEN: D 27, 3002; DK 152, 154, 155

Allgemeine Beschreibung

Einen schönen Ankerplatz findet man am nördlichen Ausgang des Sundes hinter der Landzunge Arnkilshuk. Sie geht im Osten in ein hohes mit einer auffälligen Baumreihe bestandenes Ufer über, zwischen denen Felder hindurchschimmern. Im Süden wird die Bucht durch eine Fischzuchtanlage begrenzt.

Ansteuerung

Der Ankerplatz kann direkt vom Fahrwasser aus angelaufen werden.

> **Achtung**
> Zeitweilig liegen Fischerbojen aus.

Ankerplatz

Es wird zwischen der flachen Arnkilshuk im Norden und der Fischzuchtanlage im Süden auf gut 3 m Wassertiefe geankert. Der sandige Ankergrund ist stellenweise verkrautet. Da dicht vor dem Ufer geankert werden kann, liegt man gut geschützt bei Nordost- bis Südostwind.

Versorgungsmöglichkeiten

Keine

Nächster Hafen

Sottrupskov (0,4 sm)

Freizeittips

Die Schwäne im Als Sund sind sehr zahm. Sie geben sich gemeinsam mit ihren Jungen ein Stelldichein am Ankerplatz und warten darauf, gefüttert zu werden. Werden sie nicht beachtet, machen sie durch leises Zischen auf sich aufmerksam.
Die Schwäne haben sich in ihrer Lebensweise gut dem Menschen angepaßt. Natürliche Feinde gibt es für sie kaum. Nur ein strenger Winter kann hart für sie werden. Viele von ihnen ziehen dann in die Städte und lassen sich füttern. So nimmt der Bestand zum Leidwesen der Vogelschützer von Jahr zu Jahr zu, darunter viele kranke Tiere. Eine natürliche Auslese findet nicht mehr statt, und die ganze Art wird dadurch biologisch geschwächt.

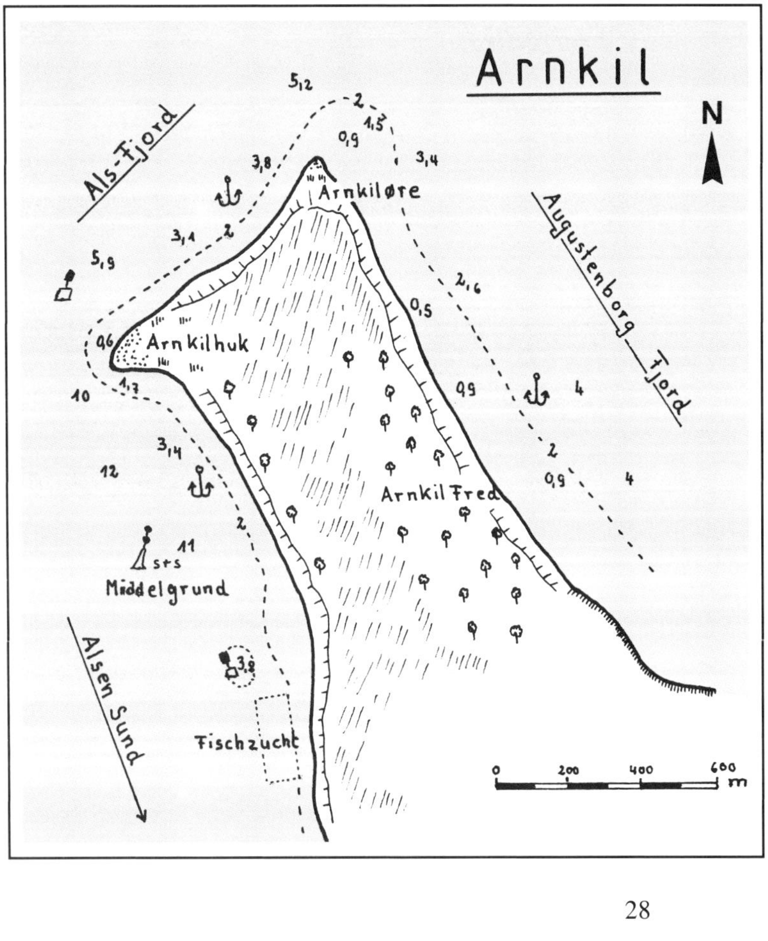

Arnkilsøre

POSITION: 54° 58,9′ N - 09° 45,4′ E
SEEKARTEN: D 27, 3002; DK 152, 154, 155

Allgemeine Beschreibung

Die Nordwestküste von Arnkil wird begrenzt durch die Huks Arnkilsøre und Arnkilshuk. Unter ihrem steilen ca. 750 m langen Ufer findet man bei südlichen Winden einen guten Tagesliegeplatz. Bei ruhigem, sonnigem Wetter trifft man dort stets einige Yachten vor Anker.

Plan siehe „Arnkilshuk"

Ansteuerung

Unproblematisch (siehe Seekarte).

Ankerplatz

Es kann dicht vor dem Steilufer auf knapp 3 m Wassertiefe geankert werden. Die 2-m-Linie verläuft ca. 60 m von Land entfernt. Der Ankergrund ist teilweise mit Seegras bedeckt. Bei Winden aus Südost bis Südwest liegt man gut in Lee der Steilküste.

Versorgungsmöglichkeiten

Keine

Nächster Hafen

Sottrupskov (ca. 0,7 sm)

Augustenborg Fjord

SEEKARTEN: D 27, 3002; DK 152, 155

Augustenborg Fjord heißt die südöstliche Verlängerung des Als Fjordes, ein sehr geschütztes Binnengewässer. Die schönen Ankerbuchten, wie das **Stevning Nor, Kettinge Nor** und **Sebbelev Nor** laden zum Verweilen ein.

Ein kleiner Abstecher von der üblichen Route durch den Als Sund nach Norden erschließt einem ein herrliches Revier. Besonders an der Kreuz sollte man jedoch die zum Teil ausgedehnten Flachs beachten.

Beim Ankern im Augustenborg Fjord ist zu beachten, daß der Ankergrund in den Flachwasserbereichen stark verkrautet ist.

Bereits die Wikinger schätzten die geschützte Lage des Augustenborg Fjords und hinterließen ihre Spuren. Ihre Nachfolger, die Pfadfinder, haben ca. eine Seemeile vor Augustenborg am Südufer ein Wohn- und Bootshaus der Wikingerzeit (Naust) originalgetreu nachgebaut. Dort liegt auch die „Sebbe Als", ein Nachbau eines Handelsschiffes dieser kühnen Seefahrer.

Arnkil Fred

POSITION: 54° 58,7′ N - 09° 46,15′ E
SEEKARTEN: D 27, 3002; DK 152, 155

Allgemeine Beschreibung

Ein guter Tagesliegeplatz befindet sich an der Ostseite der Halbinsel Arnkil beim Laubwald Arnkil Fred, ca. eine dreiviertel Seemeile von Arnkilsøre entfernt. Südöstlich davon liegt der Flugplatz von Augustenborg, der jedoch bei seinem geringen Flugaufkommen kaum stört.

Plan siehe „Arnkilshuk"

Ansteuerung

Die Huk Arnkilsøre muß mit einem Mindestabstand von 250 m gerundet werden, da sich von ihr aus in nordöstlicher Richtung ein Flach mit Wassertiefen von 0,90 — 1,50 m erstreckt.
Nach dem Runden der Huk kann man parallel zur Küste bis zum auserwählten Ankerplatz laufen (siehe Plan Arnkilshuk).

Ankerplatz

Es kann knapp in Lee des Waldes auf ca. 2,50 m Wassertiefe geankert werden. Der Ankerplatz bietet Schutz bei Winden aus Südwest bis West. Der Ankergrund (Schlick) ist verkrautet.

Versorgungsmöglichkeiten

Keine

Nächster Hafen

Sottrupskov (1,6 sm)

Freizeittips

Der Wald Arnkil Fred bietet sich für erholsame Spaziergänge an.

Stevning Nor

POSITION: 54° 59,6′ N - 09° 47,1′ E
SEEKARTEN: D 27, 3002; DK 152, 155

Allgemeine Beschreibung

Das Stevning Nor schneidet ca. 0,5 sm an der Ostküste des Augustenborg Fjords in das Land ein. Das schmale Gewässer ist umgeben von Steilufern, die zum Teil mit Bäumen bestanden sind. Die Bucht strahlt Ruhe und Geborgenheit aus. Sie lädt zum Ankern ein. Die beiden Steganlagen mit ca. 2 m Wasser an den Außenpfählen sind meistens belegt.

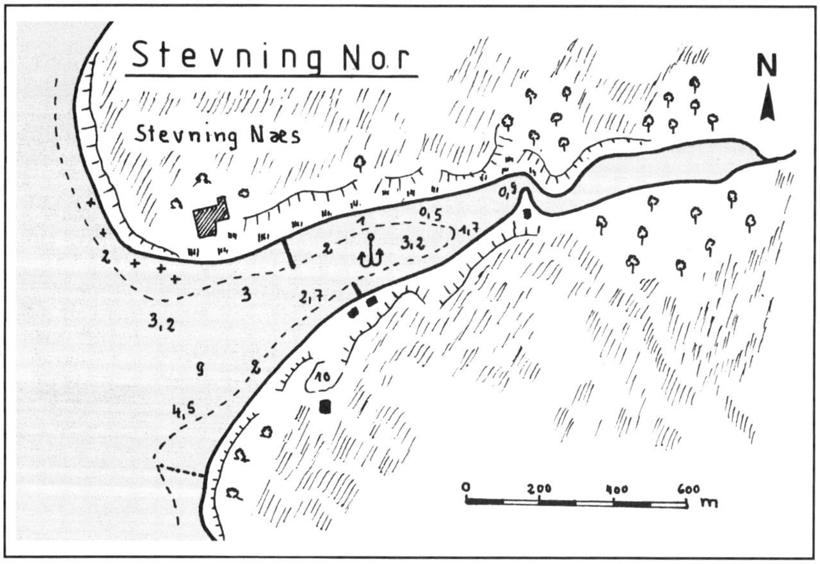

Ansteuerung

1. **Aus dem Als Sund kommend**
   steuert man von der roten Tonne nördlich Arnkilshuk mit Kurs rw. 47 ° auf die hohe Huk Stevning Næs zu, auf der ein weithin sichtbares Gehöft steht. Beim Einlaufen in das Noor halte man sich vorsichtshalber in der Mitte der Bucht, um sich dann in Ruhe einen geeigneten Ankerplatz auszuwählen.

2. **Von Norden kommend**
läuft man bis zur Ost-Untiefentonne Snogbæk Hage. Danach steuert man mit Kurs rw. 85 ° zur Huk Stevning Næs.

> **Achtung**
> Vor der nördlichen Huk Stevning Næs liegen innerhalb der 2-m-Linie einige Steine.

Ankerplatz

Es kann überall in der Bucht, ca. 100 m vom Ufer entfernt, geankert werden. Da vor dem Südufer jedoch einige Fischerbojen ausliegen, ankert man vorzugsweise vor dem Nordufer oder tief in der Bucht östlich der Stege.
Der Ankergrund besteht aus Schlick, der zum Teil verkrautet ist. Der Anker kommt leicht ins Slippen.
Das an drei Seiten von Steilufern umgebene enge Noor bietet guten Schutz bei Winden aus Nord über Ost bis Süd.

Versorgungsmöglichkeiten

Keine

Nächster Hafen

Sottrupskov (ca. 2 sm)

Freizeittips

— Die geschützte Bucht eignet sich gut zum Opti-Segeln.
— Cockpit-Spiel für die Familie:

„Ein Seemannsgarn spinnen"
Mitspieler: *Die ganze Familie*
Material: *Zettel und Bleistift (sind aber nicht unbedingt nötig)*
Spielregeln: *Sieben Begriffe, die etwas mit dem Segeln / Motorbootfahren zu tun haben, werden vorgegeben und sollen in der genannten Reihenfolge zu einer lustigen Geschichte verwandelt werden. Diese kann man auf einen Zettel schreiben oder erzählen.*
Es geht los — hier sind die ersten sieben Begriffe:
Segelboot — Flasche — Papa — Anker — Motorschlüssel — Schlafsack — Bö.
Viel Spaß!

Kettinge Nor

POSITION: 54° 58,0′ N - 09° 05,5′ E
SEEKARTEN: D 27, 3002; DK 152, 155

N W O S

Allgemeine Beschreibung

Das Kettinge Nor liegt etwas südlich vom Stevning Nor. Die flache Gras- und Schilfinsel Katholm mit dem sie umgebenden ausgedehnten Flach bietet gute Abdeckung bei nördlichen Winden. Sie ist schlecht auszumachen.

Das Nordufer des Noores, Egen Næs, ist schilfbewachsen, das Südufer dagegen abschnittsweise steil und bewaldet.

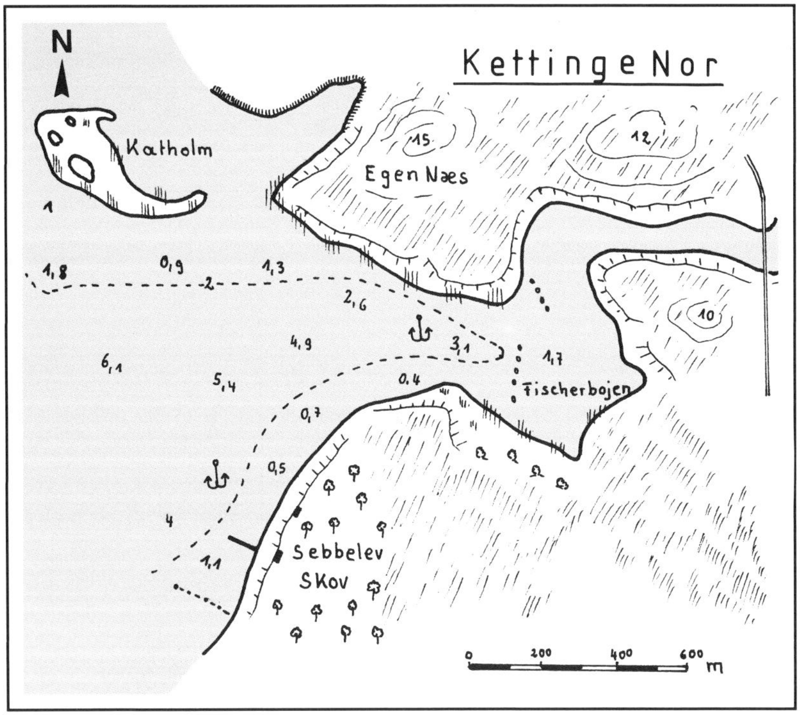

Ansteuerung

Von der grünen Fahrwassertonne Halvmånen hält man mit Kurs rw. 105° direkt auf den Wald Sebbelev Skov zu, der als gute Ansteuerungsmarke dienen kann. Dort findet man gute Ankermöglichkeiten.

> **Achtung**
>
> Zahlreiche Fischerbojen und Stellnetze stehen südlich Egen Næs.

Ankerplatz

Bei Ostwind liegt man gut geschützt und in schöner Umgebung ca. 150 m vor der hohen bewaldeten Küste Sebbelev Skov.

Bei nördlichen Winden ankert man besser vor dem verschilften Ufer von Egen Næs.

Bei geringem Tiefgang kann man sich an den Fischerbojen und Stellnetzen vorbei in den inneren Teil des Noores hineinloten. Dort liegt man in einem herrlichen, kleinen Naturhafen geschützt gegen alle Winde außer aus West bis Nordwest. Da der Ankergrund stark verkrautet ist, muß der Anker gut eingefahren werden.

Versorgungsmöglichkeiten

In Sebbelev (ca. 1 km entfernt)

Nächster Hafen

Augustenborg (ca. 3 sm)

Freizeittips

- *Gute Bademöglichkeit.*
- *Das flache Kettinge Nor eignet sich gut zur Erkundung mit dem Beiboot.*
- *Vogelliebhaber werden bei Katholm durch ein reiches Vogelleben verwöhnt. Während der Brutzeit von Mai bis Juli / August sollte man die Vögel aus gehörigem Abstand beobachten, um sie nicht beim Brüten zu stören.*

Kulturelles

Im Augustenborg Fjord trifft der Ankerfreund zu seinem Leidwesen viel Seegras an. Es blüht von Juni bis in den Oktober hinein. Die unscheinbaren Blüten entdeckt man kaum, wenn

man sich die Pflanze nicht sehr genau anschaut: Sie sitzen im obersten Teil des Blattes, von dem sie eingehüllt werden. Das Seegras (Zostera marina L.) bildet im seichten Wasser ganze unterseeische Wiesen aus. Diese sind als Laichplätze für die Fische unentbehrlich.
Die einstige wirtschaftliche Bedeutung des Seegrases ist zurückgegangen. Früher verwandte man es als Polstermaterial für Matratzen, als Verpackungsmaterial und als Dünger auf den Feldern.

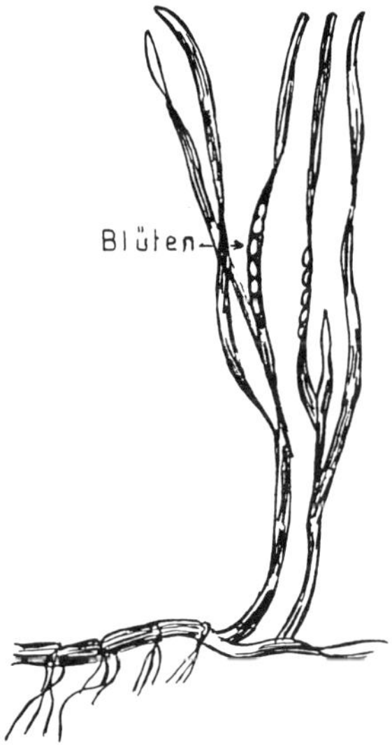

Seegras

Sebbelev Nor

POSITION: 54° 57,2′ N - 09° 50,7′ E
SEEKARTEN: D 27, 3002; DK 152, 155

N W O S

Allgemeine Beschreibung

Das Sebbelev Nor ist eine idyllisch gelegene, schmale, tiefe Bucht, die kurz vor der Ansteuerungstonne nach Augustenborg nach Osten in das Land einschneidet. Hohe, schilfbewachsene Ufcr, die in ausgedehnte Felder übergehen, umgeben die Bucht. Am Südufer befinden sich zwei Stege.

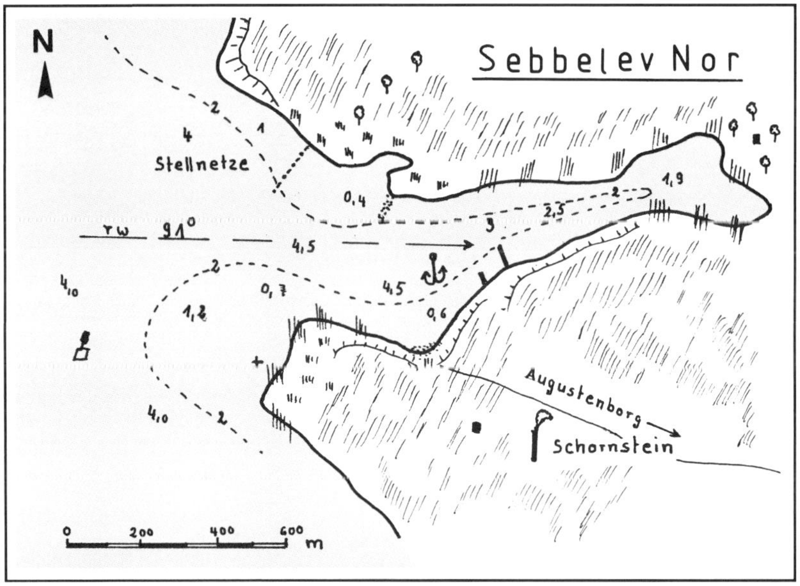

Ansteuerung

Die Einfahrt in das Sebbelev Nor ist zwischen den 2-m-Linien nur ca. 120 m breit. Zunächst hält man auf die erste rote Fahrwassertonne nach Augustenborg zu. Ca. 300 m davor dreht man in das Noor und steuert mit rw. 91 ° auf den Kopf des inneren Steges zu. Das Echolot sollte ständig beobachtet werden und nicht unter 2,5 m anzeigen!

Achtung
Ausgedehntes, unbezeichnetes Flach vor der südlichen Einfahrtshuk zum Sebbelev Nor.

Ankerplatz

Ist die etwas schwierige Einfahrt geschafft, wird man mit einem schönen Ankerplatz belohnt. Geankert wird in der Mitte des Noores auf ca. 3,00 — 3,50 m Wassertiefe. Die Südseite ist etwas tiefer.
Der Ankergrund ist verkrautet (Schlick).
Im Sebbelev Nor liegt man gut geschützt bei Winden aus Nord über Ost bis Süd.

Versorgungsmöglichkeiten

in Augustenborg (ca. 2 km Fußweg)

Nächster Hafen

Augustenborg (ca. 2,5 sm)

Freizeittips

— *In einer Bucht an der Südseite des Noores, gleich hinter der Einfahrtshuk, findet man zwischen den Steilufern einen gut geschützten und idyllisch gelegenen kleinen Badestrand.*
— *Ein Spaziergang von knapp einer halben Stunde führt hinüber nach Augustenborg. Sehenswert ist der Park des Augustenborger Schlosses. Früher traf man hier häufig Hans-Christian Andersen unter einer Linde sitzend an. Viele seiner Märchen sollen ihm an diesem Platz eingefallen sein. Die Linde steht heute noch.*
— *Das traditionelle Ringreiten mit Umzügen findet jährlich an jedem dritten Wochenende im Juli in Augustenborg statt.*

Als Fjord/ Åbenrå Fjord

SEEKARTEN: D 16, 3002; DK 151, 152

Als Als Fjord wird das ca. 7 sm lange und schmale Seegebiet zwischen dem Als Sund und dem Åbenrå Fjord bezeichnet. Die Ufer sind überwiegend flach und wenig markant, eine typisch dänische Bauernlandschaft.
Dieses Bild setzt sich auch im 1,6 sm breiten und ca. 5 sm langen Åbenrå Fjord fort. Nur selten finden fremde Segler ihren Weg in diesen Fjord, da die Industriestadt Åbenrå für Besucher wenig anziehend ist.

In diesem Segelrevier gibt es mehrere sehr gute, geschützte Ankerbuchten, wie die **Dyvig** und **Mjels Vig,** die bei Seglern sehr beliebt sind, die **Knarhøj Bugt** am Westufer und die **Varnæs Vig** am Eingang des Åbenrå Fjords.
Die weniger reizvolle **Sandvig** am Ostufer des Als Fjords (Pos. 55° 00, 2′ N - 09° 47,2′ E) soll nur kurz erwähnt werden. Bei Süd- bis Südostwinden liegt man dort ca. 150 m unterhalb eines Steilhanges am Südufer gut geschützt. Die Ansteuerung ist unproblematisch. Man beachte das Stellnetz vor der südlichen Huk Stevning Næs. Die Bucht ist tief und rein (siehe Seekarte). Sie dient zeitweilig als Reede für aufgelegte Großschiffe.

Knarhøj Bugt

POSITION: 54° 59,6′ N - 09° 41,9′ E
SEEKARTEN: D 16, 3002; DK 152

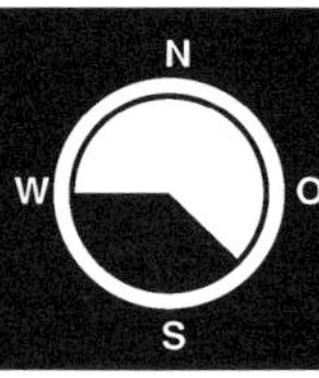

Allgemeine Beschreibung

Die Knarhøj Bugt ist eine leicht v-förmige Einbuchtung an der Westseite des Als Fjord, ca. 1/2 sm südlich des Leuchtfeuers Ballebro und der Fähre, die nach Hardeshøj auf Alsen hinüber führt.
Die schöne Bucht ist bis auf den Laubwald Vesterskov im Osttteil, vor dem sich ein schmaler Sandstrand erstreckt, von Feldern umgeben. Über den Scheitel der Bucht hinweg erblickt man in der Ferne eine Kirchturmspitze.

Ansteuerung

Die Knarhøj Bugt ist ohne navigatorische Schwierigkeiten anzulaufen (siehe Seekarte).

1. **Von Süden kommend**
   segelt man, nachdem man die Ost-Untiefentonne Snogbæk Hage gerundet hat, in einem Abstand von 0,3 sm an der Küste entlang, bis die Bucht erreicht ist.
2. **Von Norden kommend**
   dient als Ansteuerung das Leuchtfeuer von Ballebro: ein weißer, runder Turm mit rotem Band. Beim Einlaufen in die Bucht achte man auf die nördlich vorgelagerte unbezeichnete Untiefe (0,90 m). Mindestabstand vom Ufer vorsichtshalber nicht weniger als 0,2 sm!

> **Achtung**
> Vor dem nördlichen Ausgang der Bucht unbezeichnete Untiefe mit nur 0,90 m Wassertiefe. Auf ihr liegen häufig Fischerbojen aus.

Ankerplatz

Die Knarhøj Bugt eignet sich gut als Übernachtungsplatz oder für einen kurzen Zwischenstop.
Wenn der Wind es zuläßt, liegt man am besten vor dem Wald Vesterskov im Südteil der Bucht. Die 2-m-Linie verläuft ca. 150 m vom Ufer entfernt. Der Ankergrund besteht aus Sand und Lehm.
Man liegt dort ruhig bei Winden aus Südost über Süd bis West.

Versorgungsmöglichkeiten

Keine

Nächster Hafen

Dyvig (ca. 5 sm)

Freizeittips

Bademöglichkeit

Kulturelles

Weizen ist eine seit Urzeiten bekannte Kulturpflanze. Schon die ersten dänischen Bauern haben lange vor Christus diese Getreideart angepflanzt, zunächst als „Einkorn“ und später als „Zweikorn“. Daraus entwickelte sich die uns heute bekannte Getreideart.
Weizen diente nicht nur zur Herstellung von Brot und Backwaren, sondern auch von Bier und Branntwein. Das Stroh wurde zum Dachdecken, Flechten von Matten, Sandalen und als Streu im Stall benutzt. Gehäkselt ergänzte es im Winter das Viehfutter.

Dyvig

POSITION: 55° 02,6′ N - 09° 42,2′ E
SEEKARTEN: D 16, 3002; DK 152, 154

Allgemeine Beschreibung

Die von Steilufern eingerahmte Dyvig gehört zu den landschaftlichen Perlen der südlichen Ostsee und ist Jahr für Jahr Ziel zahlreicher Segler. Die Bucht ist nur durch das schmale, ca. 4 m tiefe Stegløb mit dem Als Fjord verbunden. Am Nordufer liegt der geschätzte Dyvig Kro mit seinem Anleger und am Südufer die Steganlage des ansässigen Segelclubs.

Ansteuerung

Die Dyvig erreicht man von der Stegsvig aus durch das betonnte 20 m breite und ca. 4 m tiefe Stegløb. Die Rinne beginnt im Scheitel der Bucht, dort wo die weithin sichtbaren Häuser stehen. Sie dienen als Ansteuerungshilfe. Die Fahrrinne muß unbedingt eingehalten werden, da vom Nordufer eine flache, kaum überspülte Sandzunge bis an die roten Tonnen heranreicht.
Die Dyvig selbst ist tief und rein.
Da die Tonnen nicht befeuert sind, ist von einem nächtlichen Anlaufen abzuraten!

Achtung

Im Frühjahr und Herbst liegen zahlreiche Fischerbojen vor den Ufern der Stegsvig und Dyvig aus.

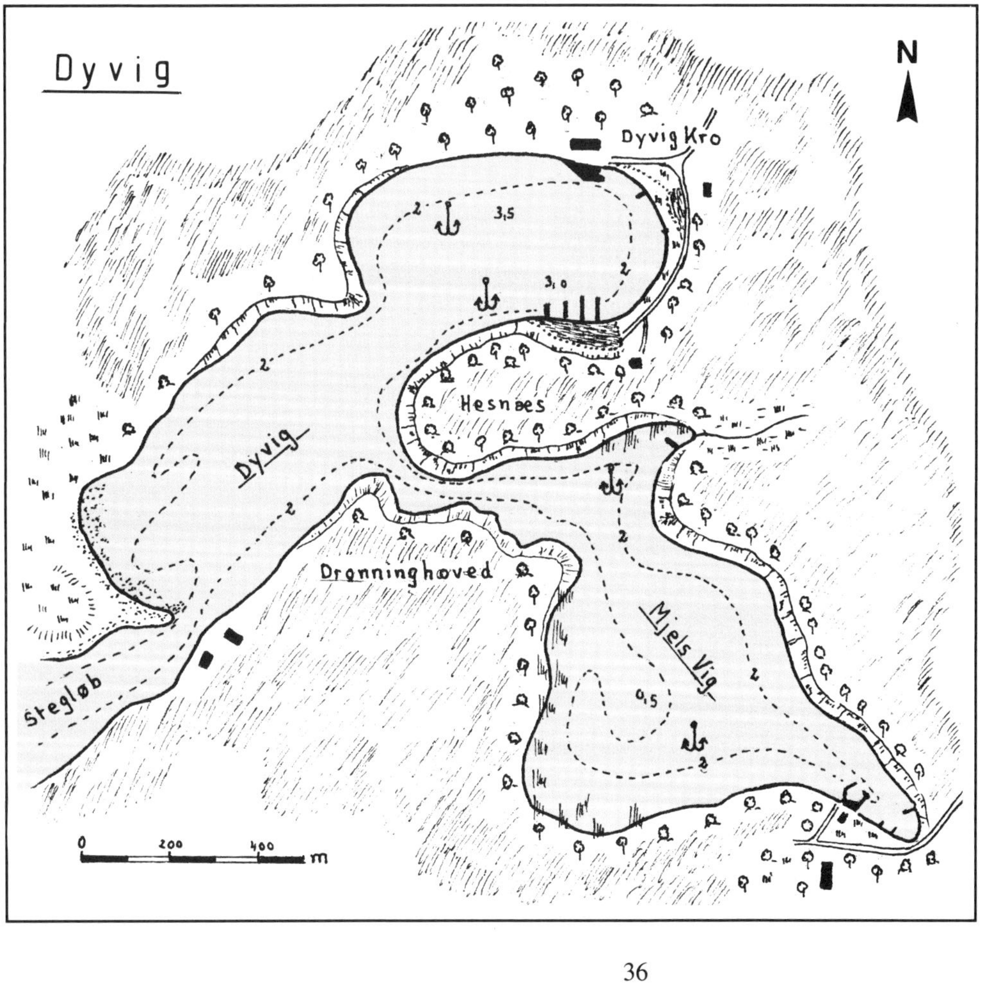

Ankerplatz

Es kann westlich der beiden Steganlagen entweder vor dem Nord- oder Südufer geankert werden. Die Wassertiefe beträgt ca. 4 m. Der Grund ist stellenweise verkrautet, so daß der Anker zum Teil schlecht faßt. (Wir haben hier schon Boote auf die Drift gehen sehen.)
In Lee der hohen Ufer findet man bei allen Winden einen geschützten Liegeplatz.

Versorgungsmöglichkeiten

- Kaufmann im Dorf Holm (von Dyvig Kro aus ca. 2 km Fußweg).
- WC, Duschen und Wasser an beiden Steganlagen. Die Mitbenutzung durch Ankerlieger wird aber ungern gesehen.

— Gepflegtes Restaurant an der Nordseite der Bucht.

Nächster Hafen

Yachthafen Dyvig bzw. Dyvig Kro — Brücke direkt in der Bucht.

Freizeittips

- *Gute Bedingungen zum Optisegeln und Surfen.*
- *Das hübsche kleine Städtchen Nordborg mit Wasserschloß liegt ca. 4 km entfernt.*
- *Am Südufer wachsen zahlreiche Brombeeren.*
  Sie eignen sich hervorragend zur Herstellung von ***„Brombeer-Crêpes"****. Flambiert mit 55%igem oder 80%igem Rum machen Sie dem Kro die Gäste abspenstig!*
  Sollten Sie einmal Halsschmerzen haben, so gurgeln Sie doch 'mal mit dem Sud der abgekochten Brombeerblätter (60 — 100 g Blätter auf einen Liter Wasser). Das soll helfen!

Kulturelles

Die Dyvig entstand am Ende der letzten Eiszeit als Schmelzwassersee. Die Ufer sind altes Siedlungsgebiet, dessen Bewohner ausgezeichnete Bootsbauer gewesen sein mußten. In der Umgebung der Dyvig (im Moor von Hjortspring) fand man das „Hjortspring-" oder „Als-Boot", welches als Meisterwerk der bronzezeitlichen Schiffbaukunst betrachtet wird. Es wird als Vorläufer der berühmten Wikinger-Schiffe angesehen. Interessant ist, daß die Planken dieses Bootstyps mit Bastschnüren vernäht wurden. Das „Als-Boot" gilt als Kriegsschiff: schnell, wendig und leicht über Land zu transportieren. Für die Gewässer zwischen den dänischen Inseln war es eine ausgezeichnete Angriffswaffe.

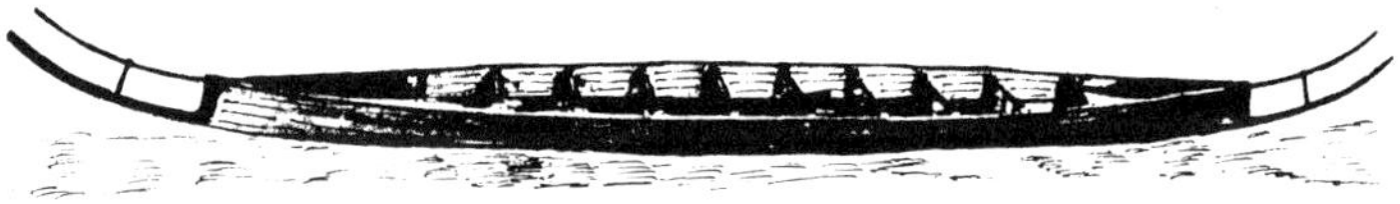

„Als-Boot"

Mjels Vig

POSITION: 55° 01,8′ N - 09° 43,0′ E
SEEKARTEN: D 16, 3002; DK 152, 154

Allgemeine Beschreibung

Die Mjels Vig mit ihrem flachen, verschilften westlichen und hohen östlichen Ufer zweigt unauffällig in südöstlicher Richtung von der Dyvig ab. Da die enge Einfahrt gut versteckt zwischen den Steilufern von Hesnæs und Dronninghoved liegt, segeln viele an dieser schönen Bucht vorbei.
Am südöstlichen Ende der Bucht befindet sich die häufig überfüllte Steganlage der Mjels Vig Bådelaug (Wassertiefe am Kopf ca. 2,00 bis 2,30 m).

Plan siehe „Dyvig“

Ansteuerung

In die Mjels Vig segelt man von der Dyvig aus durch eine mit grünen und roten Kugelfendern bezeichnete Rinne. Danach halte man sich an das Nordostufer, um sich von der westlich gelegenen, ausgedehnten, unbezeichneten Untiefe gut freizuhalten.

> **Achtung**
> Unbezeichnete Untiefe in der Mitte der Bucht (Wassertiefe 0,50 m), vom Westufer ausgehend.

Ankerplatz

Am besten ankert man vor dem Südufer der Bucht oder gleich nach dem Passieren der Durchfahrt an der Backbordseite.
Die Wassertiefe beträgt ca. 2,50 m über dem zum Teil verkrauteten Grund. Je nach Ankerplatz bietet die Mjels Vig Schutz gegen Winde aus allen Richtungen.

Versorgungsmöglichkeiten

- Wasser, Duschen und Telefon bei der Mjels Vig Bådelaug.
- Kaufmann in Mjels (ca. 10 Min. Fußweg ab Steganlage)

Nächster Hafen

Mjels Vig (max. 0,5 sm) oder Dyvig (ca. 1,5 sm)

Freizeittips

- *Ein schöner Fußpfad führt oberhalb des Ostufers zur Dyvig. Im August reifen hier wilde Mirabellen, die der Wind einem gratis von den Bäumen schüttelt.*
- *In 3 km Entfernung liegt der Brandsbøl Skov mit mehreren Hünengräbern (Dolmen).*

Kulturelles

In früherer Zeit zweigte von der Mjels Vig ein befahrbares Gewässer ab, auf dem man bis nach / zur Nordborg segeln oder treideln konnte. Sie diente in der Waldemar-Zeit als Schutzburg gegen die Wenden.

Varnæs Vig

POSITION: 55° 02,0′ N - 09° 34,2′ E
SEEKARTEN: D 16, 3002; DK 152

Allgemeine Beschreibung

Die Varnæs Vig ist eine schöne, tiefe Bucht am Eingang zum Åbenrå Fjord. Das Steilufer der östlichen Huk Varnæs Hoved geht nach Westen in eine Landschaft mit kleinen Gehölzen, Feldern und Wiesen über. Um die Bucht zieht sich ein Sandstrand. Im Westteil gibt es vor dem Hotel einen Anleger des örtlichen Wassersportvereins (Wassertiefe 1,50 — 1,60 m).

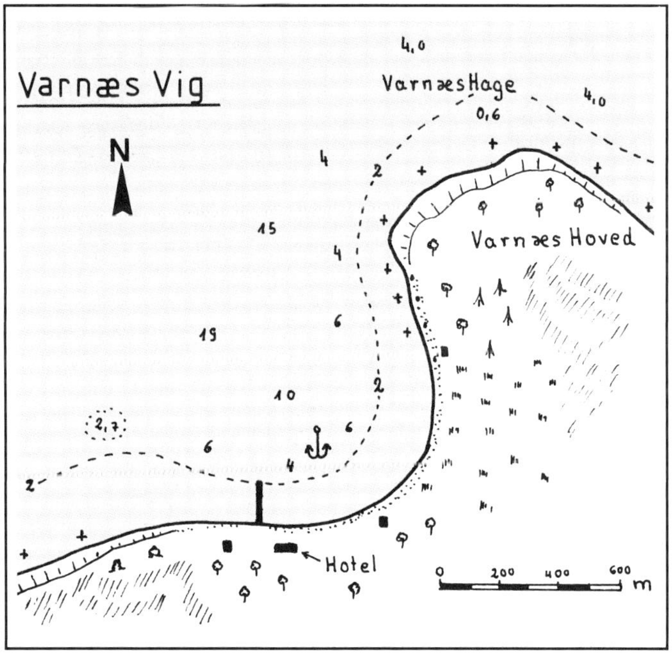

Ansteuerung

Die Ansteuerung ist unproblematisch.

1. **Von Süden kommend**
   muß Varnæs Hoved wegen der vorgelagerten steinigen Untiefe in einem Mindestabstand von 0,5 sm gerundet werden. Danach kann ohne Schwierigkeiten in die Bucht eingelaufen werden.
2. **Von Norden kommend**
   ist das markante Steilufer von Varnæs Hoved eine gute Ansteuerungshilfe.

Ankerplatz

Gute Ankermöglichkeiten findet man entweder vor dem Sandstrand im Scheitel der Bucht oder vor dem Wald am Ostufer.
Die 2-m-Linie verläuft ca. 180 m vom Ufer entfernt.
Der Ankergrund besteht aus Sand. In der Bucht liegt man geschützt bei Winden aus Nordost bis Süd.

Tip: Ein weiterer Ankerplatz befindet sich am Nordufer des Åbenrå Fjords in der teilweise von Wald umgebenen **Aabæk Bugt.** In ihr liegt man geschützt bei Nordwest- bis Nordwind.
Entfernung: ca. 3,7 sm

> **Achtung**
> Vor dem Ostufer liegen innerhalb der 2-m-Linie große Steine!

Versorgungsmöglichkeiten

Wasser am Steg, Telefon beim Hotel.

Nächster Hafen

Åbenrå (ca. 5 sm)

Freizeittips

- *Kinderfreundlicher Badestrand.*
- *Sehenswert ist die 3 km entfernt liegende Varnæs Kirche mit ihrem mittelalterlichen freistehenden, hölzernen Glockenturm und dem an einer Wand hängenden Halseisen. Es diente in früherer Zeit dazu, Personen, die den Sonntag nicht heilig hielten, anzuprangern.*

Kulturelles

In der Vergangenheit spielte Varnæs Vig eine bedeutende Rolle als Umschlagplatz im Warenhandel zwischen Jütland und den östlich gelegenen Inseln Dänemarks. Später entstand hier ein Fischereiplatz. Aus diesen Zeiten stammen auch die Anlegebrücke und die strohgedeckten weißen Häuser im Westteil der Bucht.

Kleiner Belt

Kleiner Belt
Fredericia
N
Kolding Fjord
Skarre Odde
Agtrup Vig
Fænøsund
Gamborg Fjord
Føns Vig
Bredningen
Tybrind Vig
Brandsø
Hejls Minde
Egholm
Fyn
Avnevig
Baagø
Haderslev Fjord
Assens
Haderslev
Aarø
Torø
Torøhuse
Brunshuse
Sandvig
Galgebakke
Helnæs Bugt
Diernæs Bugt
Vigø
Helnæs Skov
Kalvø
Barsø
Kleiner Belt
Illum
Genner Bugt
Nørreskov
Bøjden Bro
Als

Genner Fjord

SEEKARTEN: D 16; DK 151, 154

Der landschaftlich reizvolle Genner Fjord schneidet westlich der Insel Barsø ca. 3 sm tief ins Land ein. Seine Ufer sind hoch und zum Teil bewaldet. Dazwischen dehnen sich Felder aus.
Der innere südwestliche Teil des Fjords ist flach und verschilft, ein Paradies für Wasservögel. Dieser Bereich ist Wildschutzgebiet und darf von Booten nicht befahren werden (Befahrungsgrenze siehe Skizze).
Der Genner Fjord bietet mehrere schöne Ankerplätze wie **Sønderballestrand** am Nordufer, bei **Kalvø** im Westen und die Bucht vor dem Wald **Nørreskov** im Süden. Die beiden letztgenannten schönsten Plätze werden näher beschrieben.

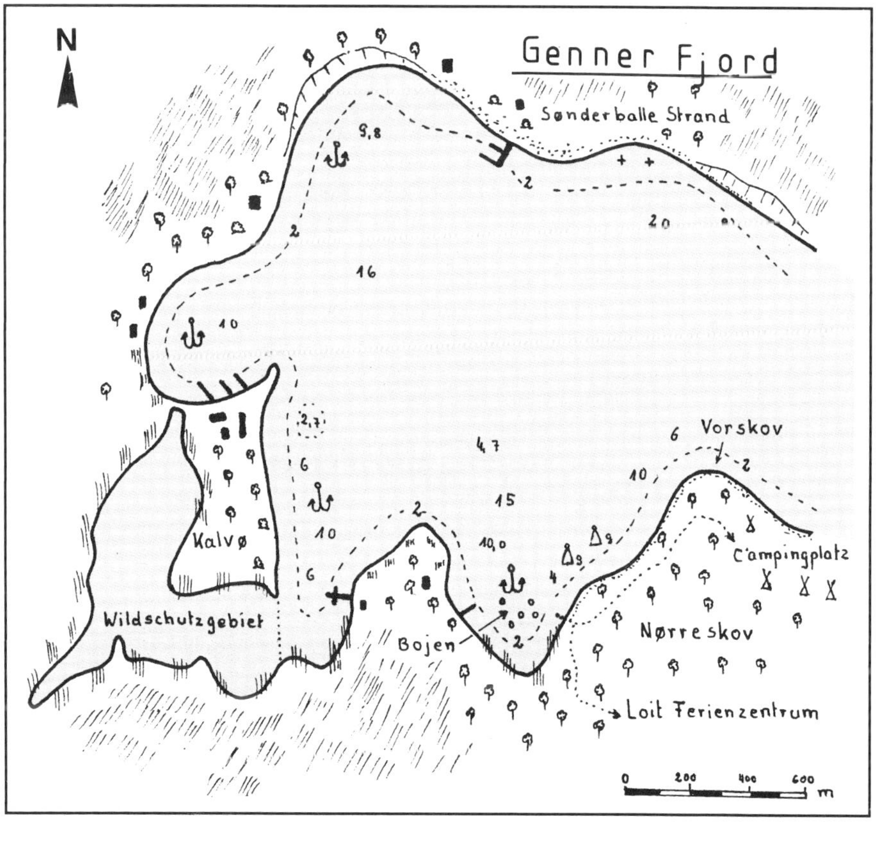

Nørreskov

POSITION: 55° 07,1′ N - 09° 29,0′ E
SEEKARTEN: D 16; DK 151, 154

Allgemeine Beschreibung

Im Südteil des Genner Fjords liegt westlich der Vorskov Huk eine nur ca. 350 m breite Ankerbucht. Sie ist rundum von Wald umgeben. Im verlandeten Scheitel der Bucht hat sich eine Schilfwiese gebildet. Am Westufer gibt es einen privaten Anleger.

Plan siehe „Genner Fjord“

Ansteuerung

Die Bucht ist ohne navigatorische Schwierigkeiten direkt vom Genner Fjord aus anzulaufen. Als Ansteuerungshilfe kann der große, weithin sichtbare Campingplatz „Sandskær“ östlich der Vorskov Huk dienen.

Ankerplatz

Nørreskov ist ein sehr beliebter Ankerplatz, auf dem man immer Yachten antrifft. Es kann überall in der Bucht geankert werden. In der Mitte beträgt die Wassertiefe ca. 12 m, 50 m von Land entfernt noch ca. 2 m. Wegen des steil ansteigenden Grundes faßt der Anker schlecht. Er muß deshalb gut eingefahren werden! Der Ankergrund besteht aus Sand und Seegras. Die Bucht bietet sehr guten Schutz bei Winden aus Ost über Süd bis Nordwest.
In der Bucht befinden sich mehrere private Ankerbojen und zwei Festmachertonnen des dänischen Seglerverbandes. Diese liegen bei westlichen Winden etwas ungeschützt, so daß dann das Festmachen nicht ratsam ist.

Versorgungseinrichtungen

Beim Campingplatz „Sandskær" kleiner Kaufmann, Telefon und Dusche (Dkr. 2,—) bzw. beim „Loit Feriecenter" großer Kaufmann, Telefon und Restaurant.
Der Fußweg ist in etwa gleich lang (ca. 10 Min.). Beide Wege gehen vom Ostufer aus.
Um zum Campingplatz zu gelangen, folgt man dem Fußweg nach links. Will man zum „Loit Feriecenter", wende man sich nach rechts. Der Weg führt quer durch den Wald Nørreskov und weiter zwischen Feldern hindurch bis zu einem weißen Bauernhaus. Dort liegt das Feriendorf. Zum Kaufmann geht man dann noch ca. 200 m rechts die Straße entlang.

Nächster Hafen

Kalvø (ca. 1 sm).

Freizeittips

Die Bucht eignet sich sehr gut für einen längeren Aufenthalt. Kinder können hier ungefährdet mit dem Beiboot herumrudern oder mit dem Opti segeln.
Abends sitzen viele Familien am Strand an einem Lagerfeuer und grillen.
Beim Campingplatz können Segeljollen und Surfbretter geliehen werden. Eine Surfschule bietet Kurse an.

Kalvø

POSITION: 55° 07,3′ N - 09° 28,0′ E
SEEKARTEN: D 16; DK 151, 154

Allgemeine Beschreibung

Kalvø ist eine kleine Insel im inneren Teil des Genner Fjords, die durch einen schmalen Damm mit dem Festland verbunden ist. An Kalvøs Nordufer befindet sich ein kleiner, geschützter Hafen und ein Hotel.

Plan siehe „Genner Fjord"

Ansteuerung

Die Ansteuerung ist direkt vom Genner Fjord ohne Schwierigkeiten möglich.

Ankerplatz

Es gibt zwei Ankermöglichkeiten bei Kalvø:
1. in der Bucht nördlich der Insel, in der sich auch Kalvøs kleiner Hafen befindet;
2. vor der Ostküste der Insel.
   Es kann jeweils dicht vor dem Ufer geankert werden. Die 2-m-Linie verläuft knapp 100 m von Land entfernt.

Der Ankergrund besteht aus Sand bzw. Schlick und steigt steil an, so daß der Anker beim Schwojen leicht ausbrechen kann! Die Bucht nördlich Kalvøs bietet guten Schutz bei Winden aus Südost über West bis Nord, die Ostküste bei Winden aus Südwest bis Nordwest.

Versorgungsmöglichkeiten

Müllbehälter, Wasser und Toiletten beim Hafen Kalvø, Restaurant im nahegelegenen Hotel.
Während der Saison kommt sonntags um 8.00 Uhr der Bäcker-Wagen zum Hafen.
Einkaufsmöglichkeiten in Genner (Bushaltestelle am Hafen)

Nächster Hafen

Kalvø (max. 0,5 sm).

Freizeittips

- *Besuch des Kalvø-Museums (an der Rückseite des Hotels)*
- *Gute Möglichkeit zur Beobachtung der Wasservögel im Wildschutzgebiet. Je nach Jahreszeit halten sich hier Wildenten, Eiderenten oder Eisvögel auf.*
  Im Wildschutzgebiet ist das Segeln und Motorbootfahren verboten!

Kulturelles

Auf Kalvø gab es im letzten Jahrhundert eine Werft, die große Segler für die Ostasienfahrt baute und ausrüstete. Sie starteten vom kleinen Hafen aus zu ihrer Langfahrt nach China. In den umliegenden Wäldern stößt man noch heute auf exotische Bäume und Pflanzen, die die Seeleute von ihren Reisen mitbrachten. Dies sind die einzigen Erinnerungen an jene Zeit.
Die Werft existiert nicht mehr. Die Gebäude wurden anderen Verwendungszwecken zugeführt: Die Schiffsschmiede wurde in ein Toilettenhaus umgewandelt, das Kontor und Zeichenbüro in ein Badehotel mit Museum.

Barsø

POSITION: 55° 07,1′ N - 09° 33,1′ E
SEEKARTEN: D 16; DK 151, 154

Allgemeine Beschreibung

Die schöne Insel Barsø liegt vor der Einfahrt zum Genner Fjord. Von der niedrigen, sandigen Landzunge Leggerodde im Südwesten geht die Insel nach Norden in eine allmählich ansteigende hügelige Landschaft über, die dann zum nördlichen und östlichen schmalen Ufer hin steil abfällt.
Die Bewohner leben von der Landwirtschaft.
Auf der höchsten Erhebung Laadenhøj steht der Signalmast für das nördlich der Insel gelegene Schießgebiet.
Noch vor wenigen Jahren war Barsø ein beliebtes Ziel für Segler. Nachdem das Anlegen an der Fährbrücke verboten wurde, ist es hier still geworden.

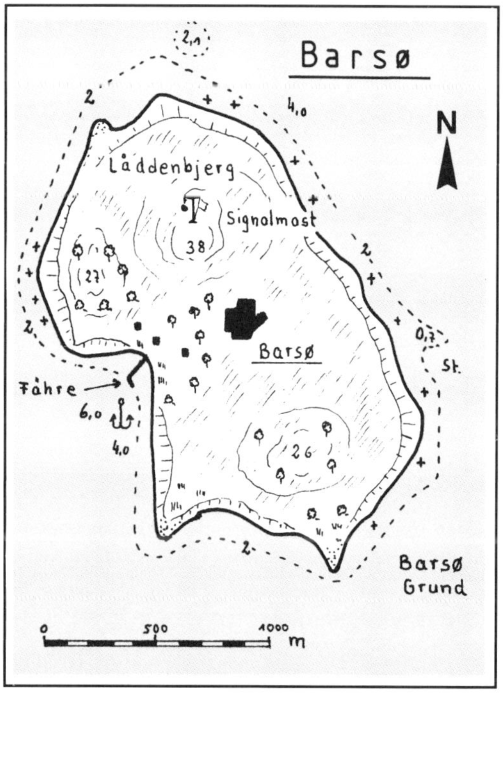

Ansteuerung

Barsø ist eine weithin sichtbare Insel, die ohne navigatorische Schwierigkeiten angelaufen werden kann.

1. **Von Süden kommend**
   halte man sich gut frei von der ca. 0,75 sm südlich der Insel gelegenen, unbezeichneten Untiefe Knuds-Grund. Auf ihr liegt ein dicker Stein mit nur 0,6 m Wasser!
2. **Von Nordosten kommend**
   muß das nördlich gelegene Schießgebiet gequert werden (eventuelle Schießübungen beachten)!

Ankerplatz

Der Ankerplatz befindet sich in der an der Westseite der Insel gelegenen Bucht vor einem schönen Sandstrand. Ca. 100 m vom Ufer entfernt beträgt die Wassertiefe ungefähr 2 m. Der Ankergrund besteht aus Sand.
In der Bucht liegt man geschützt bei Winden aus Nord bis Südost.

Versorgungsmöglichkeiten

Beim kleinen Inselkaufmann, Wasser beim Fähranleger; Fähre zum Festland.

Nächster Hafen

Kalvø (ca. 3 sm)

Freizeittips

- Ein gemütlicher Spaziergang führt rund um die Insel, wobei man die schönen Ausblicke über den Südteil des Kleinen Belts bzw. den Genner Fjord genießen kann.
- Beim Fährhafen Barsø und an der Südspitze soll man gut Meerforellen und Dorsche angeln können.

Kulturelles

An Feld- und Wiesenrändern wächst eine Pflanze, die jeden Gartenliebhaber in Schrecken versetzt: Der Wegerich. Von ihm weiß man, daß er einer der ersten „Unkrautpflanzen" ist, die sich auf Kulturland ansiedelten. Die Indianer Nordamerikas gaben ihm den bezeichnenden Namen: „Die Fußspur des weißen Mannes".
Im Mittelalter war der Wegerich ein geschätztes Heilmittel, denn der Saft seiner Blätter lindert den Schmerz und Juckreiz u. a. bei Mücken-, Bienenstichen und Verbrennungen. Ein gutes Mittel für unterwegs. Man braucht nur die betroffene Stelle mit einigen zerquetschten Blättern einzureiben. Der Juckreiz läßt nach, und die Stelle schwillt ab.
Bei wundgelaufenen Füßen kann man statt eines Pflasters ein Wegerichblatt auflegen.

Wegerich

Diernæs Bugt

POSITION: 55° 09 ,3 'N - 09° 30,2 'E
SEEKARTEN: D 16; DK 151, 152

Allgemeine Beschreibung

Die Diernæs Bugt, ca. 2,5 sm nordwestlich der Insel Barsø, mag in der Seekarte als gute Ankerbucht erscheinen. Sie ist als Ankerplatz aber wenig empfehlenswert:
Hinter einem feinen Sandstrand erstreckt sich ein ausgedehnter Campingplatz, der nach Norden in ein Ferienhausgebiet übergeht. 1985 war wegen der schlechten Wasserqualität das Baden in dieser Bucht verboten (Angabe des dänischen Umweltschutzministeriums).

Ankerplatz

Das Anlaufen der Diernæs Bugt lohnt nur im Notfall. Je nachdem vor welchem Uferabschnitt geankert wird, findet man Schutz vor Süd- über West- bis Nordwind.
Der landschaftlich reizvollste Platz befindet sich am Nordwest-Ausgang der Bucht vor dem Wald Krinshave in Höhe des Kinderheimes. Die 2-m-Linie verläuft hier ca. 250 m vom Ufer entfernt. Der Ankergrund besteht aus Sand und Schlick.

Versorgungsmöglichkeiten

Kaufmann, Telefon beim Campingplatz

Nächster Hafen

Kalvø (4,3 sm)

Sandvig

POSITION: 55° 11,4 'N - 09° 37,2 'E
SEEKARTEN: D 16; DK 151, 152

Allgemeine Beschreibung

Die weite Bucht Sandvig, 4 sm nordöstlich der Insel Barsø, ist, wie ihr Name sagt, rundherum von einem feinen Sandstrand umgeben. Am Westufer liegt die ausgedehnte Feriensiedlung Hejsagerstrand. Am Ostufer verbirgt sich hinter einer mit Gras bewachsenen Landzunge ein ausgedehntes Lagunengebiet.

Plan siehe nächste Seite

Ansteuerung

1. **Von Süden kommend**
   steuert man von der gelben Tonne Barsø Grund ca. rw. 360°. Die beiden Schießgebiete nördlich Barsøs müssen gequert werden. Auf der höchsten Erhebung Barsøs, Laddenhøj, steht ein Signalmast, auf dem die Übungen angezeigt werden.
   1 Ball bedeutet: Schießübung im kleinen Gebiet;
   2 Bälle: Schießübung im großen Gebiet.
   Eine gute Ansteuerungshilfe ist die im Hinterland stehende Kirche von Halk.
2. **Von Norden kommend**
   folgt man ab Halk Hoved der Küste bis zur Sandhuk Rævshalen, die wegen der vorgelagerten Untiefe in einem Mindestabstand von 600 m gerundet werden sollte. Kurz hinter der Huk reicht ein Stellnetz bis ins tiefe Wasser.
   Auch bei dieser Ansteuerung werden die beiden Schießgebiete gequert. Ein zweiter Signalmast steht 0,6 sm nordöstlich Rævshalen (Signale siehe oben).

> **Achtung**
> Stellnetze vor dem Westufer.

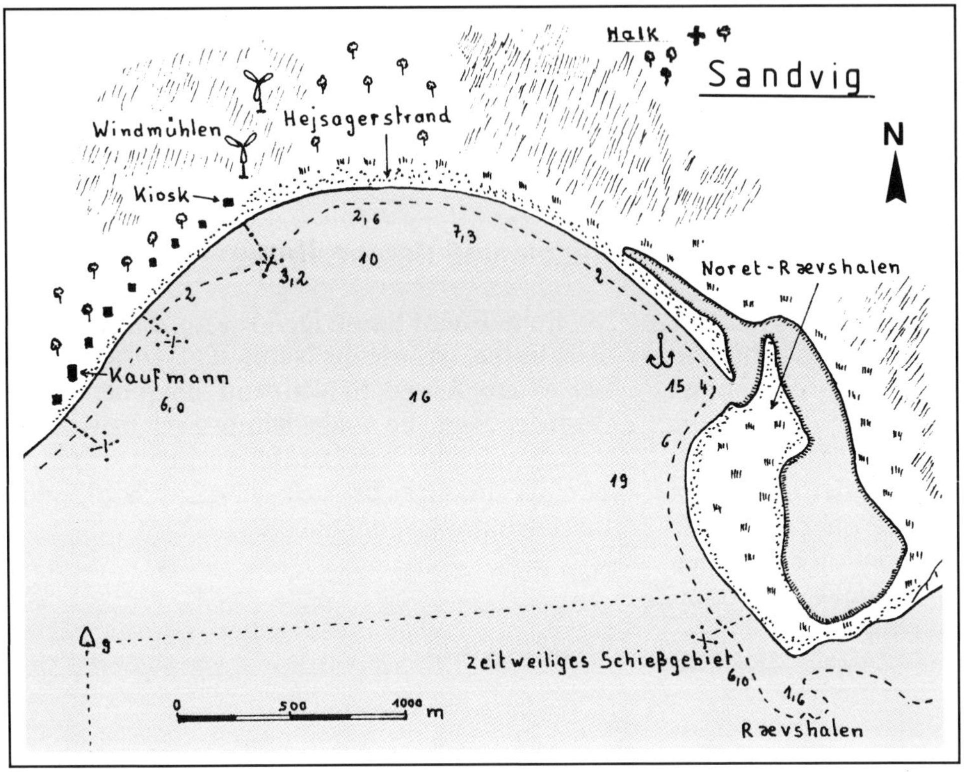

Ankerplatz

Es kann überall in der Bucht geankert werden.
Am ursprünglichsten und schönsten liegt man jedoch vor der östlichen breiten Landzunge. Die 2-m-Linie verläuft hier ca. 100 m vom Ufer entfernt. Der Ankergrund besteht aus Sand. Je nachdem wo man in der Bucht ankert, findet man Schutz bei Winden aus West über Nord bis Ost.

Versorgungsmöglichkeiten

Ein Strandkiosk steht am nördlichen Ende von Hejsagerstrand, ein Kaufmann kurz vor dem südlichen Ortsausgang.

Nächster Hafen

Årøsund (9,5 sm), Kalvø Havn (7,5 sm)

Freizeittips

— *Schöner Badestrand, Wandermöglichkeiten.*

Tip: Beim Spazierengehen kann man zarte Gräser oder Blumen sammeln. Man klebe sie vorsichtig auf einen weißen Karton vom Format 14,5 x 10,5 cm und überziehe die Karte mit Klarsichtfolie. Die überstehenden Ränder werden sauber abgeschnitten. Und ab geht der persönliche Kartengruß!

Haderslev Fjord

SEEKARTEN: D 15; DK 151, 153

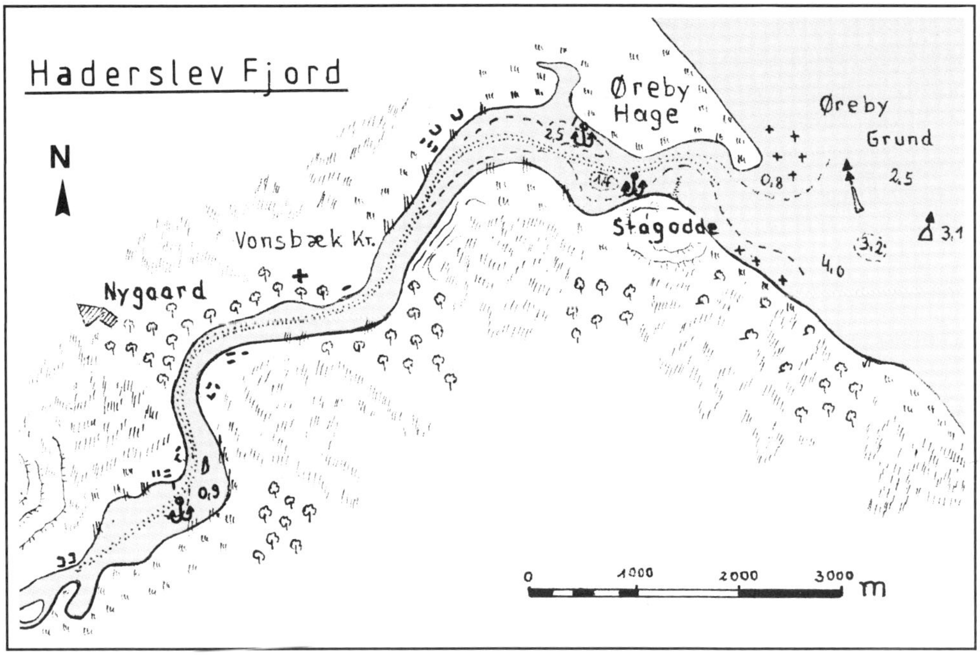

Der Fjord schlängelt sich 7 sm von Ørby Hage bis Haderslev durch Weideland und Wiesenflächen, die nur vereinzelt durch kleine Waldgebiete unterbrochen werden.
Die schmale, ca. 6 m tiefe betonnte Baggerrinne muß meistens genau eingehalten werden. Der Raum zum Ausweichen bei Begegnungen mit Kümos ist zum Teil beängstigend eng. Strömung und Wasserstand sind abhängig von den Windverhältnissen. Starker Wind aus Ost bzw. West kann ihn bis zu 1,30 m heben oder senken.
Yachten mit mäßigem Tiefgang finden beiderseits der Fahrrinne mehrere Ankermöglichkeiten. Auch im Bereich der privaten Bojenfelder kann man gut ankern.

Die besten Ankerplätze befinden sich bei der Mündung des Fjords:

1. **Zwischen Ørby Hage und Stagodde**
   (Pos. 55° 16,8′ N 09° 40,2′ E und 55° 17,1′ N 09° 39,15′ E) südlich der Fahrrinne auf ca. 3 m bzw. 2,50 m Wassertiefe und

2. **im Bojenbereich der Ørby Hage Bro**
   (Pos. 55° 17,2′ N-09° 39′ E).
   Dort beträgt die Wassertiefe ca. 2,30 m.
   Zur Brücke führt eine 300 m lange, 8—10 m breite Rinne, die auf ca. 3 m ausgebaggert sein soll (Wassertiefe am Kopf 3 m).

Der Ankergrund besteht überwiegend aus Schlick.

Helnæs Bugt

SEEKARTEN: D 16; DK 151, 152

Eingebettet zwischen Horne Land und Helnæs dehnt sich die schöne Helnæs Bugt. Die drei Inselchen Illum, Horsehoved und Vigø unterteilen sie in den Sønder Fjord und Nørre Fjord. Zwei schmale, betonnte Fahrwasser verbinden beide miteinander. Nur Illum und Vigø werden bewohnt und landwirtschaftlich genutzt. Rund um die Helnæs Bugt wechseln sich Felder, Wiesen und Waldstreifen in bunter Reihenfolge ab. Ankermöglichkeiten findet man dort in Lee der Wälder oder Steilküstenabschnitte in großer Zahl. Nur eine empfehlenswerte Auswahl haben wir herausgegriffen und näher beschrieben. Wer ein paar Tage auf den Komfort der Marinas verzichten kann, wird sich dort abseits der Ferienrouten sicherlich wohl fühlen.

Ein Besuch der Helnæs Bugt stellt keine besonderen navigatorischen Ansprüche an die Crew. Die beiden Flachs Helnæshoved Flak und Middelgrund mit ca. 3,4 m Wassertiefe können bei handigem Wetter problemlos passiert werden. Am besten hält man sich beim Einlaufen dicht unter die Küste von Hornenæs oder Helnæs. Die ausgelegten Tonnen helfen einem dann, alle weiteren Untiefen in der Bucht sicher zu umschiffen.

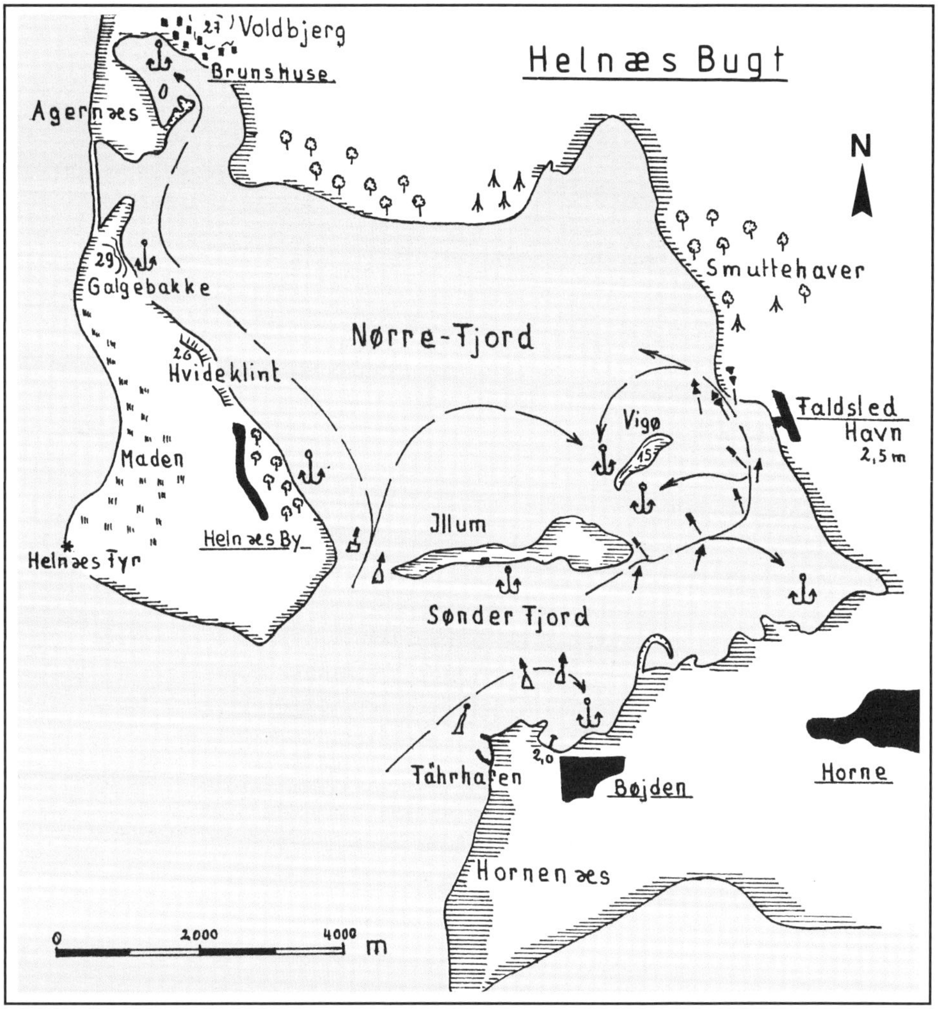

Helnæs Skov

POSITION: 55° 08,5′ N - 10° 02,2′ E
SEEKARTEN: D 16; DK 151, 152

Allgemeine Beschreibung

An der Ostseite der vom Tourismus wenig berührten Bauerninsel Helnæs befindet sich vor dem ausgedehnten Laubwaldgebiet Helnæs Skov ein ausgezeichneter Ankerplatz.

Plan siehe „Helnæs Bugt“

Ansteuerung

Vom grün-roten Tonnenpaar zwischen Illum und Helnæs kann man direkt auf den Wald zuhalten.

> Achtung
>
> Etwas nordwestlich der Rinne befinden sich Überreste einer ehemaligen Steinmole mit einer 0,5-m-Stelle.

Ankerplatz

Man ankert ca. 250 m vor der Küste auf 2 — 4 m Wassertiefe. Der schlickige Grund fällt schnell ab. Vor dem Ufer stehen einige Bundgarnpfähle. Auch sind dort vereinzelte Fischerbojen ausgelegt. Vor dem Wald liegt man gut bei Winden aus Südwest bis Nordwest.

Versorgungsmöglichkeiten

In Helnæs By. Dort gibt es auch einen bekannten Gasthof (Helnæs Kro).
Fußweg 1 km.

Nächster Hafen

Faldsled (ca. 4 sm); Bøjden Bro (ca. 3 sm).

Freizeittips

- *Spaziergang zum Dorf Helnæs By mit der am nördlichen Eingang unter Denkmalschutz stehenden flügellosen Windmühle und der 1617 erbauten Kirche;*
- *Besteigung des Leuchtturms „Helnæs Fyr“ auf der südwestlichen Spitze von Helnæs (ca. 7,5 km);*
- *Besuch der Strandwiesen Maden westlich von Helnæs By. Sie reichen bis zum Kleinen Belt und zählen zu den größten Dänemarks.*

Galgebakke

POSITION: 55° 10,3′ N - 10° 00′ E
SEEKARTEN: D 16; DK 151, 152

Allgemeine Beschreibung

Der 29 m hohe Galgebakke liegt im Norden von Helnæs. Der nur von Feldern überzogene Hügel mit seiner hohen gelben, zum Wasser schroff abfallenden Steilküste wirkt von weitem etwas kahl und abweisend. Nach Norden läuft er in einem wiesengrünen, unbewaldeten Höhenzug aus.

Plan siehe „Helnæs Bugt“

Ansteuerung

Vom Ankerplatz Helnæs Skov folgt man der Küste von Helnæs im Abstand von 0,5 sm nordwärts. Vorsicht: Dicht an die 2-m-Linie grenzen einige sehr flache Stellen (0,3 — 0,6 m). Vorbei geht es am steilen, bewaldeten Hvide Klint, und voraus erhebt sich der hohe Hügel Galgebakke. Erst wenn dieser etwa querab ist, sollte man sich der Küste nähern. Als Ansteuerungshilfe kann auch das eben südlich des Hügels liegende Gehöft dienen.

> **Achtung**
> Vereinzelte sehr flache Stellen dicht an der 2-m-Linie.

Ankerplatz

Man ankert knapp vor der 2-m-Linie, die ca. 200 m vom Ufer entfernt verläuft. Die Wassertiefe fällt schnell über 4 m auf 6 m ab. Der Grund besteht aus Sand mit kleinen Steinen. In Lee des hohen Galgebakke liegt man ruhig bei Winden aus Süd bis Nordwest. Am Fuß der Steilküste kann man gut mit dem Beiboot landen.

Versorgungsmöglichkeiten

Keine

Nächster Hafen

Faldsled (ca. 5,2 sm)

Freizeittips

- *Wanderung auf den Galgebakke. Von seiner Kuppe aus hat man einen herrlichen Rundblick über den Nørre Fjord und den Kleinen Belt.*
- *Beobachtung der Vogelwelt an den Schilfseen auf dem unter Naturschutz stehenden Halden.*

Kulturelles

Dänemark ist ein Agrarstaat. Auf einer Sommertour kommt man mit einer Vielzahl von Getreidearten in Berührung. Aber wer kennt sie schon?

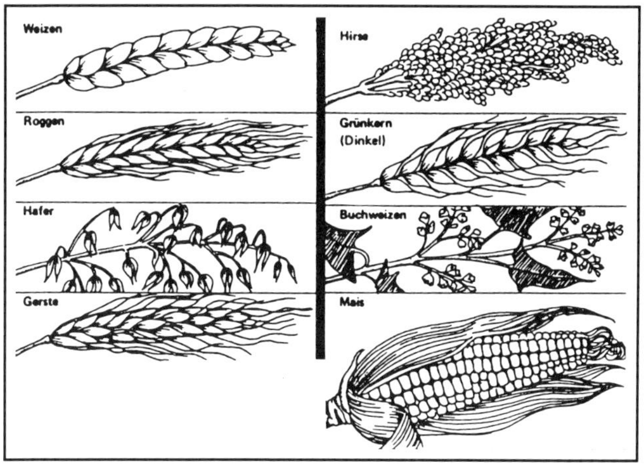

Unsere wichtigsten Getreidearten.

Entdeckern raten wir: Nimm mal ein Messer und mache einen Längsschnitt durch ein reifes Korn. Das Wunder der Natur öffnet sich vor Dir!

Brunshuse/ Agernæs

POSITION: 55° 11,9′ N - 09° 59,8′ E
SEEKARTEN: D 16; DK 151, 152

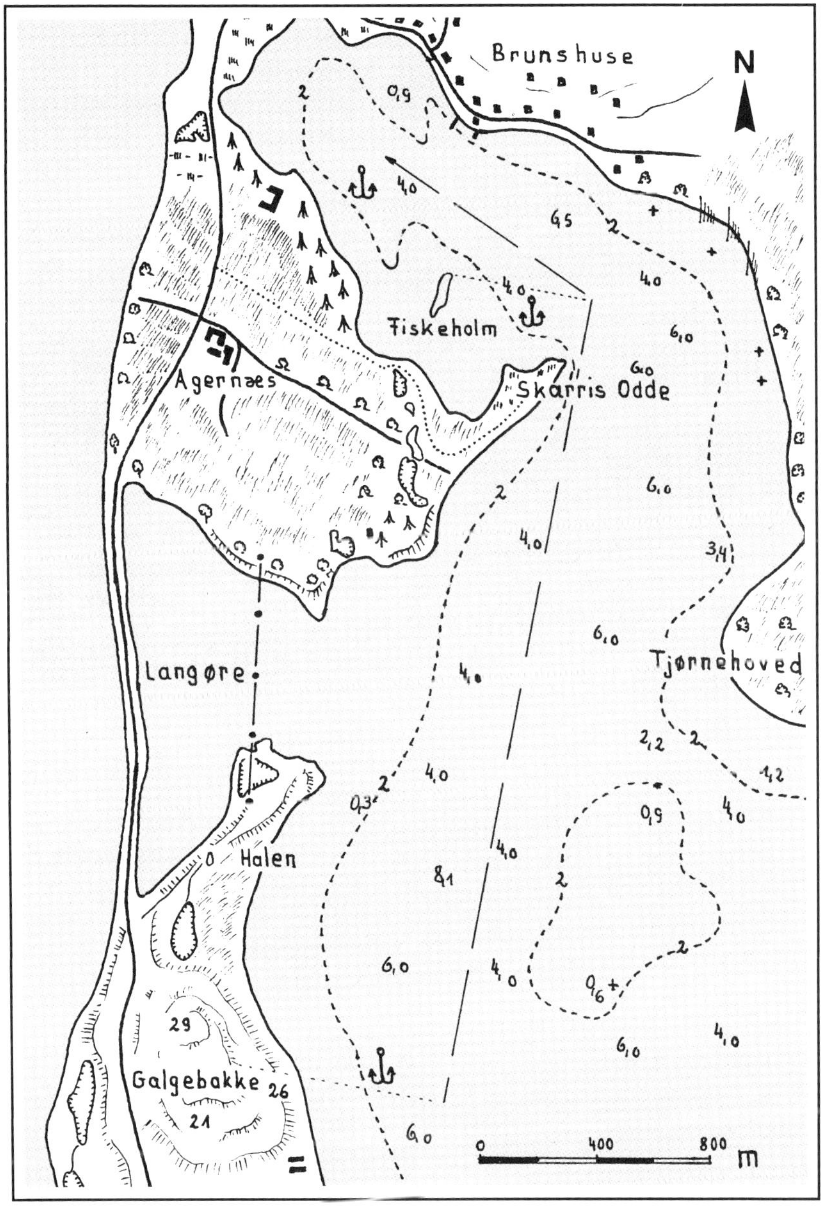

Allgemeine Beschreibung

Ganz im Nordwesten des Nørre Fjordes gelangt man zu dem malerischen und geschützten Naturhafen Brunshuse. Der gleichnamige und ehemalige Fischerort mit seinen leuchtend weißen Häusern, den roten Dächern und den an Ankerbojen dümpelnden Booten paßt harmonisch in das Landschaftsbild. Die neue Siedlung zwischen dem hügeligen Hinterland hält sich dezent im Hintergrund. In der Bucht liegt die kleine grasbewachsene Insel Fiskeholm. Ein idealer Platz zum Träumen und Verweilen!

Ansteuerung

Ist der Galgebakke querab, ändere man den Kurs auf die flache Huk Skarris Odde, die etwas an Backbord bleiben muß. Querab von Fiskeholm wird der Kurs erneut geändert, und weiter geht es in die Mitte der Bucht bis zum Ort Brunshuse, wo man sich einen geeigneten Ankerplatz auswählen kann.

Achtung

Die Ansteuerung von Brunshuse erfordert wegen der unbezeichneten Flachs beiderseits der Einfahrt große Aufmerksamkeit. Das Echolot sollte auf allen Kursen nie weniger als 3,50 bis 4,00 m anzeigen!

Ankerplatz

Bei allen südlichen Winden kann man sehr gut dicht unter Land bei Skarris Odde ankern, wo sich ein verfallener Anleger befindet.
Vor dem kleinen Wäldchen von Gammel Agernæs liegt man ruhig außer bei Winden aus Nord bis Ost. Das Herrenhaus mit dem

spitzen Turm ist eine gute Ansteuerung für diesen Ankerplatz. Man liegt ca. 100 m vom Ufer entfernt. Kommt der Wind aus Norden bzw. Osten verholt man nur zum gegenüberliegenden Ufer.
Die Wassertiefe beträgt zwischen 3 m und 4 m. Der Grund besteht überwiegend aus Mud mit starkem Seegrasbewuchs. Der Anker faßt schlecht!

Versorgungsmöglichkeiten

Kaufmann mit Tankstelle im 1 km nördlich Brunshuse gelegenen Brydegård. Entweder folgt man der Küstenstraße oder man wählt den schöneren Weg ab Ortsmitte Brunshuse, den Skærendsvej. Der Kaufmann hat während der Saison täglich von 8.00 — 20.00 Uhr geöffnet.

Nächster Hafen

Faldsled (ca. 6,5 sm)

Freizeittips

— *Im Strandwiesengebiet Enemærke lassen sich gut Vogelbeobachtungen durchführen.*
— *Spiel mal wieder:*

Hellseher

Material: *2 Würfel (im Notfall 12 Pfennige)*
1 Würfelbecher
je Mitspieler 16 Streichhölzer

Mitspieler: *Beliebig*

Spielregel: Jeder Mitspieler legt eine von den Spielern vereinbarte Anzahl von Hölzchen in die Mitte. Danach wird mit beiden Würfeln gewürfelt, ohne daß zunächst die Augenzahl aufgedeckt wird. Das „Hellsehen“ (Raten) beginnt. Derjenige, der richtig geraten hat, bekommt den Pool. Bei mehreren richtigen Nennungen wird der Pool geteilt. Hat keiner die richtige Augenzahl genannt, bleibt der Einsatz im Pool und wird bei der nächsten Runde mit ausgeschüttet. Gewinner ist derjenige, der zum Schluß die meisten Hölzchen hat.

Vigø

POSITION: 55° 08,7′ N - 10° 06,6′ E
SEEKARTEN: D 16, DK 152

Allgemeine Beschreibung

Vigø ist eine kleine, hohe Insel im östlichen Teil der Helnæs Bugt. Man erkennt sie von Norden kommend an der gelben Steilküste, die mit Wald und Buschwerk bewachsen ist. Nach Südosten fällt die Insel flach ab. Der größte Teil der Fläche wird landwirtschaftlich genutzt.
In Lee der nordwestlichen Steilküste sind im Sommer häufig Ankerlieger anzutreffen.

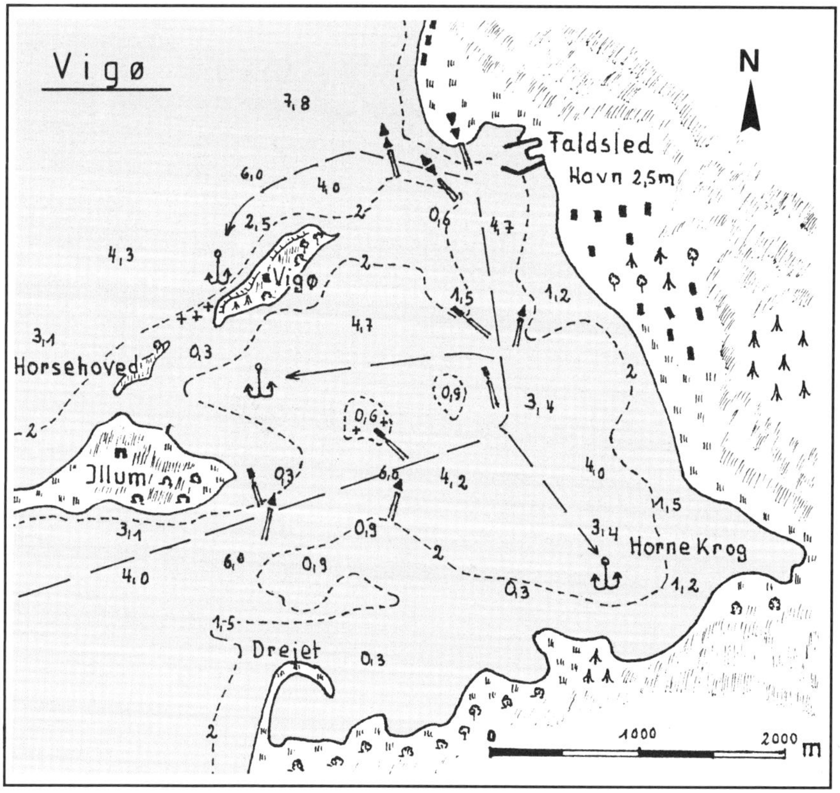

1. Vigø Nord

Ansteuerung

Den Ankerplatz an der Nordwestseite der Insel erreicht man entweder durch das östliche Fahrwasser nach Faldsled (siehe Plan) oder die betonnte Rinne zwischen Helnæs und der Westspitze von Illum.
Dem Fahrwasser von Faldsled folgend bleiben die Ost- und die Norduntiefentonne an Backbord. Hat man die letztere passiert, segelt man in einem kleinen Bogen auf die gelbe Steilküste von Vigø zu.

> **Achtung**
>
> Vor der westlichen Huk liegen innerhalb der 2-m-Linie große Steine.

Ankerplatz

Dicht unter dem hohen Ufer findet man einen schönen und sicheren Ankerplatz bei Winden aus Ost bis Süd. Die Wassertiefe beträgt ca. 3 m über Sand und Seegras.

2. Vigø Süd

Ansteuerung

Vom Sønder Fjord kommend, läuft man in der betonnten Rinne nach Faldsled bis zur einzelnen roten Spierentonne, die an Backbord bleibt. Kurz danach ändere man den Kurs und laufe auf die Südwestspitze von Vigø zu. So umgeht man am sichersten die beiden Untiefen.
Je nach Windrichtung ankert man besser dicht unter der Südküste von Vigø oder mehr zwischen Horsehoved und Illum. Das Echolot sollte nicht unter 3 m anzeigen!

> **Achtung**
>
> — Zwei Untiefen mit 0,9 m und 0,6 m und großen Steinen dicht außerhalb des Fahrwassers!
> — Dicht bei der 2-m-Linie läuft ein Kabel von Vigø nach Illum.

Ankerplatz

Zwischen Vigø, Horsehoved und Illum liegt man ruhig bei Winden aus Südwest bis Nord. Das ausgedehnte Flach nördlich vom Ankerplatz läßt keinen nennenswerten Seegang aufkommen. Man ankert auf ca. 3 m Wassertiefe über Sand mit Seegras.

Tip: Bei östlichen Winden kann man auch gut in der südöstlich gelegenen Bucht Horne Krog ankern.

Versorgungsmöglichkeiten

Keine

Nächster Hafen

Faldsled (max. 2,5 sm)

Freizeittips

- *Von der Steilküste hat man einen herrlichen Blick über den Nørre Fjord.*
- *Vigø und das unbewohnte Horsehoved sind ein Paradies für Wasser- und Stelzvögel, so daß Vogelkundler ihre Freude haben werden.*
- *Wer einen Beibootausflug nach Illum machen möchte, dem erleichtert der kleine Anlegesteg an der Nordostseite der Insel den Landgang.*

Bøjden Bro

POSITION: 55° 06,5′ N - 10° 06,1′ E
SEEKARTEN: D 16; DK 152

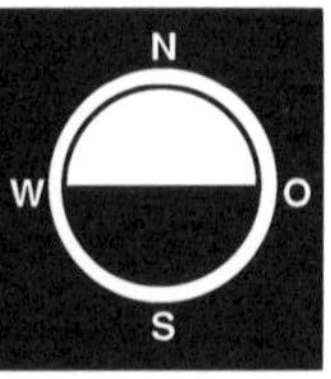

Allgemeine Beschreibung

Bøjden Bro an der Nordküste von Horne Land ist von hügeligen Feldern und einzelnen kleinen Wäldchen umgeben. Östlich des kleinen gleichnamigen Hafens liegt ein großer, weithin sichtbarer Campingplatz auf einem zur Helnæs Bugt abfallenden Hügel. Ein schmaler Sandstrand mit Badesteg und einem Bojenfeld für Kleinboote davor runden das Landschaftsbild ab.

Plan siehe „Helnæs Bugt"

Ansteuerung

Bei der Ansteuerung des Ankerplatzes muß man das Kalvøre Rev weiträumig umsegeln. Die rotweiße Tonne westlich des Fährhafens kann knapp an beiden Seiten passiert werden. Danach setze man Kurs auf die beiden grünen Tonnen nördlich des Kalvøre Rev ab. Diese bleiben an Steuerbord. Nach der zweiten grünen Tonne halte man in leichtem Bogen auf den Anleger von Bøjden zu. Östlich davon, dicht unter Land, befindet sich ein guter Ankerplatz.

Achtung

Bei starken Winden aus Südwest kann das Wasser um 1 m fallen! Die grünen Tonnen sind schlecht auszumachen, da lange Stellnetze diese zum Teil verdecken.

Ankerplatz

Die Bucht bei der Bøjden Bro ist ein ruhiger Ankerplatz. Man ankert auf ca. 3 m Wasser über Sandgrund. Das flache Kalvøre Rev gewährleistet guten Schutz vor Seegang aus West. Bei Nordwest bis Nord sollte man den Platz meiden und zwischen Illum und Vigø oder unter der Südküste von Illum ankern.

Versorgungsmöglichkeiten

In Bøjden (1 km); Kaufmann beim Campingplatz

Nächster Hafen

Bøjden Bro (0,2 sm)

Freizeittips

- *Auf Kalvøre gibt es einen weiteren kleinen Sandstrand zum Baden und Spielen für Kinder.*
- *Ausflug nach Horne (ca. 3 km). Dort steht die einzige Rundkirche Fünens. Sie wurde um 1100 als Festung erbaut. Derartige Anlagen findet man sonst nur noch auf Bornholm.*

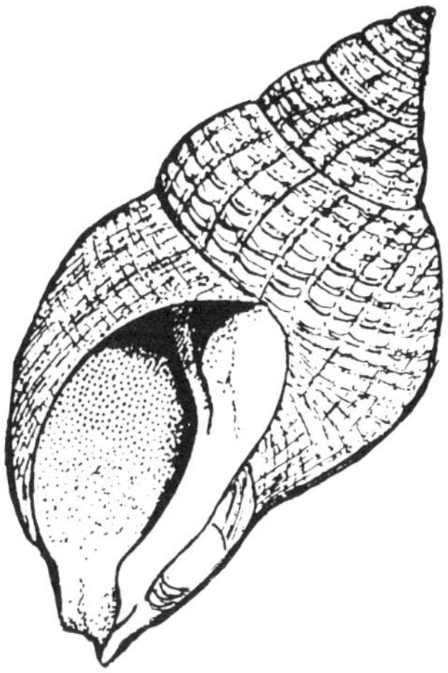

Illum

POSITION: 55° 07,8′ N - 10° 05,1′ E
SEEKARTEN: D 16; DK 151, 152

Allgemeine Beschreibung

Illum ist eine ca. 3,5 km lange, schmale Insel, die die Helnæs Bugt in den Nørre Fjord und Sønder Fjord unterteilt. Mit ihrem steinigen Strand, zahlreichen blütenreichen Sumpfwiesen und Strandseen wirkt die Insel sehr ursprünglich. Die Luft ist erfüllt von dem Geschrei der Möwen, das wie das zarte Klopfen der Wellen am Schiffsrumpf eine musikalische Untermalung dieser herrlichen Natur ist. Vesterhoved, die Westspitze der Insel, läuft in einer markanten dreieckigen Steilküste aus, an deren Rücken ostwärts ein kleines Wäldchen anschließt. Im flachen Osten liegen die beiden Bauernhöfe Illumgård und Starbogård.

Plan siehe „Helnæs Bugt"

Ansteuerung

Die Ansteuerung von Illum-Südküste ist unproblematisch. Als gute Ansteuerungsmarke kann das rote Landhaus mit dem meistens wehenden Danebrog auf dem Westteil der Insel dienen.

Ankerplatz

Man ankert auf der Südseite am besten vor dem Wäldchen ca. in der Mitte der Insel. Nur 50 m vom Ufer entfernt beträgt die Wassertiefe dort noch 4 m. Der Grund besteht aus Sand mit Seegras und Steinen. Bei Winden aus Nordwest über Nord bis Nordost liegt man hier ruhig und geschützt. Bei südlichen Winden kann man sich auf die Nordseite von Illum etwas östlich der Huk Vesterhoved dicht unter Land verholen.

Versorgungsmöglichkeiten

Keine

Nächster Hafen

Bøjden Bro (ca. 1,8 sm)

Freizeittips

- *Im kleinen Wäldchen in der Mitte der Insel liegt versteckt ein Hünengrab.*
- *Im Flachwasser kann man die kleine Strandschnecke beobachten. Sie lebt ähnlich wie ihre „große Schwester", die gemeine Strandschnecke. Sie „weiden" den dünnen Algenbelag von den Steinen ab oder fressen kleine tote Tiere, wie z. B. Seepocken. In Holland und England gelten Strandschnecken als Delikatesse.*

Illum Vesterhoved — von Süden gesehen

Torø

POSITION: 55° 15,0′ N - 09° 53,8′ E
SEEKARTEN: D 16; DK 151

Allgemeine Beschreibung

Torø, ca. 1 sm südwestlich von Assens gelegen, ist eine kleine, landschaftlich reizvolle Insel. Der Norden ist flach, sandig und mit Gras bewachsen. Das dort errichtete Kreuz ist sehr auffällig. Der Mittelteil ist z. T. bewaldet und wird landwirtschaftlich genutzt. Im Südosten der Insel schließen zwei verschilfte Landzungen eine kleine Lagune ein.

Ansteuerung

Von Süden kommend kann man bei gutem Wetter das weit auslaufende Flach an der Nordspitze von Torø ca. 1/2 sm von Land queren. Danach hält man zunächst auf die beiden Kabelbaken auf der Südostspitze von Torø zu und läuft dann mit Westkurs in die Bucht ein.
Von Norden kommend kann man von der grünen Tonne Bågø Flak mit Kurs rw 139° auf die betonnte Fahrrinne von Torøhuse zulaufen. Zum Ankern dreht man dann nach Westen in die Bucht hinein.
Um nach Torøhuse zu gelangen, muß man die betonnte Fahrrinne genau einhalten. Außerhalb der Rinne ist es sofort flach.

Achtung

Vor der östlichen sandigen Landzunge sind zeitweilig zahlreiche Fischerbojen ausgelegt.

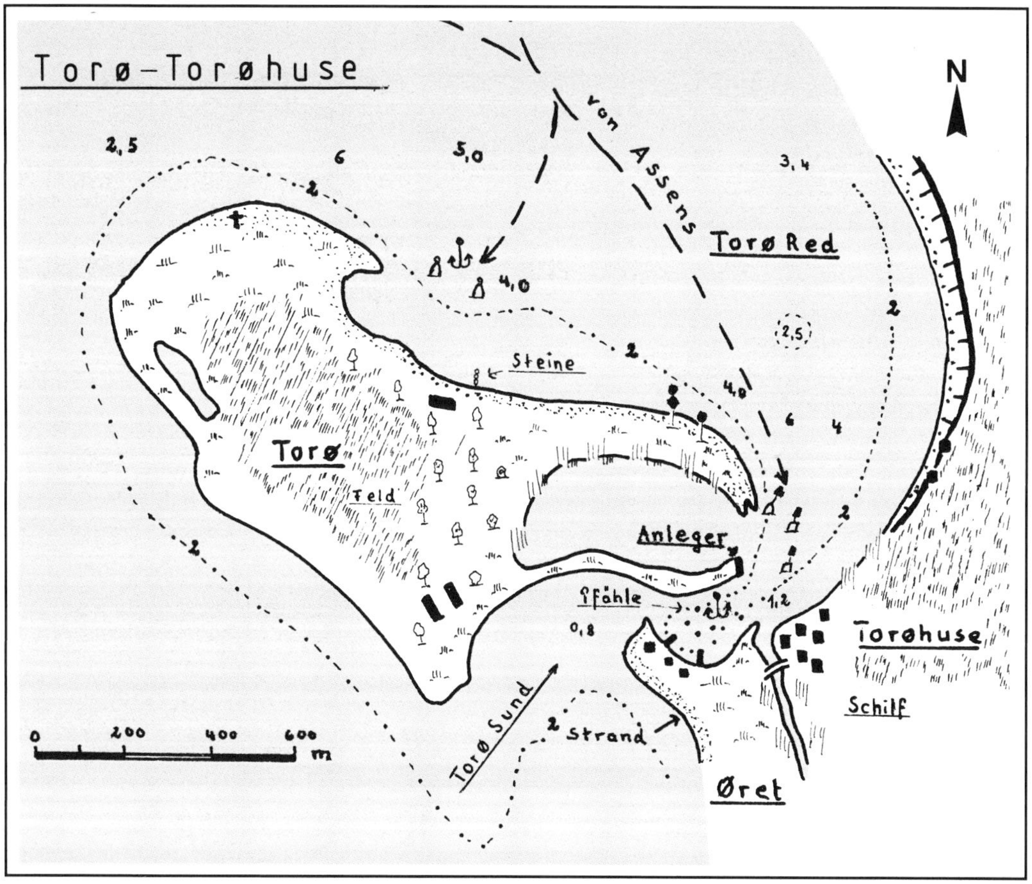

Ankerplatz

Die auf der Ostseite der Insel gelegene Bucht ist ein beliebter Ankerplatz. Man ankert ca. 200 m vom Ufer entfernt. Boote mit geringem Tiefgang können hinter der NO-Huk dicht unter Land ankern.
Der Grund ist verkrautet, so daß Patentanker sich zum Teil nur schlecht eingraben! Hinter der 4-m-Linie wird es schnell flach.
Das hohe, bewaldete Ufer bietet guten Schutz bei W- SW-S-Winden. Der dänische Seglerverband hat dort zwei gelbe Ankerbojen auf ca. 3,20 m ausgelegt.
Bei Westwind läuft etwas Schwell in die Bucht.

Versorgungsmöglichkeiten

Keine

Nächster Hafen

Assens (ca. 1 sm)

Freizeittips:

- *Kinderfreundliche Badebucht, gut geeignet zum Optisegeln und Surfen.*
- *Viel Platz für Strandspiele, wie z. B. dem „Ringstechen“:*

„Ringstechen”

Spielmaterial: *Hierzu stellt man sich aus altem Tauwerk einen Ring von ca. 15 cm Durchmesser her (siehe Bildfolge). Zusätzlich wird ein längerer Stock (Bootshaken) benötigt.*

Spielregel: *In den Sand wird ein Kreis von ca. 2 m Durchmesser gezeichnet, in den sich ein Mitspieler stellt. Er erhält den Stock und muß mit ihm den Ring auffangen, wenn er in hohem Bogen angeflogen kommt. Für jeden aufgefangenen Ring gibt es einen Punkt. Läßt er ihn fallen, darf der nächste Mitspieler seine Geschicklichkeit im Kreis ausprobieren. Gesucht wird der „Meisterstecher“. Er ist der Sieger.*

Kulturelles

Torø ist sagenumwoben. Hier soll sich der berühmte Kampf des Gottes Thor mit den Riesen (jætterne) zugetragen haben, der jedoch keine anderen Spuren als Bonnesens Skulptur „Thors Kampf gegen die Jætten“ hinterlassen hat. Sie war ursprünglich im kleinen Wäldchen auf der Insel aufgestellt, bevor sie nach Odense gebracht wurde.
Dagegen befindet sich noch eine kleine Salutkanone auf Torø. Sie erinnert an die „Gulaschzeit“ und die Feste, die nach dem Ersten Weltkrieg hier gefeiert wurden. Bis 1930 befand sich die Insel im Privatbesitz der Handelsdynastie Plum, die sie als Ausflugsziel für Gäste benutzte. Ihnen zu Ehren wurde bei ihrer Ankunft mittels der Kanone Salut geschossen.

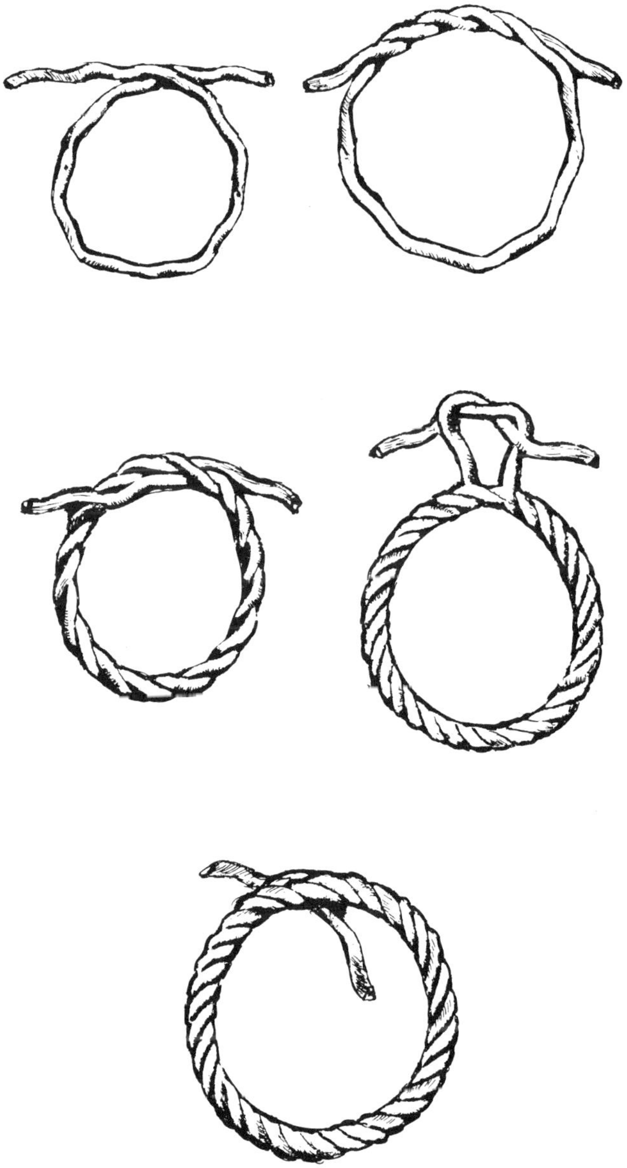

Torøhuse

POSITION: 55° 14,8′ N - 09° 53,5′ E
SEEKARTEN: D 16; DK 151

N W O S

Allgemeine Beschreibung

Der schmale, teilweise nur 1 m tiefe Torø Sund trennt die Insel Torø von Fünen. Vor dem Fischerort Torøhuse bildet er eine kleine kreisförmige Bucht, wodurch ein bestens geschützter und idyllisch gelegener Naturhafen entstanden ist.
In der Bucht stehen etliche Festmacherpfähle. Im Westteil befinden sich zwei Anleger der örtlichen Fischer, die am Kopfende eine Wassertiefe von 2,50 m aufweisen. Von der Landzunge Øret gelangt man über eine kleine Brücke nach Torøhuse.

Plan siehe „Torø"

Ansteuerung

Von Torø Red führt eine betonnte Fahrrinne nach Torøhuse. Sie verläuft dicht unter der Insel Torø. Nach der letzten roten Tonne halte man sich etwa in der Mitte der Bucht. Vorn dort führt eine Rinne bis zu den beiden Stegen.
Äußerste Vorsicht ist vor der Nord- und Südostseite geboten. Nicht an allen dort gerammten Pfählen ist die Wassertiefe ausreichend! Die durchschnittliche Wassertiefe beträgt 4 m, im Südostteil schnell abnehmend. Die äußeren Pfähle in diesem Bereich weisen eine Wassertiefe von nur 1,20 bis 1,50 m auf! Im Westteil hat man 20 m vom Ufer entfernt noch 2,50 m Wasser.

Ankerplatz

Es kann im südlichen Teil der Bucht geankert werden. Der Ankergrund, der aus weichem Sand und Seegras besteht, ist jedoch schlecht haltend. Deshalb ist es günstiger, an einem der freien Pfähle festzumachen. Da die Wassertiefe nicht an allen Pfählen ausreichend ist, langsam an einen freien Pfahl manövrieren! Diese Mühe und der Nervenkitzel werden mit einem herrlichen Liegeplatz belohnt, der gegen alle Winde gut geschützt ist.

Versorgungsmöglichkeiten

Müllbehälter an der Holzbrücke nach Torøhuse, ansonsten keine weiteren Versorgungseinrichtungen.

Nächster Hafen

Assens (ca. 2 sm)

Freizeittips

- *Badestrand an der Westseite der Halbinsel Øret*
- *Torøhuse ist ein sehenswerter kleiner Fischerort, wo sich reetgedeckte weiße Häuschen aneinanderkuscheln. An lauen Sommerabenden stehen die Fischer vor ihren Haustüren, um einen Plausch miteinander zu halten. Verwundert wird aufgeschaut, wenn ein „Fremder" vorbeibummelt.*

Egholm

POSITION: 55° 19,8′ N - 09° 47,7′ E
SEEKARTEN: D 16; DK 151

Allgemeine Beschreibung

Egholm ist eine kleine, flache Grasinsel mit umlaufendem Sandstrand, ca. 0,2 sm nördlich von Bågø.
Da die Insel sehr niedrig ist und keinen Windschutz bietet, kann dieser Platz nur als Schönwetter- bzw. Tagesankerplatz empfohlen werden.

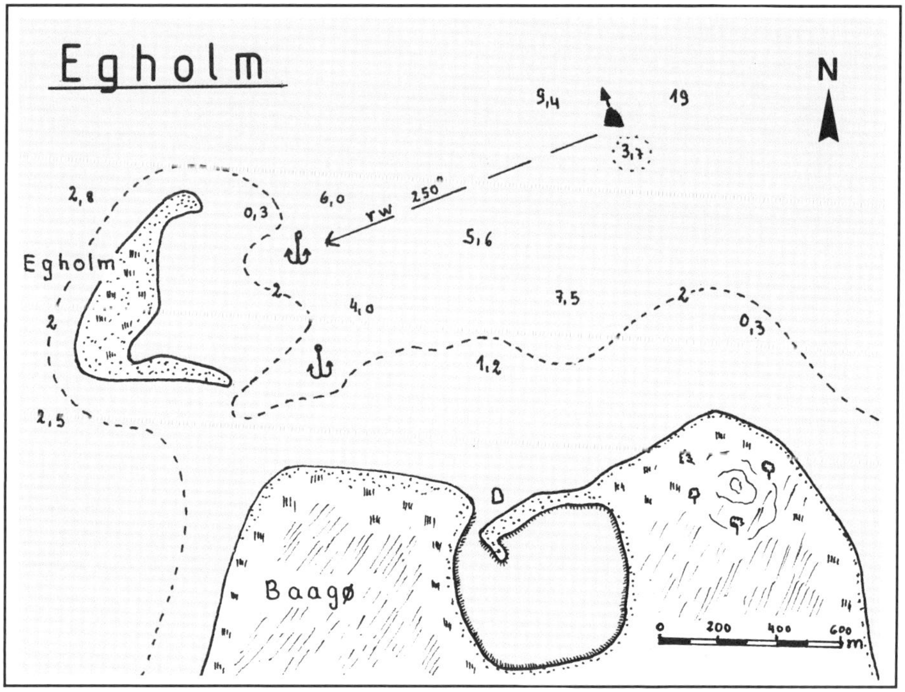

Ansteuerung

Folgt man dem Fahrwasser zwischen Bågø und Fünen in nördlicher Richtung, kann von der grünen Tonne östlich Egholms mit Kurs rw. 250° der Ankerplatz angelaufen werden.

Ankerplatz

Es kann ca. 250—300 m vom Ufer entfernt auf gut 2 m Wassertiefe geankert werden. Der Ankergrund besteht aus Sand und Ton. Die Insel bietet nur geringen Schutz bei Westwind.

Versorgungsmöglichkeiten:

Keine

Nächster Hafen

Bågø (ca. 5 sm), Hejlsminde (ca. 6,5 sm)

Freizeittips

Die Insel Egholm und das Nordufer Bågøs eignen sich sehr gut für naturkundliche Beobachtungen. Beide sind bekannt für ihr reiches Vogelleben wie Watvögel, Enten, Rohrdommeln und Bleßgänse.
Die Bleßgänse erkennt man an ihrer hellen Blesse über dem Schnabel, ihrer schwarzgefleckten Unterseite und an ihrem Ruf „Ljo Ljock“.

Kopf einer Bleßgans

Bredningen

SEEKARTEN: D 16; DK 151

Bredningen wird die große Breite des Kleinen Belts zwischen der Untiefe Flækøjet im Norden und der Insel Brandsø im Süden genannt.

Alle Buchten in der Bredningen sind sehr offen. Sie bieten sich deshalb nur als Tagesankerplätze oder zum Ankern bei stabiler Wetterlage an.

Die **Hejlsminde Bugt** und **Mosvig** an der Westseite Jütlands laufen flach aus. Man ankert ca. 300 m vom Ufer entfernt. Vorsicht ist vor den vielen Stellnetzen geboten!

Lohnenswert ist ein Ausflug zum 113 m hohen Skamlingsbanken, von dem man bei klarer Sicht bis Ribe und Ærø sehen kann. Von der Mosvig führt ein ca. 3 km langer Weg nach Binderup Strandskov und weiter zum Berg hinauf.

Mitten im Kleinen Belt liegt die Insel **Brandsø,** die zum Gut Wedellsborg gehört. Sie ist umgeben von steinigen Flachs und kann als Ankerplatz nicht empfohlen werden. Am besten ankert man vor der privaten Anlegebrücke auf der Südostseite der Insel.

Das Betreten der Insel ist unerwünscht. Eine Erlaubnis dazu kann bei der Hauptverwaltung Gut Frijsenborg in Hammel bei Arhus, Tel. 06 - 96 14 00, eingeholt werden.

Die beiden am Ostufer der Bredningen liegenden Buchten **Tybrind Vig** und **Føns Vig** werden näher beschrieben.

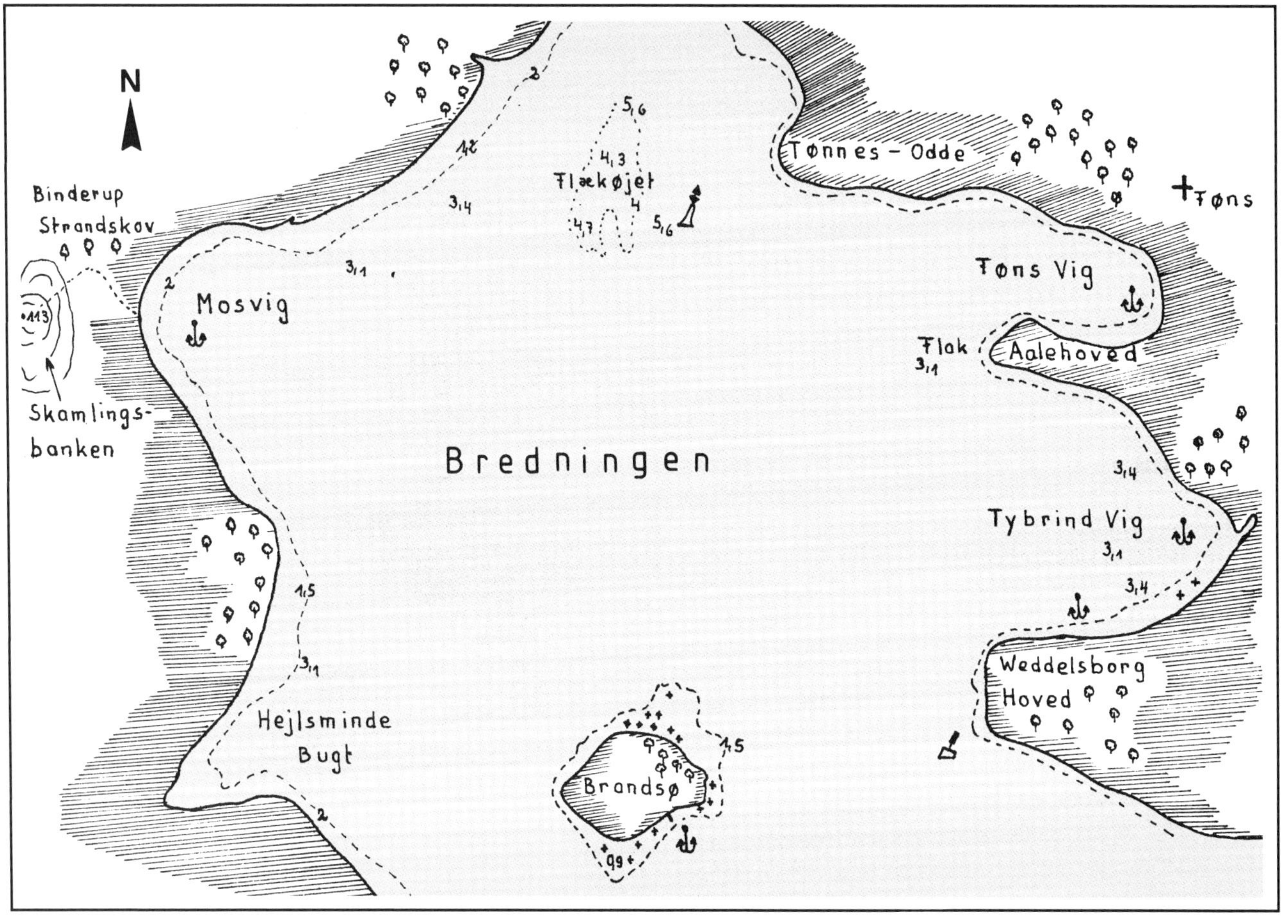

Tybrind Vig

POSITION: 55° 23,5′ N - 09° 49,5′ E
SEEKARTEN: D 16; DK 151

Allgemeine Beschreibung

Die Tybrind Vig liegt etwas südlich der Føns Vig zwischen der kahlen Huk Aalehoved im Norden und der teilweise bewaldeten Huk Wedellsborg Hoved im Süden.
Rund um die Bucht liegen die Ländereien des Gutes Wedellsborg. Der kleine Anleger in der Bucht gehört ebenfalls zum Gut.

Plan siehe „Bredningen"

Ansteuerung

Tybrind Vig kann direkt vom Kleinen Belt aus angesteuert werden. Als Ansteuerung kann der Windgenerator auf Aalehoved oder der Campingplatz vor dem Wald Grevindeskov dienen.
Quer über die Bucht Tybrind Vig erstreckt sich eine Untiefe mit einer Wassertiefe von 3,00—4,00 m (siehe Seekarte).

Achtung
Stellnetz auf dem Aalehoved Flak

Ankerplatz

Die Tybrind Vig hat zwei schöne Ankerplätze:
Der eine befindet sich östlich des Campingplatzes auf Aalehoved, der andere vor dem Südufer unterhalb der Waldgebiete von Kongeskov bzw. Lystskov.
Es kann knapp 200 m vom Ufer entfernt auf 2 m Wassertiefe über Sand bzw. Schlick geankert werden. Je nachdem vor welchem Uferabschnitt geankert wird, findet man Schutz vor Nord- über Ost- bis Südsüdwestwinden. Da die Bucht gegen Westen offen ist, sollte die Wetterentwicklung sorgsam verfolgt werden.

Versorgungsmöglichkeiten

Keine

Nächster Hafen

Hejlsminde (ca. 8 sm), Bågø (ca. 8 sm)

Føns Vig

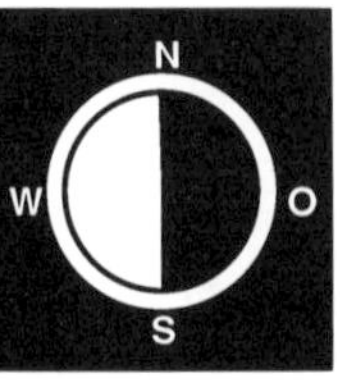

POSITION: 55° 25,5′ N - 09° 49,0′ E
SEEKARTEN: D 16; DK 151

Allgemeine Beschreibung

Die Føns Vig liegt an der Ostseite der Bredningen. Sie wird von den kahlen Ufern Tønnesodde im Norden und Aalehoved im Süden eingefaßt. Sonst bilden Felder und Wiesen die Kulisse. Am Ende der Bucht stehen zwei Windgeneratoren und vor einem Wald einige Ferienhäuser.

Plan siehe ,,Bredningen''

Ansteuerung

Die Ansteuerung der Føns Vig ist direkt vom Kleinen Belt aus möglich. Man halte beim Einlaufen auf die Wochenendhäuser im Scheitel der Bucht zu (siehe Seekarte).

> Achtung
> Zwei Stellnetze am Nordufer

Ankerplatz

Es kann am Ende der Bucht vor dem Sandstrand bei den Wochenendhäusern geankert werden. Die 2-m-Linie verläuft dort ca. 200 m vom Ufer entfernt. Der Ankergrund besteht aus Sand und Schlick.
In der Føns Vig liegt man geschützt bei Nord- über Ost- bis Südwinden.

Versorgungsmöglichkeiten

Keine

Nächster Hafen

Hejlsminde (8,5 sm), Middelfart Marina (7 sm)

Gamborg Fjord

POSITION: 55° 27,5′ N - 09° 46,0′ E
SEEKARTEN: D 16; DK 151

Allgemeine Beschreibung

Der 4 sm lange Gamborg Fjord stellt die südöstliche Verlängerung des Fænøsunds dar. Er ist durch die Halbinsel Fønsskov vom Kleinen Belt getrennt.
Die Ufer sind in weitem Bereich verschilft. Das Land rund um den Gamborg Fjord mutet „typisch dänisch“ an: Felder auf sanft geschwungenen Hügeln wechseln mit kleinen Gehölzen und einzelnen Gehöften ab.
Selbst während der Hauptsaison findet man hier Ruhe und Abgeschiedenheit, denn nur selten verirrt sich eine Yacht in diesen Fjord. Es gibt verschiedene idyllisch gelegene Ankerplätze.

Plan siehe nächste Seite

Ansteuerung

Der Gamborg Fjord ist tief und rein.
Vorsicht ist bei der Einsteuerung vor dem fast trockenfallenden, unbezeichneten Steinriff Fønsskov Rev geboten. Es erstreckt sich von Fønsskov Odde ca. 350 m NNO-wärts. Die Untiefe ist an den auf ihr stehenden Fischerpfählen gut zu erkennen. Man halte sich beim Einlaufen an das Nordostufer des Fjordes.

> Achtung
> Vor dem südwestlichen Ufer zwischen Fønsskov Odde und Torphoved einzelne Stellnetze und Fischerbojen.

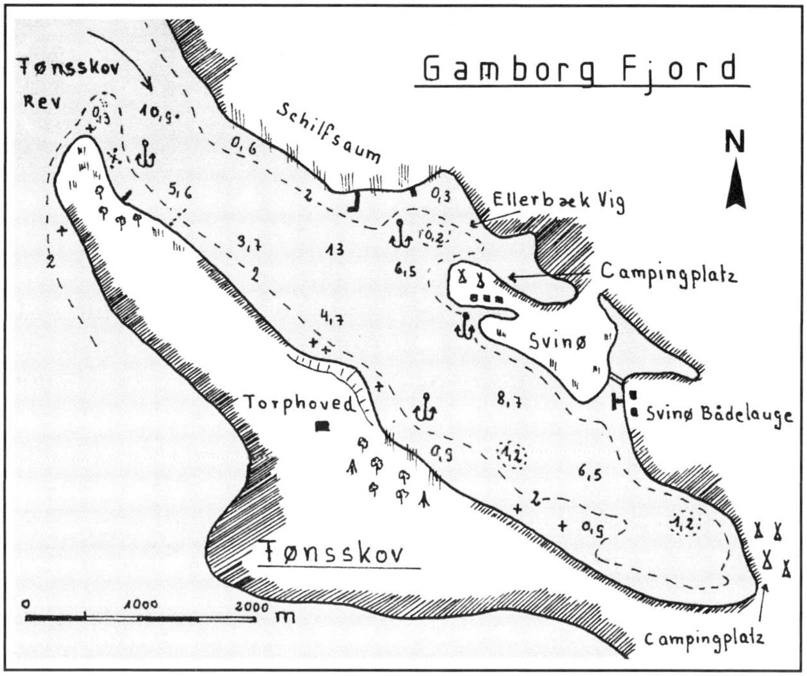

Ankerplätze

Zahlreiche Ankerplätze laden zum Verweilen ein:

I. Am Ostufer

1. **Ellerbæk Vig**
   ist eine sehr schöne, geschützte Bucht. Das Nordufer ist dicht mit Schilf bewachsen. Die Wassertiefe beträgt am Eingang der Bucht ca. 3 m und nimmt schnell zum Scheitel hin ab. Zwei Anleger führen bis ins tiefere Wasser. Am hohen Südufer, auf Svinø, befindet sich ein Campingplatz.
   In der geschützten Ellerbæk Vig kann man gut Optisegeln oder Surfen.
2. **Svinø Westufer**
   Eine schmale Bucht schneidet tief in das Westufer von Svinø ein. An ihrem Nordufer stehen Ferienhäuser mit einem kleinen Steg.
   Ankern ist im äußeren Teil der Bucht möglich.

II. Am Westufer

1. **Ca. 3/4 sm südöstlich der Huk Fønsskov Odde**
   gibt es in Lee einer markanten Baumreihe einen sehr schön gelegenen Ankerplatz mit einem schmalen Sandstrand. Bei Südwest bis West findet man dort einen ruhigen Liegeplatz.
   Man kann dicht vor dem Ufer ankern.
2. **Südlich der Huk Torphoved**
   kann am Ende des Steilufers in der Abdeckung einzelner Baumgruppen gut geankert werden. Ein breiter Schilfgürtel erschwert den Landgang erheblich.

Im Gamborg Fjord besteht der Ankergrund überwiegend aus Ton oder Schlick. Im Uferbereich ist zum Teil starker Bodenbewuchs (Seetang) anzutreffen.

Hier kann man bei allen Winden, außer aus Nordwest, ruhige und geschützte Ankerplätze finden. Bei starkem Nordwestwind wird es durch die kabbelige Windsee ungemütlich.

Versorgungsmöglichkeiten

Keine

Nächster Hafen

Middelfart Marina (max. 4 sm)

Kulturelles

Für die Bewohner von Middelfart stellte in den letzten drei Jahrhunderten die Tümmlerjagd eine wichtige Einnahmequelle dar. Sie besaßen die königliche Erlaubnis „Tümmler in der Enge sowie in den benachbarten Fjorden und Buchten zu jagen". Das bevorzugte Jagdgebiet war der Gamborg Fjord, in den die Tiere hineingetrieben und im Flachwasser gefangen wurden.
In Middelfart erinnert der „Tümmlerbrunnen" an die damalige Zeit. Er ist mit Szenen der Tümmlerjagd versehen.
Auch heute noch kann man im Kattegat oder dem Kleinen Belt hin und wieder Tümmler beobachten.

Der Tümmler ist mit einer Länge bis zu zwei Metern der kleinste europäische Wal. Er lebt in Küstennähe und ernährt sich von Heringen, kleinen Dorschen, Tintenfischen, Krebstieren sowie Meerespflanzen. Sein Alter kann bis zu fünfzehn Jahre betragen.

Fænøsund

POSITION: 55° 29′ N - 09° 42,5′ E
SEEKARTEN: D 16, 21; DK 114, 151

Allgemeine Beschreibung

Der Fænøsund ist ein landschaftliches Kleinod. Er ist ein Nebenfahrwasser des Kleinen Belts, das durch die Inseln Fænø und Fünen gebildet wird. Der schmale, ca. 3 sm lange Sund ist bis an das überwiegend steile und bewaldete Ufer tief. Selbst wenn im Kleinen Belt Wind und See ruppig werden, merkt man hier kaum etwas davon. So ist es nicht verwunderlich, daß man im Sund oft ankernde Yachten antrifft.
An der Ostseite des Sundes gibt es mehrere private Anleger. In der Teglgaards Bugt wurde die neue Marina von Middelfart angelegt. Bei der Huk Øksnerodde kreuzt eine Fähre den Sund. Die Insel Fænø befindet sich in Privatbesitz, darf aber betreten werden.

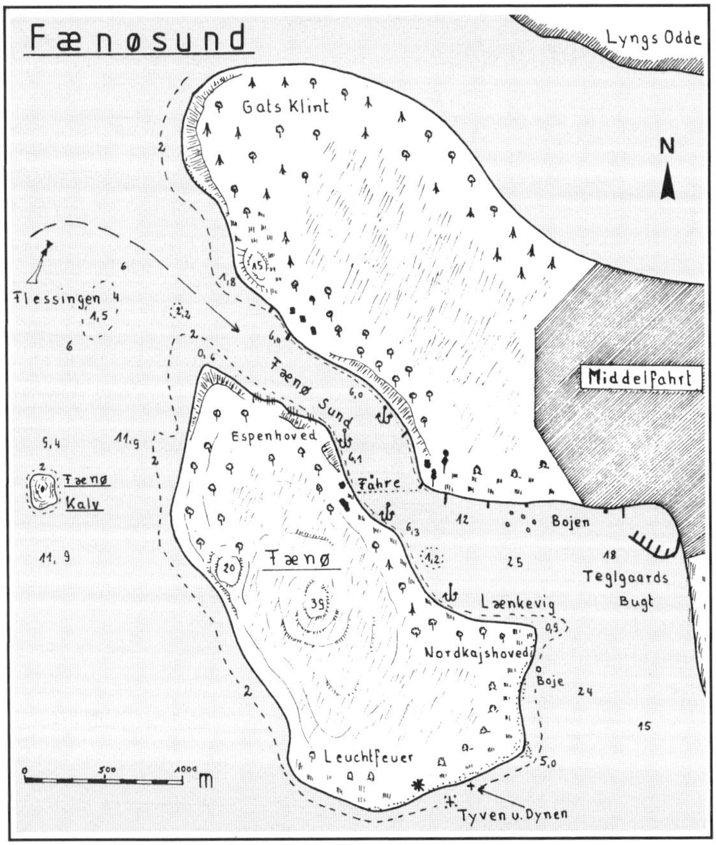

Ansteuerung

Der Fænøsund ist ohne navigatorische Schwierigkeiten von Norden und Süden anzusteuern.
Von Süden kommend sollte man sich gut von der Osthuk von Fænø, Nordkajshoved, freihalten, da ihr eine Untiefe mit nur 0,9 m Wasser vorgelagert ist. Diese reicht vom Ufer ca. 200 m ostwärts, um dann steil auf 10 m Wassertiefe abzufallen.

Achtung

Durch den Fænøsund setzt Strom, der in seiner Richtung vom Wind abhängig ist.

Ankerplätze

Die bevorzugte Ankerbucht im Fænøsund ist die **Lænkevig,** die in ihrem nördlichen Teil eine unbezeichnete 1,2-m-Stelle aufweist. Es kann jedoch überall im Sund dicht unter dem Ufer geankert werden. Die 4-m-Linie verläuft ca. 100 m von Land entfernt. Danach fällt der Inselsockel steil bis auf 35 m ab. Der Ankergrund besteht aus Sand bzw. Lehm.
Der Fænøsund bietet Schutz bei Winden aus allen Richtungen. Bei westlichem und südlichem Wind ankert man am besten vor Fænøs Ostufer, in der Lænkevig, bei nördlichem Wind in der **Teglgaards Bugt** oder in der Bucht südöstlich Fænø zwischen den Landspitzen Sydkajshoved und Nordkajshoved. Hier liegt auch eine Ankerboje aus. Vorsicht ist in dieser Bucht vor den beiden großen Steinen „Tyven" und „Dynen" geboten, die nahe der 2-m-Linie liegen und bei Niedrigwasser fast trockenfallen.

Versorgungsmöglichkeiten

In Middelfart

Nächster Hafen

Middelfart Marina (ca. 1 sm)

Freizeittips

Der Sund besticht durch seine landschaftlichen Reize und die geschützte Lage.
Entlang der Ufer gibt es viele gute Wandermöglichkeiten. Vor Anker liegend kann man hier das herrliche Bild der vorbeisegelnden Yachten genießen. Oft treiben diese auch nur von den hohen Ufern bekalmt mit dem Strom langsam vorbei. Abends werfen die bewaldeten Ufer schon früh ihre Schatten über den Sund und eine tiefe Ruhe kehrt ein.

Kolding Fjord

SEEKARTEN: D 16, 17; DK 151, 156, 114

Der Kolding Fjord zweigt westwärts vom Kleinen Belt ab. Die Ufer sind hoch, hügelig und im äußeren Teil vielfach bewaldet. Der Eingang des Fjords wird durch das Kraftwerk bei Skærbæk beherrscht, an dem man sich aber nicht stören sollte.
Der Kolding Fjord ist ein landschaftlich reizvolles Gewässer, welches bisher von deutschen Seglern noch wenig besucht wurde.
Es bieten sich mehrere gute Ankermöglichkeiten im Fjord an: Am ursprünglichsten ist es in der von Wald umgebenen Bucht von **Skarre Odde.** Wer es nicht so abgelegen mag, wählt vielleicht die besiedelte **Agtrup Vig** als Ankerplatz. Beide Plätze liegen vor dem Südufer und werden gesondert beschrieben.
Bei westlichen Winden findet man auch Schutz in der **Gudsø Vig,** die nach Norden vom Kolding Fjord abzweigt, und zwar nördlich von Drejensodde unter dem hohen Ufer von Elvighøj (Wassertiefe 3 m ca. 100 m vom Ufer entfernt). Dieses Ufer ist dicht bebaut, verfügt über etliche Anleger bzw. ein Ankerbojenfeld.
Der Ankerplatz **Elvighøj** eignet sich als Übernachtungsplatz. Für einen längeren Aufenthalt ist er nicht geeignet. Beim Anlaufen muß man auf die Netze der Fischzuchtanlagen achten, die beidseitig umfahren werden können. Der kurze, steile Uferstreifen von Elvighøj ist dicht bewaldet.

Skarre Odde

POSITION: 55° 29,8′ N - 09° 36,8′ E
SEEKARTEN: D 16, 17; DK 151, 156

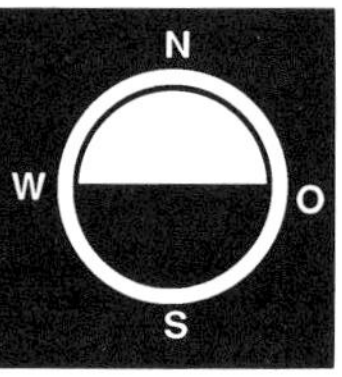

Allgemeine Beschreibung

Am Eingang zum Kolding Fjord liegt westlich der Huk Løverodde die schöne von Wald und schmalem Sandstrand umgebene Bucht von Skarre Odde. Sie läuft im Westen in einer flachen sandigen Huk aus, auf der sehr auffällige Strommasten stehen.
Die Sportbootvereine der umliegenden Städte haben im Westteil der Bucht drei Steganlagen gebaut, die auch von Gästen benutzt werden dürfen (Wassertiefe an den Stegköpfen ca. 2,50 m). Der östliche Anleger gehört zum Campingplatz Løverodde.

Plan siehe nächste Seite

Ansteuerung

Der Bucht ist vom Kleinen Belt kommend ohne navigatorische Schwierigkeiten anzusteuern.
Als Ansteuerungshilfe können die weithin sichtbaren Strommasten auf Skarre Odde oder der Campingplatz auf der Huk Løverodde dienen.
Løverodde sollte in einem Mindestabstand von 0,2 sm gerundet werden. Vor der Huk liegt eine Untiefe mit nur 0,30 m Wassertiefe.

> **Achtung**
> Westlich der Anlegebrücke vom Campingplatz steht ein weit in die Bucht reichendes Stellnetz.

Ankerplatz

Der beste Ankerplatz befindet sich im Westteil der Bucht zwischen den Stegen und der ganz flach auslaufenden Sandhuk Skarreodde. 150 m vom Ufer entfernt beträgt die Wassertiefe noch 3 m. Näher zum Ufer hin nimmt sie schnell ab. Der Ankergrund besteht aus dunklem Sand.

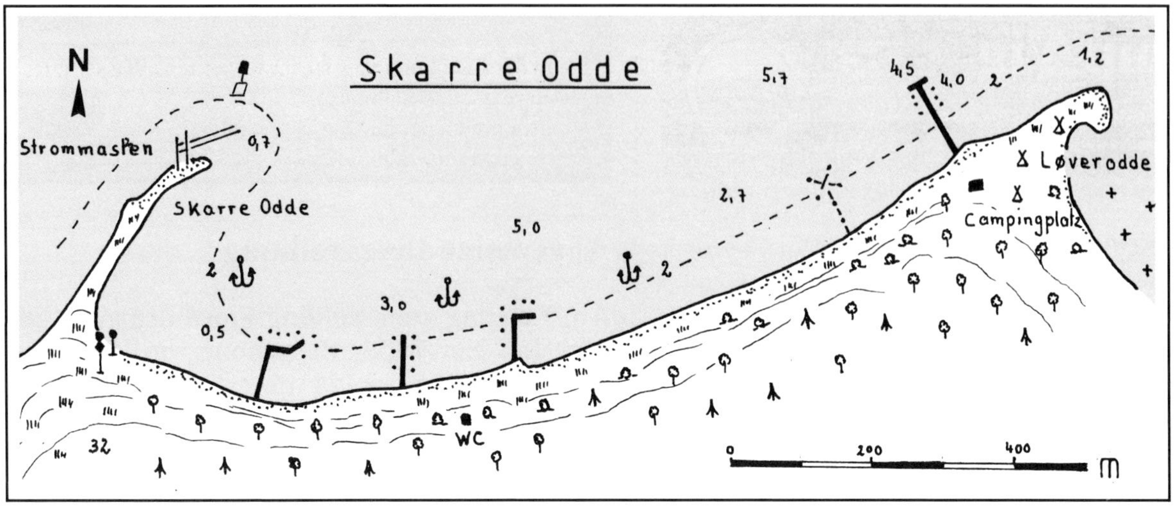

Das hohe, bewaldete Ufer bietet sehr guten Schutz bei Winden aus Ost über Süd bis West.

Versorgungsmöglichkeiten

Zwischen den Bäumen versteckt befindet sich im Westteil der Bucht ein Toilettenhäuschen.
Beim Campingplatz gibt es große Müllbehälter, einen Kiosk und ein Restaurant, welches aber eher einer Gastwirtschaft mit Imbißbetrieb ähnelt.

Nächster Hafen

Skærbæk (1 sm)

Freizeittips

- *Von der Huk Løverodde hat man einen schönen Blick über den Kleinen Belt und den Kolding Fjord.*
- *Gute Spaziermöglichkeiten sind im Wald von Nørreskov vorhanden.*
- *Die Bucht ist sehr kinderfreundlich und eignet sich gut für einen längeren Aufenthalt:*
  Bei den Steganlagen sind Spielgeräte aufgestellt.
  Im seichten Wasser können selbst kleine Kinder gefahrlos in Ufernähe baden.
  Abends lodern am Strand überall kleine Lagerfeuer, an denen Eltern mit ihren Kindern grillen. Das bringt nicht nur Spaß, sondern sieht auch romantisch aus.
  Haben Sie keine Würstchen oder Äpfel zum Grillen an Bord, können Sie schnell ein wohlschmeckendes „Stockbrot" herstellen:

Stockbrot

Aus 250 g Mehl, 40 g Margarine, 1/2 Päckchen Trockenhefe oder 1/2 Päckchen Backpulver und 1/8 l Milch einen Teig herstellen.
Wollen Sie süßes Stockbrot haben, geben Sie zusätzlich noch 80 g Zucker, 1 Päckchen Zitronenback oder den Saft einer halben Zitrone dazu.
Lieben Sie es salzig: 1/4 Teelöffel Salz hinzufügen sowie je nach Geschmack Schinkenwürfel, durchwachsenen Speck, Zwiebeln oder Kümmel.
Der Teig wird zum Schluß zu Rollen geformt und auf einen Stock gesteckt. Über dem Lagerfeuer ausbacken.

Agtrup Vig

POSITION: 55° 29,3′ N - 09° 35,0′ E
SEEKARTEN: D 16, 17; DK 151, 156, 114

Allgemeine Beschreibung

Agtrup Vig ist eine tiefe Bucht an der Südseite des Kolding Fjords, die von den beiden flachen, sandigen Landzungen Løger Odde und Skarre Odde eingefaßt wird.
Die Kulisse mit den hügeligen Getreidefeldern und den kleinen am Ufer liegenden Ortschaften mit ihren Fischerstegen wirkt typisch dänisch. Der westliche Ufersaum ist bewaldet.

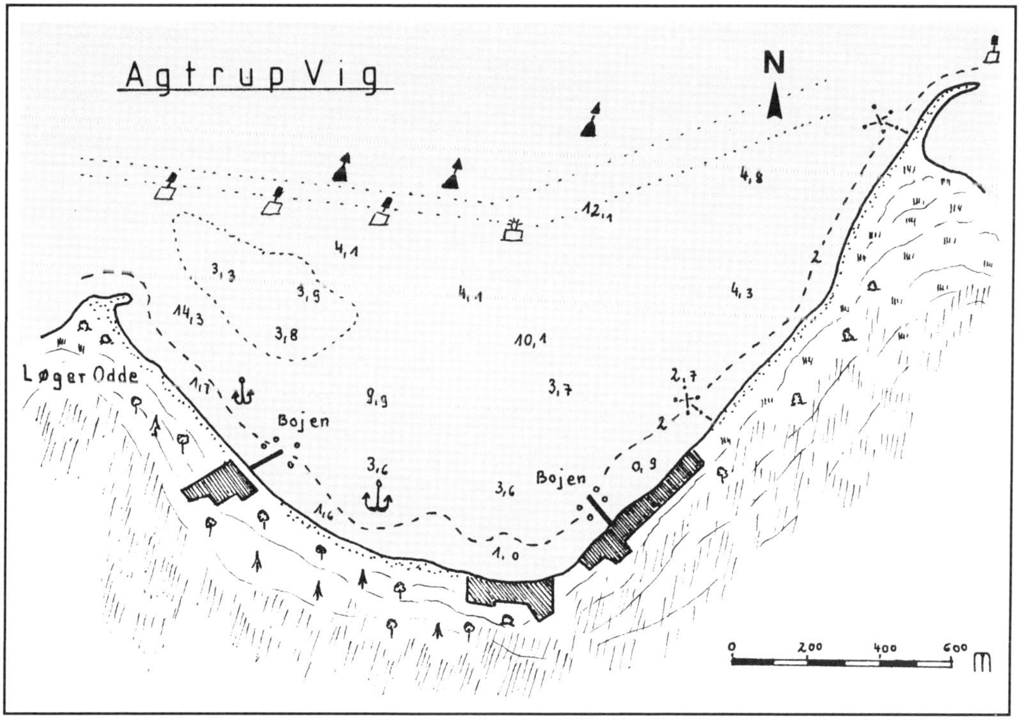

Ansteuerung

Man folgt dem betonnten Fahrwasser nach Kolding. Nach der roten Tonne von Skarre Odde kann man in die Agtrup Vig einlaufen. Dabei achte man auf das Stellnetz, welches knapp westlich der Huk Skarre Odde steht.

Achtung

— In der Bucht befinden sich zwei weit ins Wasser hineinreichende Stellnetze.
— Im Bereich des südöstlichen Anlegers sind zeitweilig dicht unter dem Ufer Fischerbojen ausgelegt.

Ankerplatz

Je nach Windrichtung liegt man vor den verschiedenen Uferabschnitten geschützt gegen Winde aus Ost über Süd bis West. Der schönste Platz befindet sich unterhalb des westlichen, bewaldeten Steilufers. Hier verläuft die 2-m-Linie nur ca. 100 m vom Ufer entfernt. Der Ankergrund besteht aus Sand.

Versorgungsmöglichkeiten

Keine

Nächster Hafen

Kolding (3 sm)

Freizeittips

— *Bademöglichkeit.*
— *In der Agtrup Vig soll man außergewöhnlich große Dorsche fangen können.*

Kulturelles

Die ostjütländischen Fjorde, zu denen auch der Kolding Fjord gehört, sind zum Teil eine Erinnerung an die Eiszeit. Sie waren ursprünglich sogenannte „Tunneltäler", die von den riesigen Schmelzwasserströmen unter dem Gletschereis als Abfluß geschaffen wurden.
In ihren östlichen, tiefsten Teilen bilden sie heute die von der Ostsee überfluteten Fjorde.
Die umliegenden, zum Teil bis zu 100 m hohen Hügel sind die Überreste der Endmoränen.

„Valdemars Slot" (Lunkebugt)

Gewässer südlich Fünens

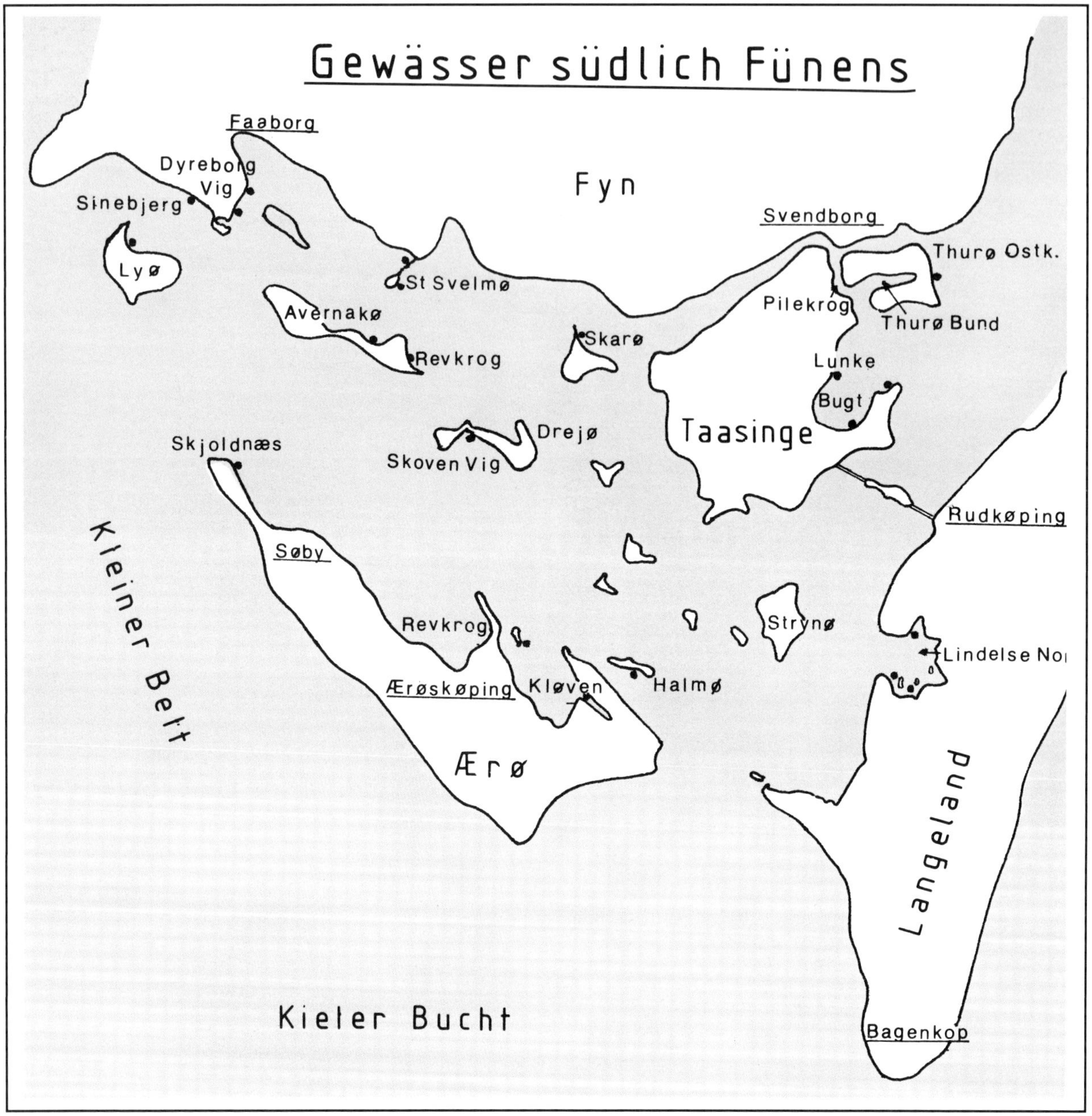

SEEKARTEN: D 14, 15, 16; DK 152, 170

Die Gewässer südlich Fünens zwischen Horne Land, Als und Langeland gelten als Segelparadies. Viele passionierte Segler sprechen liebevoll von der „dänischen Südsee". Inseln und Inselchen mit kleinen Dörfern und ursprünglichen Fischerhäfen liegen dicht beieinander, und zahlreiche naturschöne Ankerplätze laden zum Verweilen ein. So ist es nicht verwunderlich, daß jährlich Tausende von Sportbooten dieses schöne Revier besuchen. Doch hört für viele bereits am frühen Nachmittag das geruhsame Segeln auf. Die Sorgen um einen heißbegehrten Hafenliegeplatz beginnen die Se-

gelfreuden zu trüben, und schon beginnt die Hetzjagd in den nächsten Hafen. Manch ein Segler liegt dann enttäuscht in einem übervollen, kribbeligen Hafen und träumt davon, wie schön es hier doch sein könnte, wenn nicht . . .
Versuchen Sie es doch einmal mit einem „antizyklischen Verhalten": Vormittags, wenn die meisten Boote ausgelaufen und die Häfen leer sind, dann laufen Sie ein, durchforschen in aller Ruhe die schmucken dänischen Städtchen und segeln zufrieden, voller neuer Eindrücke am frühen Nachmittag wieder ab. Abends legen Sie sich in einer der vielen reizvollen, geschützten Buchten vor Anker und genießen stimmungsvolle Stunden im Cockpit.
Auf diese Art und Weise kann man sich das nördliche „Südseeparadies" auch in der sommerlichen Hochsaison abseits des Seglerstroms erschließen und auf wenig betretenen Pfaden um die Inseln streifen.

Lyø – Svendborg Sund

SEEKARTEN: D 14; DK 170

Das geschützte Segelrevier zwischen Lyø und dem Svendborg Sund kann selbst bei Starkwind noch befahren werden. In Lee der West-Ost verlaufenden Inselkette Lyø, Avernakø, Drejø und durch die ausgedehnten Flachs kann sich keine nennenswerte See aufbauen. Äußerst ruppig wird es jedoch, wenn ein starker Südwest gegen den auslaufenden Strom des Svendborg Sundes bläst. Dann sollte man lieber gemütlich in Svendborg bummeln gehen.
Mit Hilfe der Seekarten D 14 bzw. DK 170 dürften keine navigatorischen Probleme auftreten. Viele Landmarken und die gut betonnten Flachs und Løbs erleichtern die Navigation. Doch stets sollte man zwischen den Inseln und besonders in den Rinnen (Løbs, Dybs) mit einer zum Teil erheblichen Stromversetzung rechnen, die weitgehend von der vorherrschenden Windrichtung abhängt.
Abends haucht der Wind leise das Boot in eine der zahlreichen schönen Ankerbuchten. Ein Sommertraum geht in Erfüllung.

Lyø Havn

POSITION: 55° 03,3′ N - 10° 08,5′ E
SEEKARTEN: D 14, 3003; DK 152, 170

Achtung

Die kleine grüne Tonne vor Lyø Trille ist nur schwer auszumachen. Gut zu erkennen sind die Telegrafenmasten auf der flachen Huk.

Allgemeine Beschreibung

Die kleine, schöne Insel südlich von Fünen wird durch den Lyø Krog von der Halbinsel Horne Land getrennt. Lyø ist eine Bauerninsel mit einem mittelalterlichen Dorfkern. Ein zum Teil breiter Sandstrand umgibt die Insel.
Viele Segler lassen Jahr für Jahr für ein paar Tage hier den Anker fallen.

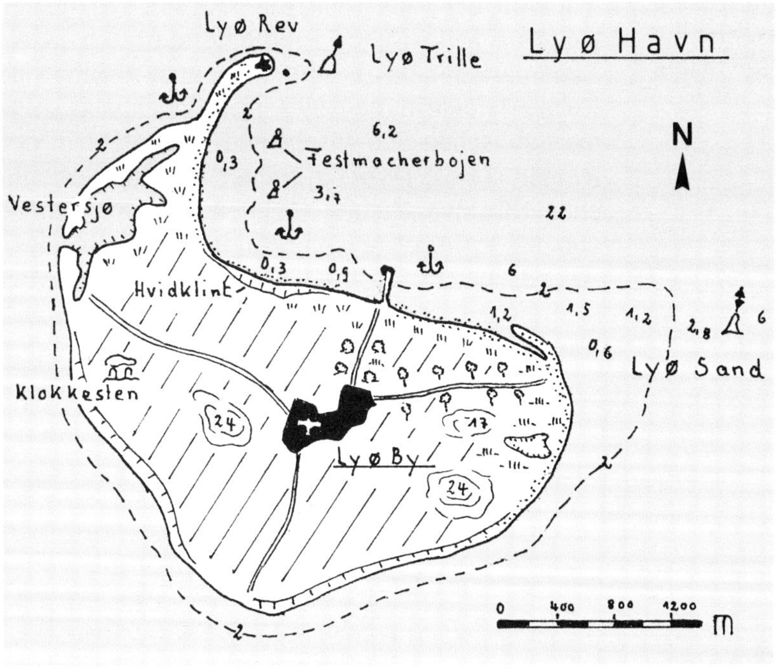

Ankerplatz

Als Lyø Havn wird die Bucht zwischen der Huk Lyø Trille und dem Fähranleger bezeichnet. Sie ist ein traditioneller Ankerplatz.
Geankert wird auf ca. 3 m Wasser, etwa 300 m vom Ufer entfernt. Der Ankergrund besteht aus Sand und Kraut, in dem der Anker manchmal schlecht hält! Die Bucht bietet guten Schutz bei S-W-NW-Wind. Bei Ostwind kann man gut auf der Westseite von Lyø Trille ganz dicht unter Land ankern. Der dänische Seglerverband hat in dieser beliebten Bucht zwei gelbe Ankerbojen ausgelegt.

Versorgungsmöglichkeiten

Im Dorf Lyø; am besten vom Fähranleger aus zu erreichen (Fußweg ca. 10 Min.); beim Fähranleger Wasser und Müllbehälter; Fähre nach Faaborg und Avernakø.

Nächster Hafen

Lyø Bro (0,5 sm); Dyreborg (ca. 5 sm).

Freizeittips

Guter Badestrand, besonders bei Lyø Sand; schöner, mittelalterlicher Dorfkern; viele Wat- und Seevögel in der westlich gelegenen Lagune Vestersjø Bregnehoved.

Ansteuerung

Von Osten kommend muß die Ost-Untiefentonne Lyø Sand gut an Backbord bleiben. Nach dem Runden kann die Bucht Lyø Havn problemlos angelaufen werden.
Von Westen kommend muß die flache, grasbewachsene Huk Lyø Trille gerundet werden. Die grüne Tonne bleibt dabei an Steuerbord.

Kulturelles

Mehrere Hünengräber weisen auf eine frühe Besiedlung der Insel hin. Sehenswert ist der von Bäumen umgebene Klokkesten (Glockenstein) im Westen der Insel. Wird er mit einem harten Gegenstand angeschlagen, so erklingt ein glockenartiger Ton.

Sinebjerg

POSITION: 55° 04,7′ N - 10° 09,9′ E
SEEKARTEN: D 14; DK 152, 170

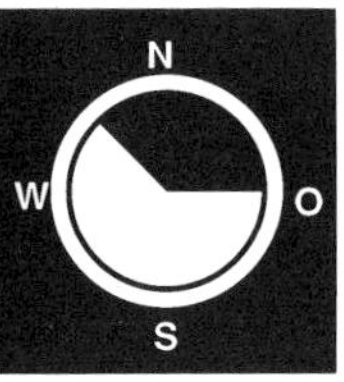

Allgemeine Beschreibung

Die Ankerbucht Sinebjerg liegt an der Südküste von Horne Land, ca. 1,5 sm nördlich der Insel Lyø.
Eine mit Büschen bewachsene Steilküste bildet die Westseite der Bucht. Oberhalb davon erstreckt sich der Sinebjerg Skov. Nach Osten dehnen sich weite Felder. Ein schmaler Strandstreifen säumt das Ufer. Drei kleine Badestege führen ins Wasser. Am Ufer und auf der Steilküste stehen Wohnwagen und vereinzelt Ferienhäuser.

Ansteuerung

Die Ansteuerung vom Lyø Krog ist problemlos. Der Wald bei Sinebjerg kann als gute Ansteuerungshilfe dienen. Am westlichen Ende des Waldes steht ein auffälliges Haus mit ro tem Dach.

> **Achtung**
>
> Vor der Küste stehen an einigen Stellen Bundgarnpfähle.

Ankerplatz

Man ankert auf 3 — 4 m Wassertiefe ca. 100 — 150 m vom Ufer entfernt. Der überwiegend aus Sand bestehende Grund fällt zum Lyø Krog rasch ab. Im Flachwasserbereich liegen vereinzelte Steine. In Lee des hohen Ufers und des Sinebjerg Skovs ankert man gut bei Winden aus Nordwest über Nord bis Ost. Wird es bei diesen Windrichtungen im Lyø Havn zu ungemütlich, findet man hier wieder seine Ruhe.

Versorgungsmöglichkeiten

Keine.

Nächster Hafen

Lyø Bro (ca. 1,5 sm) bzw. Dyreborg (ca. 3,5 sm).

Freizeittips

*Liegen dort mehrere Boote vor Anker, kann man gut **„Boote raten“** spielen.*

Material: —
Mitspieler: *beliebig*
Spielregel: *Ein Spieler sucht sich ein Boot unter den Ankerliegern heraus. Die Mitspieler müssen durch maximal zehn Fragen herausfinden, welches Boot gemeint ist. Der Befragte darf nur mit „ja“ oder „nein“ antworten.*

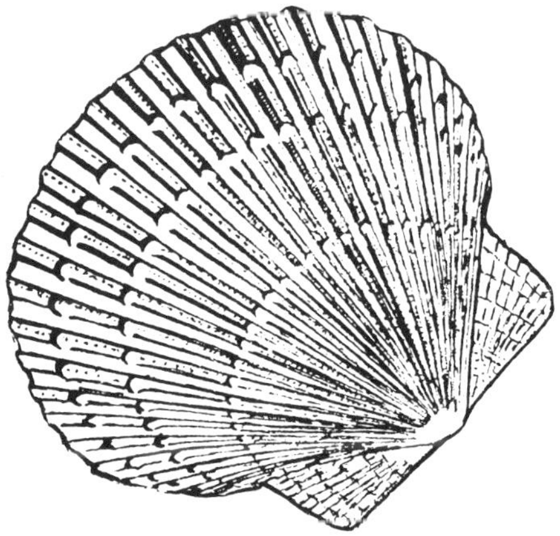

Dyreborg Vig

POSITION: 55° 04,2′ N - 09° 13,2′ E
SEEKARTEN: D 14; DK 152, 170

Allgemeine Beschreibung

Die Dyreborg Vig ist eine weite Bucht, in deren Scheitel der kleine Fischerhafen Dyreborg liegt. Im Nordwesten ist sie eingerahmt vom Wald und Wildgehege Dyreborg Skov. Der Küstenstreifen im Südwesten ist Wohngebiet mit Gartenanlagen. Dyreborg ist ein beliebtes Reiseziel, so daß der Hafen in der Hauptsaison meistens überfüllt ist. Das Ankern in der Vig davor bringt nicht nur Spaß, sondern schont auch die Nerven und die Reisekasse.

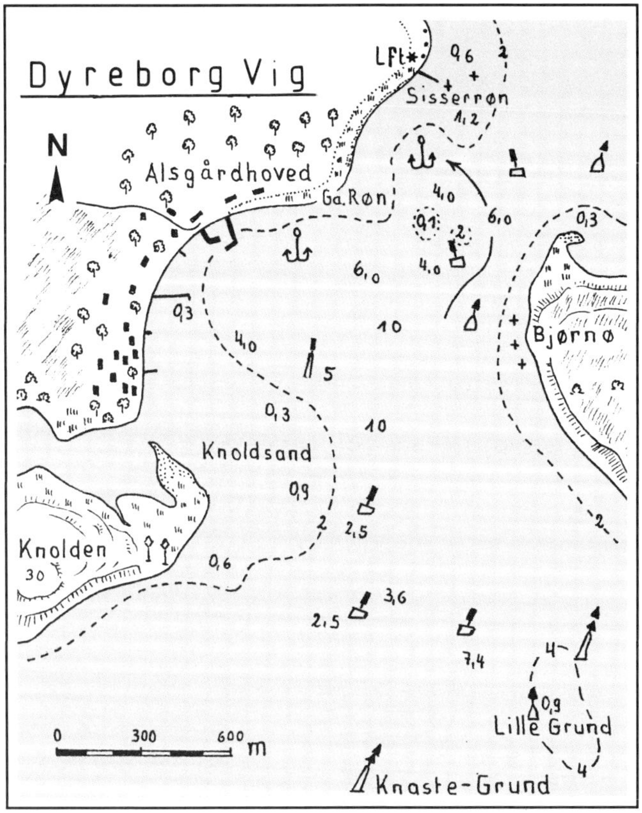

Ansteuerung

Die Ansteuerung der Vig und weiter nach Fåborg wird durch vorgelagerte Untiefen erschwert. Die Untiefentonnen vom Lille Grund (0,9 m) und Knaste Grund (0,6 m) müssen genau an der richtigen Seite passiert werden. Je nachdem ob man von Lyø oder Avernakø kommt, bleiben die Nord-Untiefentonnen von Knaste Grund und Lille Grund an Steuerbord bzw. die vom Knaste Grund an Backbord. Danach folgt man den roten Tonnen an der Ostseite des Knoldsandes, die direkt in die Dyreborg Vig leiten.

Ankerplatz

Gute Ankermöglichkeiten gibt es nördlich oder südlich der Hafeneinfahrt. Man ankert auf 3 — 4 m Wassertiefe. Der gut haltende Grund besteht überwiegend aus Sand und Seegrasfeldern. In der Dyreborg Vig liegt man gut bei Winden aus Südwest bis Nord.
Mehrere kleine Stege beim Hafen erleichtern den Landgang mit dem Beiboot.

Tip: Sehr gut liegt man auch zwischen den beiden roten Tonnen von Gammle Røn und Sisserrøn vor dem Wald Dyreborg Skov.
Bei der Ansteuerung dieses Ankerplatzes muß die rote Tonne von Gammle Røn unbedingt an Backbord bleiben, da sich dahinter eine 0,1-m-Stelle befindet. Dort ankert man auf ca. 3 m Wassertiefe über Sand und Seegras.
Leider wird die Ruhe dieses schönen Ankerplatzes durch den Schwell des häufigen Fährverkehrs beeinträchtigt.

Versorgungsmöglichkeiten

Kaufmann in Dyreborg

Nächster Hafen

Dyreborg (ca. 0,2 sm); Fåborg (ca. 2 sm).

Freizeittips

Lohnenswert ist der Besuch des Wildgeheges Dyreborg Skov. Besonders während der Dämmerung kann man äsende Wildschweine und Sikahirsche beobachten.
Während der Brunftzeit der Wildschweine im Oktober / November sollte das Gehege allerdings nicht betreten werden.

Store Svelmø

POSITION: 55° 02,3′ N - 10° 19,7′ E
SEEKARTEN: D 14; DK 170

Allgemeine Beschreibung

Store Svelmø ist eine kleine Insel östlich des Fåborg Fjords. Nur durch einen Ebbeweg steht die langgestreckte Inselkette Lille Svelmø, Græsholm und Store Svelmø mit Fünen in Verbindung. Die flache Landverbindung ist gut an den darauf stehenden Telegrafenmasten zu erkennen. Vor der Steilküste im westlichen und südlichen Teil der Insel erstreckt sich ein schmaler, grobkieseliger Strandstreifen. Nur Store Svelmø ist bewohnt.

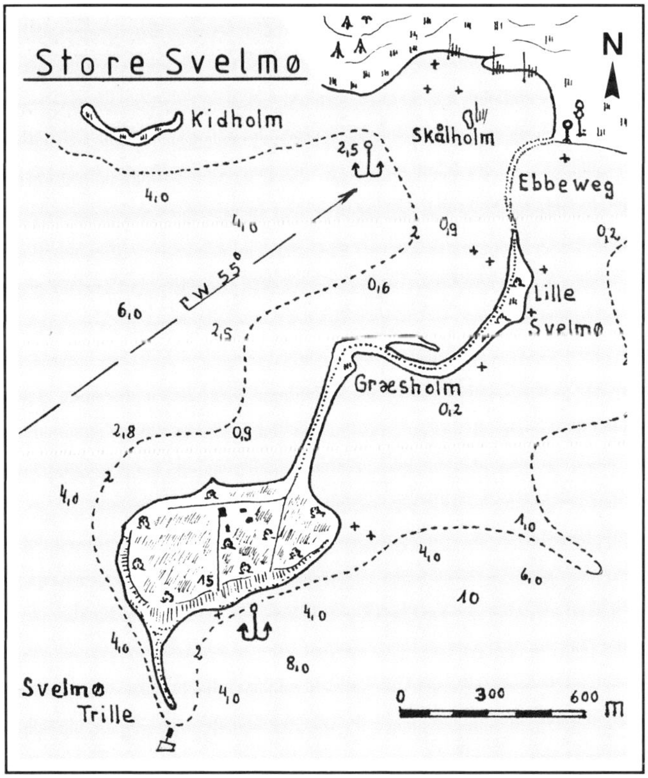

1. Östlich Svelmø Trille

Ansteuerung

Dieser Ankerplatz ist von der roten Tonne Svelmø Trille aus problemlos anzulaufen. Man halte nur auf die nordöstlich gelegene Steilküste von Store Svelmø zu.

Ankerplatz

In Lee der Steilküste kann man ca. 80 m vom Ufer entfernt ankern. Die 2-m-Linie verläuft dicht unter Land. Dort liegt man gut bei Winden aus West bis Nord. Die Wassertiefe beträgt ca. 3 m, und der Grund besteht aus feinem Sand.

2. Zwischen Lille Svelmø und Fünen

Ansteuerung

Um diesen Ankerplatz zu erreichen, steuert man von der roten Tonne Svelmø Trille, die an Steuerbord bleibt, Kurs rw. 327°, 0,7 sm. Danach geht es weiter mit rw. 55° in die Bucht hinein. Das flache Inselchen Skålholm liegt jetzt voraus, Abstand ca. 1 sm. Auf 2,5 — 3,0 m Wassertiefe sollte man den Anker fallen lassen, da der Innenteil der Bucht schnell flach wird.

Ankerplatz

Durch die flachen Inselchen Kidholm, Skålholm und das sie umgebende Flachwasser bekommt diese Bucht ihren reizvollen Charakter. Man ankert zwischen Skålholm und Kidholm ca. 150 m südlich des Wäldchens auf 2,5 — 3,0 m Wassertiefe. Der Ankergrund besteht aus Sand und Mud. Man liegt hier gut bei allen östlichen bis nördlichen Winden.

Versorgungsmöglichkeiten

Keine

Nächster Hafen

Fåborg (ca. 4 sm); Korshavn / Avernakø (ca. 1,5 sm).

Freizeittips

— *Wanderung über die Inselkette und den Ebbeweg nach Fünen oder für „Inselfans" einmal Store Svelmø rund.*
— *Machen Sie Ihrer Familie eine Freude und genießen Sie das Wasser einmal von der Steilküste aus!*

Revkrog/ Avernakø

POSITION: 55° 04,0′ N - 10° 20,6′ E
SEEKARTEN: D 14; DK 170

Allgemeine Beschreibung

Die langgestreckte Insel Avernakø ist gut an der schmalen Landbrücke Drejet zu erkennen, die Avernakø mit Korshavn verbindet. Die Insel wird überwiegend landwirtschaftlich genutzt und erinnert in ihrem Aussehen an die Knicklandschaft Schleswig-Holsteins.
An der Ostseite liegt zwischen Kappelodde und Revtrille die ausgezeichnete Ankerbucht Revkrog.

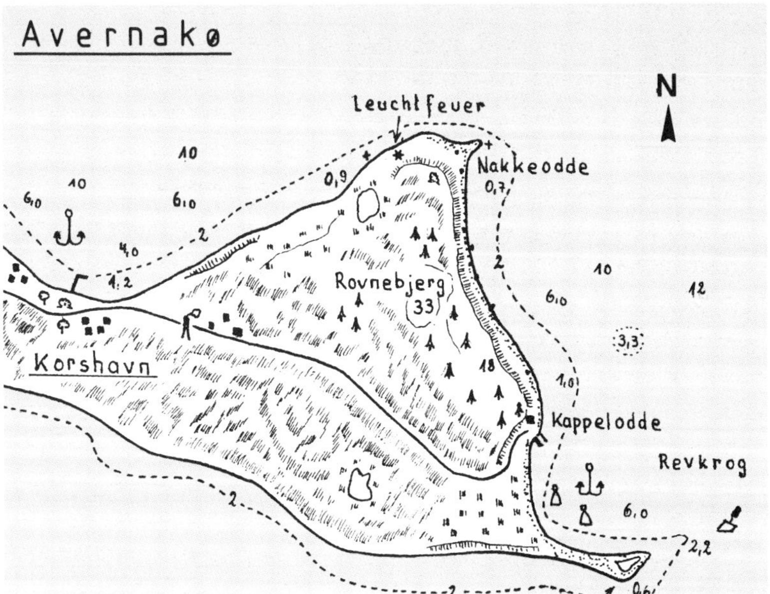

Ansteuerung

1. **Vom Svendborg Sund kommend**
   segelt man bis zur grünen Tonne von Flæskholm Flak, die eben an Backbord bleibt. Von dort geht es mit Kurs rw. 233° direkt zum Ankerplatz Revkrog.
2. **Aus Nordwesten kommend**
   muß Nakkeodde im Abstand von mindestens 300 m gerundet werden, da sich der steinige Grund ziemlich weit nach Osten erstreckt. Nach dem Runden kann man entweder bis Revkrog weiterlaufen oder sich einen schönen Ankerplatz unterhalb der Steilküste auswählen.

Achtung

- Große Steine im Uferbereich.
- Im Privathafen von Mærsk Møller in Revkrog darf nicht festgemacht werden.

Ankerplatz

Die Ankerbucht Revkrog ist ein kleiner Naturhafen. Man ankert entweder vor dem Steilufer oder in der Bucht auf 3 — 4 m Wassertiefe. Der Grund besteht aus Sand mit z. T. starkem Seegrasbewuchs. Der Ankerplatz ist sicher bei Winden aus Süd über West bis Nordwest.
In der Bucht sind auch zwei Festmacherbojen der Dansk Sejlunion ausgebracht.
Während der Saison ist Revkrog ein vielbesuchter Ankerplatz. Mehr Ruhe findet man unterhalb der Steilküste.
Tip: Bei ruhigem Wetter oder südlichen Winden kann man gut in der Bucht von Korshavn ankern, in der sich auch ein Anleger befindet. Man liegt auf ca. 2,50 — 3,00 m Wassertiefe über Sandgrund.

Versorgungsmöglichkeiten

- Wasser evtl. beim Wohnhaus Mærsk Møller;
- Kaufmann in Avernakø By (ca. 4 km Fußweg) oder beim fahrenden Kaufmann in Korshavn (nur während der Saison).

Nächster Hafen

Korshavn (ca. 1,8 sm) bzw. Fjællebrœn (ca. 3,7 sm)

Freizeittips

- *Gute Bademöglichkeit.*
- *Pfingstsonntag wird in Avernakø By und Munke By die Errichtung des Maibaumes gefeiert.*
- *Im späten Frühjahr kann man auf Avernakø den sehr seltenen und deshalb geschützten Glockenfrosch „läuten" hören. Der ca. 5 cm große Frosch ist biologisch exakt eine Kröte, die im Volksmund diesen Namen erhalten hat, weil die Töne, die sie erzeugt, dem Klang einer Glocke ähneln.*
  Die bekanntere Bezeichnung ist Geburtshelferkröte, denn das Männchen wickelt sich die in langen Schnüren vom Weibchen abgelegten Eier um die Hinterbeine. Dort entwickeln sich die Eier in 3 — 6 Wochen. Zur Geburt der Larven hüpft das Männchen ins Wasser, wo diese die Eihüllen sprengen und sofort schlüpfen.
  Der Glockenfrosch ist am ehesten in der Dämmerung zu beobachten, da er zu den nachtaktiven Tieren zählt. Kühles, feuchtes Wetter hat er besonders gern. Seine Oberseite ist blaugrau gefleckt und mit Warzen bedeckt.

Glockenfrosch

Kulturelles

Nordwestlich des Privathafens stand im Mittelalter eine kleine Kapelle. Sie wurde von den Seefahrern besucht, die auf ihrer Durchfahrt hier vorbeikamen bzw. im geschützten Revkrog bei Sturm vor Anker lagen. Die kleine vorspringende Huk erhielt daraufhin den bezeichnenden Namen Kappelodde.

Skovens Vig

POSITION: 54° 58,5′ N - 10° 23,2′ E
SEEKARTEN: D 14; DK 152, 170

Allgemeine Beschreibung

Die Skovens Vig liegt an der Südseite von Drejø. Sie schneidet so tief in das Land ein, daß zwischen dem höheren westlichen Skoven und dem niedrigen östlichen Drejø nur eine schmale Landverbindung mit weithin sichtbaren Telegrafenmasten verblieben ist. Bis auf einzelne Baumgruppen im Umkreis der Gehöfte ist die Insel unbewaldet. Die Landschaft wird durch Felder, Wiesen und Moore geprägt.

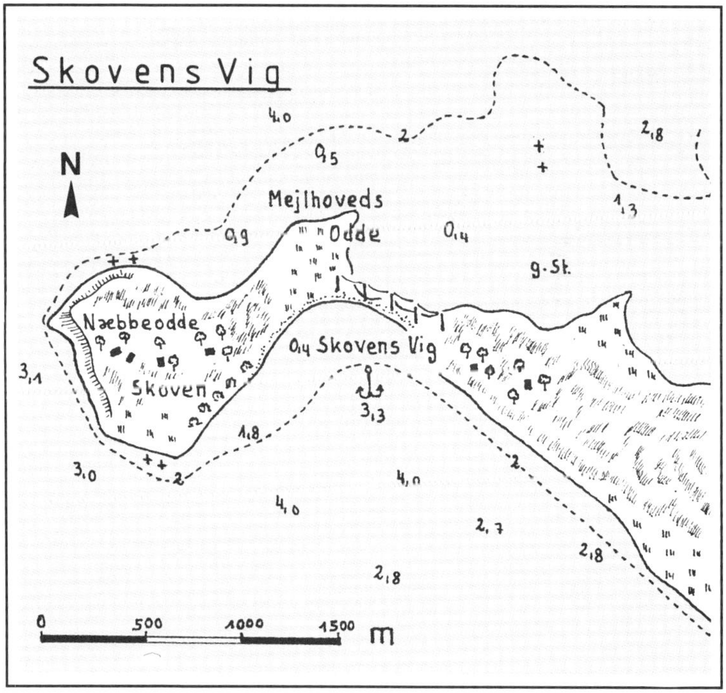

Ansteuerung

Die Ansteuerung bereitet keine Schwierigkeiten.

1. **Aus dem Mørkedyb kommend**
   hält man zunächst auf die Süd-Untiefentonne südlich von Drejø zu, um dann mit nordwestlichem Kurs direkt in die

Bucht einzulaufen. Da die 2-m-Linie dicht unter der Küste verläuft, kann man in geringer Entfernung an Drejøs Südwestufer entlangsegeln.

2. **Von Westen und Norden kommend**
läuft man auf das südliche Ende der Steilküste von Skoven zu, wobei die West-Untiefentonne vom Mads Jensens Grund an Backbord bleiben muß.
Beim Einlaufen in die Bucht halte man sich etwa 0,2 sm frei von der Küste.

Ankerplatz

Der stille Ankerplatz ist bei Seglern aus Fåborg sehr beliebt. Das Wasser ist kristallklar, und der Grund besteht aus Sand. Man ankert auf ca. 2 — 3 m Wasser. In der Bucht liegt man ruhig und sicher bei Winden aus West über Nord bis Ost.

Versorgungsmöglichkeiten

Kaufmann und Cafeteria in Drejø By (knapp 2 km Fußweg); Fähre nach Svendborg (ab Drejø Bro).

Nächster Hafen

Drejø Bro (ca. 2 sm); Ærøskøbing bzw. Søby (jeweils ca. 5 sm).

Freizeittips

- *Drejø weist schöne Badestrände auf.*
  Besonders das nördliche Flach hat angenehm warme Wassertemperaturen.
- *Vom westlichen Steilufer Næbbe Odde hat man einen weiten Blick über die Inseln Südfünens und einen Logenplatz bei Sonnenuntergang.*
- *Ebenso wie auf Avernakø findet man hier den seltenen Glockenfrosch.*

Kulturelles

Mit einem Augenzwinkern wird Drejø als „Mittelpunkt der Welt" bezeichnet, und das kam so:
Ein ländlicher Pfarrer besuchte im letzten Jahrhundert die Insel. Einer alten Einwohnerin gegenüber pries er die Schönheit und Lage dieses Eilandes, woraufhin sie erwiderte: „Ja Vater, eine Meile bis Ærø, eine bis Tåsinge und eine bis Fünen — fürwahr, Drejø liegt in der Mitte der Welt."

Skarø

POSITION: 55° 0,09′ N - 10° 28,3′ E
SEEKARTEN: D 14; DK 170

N W O S

Allgemeine Beschreibung

Skarø, am westlichen Ausgang des Svendborg Sundes, ist eine kleine flache Insel. Es wohnen dort knapp 50 Menschen. Sie wird überwiegend landwirtschaftlich genutzt. Die Nordostspitze ist mit Feuchtwiesen bedeckt und läuft im Skarø Rev aus.
Die gut erhaltenen Fachwerkhäuser von Skarø By vermitteln dem Besucher den Eindruck einer längst vergangenen Idylle.

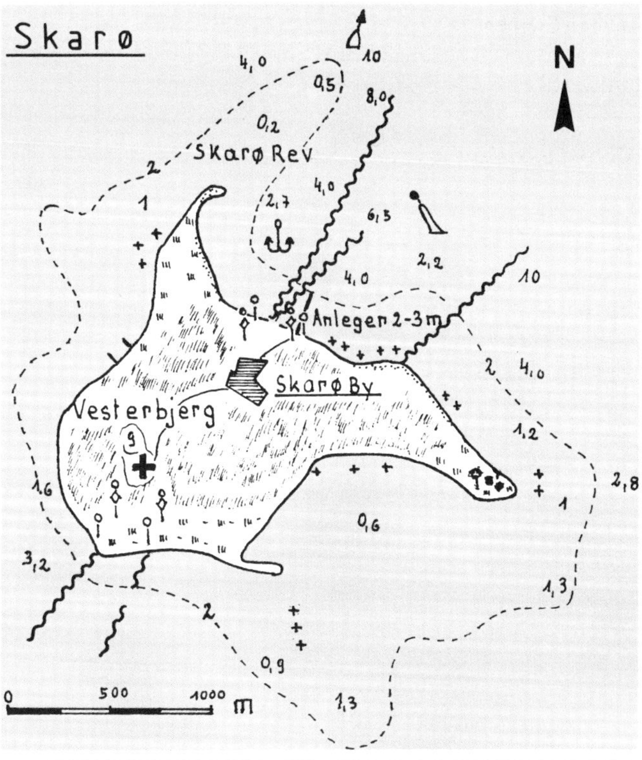

Ansteuerung

Skarø ist von weiten Flachs umgeben und kann nur von Nordosten angelaufen werden. Dort liegt auch der Ankerplatz.
Man segelt zunächst auf die rotweiße Ansteuerungstonne von Skarø zu und danach mit Kurs rw. 270° zum Ankerplatz (Entfernung ca. 0,5 sm).

> **Achtung**
> - Die grüne Tonne Skarø Rev darf nicht geschnitten werden (0,5 — 0,9 m Wassertiefe).
> - Zu beachten sind die Unterwasserkabel, die von Skarø nach Fünen laufen.

Ankerplatz

Geankert wird zwischen Anlegebrücke und Skarø Rev auf 2,5 — 4 m Wassertiefe. Der Grund besteht überwiegend aus Sand mit Steinen. Dort liegt das Boot ruhig bei Wind aus Süd bis West. Das 0,5 sm lange Skarø Rev läßt selbst bei starkem Nordwest keinen nennenswerten Schwell aufkommen.

Versorgungsmöglichkeiten

Im Dorf Skarø By. Der Kaufmann hat seinen Laden in der alten Schule.

Nächster Hafen

Skarø Bro (ca. 0,2 sm) bzw. Ballen Lystbådehavn (ca. 1,7 sm).

Freizeittips

- *Vom 9 m hohen Vesterbjerg hat man einen weiten Rundblick über die südfünische Inselwelt.*
- *Die Nordostspitze ist ein Paradies für Naturfreunde. Die dortigen Feuchtwiesen bieten Lebensraum für viele Schwimm- und Stelzvögel.*
- *Skarø könnte auch als „Insel der Hasen" bezeichnet werden. In der Mythologie wurde der Hase als „Lichtbringer" verehrt, da er eines der ersten Tiere ist, die sich im Frühjahr zeigen.*
  Heute wird die rasante Vermehrung der Tiere durch intensive Jagd gebremst. Der Export reicht bis nach Frankreich.

Ærø

SEEKARTEN: D 14; DK 170

Welcher Segler hat nicht schon von Ærøskøbing oder Marstal gehört, geschwärmt und seinen Kurs geändert, um nur mal eben reinzuschauen, ob die windschiefen Häuser noch schiefer geworden sind, die Rosen in diesem Jahr besonders üppig blühen oder das Winerbrød noch immer so gut bei der Bageri schmeckt? Ærø ist berühmt. —

Doch wenig bekannt sind die guten Ankerplätze dicht vor dem teuren Hafen des Museumsstädtchens oder bei **Skjoldnæs,** wo man ganz dicht an die Küste gekuschelt ruhig ankert, wenn der nimmermüde Westwind die weißgekrönten Seen vorbeitreibt. Ungestört könnte man tagelang auf den Ankerplätzen verweilen und mit dem Klapprad die Insel erforschen. Auch dieses Ærø lohnt, es kennenzulernen.

Skjoldnæs

POSITION: 54° 58,1'N - 10° 13,4' E
SEEKARTEN: D 14; DK 170

Allgemeine Beschreibung

Skjoldnæs heißt die Nordspitze der Insel Ærø mit dem weit sichtbaren gleichnamigen, hohen, grauen Leuchtfeuer, das von einer Baum-/Buschgruppe umgeben ist. Nach Nordosten fällt die grüne Küstenlandschaft ab. Nur vereinzelte Sträucher wachsen zwischen den Feldern. Im Südosten geht die Bucht in eine Steilküste über, die mit wenigen Büschen und niedrigen Bäumen bestanden ist. Die Küste im Westen und Osten ist hoch. Der Festlandsockel fällt dort zum Kleinen Belt hin ab.

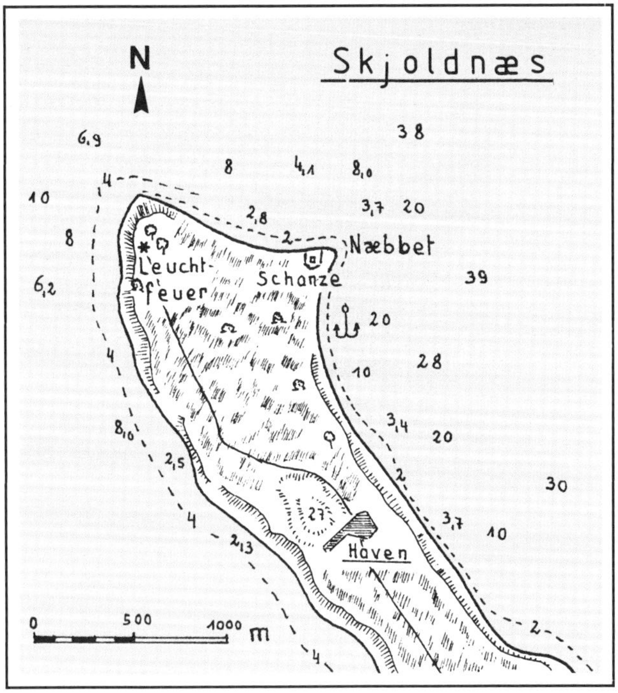

Ansteuerung

Der Ankerplatz auf der Ostseite von Skjoldnæs, hinter der Huk Næbbet (Schnabel), kann ohne navigatorische Schwierigkeiten angelaufen werden. Das Leuchtfeuer Skjoldnæs bietet eine ausgezeichnete Ansteuerungshilfe. Bis dicht unter Land ist tiefes Wasser, frei von Untiefen, vorhanden.

Ankerplatz

Ein ausgezeichneter Ankerplatz bei Winden aus Südwest über West bis Nordwest liegt hinter der Huk Næbbet. Man kann sich ganz dicht unterhalb der Steilküste an das Ufer kuscheln. Der Grund fällt von 2 m schnell auf 10 m und mehr ab. Bei zu wenig Kette kann der Anker ausbrechen und das Boot abtreiben! Der Grund besteht überwiegend aus Schlick. Man sollte etwa auf 2 — 3 m Wassertiefe ankern. Der Landgang mit dem Beiboot ist bei dem Kiesel- und Geröllstrand nicht ganz unproblematisch.
Dreht der Wind auf Süd bis Südost, kann man sich gut zur Nordseite verholen. Der Grund besteht dort überwiegend aus Sand mit Steinen.

Versorgungsmöglichkeiten

Keine

Nächster Hafen

Søby (ca. 2 sm).

Freizeittips

- *Gute Bademöglichkeit.*
- *Spaziergang entlang des Strandes bis zum 1881 erbauten Leuchtturm Skjoldnæs Fyr.*
- *Bei Næbbet liegt eine alte Schanze, deren Reste heute noch zu sehen sind. Man vermutet, daß sie zur Zeit des Krieges mit den Engländern errichtet wurde, um die Schiffe zu schützen, die damals hier ankerten, um Getreide und Vieh zu laden oder Windschutz zu suchen, denn der Hafen von Søby wurde erst 1857 angelegt.*

Revkrog/Ærø

POSITION: 54° 53,3′ N - 10° 22,7′ E
SEEKARTEN: D 14; DK 152, 170

Allgemeine Beschreibung

Westlich von Ærøskøbing erstreckt sich die weite Bucht Revkrog, die im Norden durch die Huk Urehoved und im Westen durch die Steilküste von Borgnæs Nakke begrenzt wird. Der Mittelteil ist flaches Wiesenland, hinter dem man die Masten im Yachthafen und die Kirche von Ærøskøbing gut ausmachen kann. Am Ufer liegt ein Campingplatz. Das Landschaftsbild im Süden und Westen ist geprägt durch den Wechsel von steilen Küstenabschnitten, Feldern und eingestreuten kleinen Wäldchen.

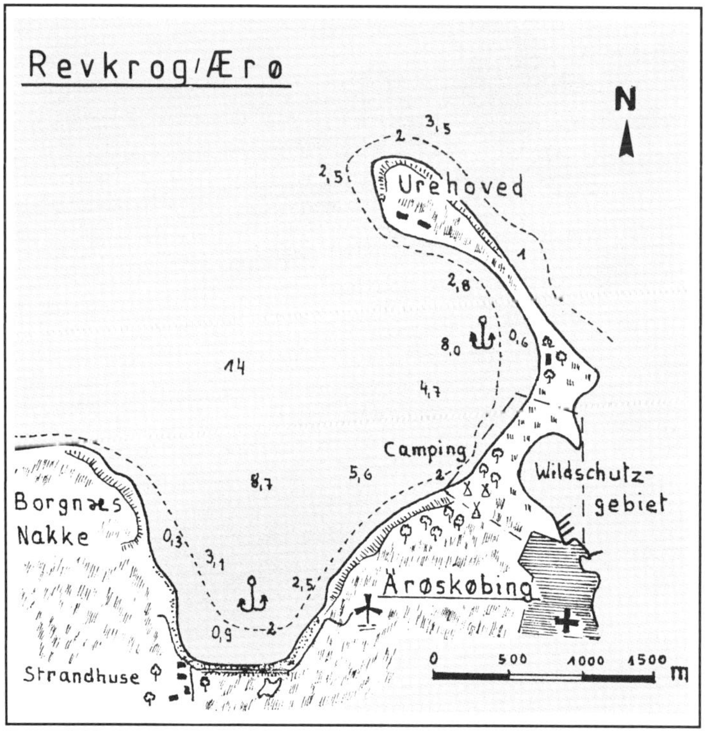

Ansteuerung

Revkrog ist frei von Untiefen und kann problemlos angelaufen werden.
Die 2-m-Linie verläuft in weiten Teilen knapp 200 m vom Ufer entfernt.

Ankerplatz

Im Revkrog findet man außer bei Nordwest immer einen guten Ankerplatz. Am besten liegt man im Südteil auf 3 — 4 m Wassertiefe oder etwas südlich der Huk Urehoved. Der Grund besteht aus Sand, bei Urehoved stellenweise aus Ton, der mit Schlick überzogen ist.

Versorgungsmöglichkeiten:

In Ærøskøbing

Nächster Hafen

Ærøskøbing (max. 4 sm); Søby (6 sm)

Freizeittips

- *Revkrog ist aufgrund des guten Sandstrandes der bevorzugte Badeplatz bei Ærøskøbing. Vesterstrand, ein weiterer geschätzter Badeplatz, befindet sich beim Campingplatz.*
- *Besuch von Ærøskøbing, der kleinen, unter Denkmalschutz stehenden Stadt, die mit ihren bunten Fachwerkhäusern, den liebevoll dekorierten Fenstern, den kopfsteingepflasterten Gäßchen und den Stockrosen vor den Türen immer wieder aufs neue entzückt (Fußweg ca. 2 km).*

Kløven

POSITION: 54° 52,35′ N - 10° 28,59′ E
SEEKARTEN: D 14; DK 152, 170

Allgemeine Beschreibung

Zwischen Urehoved und Ommelshoved schneidet an der Nordküste von Ærø eine tiefe Bucht mit guten Ankerplätzen in das Land ein. In ihrem westlichen Teil liegt die kleine, flache Insel Lilleø und im Norden Dejrø. Der Südteil ist bis auf den tiefen Einschnitt Kløven nur seicht. Eine 2 — 3 m tiefe Rinne, an beiden Seiten durch Steintürmchen gekennzeichnet, führt zum kleinen Fischerhafen von Ommel.

Weite Uferbereiche sind mit Feuchtwiesen bewachsen. Die Ankerbucht Kløven ist eingerahmt von Wiesen und Feldern, die von einzelnen Gehöften unterbrochen werden. Eine typisch dänische Bauernlandschaft.

Die Insel Dejrø, vor deren Ost- bis Südostseite man ebenfalls gut ankern kann, ist, bis auf die

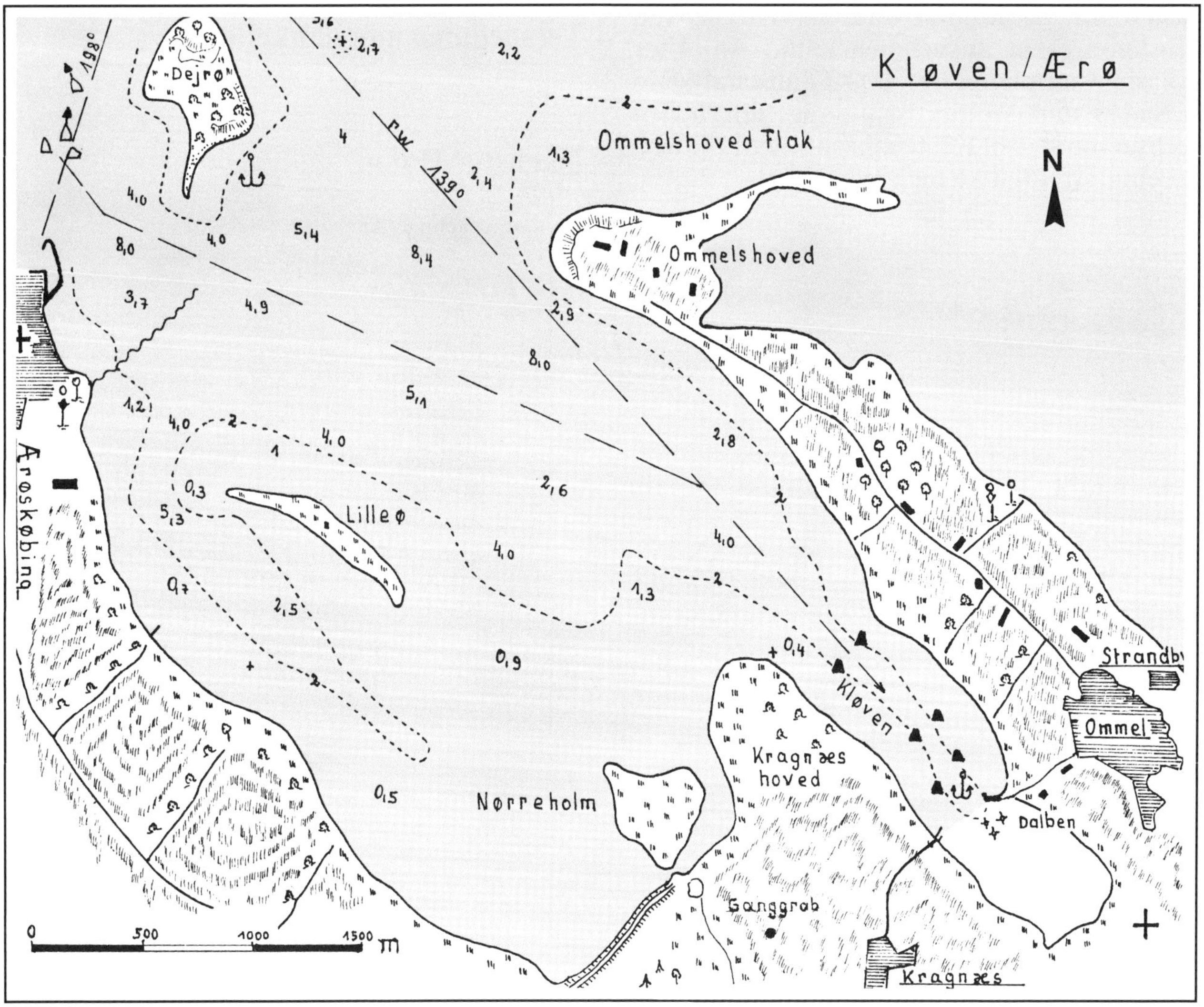

beiden Anhöhen, auf denen etwas Buschwerk steht, mit Gras bewachsen. Im Sommer lassen Bauern dort ihr Vieh weiden. Nach Süden läuft Dejrø in einer flachen, sandigen Landzunge aus.
Im Schatten des schönen Ærøskøbing führt dieses reizvolle Segelrevier nur ein Aschenputteldasein.

1. Kløven

Ansteuerung

Es gibt zwei sichere Ansteuerungen zum Ankerplatz Kløven:

a) Von der rot-weißen Mittefahrwassertonne Møllegab vor Ærøskøbing steuert man mit Kurs rw. 139° direkt auf die Rinne von Kløven zu. Die Insel Dejrø bleibt dabei an Steuerbord und die Kirche von Ommel knapp an Backbord voraus. Sobald man die Steinmarkierungen der Rinne nach Ommel ausmachen kann, folgt man ihnen und sucht sich einen Ankerplatz nach eigenem Geschmack.

b) Von Møllegab folgt man zunächst dem bezeichneten Fahrwasser nach Ærøskøbing. Die Insel Dejrø bleibt dann an Backbord. Vor dem Hafen ändere man seinen Kurs und halte auf die Halbinsel Ommel zu (siehe Plan). Bei der weiteren Ansteuerung folge man der obigen Beschreibung.

Ankerplatz

Man ankert in der Rinne Kløven auf ca. 2 m Wassertiefe. Der Grund besteht aus Schlick. Es kann auch an den Dalben am Ende der Rinne festgemacht werden, oder man legt sich vor Heckanker mit dem Kopf zur verfallenen Verladepier (Wassertiefe ca. 2 m).
In dieser schmalen, tiefen Bucht ankert man geschützt vor allen Winden außer bei Nordwest bis Nord.
Im kleinen Hafen von Ommel kann gut mit dem Beiboot festgemacht werden.

2. Dejrø

Ansteuerung

Um zum Ankerplatz vor dem östlichen Ufer Dejrøs zu gelangen, folgt man dem Fahrwasser bis zum Hafen Ærøskøbing und rundet die Insel südwärts, oder man segelt ab rotweißer Mittefahrwassertonne Møllegab 0,6 sm mit Kurs 139°, um dann auf den ausgewählten Ankerplatz zuzuhalten.

Ankerplatz

An der Ostküste von Dejrø kann man bei Südwest bis West ruhig ankern. Bei starken nördlichen Winden läuft Schwell um die Insel und macht das Liegen sehr unruhig.
Der Ankergrund besteht aus Schlick und Lehm.

Versorgungsmöglichkeiten

Kaufmann, Bank, Post und Kro in Ommel.

Nächster Hafen

Ærøskøbing (max. 2,5 sm)

Freizeittips

— *Ein schöner, wenig befahrener Weg führt entlang der Anhöhe bis Ommelhoved. Verlockend ist der freie Blick über die „dänische Südsee“ und ein guter, einsamer Badestrand.*)*
— *Ommel, auf dem Weg, ist ein kleines Dorf mit winkligen Gassen und alten Fachwerkhäusern.*

**) Wußten Sie schon? Bei einer Berührung mit den Nesselfäden der Feuerqualle hilft, die brennende Stelle mit Seife abzuwaschen oder sie zu rasieren. Die brennende Flüssigkeit sitzt überwiegend in der oberen Hautschicht.*

Ommel Kirke

Halmø

POSITION: 54° 53,0′ N - 10° 29,9′ E
SEEKARTEN: D 14; DK 170

Allgemeine Beschreibung

Halmø ist eine flache, ca. 2 km lange Insel nordwestlich von Marstal, die überwiegend von Feldern bedeckt ist. Im Osten endet sie im niedrigen Steilhang Halmø Gavl. In der Mitte liegt ein einzelnes, von einer Baumgruppe umgebenes Gehöft.

Dieser Ankerplatz zwischen Halmø und Ærø, der ca. 2 sm von Marstal entfernt liegt, eignet sich vor allem als Übernachtungs- und Warteplatz. Am nächsten Vormittag, wenn viele Segler ihre Leinen wieder losgeworfen haben, kann man sich dann einen guten Liegeplatz in Marstal suchen.

Ansteuerung

1. **Aus dem Mørkedyb kommend**
   verläßt man das Fahrwasser bei der West-Untiefentonne Meyers Grund und hält mit Kurs rw. 257° auf Strandby zu. Nach 1,1 sm peilt Halmø Gavl querab. Dann ändert man den Kurs auf rw. 303°. Jetzt liegt die Westspitze Halmø Hale voraus und die letzte rote Tonne des nach Marstal führenden Fahrwassers achteraus. Dieser Kurs führt zum ca. 0,4 sm entfernt liegenden Ankerplatz.
2. **Von Marstal kommend**
   segelt man im nordwärts führenden Fahrwasser bis zur letzten grünen Tonne, bevor das Fahrwasser nach Nordosten abknickt.
   Der neue Kurs beträgt jetzt rw. 315°. Bis zum Ankerplatz sind es ca. 1,3 sm.

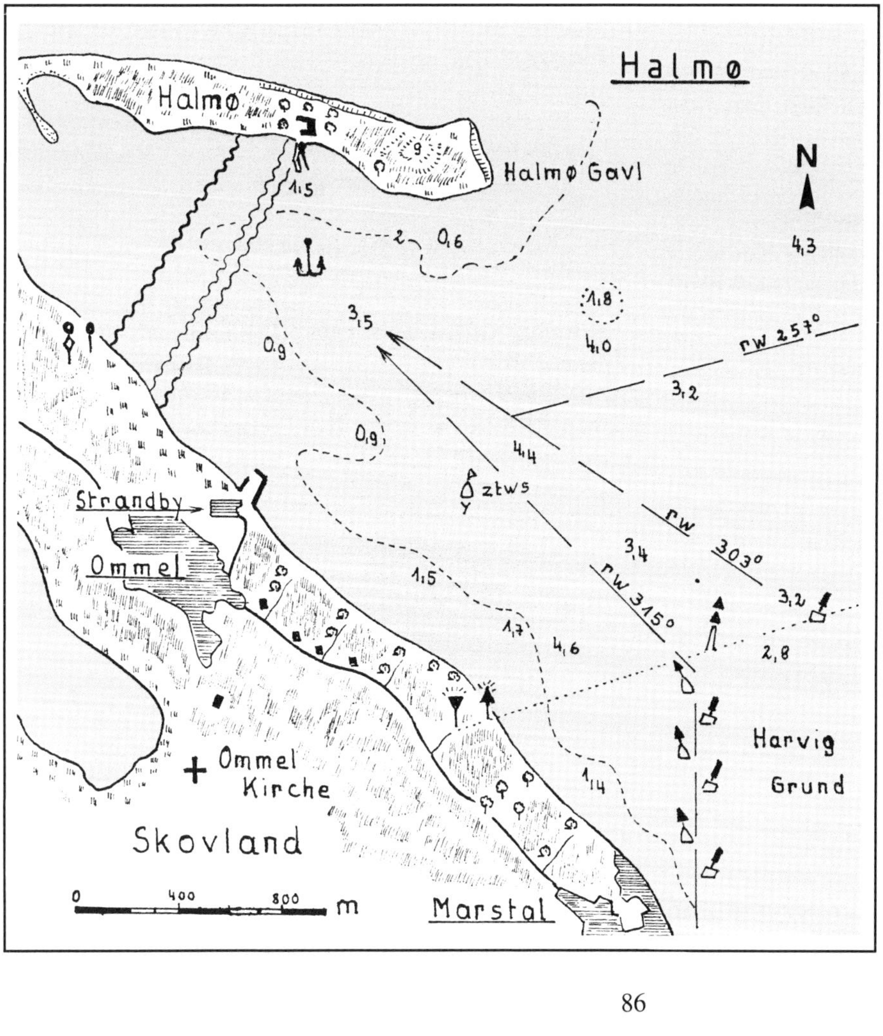

Achtung

— Eine unbezeichnete 1,8-m-Stelle befindet sich ca. 700 m südöstlich von Halmø.
— Zwischen der Insel und Ærø verlaufen mehrere Unterwasserkabel (siehe Plan).

Ankerplatz

Man ankert zwischen dem Bootsanleger auf Halmø und dem kleinen Hafen Strandbyhavn auf Ærø. Die Wassertiefe beträgt ca. 2,50 — 3,50 m. Der Grund besteht aus Schlick mit starkem Seegrasbewuchs. Der Anker hakt, gräbt sich aber schlecht ein!

Auf diesem Platz liegt man gut bei Winden aus Süd bis West bzw. Nordwest bis Nordost.

Versorgungsmöglichkeiten

Keine

Nächster Hafen

Marstal (ca. 2 sm)

Freizeittips

Abends hat man einen herrlichen Blick auf das erleuchtete Marstal und tagsüber paradieren die Boote in der Marstalrinne an einem vorüber.

Kulturelles

Die Geburtsstätte der Quallen sind die Seegras- und Tangfelder. Im Herbst, bevor sie sterben, legen die Quallen Eier. Aus ihnen entwickeln sich kleine Larven, die zielstrebig zum Meeresboden schwimmen und sich dort an einem Stein festsetzen. Danach beginnen sie sich in einen Polypen zu verwandeln, einem länglichen, becherartigen Tier mit vielen Fangarmen. Im Frühjahr verändert der Polyp erneut sein Aussehen: Durch viele Einschnürungen gleicht er jetzt aufeinander gestapelten Tellern. Nacheinander lösen sich die Teller, schwimmen auf und entwickeln sich zu kleinen Quallen. Während die Quallen nur wenige Monate alt werden, lebt ein Polyp mehrere Jahre und kann bis zu vierzig Quallen entstehen lassen.

Entwicklungsstufen einer Qualle

Svendborg Sund — Großer Belt

SEEKARTEN: D 14, 15; DK 170, 171

Der Svendborg Sund schlängelt sich zwischen den Inseln Thurø, Fünen und Tåsinge hindurch. Seine landschaftlich schöne Umgebung wird liebevoll als die „Riviera Dänemarks" bezeichnet.

Das Fahrwasser ist stellenweise nur schmal, aber tief und führt dicht an Untiefen vorbei. Die Strömungsverhältnisse im Svendborg Sund sind stark von dem vorherrschenden Wind abhängig. Bei ruhigem Wetter kentert der Strom etwa alle sechs Stunden und erreicht eine Geschwindigkeit von 2 - 3 Knoten. Bei stürmischen Winden kann er jedoch auf 6 Knoten anwachsen.

Das **Westufer des Svendborg Sundes** bietet zahlreiche Ankermöglichkeiten, die jedoch wegen des regen Durchgangsverkehrs meistens kein ruhiges Liegen ermöglichen.

Bei Winden aus Süd bis Ost kann man am Westausgang des Sundes zwischen **Vornæs Pynt** und dem Feuer von Bækkehave im Schutz des Vornæs Skov gut ankern. Man liegt dort ca. 150 m vom Ufer entfernt auf 3 m Wasser. Der Grund besteht aus Sand mit Seegrasfeldern.

Ein weiterer reizvoller Ankerplatz befindet sich hinter der schmalen Insel **Ilholm.** Er ist nur von Osten für Boote mit geringem Tiefgang erreichbar. Tiefgehende Yachten können dagegen gut dicht vor dem Nordufer Ilholms ankern.

Besonders gute und traditionsreiche Ankerplätze liegen zwischen **Thurø** und **Tåsinge,** in der **Lunkebugt** und vor der **Ostküste von Thurø.** Diese werden im folgenden detailliert beschrieben.

Pilekrog

POSITION: 55° 02,5′ N - 10° 38,6′ E
SEEKARTEN: D 14, 15 C; DK 170, 171

N
W O
S

Allgemeine Beschreibung

Pilekrog, nordwestlich von Troense, ist ein seit altersher bekannter Ankerplatz im Svendborg Sund. Hier liegt man eingerahmt vom alten Schifferort Troense und dem Buchenwald Bregninge Skov vor einer malerischen Kulisse. Eine gute Alternative zum häufig überfüllten Bootshafen Troense.

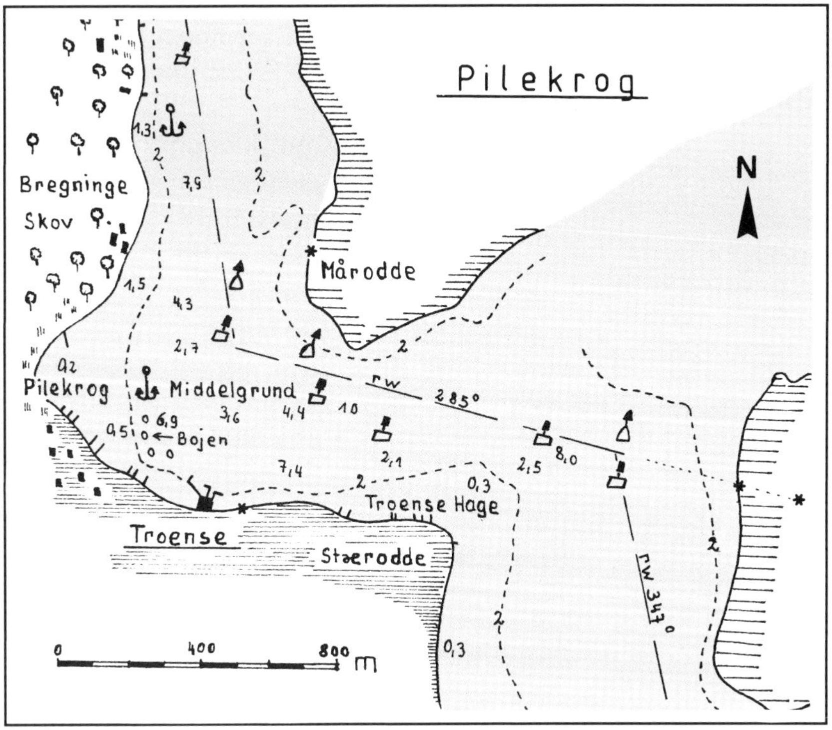

Ansteuerung

Die Ankerplätze im Pilekrog sind vom gut betonnten Fahrwasser des Svendborg Sundes direkt anzulaufen. Der Middelgrund mit einer Mindestwassertiefe von 2,70 m ist für Yachten ohne Bedeutung.

Achtung

— Strom ca. 2 — 3 Knoten, bei ruhiger Wetterlage alle 6 Stunden die Richtung wechselnd. Bei starken westlichen Winden setzt der Strom in Nordrichtung.

Ankerplatz

Am schönsten ankert man vor dem Bregninge Skov. Man kann dort ganz dicht in Lee der herrlichen alten Buchen liegen und befindet sich so weit genug außerhalb des Fahrwassers. Der Schwell des Durchgangsverkehrs beeinträchtigt die Idylle kaum.

Am besten legt man sich dicht an der 2-m-Linie vor Anker, da die Wassertiefe zum Fahrwasser rasch zunimmt. Der Grund ist mit dichtem, großblättrigem Tang (Zuckertang) bewachsen, der das Eingraben des Ankers stark beeinträchtigt oder sogar verhindert.

In Lee des Waldes liegt man ausgezeichnet, selbst bei Starkwind aus allen westlichen Richtungen.

Wer Wert auf einen Abendbummel an Land legt, der ankert besser im Südteil des Pilekrogs oder legt sich an eine der dort ausgelegten Ankerbojen. Bei starken westlichen Winden liegt man dort jedoch erheblich unruhiger.

Versorgungsmöglichkeiten

In Troense

Nächster Hafen

Troense (max. 0,7 sm)

Freizeittips

- *Besuch der am Strand des Bregninge Skov etwas nördlich des Ankerplatzes gelegenen Venteposemølle. Es handelt sich um eine kleine Mühle, die früher von den Sundschiffern benutzt wurde.*
- *In der alten Reitschule Troense ist heute eine der größten privaten Ausstellungen von Schiffsmodellen und Buddelschiffen zu bestaunen.*

Kulturelles

Im Svendborg Sund beim Bregninge Skov wuchert der Zuckertang. Sein Standort ist an feste, steinige Untergründe gebunden. Nur dort kann er sich mit den Haftorganen, die aus einer Haftscheibe oder wurzelartigen Klammerorganen bestehen, festsetzen. Beim Aufholen des Ankers kommen die bandförmigen, lederartigen braunen Blätter haufenweise an die Oberfläche.
Tange allgemein sind der Lebensraum vieler Kleintiere, unter anderem sind sie die Geburtsstätte der Miesmuscheln und Seepocken. Wasserschnecken wiederum benutzen ihn als Jagdrevier.

Zuckertang

Thurø Bund

POSITION: 55° 02,5′ N - 10° 44′ E
SEEKARTEN: D 14, 15; DK 170, 171

Allgemeine Beschreibung

Der Thurø Bund ist ein ca. 3 km langer Einschnitt in die Insel Thurø. Vor dem Westausgang liegt das Kidholm Flak mit der kleinen Insel Kidholm; selbst bei starken westlichen Winden kommt kein nennenswerter Seegang in der Bucht auf. Im Thurø Bund findet man bei allen Windrichtungen ruhige Ankerplätze.
Felder, Obstplantagen und ein ausgedehntes Waldgebiet am Südufer bestimmen das schöne Landschaftsbild. Das Nordufer bei Gambøt ist noch immer Stammplatz traditionsreicher Schiffswerften, die sich durch Steganlagen und Bojenfelder dem maritimen Trend der Zeit angepaßt haben.

Ansteuerung

Aus dem Fahrwasser nach Svendborg kommend läßt man die West-Untiefentonne Kidholm Flak an Steuerbord und nimmt Kurs auf die Werft oder den Yachthafen von Gambøt. An der Nordseite ist das Wasser bis dicht unter Land tief. Vor dem

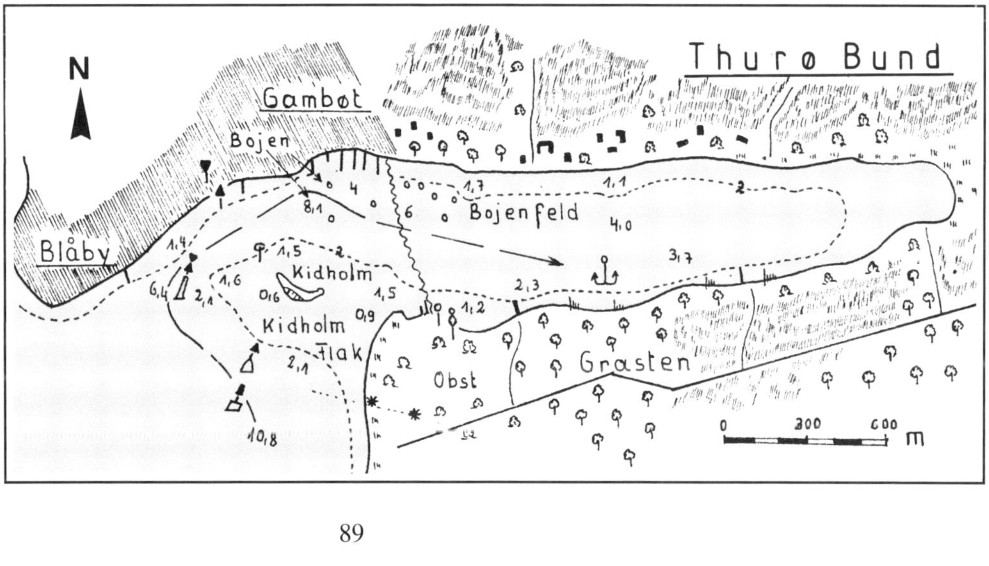

Yachthafen liegen mehrere große Festmacherbojen, die zum Teil rot angestrichen sind und so leicht mit roten Fahrwassertonnen verwechselt werden können. An der Westseite des Kidholm Flaks steht ein Pfahl mit einem Autoreifen. Er markiert ungefähr die Ausdehnung des Flachs nach Westen.

Achtung

- Die West-Untiefentonne muß einlaufend knapp an Steuerbord bleiben!
- Auf dem Kidholm Flak stehen viele Fischerflaggen.

Ankerplatz

Im Thurø Bund kann man je nach Windrichtung überall dicht vor dem Ufer ankern. Besonders in Lee des Fredskov auf Grasten findet man landschaftlich schöne Ankermöglichkeiten.
Die Wassertiefe beträgt ca. 2,50 — 4,00 m. Der Grund besteht überwiegend aus Schlick, Mud und Ton.
Wer sich sicherer an einer Ankerboje fühlt, findet meistens einen freien Platz im Bojenfeld an der Nordseite des Bundes.

Versorgungsmöglichkeiten

Gambøt

Nächster Hafen

Gambøt (max. 1 sm)

Freizeittips

- *Wegen der geschützten Lage gut geeignet zum Opti-Segeln oder Surfen.*
- *Während der Saison legt das Museumsschiff „Helge“ 5 bis 6mal täglich an der Grasten Bro an. Mit ihm kann man eine historische Fahrt bis nach Svendborg machen. „Helge“ ist ein altes Dampfschiff, welches 1924 gebaut wurde.*

Kulturelles

Zur Zeit der Segelschiffe war der Thurø Bund ein idealer Winterliegeplatz. Dort lagen die Frachtsegler geschützt vor Wind und Eisgang. Rund um die Bucht gab es viele kleine Werftbetriebe. In der Zeit von 1850 — 1914 wurden etwa 200 Holzschiffe auf Kiel gelegt. Die meisten Schiffe wurden im Freien, dicht am Wasser gebaut, um dann mit Hilfe von Spill und Trosse auf einem einfachen Schlitten zu Wasser gelassen zu werden.

Lunkebugt

POSITION: 54° 59,1′ N - 10° 39,3′ E
SEEKARTEN: D 14; DK 170

N W O S

Allgemeine Beschreibung

Die große Lunkebugt liegt an der Ostseite von Tåsinge. Die Küste erstreckt sich vom Valdemar Slot am Osteingang des Svendborg Sundes entlang des ausgedehnten Waldgebietes Pederskov bis hin zur bewaldeten Huk Stenodde im Südosten. Im Scheitel der Bucht kann man den Ort Bjerreby mit der Kirche gut erkennen.

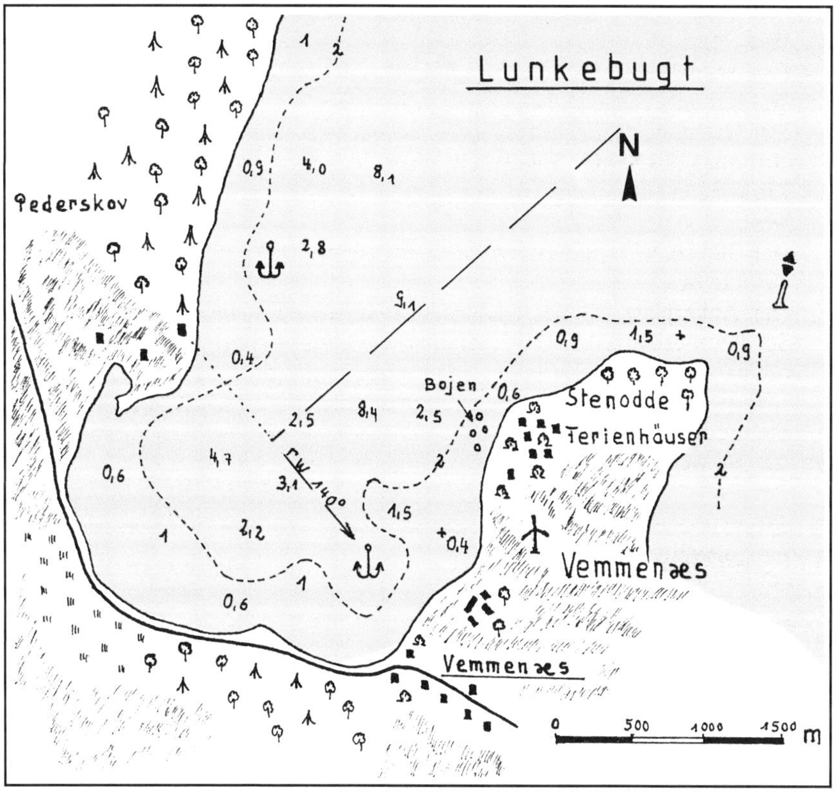

Da die Lunkebugt etwas abseits von der Segelroute durch den Sund liegt, findet man dort wenig besuchte Ankerplätze, wie vorm Pederskov, der Halbinsel Vemmenæs oder bei Stenodde.

Ansteuerung

Die von Untiefen freie Lunkebugt kann problemlos besegelt werden. Der bis ans Ufer reichende Wald **Pederskov** ist weithin sichtbar. Die 2-m-Linie verläuft ca. 200 m vom Ufer entfernt. An diese sollte man sich vorsichtig heranloten. Beabsichtigt man, den Ankerplatz vor dem Ort Vemmenæs aufzusuchen, halte man sich zunächst in der Mitte der Bucht. Die Kirche von Bjerreby auf einem Hügelzug liegt recht voraus. Sobald das erste Haus am südlichen Waldrand vom Pederskov querab peilt, ändere man seinen Kurs auf rw. ca. 140°. Die Häuser des Ortes Vemmenæs, dem östlichen Waldrand von Tvedeskov, liegen jetzt voraus. Zwischen den Bäumen sind sie nur schwer auszumachen. Das Echolot sollte auf dem neuen Kurs nicht weniger als 2 m Wassertiefe anzeigen!

Ankerplatz

1. **Pederskov**
   Es gibt mehrere Möglichkeiten, vor dem ausgedehnten Waldgebiet zu ankern. Die Wassertiefe beträgt 2 — 4 m. Der Grund besteht überwiegend aus Sand mit Seegras, aber auch aus Steinen mit Tangbewuchs. Die bewaldete Küste bietet guten Schutz bei Winden aus West bis Nordwest.
   Der Ufersaum ist vielfach mit Tang und Seegras bedeckt.
2. **Vemmenæs**
   Der Ankerplatz vor der Halbinsel Vemmenæs ist ein Schönwetterplatz, der nur bei Winden aus Ost bis Süd ein ruhiges Liegen gewährleistet. Man ankert auf 2,50 — 3,00 m Wassertiefe über Sandgrund mit Seegras.
3. **Stenodde**
   ist ein weiterer Schönwetterplatz, ähnlich wie Vemmenæs.

Versorgungsmöglichkeiten

In Vemmenæs; Restaurant im Valdemar Slot

Nächster Hafen

Troense (max. 4 sm)

Freizeittips

— *Besuch des Valdemar Slot, das 1639—44 von Christian IV. erbaut wurde. Der berühmte dänische Admiral Niels Juels (17. Jahrhundert) erwarb es von seinem ,,Prisengeld'' bei der Schlacht in der Køge Bugt. Es ist noch heute im Besitz der Familie und als Schloß- und Marinemuseum der Öffentlichkeit zugänglich. In ihm sind 16 Holzschiffe aus den letzten beiden Jahrhunderten ausgestellt, u. a. zwei Königsschaluppen.*
Zum Schloß führt ein Fußweg, der am Uferrand des Pederskov verläuft.

— *Der Küstenstreifen um Stenodde gilt unter Anglern als gutes Fischgewässer.*

Thurø Ostküste

POSITION: 55° 02,5′ N - 10° 43,2′ E
SEEKARTEN: D 14; DK 170

Allgemeine Beschreibung

Thurøs Ostküste ist bei schönem Wetter ein beliebter Ankerplatz für Boote auf der Durchreise. Von Norden kommend wird hier gern eine Nacht vor Anker gelegen, bevor es weiter durch den Svendborg Sund oder das Rudkøbing Løb geht.
Vor Thurøs Ostküste findet man einen schönen Sandstrand.

Ansteuerung

Die Ansteuerung der Ostküste ist problemlos.
Als Ansteuerungshilfen können der Campingplatz und die Ferienhaussiedlung in der Mitte des Küstenstreifens dienen, auf die man zunächst zuhält, um sich dann unter Land einen schönen Ankerplatz auszusuchen.
Von Süden kommend sollte das Thurø Rev respektvoll umsegelt werden. Es erstreckt sich von der flachen Huk Revet ca. 1 sm seewärts in südöstlicher Richtung und ist schlecht auszumachen. Die Süd-Untiefentonne an ihrem Ende kann nur **wenig** geschnippelt werden!

Ankerplatz

Man ankert entweder vor der Steilküste im Norden oder dem Waldgebiet Østerkov im Süden. Sie bieten gute Abdeckung bei allen westlichen Winden.
Man liegt ca. 150 — 200 m vom Ufer entfernt auf 2 — 3 m Wassertiefe. Der Grund besteht überwiegend aus Schlick mit kleinen Steinen und Ton. Weiter vom Ufer entfernt sind Tangfelder anzutreffen.

Versorgungsmöglichkeiten

Beim Campingplatz Kaufmann und Telefon.

Nächster Hafen

Troense (max. 5 sm)

Freizeittips

- *Beim Campingplatz Minigolfanlage. Dort können auch Surfbretter ausgeliehen werden bzw. kann man sich als Wasserskiläufer versuchen.*
- *Auf Revet, der südöstlichen Landspitze Thurøs, findet man eine seltene Strandwiesenflora. U. a. blüht dort noch das Knabenkraut. Er gehört zur Familie der Orchideen.*

Knabenkraut

Kulturelles

In vorgeschichtlicher Zeit waren Thurø und Grasten zwei Inseln. Erst als sich während der Steinzeit das Land hob, wuchsen sie zusammen.

Lindelse Nor

POSITION: 54° 53, 65′ N - 10° 42,1′ E
SEEKARTEN: D 14; DK 170

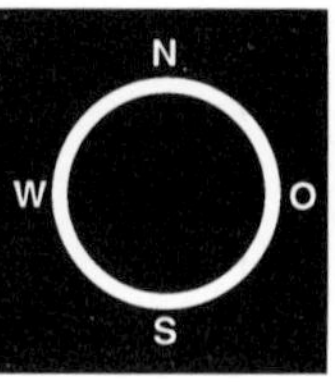

Allgemeine Beschreibung

Das Lindelse Nor schneidet tief in die Westküste von Langeland ein. Unbetonnt, mit vielen steinigen Untiefen, wirkt es auf der Seekarte eher abschreckend als einladend. Doch verbirgt sich hinter dieser schroffen Fassade eine eindrucksvolle, ursprüngliche Landschaft mit kleinen Inseln, verschwiegenen Nooren, weiten leuchtenden Feldern und reizvollen Ankerbuchten.

Ansteuerung

Dem Lindelse Nor sollte man sich respektvoll nähern.
Die enge Zufahrt ist nicht leicht anzusteuern.
Am sichersten segelt man im betonnten Fahrwasser nach Rudkøbing, solange, bis die Südspitze von Strynø querab ist. Nun ändere man den Kurs auf rw. 86°. Die gut sichtbare helle Steilküste von Højklint muß genau voraus zu sehen sein. Dieser Kurs führt sicher in das Nor. Das Echolot sollte Tiefen zwischen 3,20 — 5,00 m anzeigen.

1. **Korshoved / Langø**
   Dieser Ankerplatz ist nicht weit vom durchgehenden Fahrwasser entfernt und eignet sich gut für einen kurzen Abstecher. Vom Punkt I der Skizze ändere man den Kurs auf rw. 119°. Die Nordspitze von Langø und die Lindelse Mühle bilden dann eine Deckpeilung. Diesem Kurs folge man ca. 0,7 sm, bis Korshoved an Steuerbord querab ist. Der neue Kurs zum Ankerplatz beträgt nun rw. 155°. Mit Hilfe des Echolotes taste man sich das letzte Stück bis zum erwünschten Ankerplatz.

2. **Møllebugt**
   Die Ansteuerung der Møllebugt ist nach der Durchfahrt ins Noor problemlos. Die 2-m-Linie reicht auf der Nordseite stellenweise bis dicht unter Land.

3. **Langø / Lindø**
   Der abgelegene Ankerplatz zwischen Langø und Lindø ist Booten mit einem maximalen Tiefgang von 1,50 m vorbehalten, zumal der Wasserstand im Noor durch die Windrichtung und -stärke stark beeinflußt wird. Zwi-

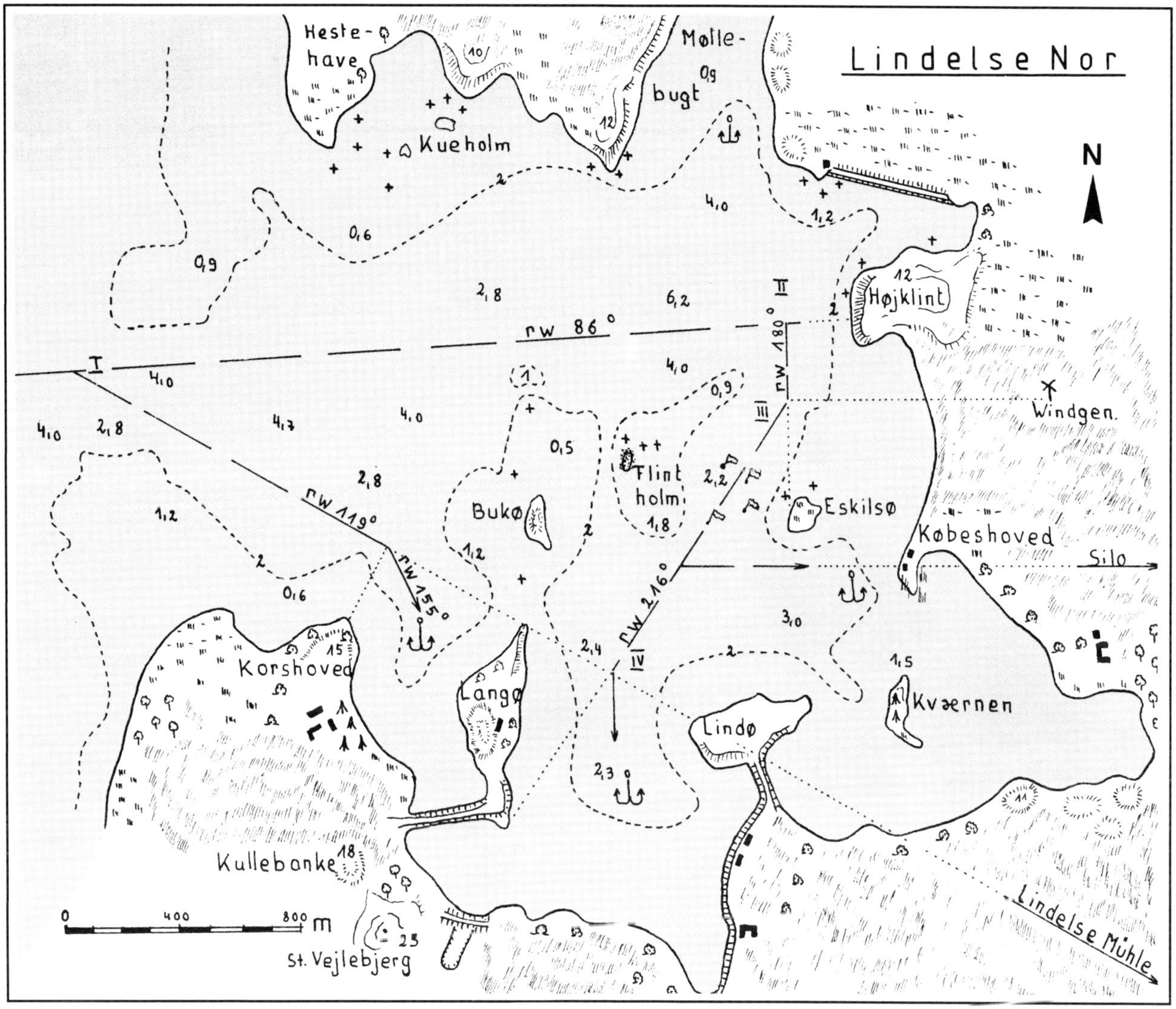

schen der Insel Eskilsø und dem Flintholm Flach betrug die gemessene Wassertiefe nur 1,80 — 2,00 m. Die dort ausgelegten vielen Fischerbojen machen die Durchfahrt schwierig. Die genaue Ansteuerung des Ankerplatzes ist aus der Skizze zu entnehmen. Sie sollte jedoch mit äußerster Vorsicht vorgenommen werden.

Achtung

Das flache, steinige Eiland Flintholm liegt zeitweilig unter Wasser. Dann wird es zu einer gefährlichen Untiefe, deren Ausdehnung schwer abzuschätzen ist. Man halte sich sicherheitshalber dicht an Eskilsø.

Ankerplatz

1. **Korshoved / Langø**
   Die Bucht zwischen Korshoved und Langø ist eingerahmt von hügeligen Feldern, Weiden und verstreuten Baum- und Buschgruppen. Das Ufer ist zum Teil mit Schilf bestanden.
   Einige Ruderboote liegen dort an Bojen.
   Die Wassertiefe beträgt ca. 3 m. Der Ankerplatz ist sicher bei Winden aus Ost über Süd bis West.
2. **Møllebugt**
   Diese Bucht im Nordteil des Noors ist ein weiterer schöner Ankerplatz. Weite wogende Felder bilden eine male-

rische Kulisse. Im Scheitel der Møllebugt steht ein großes gelbes Gehöft.
Tiefgehende Yachten ankern am besten am Eingang der schilfumsäumten Bucht östlich der gelben Steilküste. Die Wassertiefe beträgt dort ca. 3 m über Sandgrund, der stellenweise mit Seegras bewachsen ist. An beiden Seiten der Einfahrt stehen Bundgarnpfähle!

3. **Langø/Lindø**
   Besonders ruhig und abgeschieden liegt man zwischen den hügeligen Inseln Langø und Lindø. Man ankert mitten im satten Grün und Gelb von Langeland. Die Wassertiefe beträgt dort ca. 2,30 m, und der schlickige Grund ist stellenweise mit Seegras bewachsen. In diesem Naturhafen liegt man sicher bei allen Windrichtungen. Die vielen Flachs lassen selbst bei starkem Nordwest keinen nennenswerten Seegang aufkommen.

Versorgungsmöglichkeiten

Keine

Nächster Hafen

Strynø (max. 4 sm)

Freizeittips

— *Das Lindelse Nor ist besonders solchen Seglern zu empfehlen, die keine Mühe scheuen, sich abseits der üblichen Routen dem Zauber der Natur zu öffnen.*
— *Gut geeignet zum Baden und Opti-Segeln.*

Kulturelles

Das Lindelse Nor diente in früheren Zeiten als Reede für Schoner und Galeassen, die in Rudkøbing beheimatet waren. Sie überwinterten oder warteten dort auf Fracht; hauptsächlich Getreide nach England. Zur Blütezeit des Getreidehandels um 1854 waren allein in Rudkøbing 51 Schiffe mit 2 030 Registertonnen registriert.

Gewässer nördlich Fünens

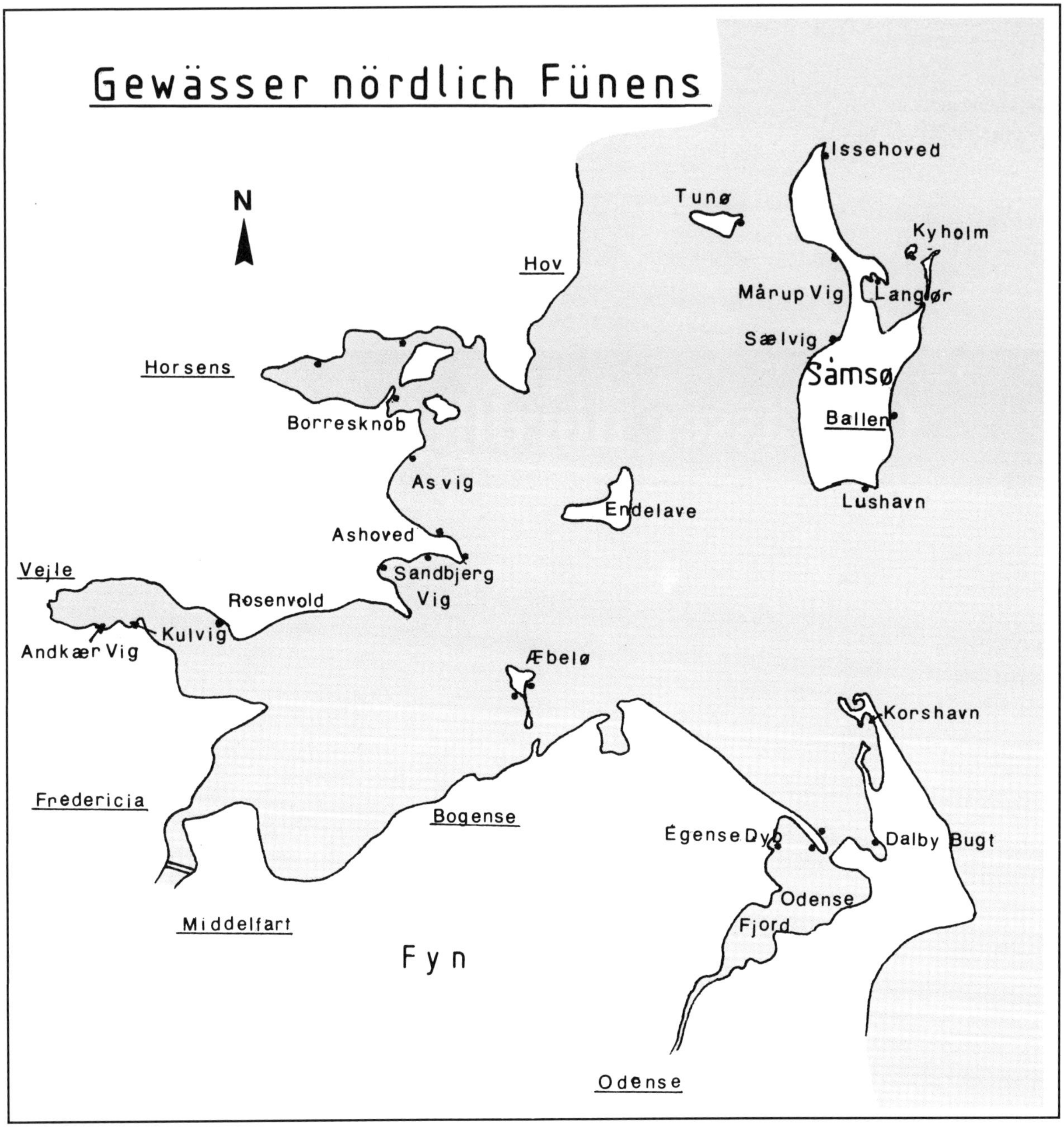
Gewässer nördlich Fünens
N
Hov
Horsens
Borresknob
As vig
Ashoved
Vejle
Sandbjerg
Vig
Rosenvold
Kulvig
Andkær Vig
Fredericia
Middelfart
Bogense
Fyn
Tunø
Issehoved
Kyholm
Mårup Vig
Langør
Sælvig
Samsø
Ballen
Lushavn
Endelave
Æbelø
Korshavn
Égense Dyb
Dalby Bugt
Odense
Fjord
Odense

Odense Fjord

SEEKARTEN: D 21; DK 114, 115

Der Odense Fjord ähnelt einem weiten, flachen Binnensee. Von der Einfahrt Gabet windet sich ein betonntes Fahrwasser bis zum Odense Kanal. Es muß mit Strom gerechnet werden, der normalerweise alle sechs Stunden kentert.

Da der Fjord außerhalb der Fahrrinne im allgemeinen sehr flach und mit Stein- und Sandriffen durchsetzt ist, eignet er sich wenig zum Ankern. Nur am Ende des betonnten Egense Dybs liegt bei Otterup ein schöner, ruhiger Ankerplatz.

Bei ruhigem Wetter sieht man auch verschiedentlich Yachten mitten in der weiten Wasserfläche des Odense Fjords ankern. Sie liegen meistens entweder zwischen **Lammesø Hage** und **Flintholm Øre** (Pos. 55° 29,9′ N - 10° 31,8′ E) westlich des Richtbakenpaares oder östlich des Fahrwassers zwischen **Nørreholm** und **Hvide Grund** (Pos. 55° 30,0′ N - 10° 33,6′ E). Die Wassertiefe beträgt dort ca. 3 m. Der Grund besteht überwiegend aus Lehm.

Bei östlichen Winden kann man auch gut vor der **Halbinsel Hals,** dicht hinter der Huk auf der Binnenseite des Odense Fjords, ankern.

Bei schönem Sommer-/Badewetter und westlichem Wind findet man ein unberührtes Ankerparadies vor dem **Nordostufer** der **Halbinsel Hals.** Der einsame feine Sandstrand vor dem dunklen Kiefernwald und der weite Blick über den Samsø Belt lassen die Stunden schnell verrinnen.

Egense Dyb

POSITION: 55° 31,75′ N - 10° 28,5′ E
SEEKARTEN: D 21; DK 114, 115

Allgemeine Beschreibung

Das Egense Dyb zweigt bei Lammesø Hage in nordwestlicher Richtung vom Odense Fjord ab. Nur eine schmale, betonnte Rinne führt zum verschwiegenen Hafen Otterup. Entlang dieser Rinne kann man gut ankern und sich nicht nur an der schönen abwechslungsreichen Landschaft, sondern auch an dem reichen Vogelleben auf dem Wasser erfreuen. Die zahlreich grundelnden Schwäne leuchten wie weiße Punkte in der Sonne.

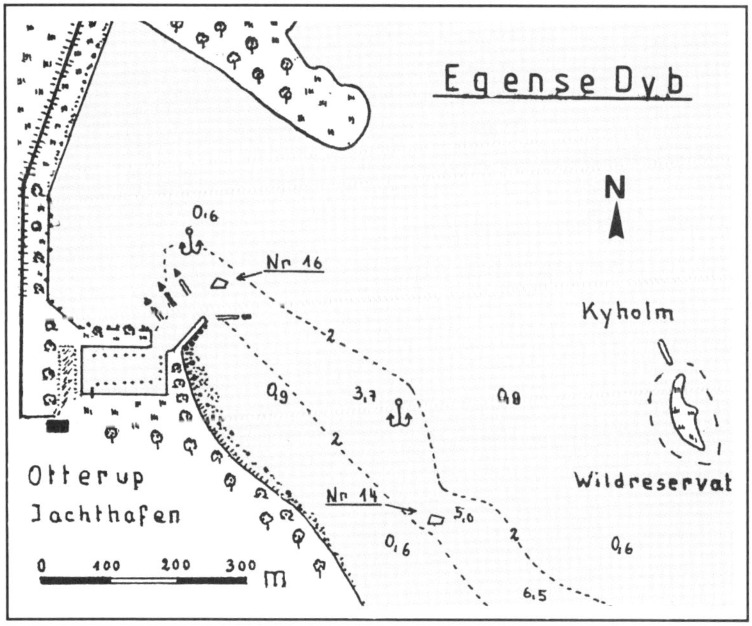

Ansteuerung

Man folgt dem betonnten Fahrwasser des Egense Dybs.

Ankerplatz

Die schönsten Ankerplätze im Dyb liegen in der Nähe von Otterup, eben außerhalb des Fahrwassers zwischen den roten Tonnen Nr. 14 und 16 bzw. etwas nordwestlich der roten Tonne Nr. 16. Die Wassertiefe beträgt dort ca. 3,70 m bzw. 2 m. Der Ankergrund besteht aus Lehm oder Schlick. Am Ende des Egense Dybs liegt man bei allen Winden geschützt, außer aus Nordost bis Südost.

Versorgungsmöglichkeiten

Kaufmann in Hessum (ab Otterup ca. 2,2 km)

Nächster Hafen

Otterup (in unmittelbarer Nähe)

Freizeittips

- *Gut geeignet zum Surfen und Optisegeln. (Die nahe gelegene kleine Insel Kyholm darf nicht betreten werden, da es sich um ein Wildschutzgebiet handelt.)*
- *Ein Spaziergang zum 2 km entfernten Hofmansgave, einem alten, in seiner ursprünglichen Form erhaltenen Herrenhof, lohnt sich. Der Park ist in der Sommerzeit (15. 5. — 1. 10.) täglich von 10.00 — 16.00 Uhr für Besucher freigegeben (geringes Eintrittsgeld).*

Dalby Bugt

POSITION: 55° 31,2′ N - 10° 37,3′ E
SEEKARTEN: D 11; DK 141

Allgemeine Beschreibung

Die Dalby Bugt ist eine hufeisenförmige, ca. 1 sm tiefe Bucht östlich des Odense Fjords; sehr geschützt, aber landschaftlich wenig reizvoll. Der Osten besteht aus flachem Kulturland. Im Süden liegt ein ausgedehntes Ferienhausgebiet mit dem einzigen guten Sandstrand. Obstplantagen und ein weiteres Ferienhausgebiet bei Strandlyst erstrecken sich im Westen um das Dorf Midskov.

Ansteuerung

Die Dalby Bugt ist problemlos anzulaufen.
Als Ansteuerungshilfe kann der Windgenerator auf der Halbinsel Skoven dienen.

> **Achtung**
> Vor dem westlichen Ufer einzelne Fischerflaggen und Stellnetze.

Ankerplatz

Je nach Windrichtung kann vor den verschiedenen Uferabschnitten geankert werden. Außer bei Nordwest liegt man dort ruhig und sicher bei allen Windrichtungen.
Der Ankergrund besteht überwiegend aus Sand, Mud und einzelnen Seegrasflächen.

Versorgungsmöglichkeiten

Keine

Nächster Hafen

Korshavn (ca. 6 sm)

Freizeittips

Vor dem Eingang zum Odense Fjord bzw. in der Dalby Bugt sind Tümmler keine Seltenheit.
Früher traf man dort auch noch auf Wale. Im Juli 1824 verirrte sich ein Finnwal in den Odense Fjord, wo er strandete. Diese Art kann die beachtliche Länge von 25 m erreichen und bis zu 35 Jahre alt werden.

Korshavn

POSITION: 55° 36′ N - 10° 36,5′ E
SEEKARTEN: D 11; DK 114, 141

Allgemeine Beschreibung

Der Naturhafen Korshavn liegt ca. 1,5 sm südöstlich von Fyns Hoved, der nordöstlichen Spitze Fünens. Die flache, sandige Landzunge Korsøre geht nach Norden in eine langgestreckte, hohe Steilküste über.
Die ursprüngliche Landschaft und die sehr geschützte Lage ließen Korshavn zu einem vielbesuchten Ankerplatz werden, an dem man gut ein paar Tage genießen kann.

Ansteuerung

Unabhängig, von welcher Richtung Korshavn angelaufen wird, sollte man zunächst Kurs auf das rot/grüne Tonnenpaar vor der Bucht nehmen, denn nördlich der roten Tonne liegt ein Flach mit einer 0,9-m-Stelle. Die Ansteuerungstonnen sind von weitem schwer auszumachen, besonders die grüne Tonne, die vor Bundgarnpfählen steht. Eine gute Ansteuerungshilfe ist die helle Steilküste von Langø Hoved mit dem alleinstehenden Baum auf der Spitze.
Von der grünen Tonne führt ein Richtbakenpaar mit Kurs rw. 51,4° bis zur Landzunge Korsøre, die man im Abstand von ca. 80 — 100 m rundet.
Nachts richte man sich nach dem Korshavn-Leuchtfeuer. Auf der Brücke des Segelclubs brennt nachts eine Neonlampe.
Es gibt noch eine nördliche und südliche Fahrrinne nach Korshavn. Da sie unbetonnt sind, sollten sie Ortskundigen vorbehalten bleiben.

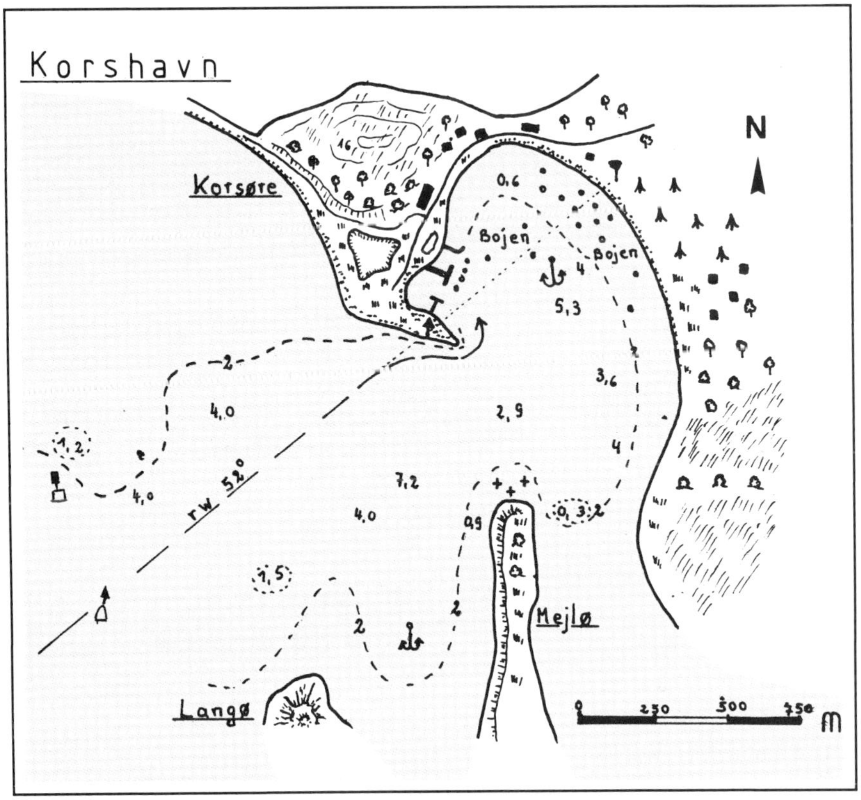

Ankerplatz

Innerhalb der Bucht kann auf 3 — 4 m Wassertiefe geankert werden. Der Grund besteht aus Sand und Seegras, in dem der Anker unter Umständen schlecht faßt (Anker deshalb gut einfahren)!
Im Westteil liegen einige Ankerbojen aus.
Am Westufer befinden sich die Steganlage des Odense Segelclubs und ein Anleger der örtlichen Fischer.
In Korshavn liegt man bei allen Winden, außer bei Südwest bis Südost, gut geschützt.

Versorgungsmöglichkeiten

Wasser am Steg des Odense Segelclubs; WC, Dusche, Kiosk und Restaurant beim Hotel;
Kaufmann und Telefon beim Campingplatz an der Hauptstraße, die nach Nordskov führt (je nachdem, wo man an Land geht, sind es 1 bis 2 Kilometer bis dorthin).

Nächster Hafen

Anleger des Odense Sejlclubs am Westufer der Bucht.

Freizeittips

- *Die Bucht eignet sich gut zum Baden, Surfen und Optisegeln.*
- *Lohnenswert sind auch Spaziergänge zur Spitze Fyns-Hoved bzw. um die Landzunge Tornen herum.*
  Vom 25 m hohen Hügel hat man einen weiten Blick über das südliche Kattegat.
- *Die ganze Nordspitze weist ein reiches Vogelleben auf. Ein Turmfalke hat an der Westseite von Fyns-Hoved sein Jagdrevier. Während des Fliegens „stemmt" er sich gegen den Wind und „rüttelt" über einer Stelle, um das Gelände nach Mäusen oder Insekten abzusuchen. Doch so leicht macht dieser geschickte Flieger keine Beute. Immer aufs neue stößt er herab. Wenn Sie sich achtsam heranpirschen, kommen sie so dicht heran, daß die Färbung des Gefieders zu erkennen ist: Sein Rücken ist rotbraun und seine äußeren Flügelfedern sind dunkelbraun. Er besitzt einen dunklen Backenbart.*

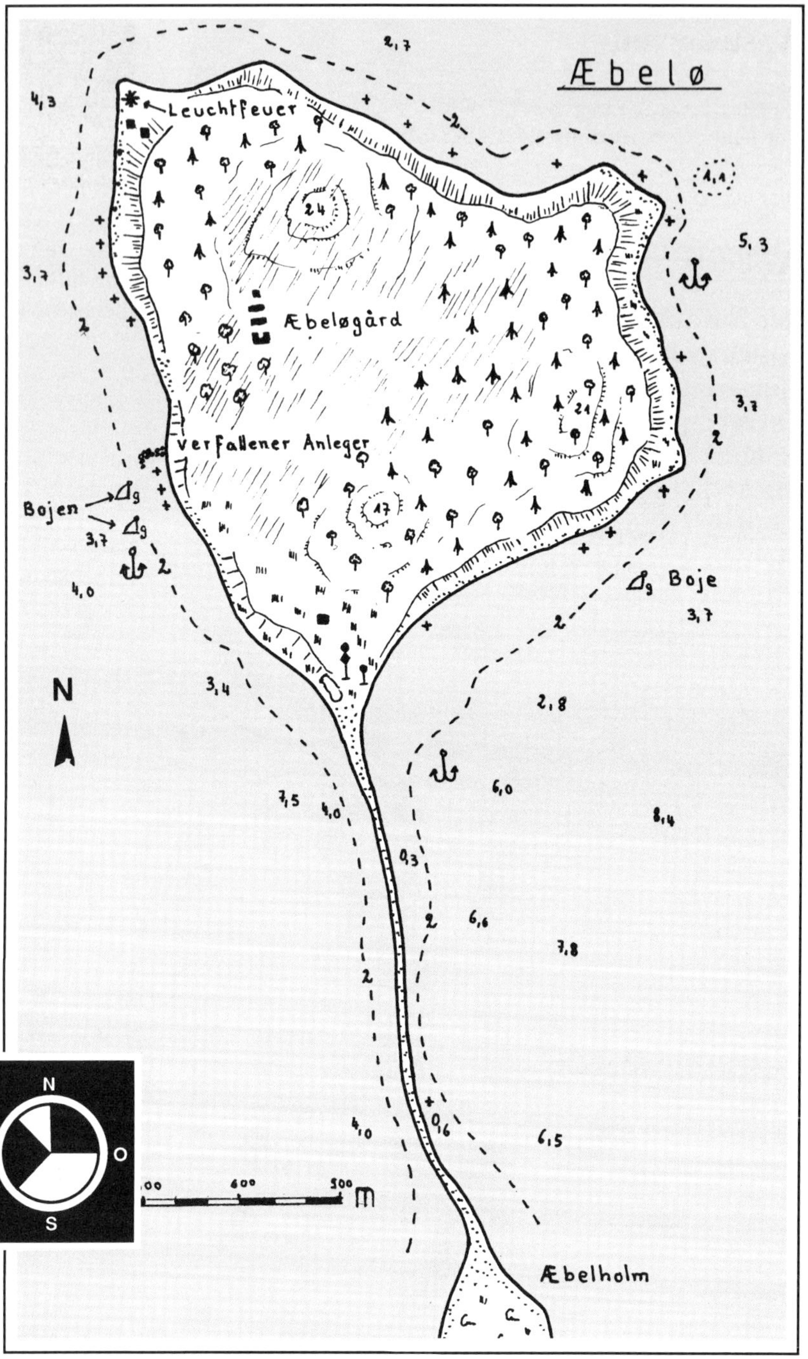

Æbelø

POSITION: 55° 38,5′ N - 10° 09,5′ E
SEEKARTEN: D 18; DK 114

Allgemeine Beschreibung

Æbelø ist eine auffällige, hohe Insel ca. 3 sm vor der Nordküste Fünens. Mit ihren schroffen, gelben Steilküsten und den dunkelgrünen Laubwäldern bietet sie einen malerischen Anblick.

Im Süden ist Æbelø durch eine schmale Landverbindung mit dem heidebestandenen Æbelholm verbunden.

Ansteuerung

Von der roten Tonne Æbelø NW-Rev steuert man entweder mit südlichem Kurs das Westufer oder mit südöstlichem Kurs das Ostufer der Insel an. Man kann dicht unter der Küste entlangsegeln.

Ankerplatz

Je nach Windrichtung kann vor dem West- oder dem Ostufer geankert werden. Das tiefe Wasser reicht fast überall bis dicht an das Land.
Der Ankergrund besteht aus Sand. Innerhalb der 2-m-Linie liegen mehrere große Steine!

1. **Æbelø Westufer:**
   Vor dem Westufer ankert man am besten vor dem verfallenen Anleger, der sich in einer flachen Bucht befindet. Hier liegen auch zwei Ankerbojen der Dansk Sejlunion aus.
   Das Westufer bietet Schutz gegen Winde aus Nord bis Ost.
2. **Æbelø Ostufer:**
   Man ankert dicht unterhalb der Steilküste an der Ostseite der Insel oder südlich davon vor dem Verbindungsdamm nach Æbelholm. Auch an der Ostseite liegt während der Saison eine gelbe Ankerboje der Dansk Sejlunion aus.
   Das Ostufer bietet Abdeckung bei Winden aus SW bis NW.

Versorgungsmöglichkeiten

Keine

Nächster Hafen

Bogense (ca. 6 sm)

Freizeittips

Viele Waldpfade verlocken zu einem Spaziergang.
Die meisten bei uns beheimateten Bäume wachsen hier noch wild. Deshalb steht dieser „Urwald“ unter Naturschutz. Es ist nicht erlaubt, Feuer anzuzünden oder Hunde und Katzen an Land zu bringen. Auffällig sind die sehr alten, knorrigen Eichen.

Vejle Fjord

SEEKARTEN: D 18; DK 114, 157

Der Vejle-Fjord schneidet 14 sm tief ins Land ein. Mit seinen hügeligen, bewaldeten Ufern ähnelt er norwegischen Fjorden. Das tiefe Wasser reicht meistens bis dicht an die steile Küste, der häufig ein schmaler Sand- oder Kiesstrand vorgelagert ist. In den Wäldern wachsen Himbeeren und Blaubeeren.
Der Vejle-Fjord bietet mehrere gute Ankerplätze in schöner Umgebung. Drei Ankerbuchten, die landschaftlich besonders reizvoll gelegen sind, sollen im folgenden näher beschrieben werden: **Kulvig, Andkær Vig** am Südufer und **Rosenvold** am Nordufer des Vejle Fjords.
Der Fjord ist vogelreich. An den Steilufern nisten Uferschwalben und im Uferbereich sind Kormorane beim Fischen zu beobachten.
An manchen Stellen kommt der „Gemeine Seestern“ (Asterias rubens) im Flachwasser häufig vor.

Gemeiner Seestern

Der „Gemeine Seestern“ ist ein räuberischer Geselle: Seine bevorzugte Nahrung besteht aus Muscheln, Schnecken und Seeigeln. Auf Austernbänken ist er ein gefürchteter Schädling. In dem klaren Wasser kann man gut beobachten, wie er sich langsam mit den Saugfüßchen vorwärts bewegt. Bei Gefahr kann er sogar einzelne Arme abwerfen.

Kulvig

POSITION: 55° 37,6′ N - 04° 51′ E
SEEKARTEN: D 18; DK 114, 157

Allgemeine Beschreibung

Die Kulvig liegt am südlichen Eingang zum Vejle Fjord, westlich der Huk Trelde Næs. Es ist eine sanft geschwungene, von Strand und Wald umgebene Bucht, die nach Westen in das gelbe Steilufer von Trelde Klint übergeht. Auf ihm befindet sich ein weithin sichtbarer Campingplatz.

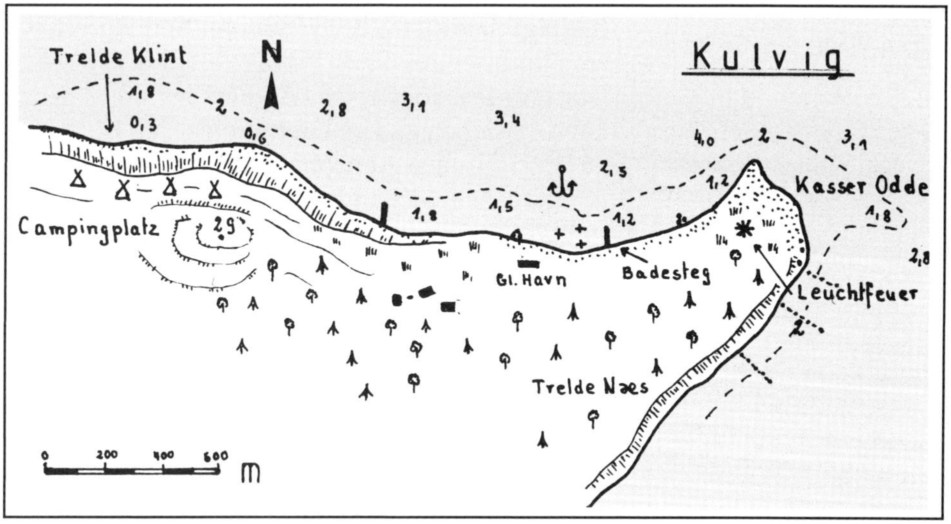

Ansteuerung

1. **Von Nordost kommend**
   bietet sich als gute Ansteuerungshilfe das auf einem weißen Gittermast stehende Leuchtfeuer Trelde Næs an. Die Bucht ist ohne navigatorische Schwierigkeiten anzulaufen.
2. **Von Süden kommend**
   runde man zunächst die Ostuntiefentonne Kasserodde Flak und läuft dann in den Vejle Fjord ein.
   Bei ruhigem Wetter kann man auch über das Flach segeln. Die Wassertiefe beträgt ca. 3,70 m. Bei diesem Kurs sollte die Huk Kasserodde in einem Mindestabstand von 1 sm gerundet werden.

Achtung

— Innerhalb der 2-m-Linie liegen einige große Steine.
— Es können einzelne Fischerbojen ausliegen.
— Wellenbrecher im Strandbereich.

Ankerplatz

Am besten ankert man vor den Resten des alten Fährhafens Trelde Havn. 200 m vom Ufer entfernt beträgt die Wassertiefe ca. 2,50 — 2,00 m. Der Ankergrund besteht aus Lehm. In der Kulvig liegt man sicher bei Winden aus SO—SW.

Versorgungsmöglichkeiten

Beim alten Fährhafen Kiosk und Bushaltestelle (Bus nach Vejle); Kaufmann beim Campingplatz.

Nächster Hafen

Rosenvold (3,5 sm)

Freizeittips

— *Die Bucht besitzt einen sehr schönen Sandstrand.*
— *Vom 29 m hohen Treldeklint hat man einen weiten Blick über den Fjord.*
— *Im Bereich des Campingplatzes und des alten Hafens bestehen sehr gute Fangmöglichkeiten für Meerforellen, aber auch für Dorsch und Hornhecht.*

Hornhecht

Andkær Vig

POSITION: 55° 41,55′ N - 09° 39,65′ E
SEEKARTEN: D 18; DK 114, 157

N
W O
S

Allgemeine Beschreibung

Die Andkær Vig ist eine halbmondförmige Bucht westlich der flachen, sandigen Landzunge Holtserhage. Der schmale Sandstrand geht unvermittelt in einen schroffen, bewaldeten Steilhang über, auf dem einzelne Wochenendhäuser und ein kleiner Campingplatz stehen. Das Westufer ist verschilft.

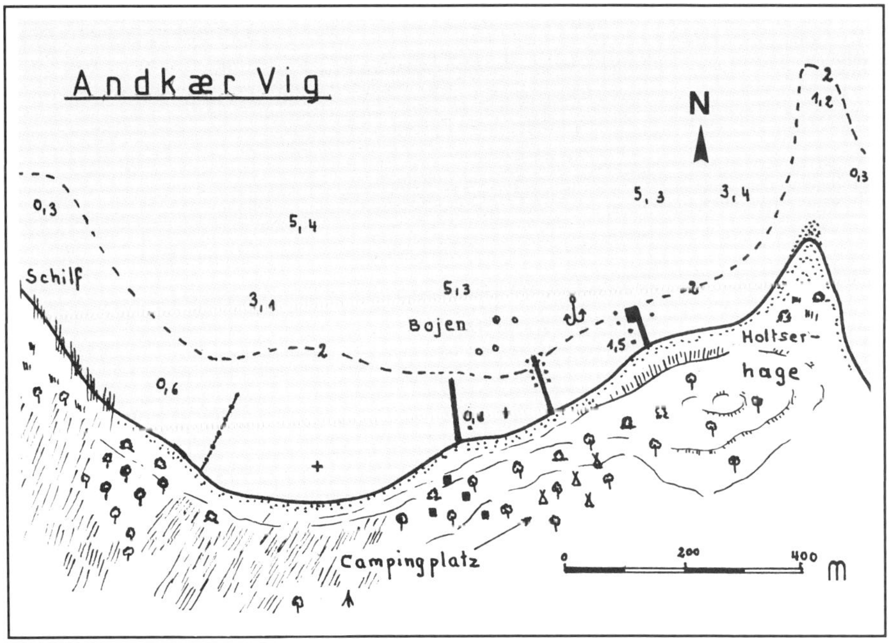

Ansteuerung

Nach dem Runden der roten Tonne Holtserhage, die an Backbord bleibt, steuert man mit Kurs rw. 210° direkt in die Andkær Vig.

Achtung

— Zwischen dem mittleren und dem westlichen Steg liegt dicht unter dem Ufer ein großer Stein, der teilweise aus dem Wasser schaut.
— Im westlichen Teil der Bucht steht ein Stellnetz.

Ankerplatz

Am besten ankert man vor dem Steilufer an der Ostseite der Bucht. Hier verläuft die 2-m-Linie ca. 100 m vom Ufer entfernt. Der Ankergrund besteht aus weichem Sand und etwas Seetang. Im östlichen Teil der Andkær Vig befinden sich auch drei kleine Steganlagen. Die mittlere verfügt über Heckpfähle bzw. -bojen. In diesem Bereich sind auch einige Ankerbojen ausgelegt. Die Wassertiefe im Bereich der Brückenköpfe beträgt ca. 2,50 m.

Versorgungsmöglichkeiten

Keine

Nächster Hafen

Brejning (2,5 sm).
Westlich dieses Hafens liegen zwei weitere Ankerbojen aus.

Freizeittips

- *Gute Badebucht.*
- *Am westlichen Uferstück kann man eine Kolonie Kormorane beim Fischen beobachten.*
- *Ausgedehnte Spaziergehmöglichkeiten in den Wäldern Strandskov und Sellerup Skov.*

Rosenvold

POSITION: 55° 40,5′ N - 09° 48,9′ E
SEEKARTEN: D 18; DK 114, 157

Allgemeine Beschreibung

Am Eingang zum Vejle Fjord erstreckt sich westlich der Huk Rosenvold Pynt die idyllisch gelegene Bucht von Rosenvold, die, wie die meisten Ankerplätze im Vejle Fjord, von einem schmalen Sanstrand und einem Laubwald umgeben ist.
An der Stelle des einstigen Holzverladeplatzes des Schlosses Rosenvold befindet sich heute ein kleiner Yachthafen (Wassertiefe 2,00 m) und westlich davon ein Campingplatz.

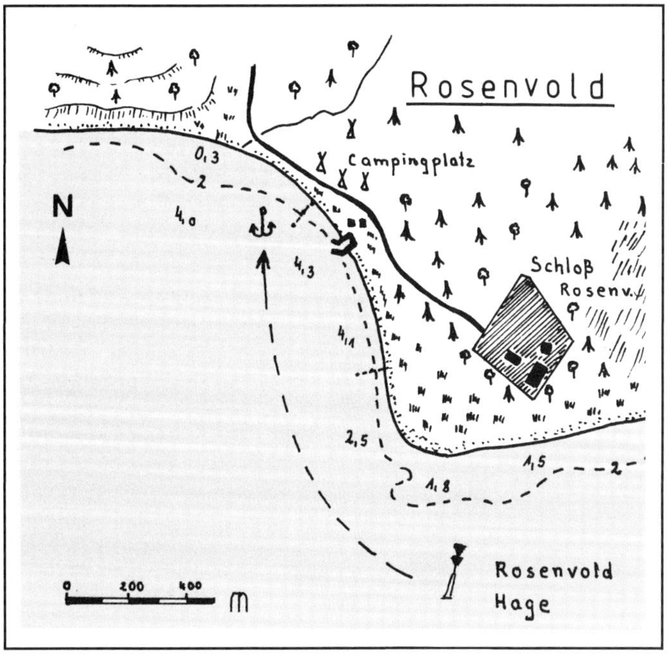

Ansteuerung

Von See kommend erblickt man zunächst die beiden Zwiebeltürme des Schlosses Rosenvold, die als Ansteuerung dienen können. Vorsicht ist vor der Untiefe Rosenvold Hage südlich der Huk Rosenvold Pynt geboten. Die S-Untiefentonne sollte beim Runden der Huk unbedingt an Steuerbord bleiben. Danach kann ohne weitere navigatorische Schwierigkeiten in die Bucht eingelaufen werden.

> Achtung
> Zwei Stellnetze in der Bucht.

Ankerplatz

Es kann je nach Windrichtung entweder vor dem nördlichen oder östlichen Ufer geankert werden. Der Ankergrund besteht aus Lehm.
In der Bucht liegt man geschützt bei Winden aus Nord über Ost bis Ostsüdost.

Versorgungsmöglichkeiten

- Wasser, WC, Dusche beim Yachthafen.
- Kaufmann und Münzwaschmaschine beim Campingplatz.

Nächster Hafen

Rosenvold (max. 0,3 sm)

Freizeittips

- *Schöner Badestrand.*
- *Gute Spaziergehmöglichkeiten im Wald oder entlang des Fjordufers.*
- *Wasserschloß Rosenvold (ca. 1 km Fußweg).*

Kulturelles

Das vierhundert Jahre alte Schloß, welches der bekannten dänischen Adelsfamilie Rosenkrantz gehört, wurde vor ca. 120 Jahren wieder zu einem richtigen Wasserschloß: 1865 wurden die ausgetrockneten Wallgräben erneut geflutet.

Sandbjerg Vig

POSITION: 55° 43,4′ N - 10° 00′ E
SEEKARTEN: D 18; DK 114

Allgemeine Beschreibung

Die Sandbjerg Vig ist eine weite tiefe Bucht nordwestlich von Juelsminde und dem langgestreckten Fähranleger. Ein schmaler Sand- und Wiesenstreifen zieht sich um die Bucht, der landeinwärts in einen Mischwald übergeht. In diesem Teil der Bucht stehen nur noch zwei Häuser. Etwas nördlich davon liegen etliche kleine Boote kieloben an Land.

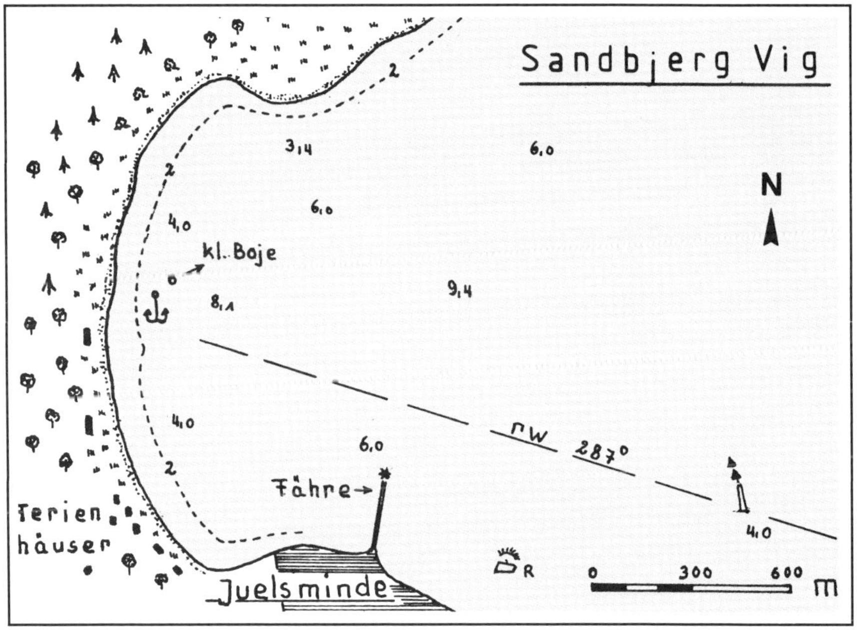

Ansteuerung

Von der Nord-Untiefentonne Bjørnskunde Flak gelangt man mit Kurs rw. 287° direkt zum Ankerplatz. Als Ansteuerungshilfe kann der von See aus gut sichtbare Funkturm dienen, der ca. 2 sm westlich der Sandbjerg Vig auf dem Hügel Troldemose Bakke steht.

Achtung

Im südwestlichen Teil der Bucht liegen einzelne Fischerbojen aus.

Ankerplatz

Am besten ankert man nördlich der beiden einzelnen Holzhäuser dicht unter Land. 200 m vor der Küste beträgt die Wassertiefe noch ca. 5,50 m. Der Grund besteht aus Sand mit Steinen und Tang. In der Sandbjerg Vig liegt man ruhig bei Winden aus Südwest bis Nordwest.

Versorgungsmöglichkeiten

Juelsminde (ca. 2 km)

Nächster Hafen

Juelsminde (ca. 0,5 sm)

Freizeittips

— Gut geeignet zum Baden und Surfen.
*— Für Kinder: Pflanzen sind erfinderisch, wenn es darum geht, unter harten Bedingungen zu überleben. Wie müßte eine Pflanze gebaut sein, die Stürmen und Orkanen trotzen wollte? Versuche selbst einmal, eine solche Pflanze zu basteln und im Wind aufzustellen. Vergleiche Deine Ergebnisse mit den **„Überlebenskünstlern"** in der Natur.*

Ashoved

POSITION: 55° 45,1′ N - 10° 04,9′ E
SEEKARTEN: D 18; DK 114

Allgemeine Beschreibung

Die bewaldete Halbinsel Ashoved trennt die Sandbjerg Vig im Süden von der Asvig im Norden. Sie ist bis zu 29 m hoch und bricht zur See hin steil ab. Die Steilufer leuchten gelb in der Sonne. Rundum ist sie von einem schmalen Sandstrand umgeben. Die Halbinsel Ashoved ist bei dänischen Seglern ein beliebtes Ankerrevier.

Achtung

Vor dem Nordufer von Ashoved stehen einzelne Fischerflaggen.

Ankerplatz

1. **Nordküste Ashoved Skov** (Pos. 55° 45,4′ N - 10° 04′ E)
   Die steile, bewaldete Küste läuft nach Osten in einer flachen Huk aus. Der kieselige Strand ist zum Baden nicht sehr gut geeignet.
   Man ankert dicht vor dem Ufer auf ca. 3 m Wassertiefe. Der Grund besteht überwiegend aus Lehm. In Lee des hohen Ufers liegt man ruhig bei Winden aus Südost bis Südwest.
   Von der Steilküste hat man einen herrlichen Blick über die Asvig.
2. **Ashoved Flak** (Pos. 55° 45,1′ N - 10° 04,9′ E)
   Nur wenig weiter östlich ist der Ankerplatz Ashoved Flak. Er ähnelt stark dem vorher beschriebenen. Dort liegt man gut bei Südwest bis West.
3. **Bøgehoved** (Pos. 55° 44,5′ N - 10° 02,7′ E)
   Bøgehoved heißt eine kleine Huk im Norden der Sandbjerg Vig. Dahinter liegt in einer schönen, ursprünglichen Bucht ein herrlicher Ankerplatz. Nur wenige Meter vom feinen Sandstrand entfernt kann man den Anker fallen lassen. Ein Wiesenstreifen, Felder und der große Ashoved Skov runden das Landschaftsbild ab. Der Ankergrund besteht überwiegend aus Schlick. Bei Winden aus West bis Nord könnte man dort tagelang verweilen.

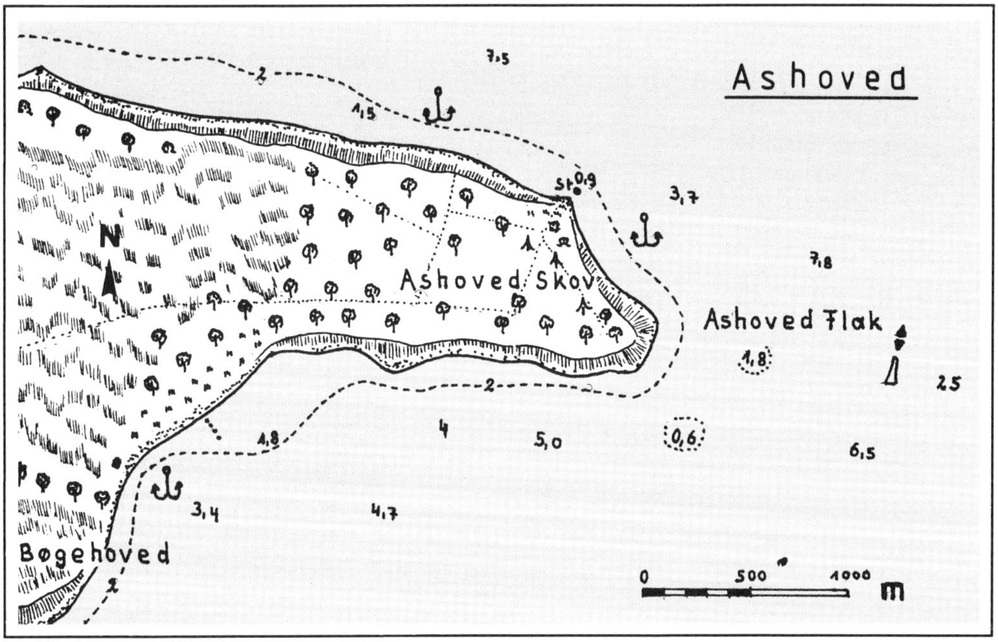

Ansteuerung

Die Ankerplätze vor der Halbinsel Ashoved können direkt von See aus angelaufen werden. Dabei sollte das betonnte Ashoved Flak mit einer 1,8-m- und 0,6-m-Untiefe vorsichtig passiert werden.

Versorgungsmöglichkeiten

Keine

Nächster Hafen

Juelsminde (ca. 2 sm) bzw. Snaptun (ca. 4,5 sm).

Freizeittips

- *Gute Spaziergehmöglichkeiten im Wald von Ashoved Skov.*
- *Von Bøgehoved aus ist es nicht weit bis zum Gut Palsgård (ca. 1,5 km Fußweg). Sehenswert ist vor allem die Parkanlage mit seltenen Pyramideneichen, gelb blühenden Kastanien und Magnolien.*

Blick in die Åsvig

Horsens Fjord

SEEKARTEN: D 17, 18; DK 113, 114

Vom Hjarnø Sund am Eingang bis nach Horsens am Westende windet sich der Horsens Fjord beachtliche 10 sm durch eine abwechslungsreiche Landschaft. Das hügelige Nord- und Südufer erreichen stellenweise eine Höhe von 70 m.

Durch den flachen inneren Teil des Fjords führt eine Baggerrinne bis nach Horsens. Normalerweise beträgt die Stromgeschwindigkeit nicht mehr als 1 Knoten. Jedoch kann sie bei stürmischen Winden leicht auf 3 Kn/Std. anwachsen.

Bei ruhigem Wetter und Westwindlage ankert man sehr gut am Eingang zum Horsens Fjord vor dem **Nederskov** (Pos. 55° 47,93′ N - 10° 03,37′ E). Die Wassertiefe beträgt dort 100 m, vom Sandstrand entfernt zum Teil noch 4 m. Der Ankergrund besteht aus Sand. In Lee des Nederskov liegt man ruhig und sicher bei West- bis Nordwinden.

Achtung: Innerhalb der 2-m-Linie liegen große Steine!

Ein weiterer reizvoller Ankerplatz liegt nördlich der Insel Alrø: **Amstrup Red** (Pos. 55° 52,4′ N - 10° 03,85′ E).

Man ankert östlich der Wasserleitung, die vom Festland nach Strevelshoved auf Alrø hinüberführt, ca. 350 m nördlich der flachen Bauerninsel. Der Ankergrund besteht überwiegend aus Sand. Das gegenüberliegende hohe Ufer mit seinen Tannenwäldern, einzelnen Gehöften, Feldern und grasenden Kühen erinnert an eine bayrische Almenlandschaft.

Bei Winden aus Nordwest bis Nordost bzw. Südost bis Süd kann man dort die Stunden genießen.

Im Innenteil des Fjordes, am Nordufer vor **Elbæk Skov** (Pos. 55° 51,6′ N - 09° 56,0′ E) findet man einen dritten Liegeplatz.

Die Bucht kann ohne Schwierigkeiten vom Fahrwasser aus angelaufen werden. Man ankert ca. 200 m vom Ufer entfernt auf 2,50 — 3,00 m Wassertiefe über Sandgrund. Dort liegt man gut bei Nordwest bis Nordost.

Ein schöner Weg führt entlang der stillgelegten Bahnlinie bis nach Horsens bzw. durch ausgedehnte Waldgebiete bis nach Haldrup.

Der schönste Ankerplatz liegt jedoch an der Westseite von Draget vor der **Halbinsel Borre** (siehe Beschreibung).

Borresknob

POSITION: 55° 50,25′ N - 10° 01,73′ E
SEEKARTEN: D 17, 18; DK 113, 114

Allgemeine Beschreibung

Die Halbinsel Borre am Eingang des Horsens Fjords ist die westliche Begrenzung des Fahrwassers Draget. Im Mittelteil erhebt sich ein auffälliger bewaldeter Hügel, der in der flachen sandigen Huk Borresknob ausläuft. Ein feiner Sandstrand umgibt die Ostküste.
Bei dänischen Seglern scheint dieser Ankerplatz sehr beliebt zu sein.

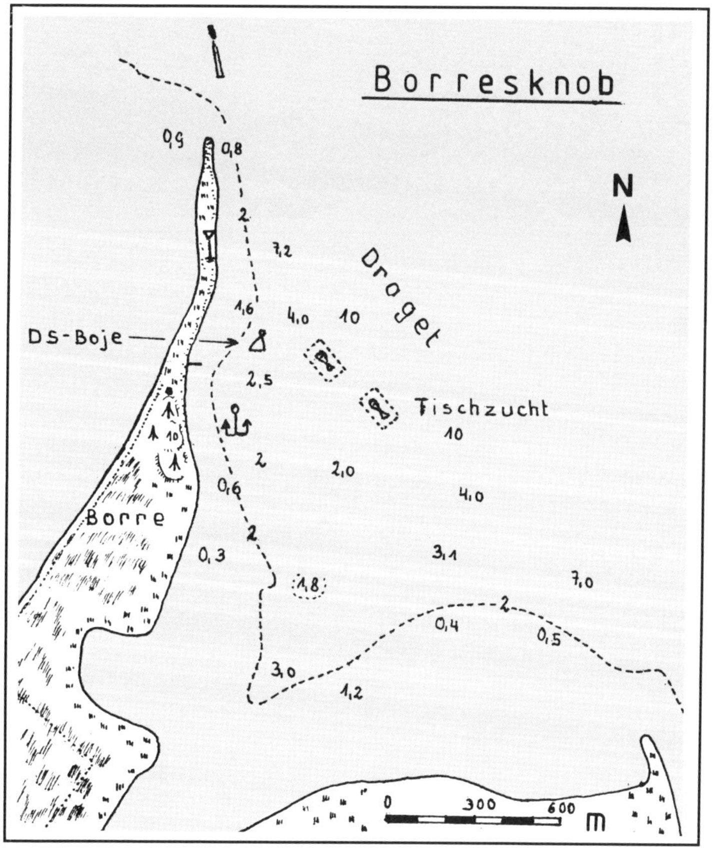

Ansteuerung

Vom Fahrwasser aus segelt man problemlos an den Fischzuchtanlagen vorbei bis dicht ans Ufer heran.

> **Achtung**
> Zwei Fischzuchtanlagen.

Ankerplatz

Man kann entweder etwas nördlich des Hügels 200 m vom Land entfernt auf ca. 2,50 m Wassertiefe ankern oder an der Ankerboje der Dansk Sejlunion festmachen. Der Ankergrund besteht aus Sand. In der Windabdeckung des Hügels liegt man gut bei Winden aus Südwest bis Nordwest.

Versorgungsmöglichkeiten

Kaufmann in Glud (ca. 4 km)

Nächster Hafen

Snaptun (ca. 1,3 sm)

Freizeittips

- *Sehr kinderfreundlicher Ankerplatz. Gut geeignet zum Baden, Optisegeln, Surfen und Grillen am abendlichen Strandfeuer.*
- *Von Borresknob führt ein Weg zum Freilichtmuseum von Glud, eines der ältesten Dorfmuseen Dänemarks. Über 300 Jahre alte Fachwerkhäuser und ein Pranger vom Rittergut Boller gehören zu den ausgestellten Prunkstücken. Außer montags ist das Museum während der Sommerzeit täglich geöffnet (Fußweg ca. 4 km).*

Samsø

SEEKARTEN: D 11, 18, 19, 20; DK 103, 112

Samsø läßt bei vielen Seglern Bilder von sanft geschwungenen grünen oder goldgelben Hügeln, kleinen Bauerndörfern, einzelnen Gehöften, Kliffküsten, Sandstränden und verlockenden Ankerplätzen aufsteigen. Über allem wölbt sich ein makellos blauer Himmel mit einigen Cumulus-Wölkchen.

Die 114 qkm große Insel gliedert sich in das größere südliche Sørlandet, welches überwiegend landwirtschaftlich genutzt wird, und das ursprünglichere kleinere Nordby Land mit Steilküsten, Heidegebieten und Mooren. Eine Landenge verbindet die beiden Teile. Sie wird im Osten durch den flachen seenartigen Stavns Fjord begrenzt.

Rund um Samsø bieten sich zahlreiche reizvolle Ankermöglichkeiten — von **Issehoved** im Norden bis **Lushavn** im Süden — zum Verweilen an.

Am bekanntesten ist die kleine Bucht vor dem Ort **Langør.** Hier liegen die Yachten während der Saison dicht an dicht.

Sælvig

POSITION: 55° 52,1′ N - 10° 33,8′ E
SEEKARTEN: D 18, 19, 20; DK 112

Allgemeine Beschreibung

An der Westseite Samsøs schneidet eine weite Bucht ins Land, deren Südteil Sælvig genannt wird. Hier kann sehr ruhig östlich des Fährhafens Sælvig geankert werden.

Ansteuerung

Bei der Ansteuerung gibt es keine Probleme. Der Fährhafen von Sælvig ist eine gute Landmarke und Ansteuerungshilfe (siehe Seekarte).

Ankerplatz

Am günstigsten ankert man vor dem Südufer unterhalb des 14 m hohen Hügels. Die 2-m-Linie verläuft hier ca. 200 m vorm Ufer. Der Ankergrund besteht aus Sand mit einzelnen Steinen.
Die Bucht ist nach Westen sehr offen, so daß man nur bei Ost- bis Südwind ruhig liegt.

Versorgungsmöglichkeiten

In Onsbjerg (ca. 1,5 km)

Nächster Hafen

Mårup (4 sm), Kolby Kås (ca. 7 sm)

Freizeittips

Besuch der Keramikwerkstatt in Østerby (ca. 2,4 km).
Tip: An der Westküste Samsøs wird, besonders nach stürmischem Wetter, oft Bernstein angeschwemmt. Man findet ihn häufig am Spülsaum im Tang, der „Kaff" genannt wird. Sein Aussehen ist meistens milchig gelb-goldbraun. Bekanntlich lädt sich Bernstein beim Reiben an einem Wollstück statisch auf und die Härchen der Wolle sträuben sich, falls Sie echten Bernstein gefunden haben sollten!

Lushavn

POSITION: 55° 46′ N - 10° 35,2′ E
SEEKARTEN: D 11, 18; DK 114, 112

Allgemeine Beschreibung

Lushavn heißt die Bucht an der Südküste Samsøs zwischen dem Leuchtfeuer Vesborg auf der SW-Huk und dem Leuchtfeuer Lushage auf der SO-Huk der Insel.
In weiten Teilen ist sie von Strand und Wald umgeben.

Ansteuerung

Die Ansteuerung bereitet keine navigatorischen Schwierigkeiten. Als Ansteuerungshilfen können die beiden Leuchtfeuer dienen: Vesborg ist ein weißer, runder Turm; Lushage ein 19 m hoher Gittermast (siehe Seekarte).

Ankerbucht

Da die Bucht sehr offen ist und lediglich Schutz bei Winden aus NW bis NO bietet, ist sie nur als Tagesankerplatz geeignet. Den besten Platz findet man ca. 0,5 sm westlich des Leuchtfeuers Lushage. Hier kann man ganz dicht unter dem Ufer ankern, das aus Sandstrand besteht. An anderen Uferabschnitten liegt z. T. grober Kies.
Der Ankergrund besteht überwiegend aus Sand und einigen kleineren Steinen.

Versorgungsmöglichkeiten

Keine

Nächster Hafen

Ballen (ca. 4 sm), Kolby Kås (ca. 4 sm)

Freizeittips

- *Lushavn eignet sich gut zu einem Badestop.*
- *Für Angelfans: An diesem Küstenabschnitt sind die Angelmöglichkeiten auf Plattfisch, wie Scholle, Kliesche,*

Flunder und Steinbutt (Saison: ganzjährig) und Hornhecht (Saison: April-September) sehr gut!
Plattfische graben sich in den Sand ein und fressen gerne Würmer. Um den tagsüber schlafenden Fisch zu wecken, bringt man 50 cm oberhalb des Hakens einen rotierenden, blinkenden „Löffel" an. Dieser wirbelt den Sand am Grund auf, der den Fisch weckt. Entdeckt er den sich windenden Wurm und kann er nicht widerstehen, so ist es um ihn geschehen!

Wenn Ihnen „Petri Heil" zuteil wurde, haben Sie vielleicht Lust, folgendes dänisches Rezept auszuprobieren:

Gebratene Scholle „Dänische Art"
Zutaten: 4 Schollen
Zitronensaft oder Essig
Salz, Mehl
50 g geräucherter Speck
75 g Butter
100 g Krabben
Zubereitung:
Die gewaschenen Schollen werden mit Zitronensaft oder Essig beträufelt, gesalzen und in Mehl gewendet. Den Speck würfeln und in der Pfanne bräunen, Butter beifügen.
Schollen von beiden Seiten goldbraun braten. Die fertigen Schollen herausnehmen und nun die Krabben in das Bratfett geben und erwärmen.
Krabben auf den Schollen anrichten.
Zusätzlich mit Zitronenscheiben garnieren.
Dazu essen die Dänen Kartoffelsalat.

Ballen

POSITION: 55° 49′ N - 10° 38,4′ E
SEEKARTEN: D 18; DK 112, 141

Allgemeine Beschreibung

Dieser Ankerplatz ist als sommerliche Alternative zum oft überfüllten Hafen von Ballen gedacht. Er liegt etwa 0,2 sm nördlich davon, direkt an einem schönen Badestrand.

Ansteuerung

Die Ansteuerung ist problemlos.
Eine gute Ansteuerungshilfe ist der hohe, weit sichtbare Speicher von Ballen. Mit Kurs „Speicher recht voraus" kommen Sie direkt auf den Ankerplatz nördlich des Hafens.

Ankerplatz

Es kann 200 m vom Ufer entfernt auf ca. 2,50 m Wassertiefe geankert werden. Der Grund besteht aus Sand.
Der Ankerplatz ist gut geschützt bei Winden aus Süd über West bis Nordwest.
Am Sandstrand kann man gut mit dem Beiboot anlegen.

Versorgungsmöglichkeiten

In Ballen

Nächster Hafen

Ballen (max. 0,2 sm)

Freizeittips

Ballen hat einen guten Badestrand (kinderfreundlich).

Kulturelles

Im Mittelalter besaß Samsø eine eigene Handelsflotte, die das Getreide bis nach Norwegen, dem wichtigsten Handelspartner, transportierte.

1651 liefen fünf Schiffe mit 693 t Getreide Kragerø in Norwegen an. Von dort brachte man Holz, Teer, Steinkohle, Eisen und Stockfisch zurück. 1698 erreichte die Flotte mit vierzig Schiffen und 5 274,5 t ihr größtes Ausmaß.
Der gebräuchlichste Schiffstyp war die „Jagt", ein typischer kleiner Küstenfrachter der westlichen Ostsee.
Charakteristisch war das Plattheck mit den Kajütfenstern, ein Mast mit einem Großsegel und der Breitfock, die an einer losen Rah gefahren wurde.

Jagt um 1780

Langør

POSITION: 55° 54,7 N - 10° 38,6′ E
SEEKARTEN: D 18, 19, 20; DK 112

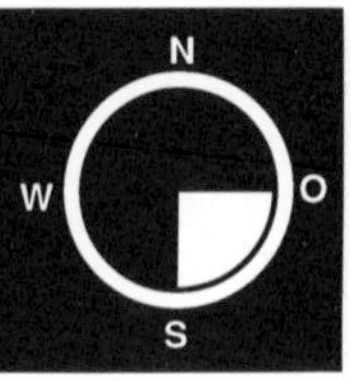

Allgemeine Beschreibung

Die Bucht zwischen der Halbinsel Lilleøre und dem Hafen Langør im Stavns Fjord ist ein sehr beliebter Ankerplatz, der im Sommer zahlreiche Segler anzieht; eine gute Alternative zum häufig überfüllten Hafen.
Die Bucht weitet sich zu einem Lagunengebiet. Sie ist in weiten Teilen von einem schmalen Sandstrand umgeben.

Plan siehe nächste Seite.

Ansteuerung

Man folgt vom Kyholm Løb aus dem zum Hafen Langør führenden Fahrwasser. Nachdem die Halbinsel Lilleøre gerundet wurde, kann die Bucht direkt angelaufen werden. Keine Angst vor den vielen sommerlichen Ankerliegern. Irgendwo findet man immer noch eine Lücke. Man achte trotz des Ankermanövers auf die zahlreichen Beiboote und Optisegler!

Ankerplatz

Es kann auf 7,00 — 2,00 m über Sandgrund geankert werden. Die Bucht bietet guten Windschutz, außer bei Winden aus Ost bis Süd. Durch die geschützte Lage im Stavns Fjord entsteht kein nennenswerter Seegang.
Am Westufer der Bucht befindet sich ein Steg des örtlichen Ruderclubs, der zum Landgang per Beiboot gut geeignet ist.
Tip: Wer mehr Ruhe finden will, ankert entweder östlich der Huk Havnehage, dem nördlichen Ende des Besser Rev oder in der Bucht östlich Nordby Hede. Hier liegt man ganz für sich in naturschöner Umgebung und geschützt bei Westwind.

Versorgungsmöglichkeiten

In Langør. Der Kaufmann hat während der Hauptsaison bis 22.00 Uhr geöffnet.
Fahrradverleih.

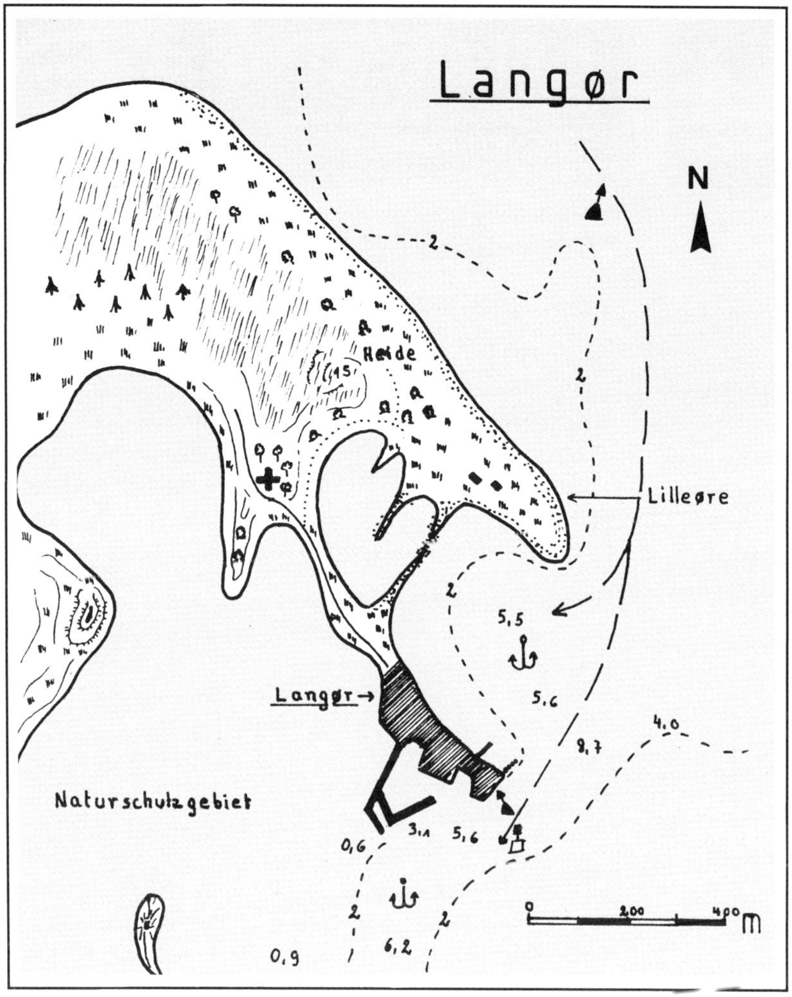

— *Samsø ist bekannt für seine Naturschönheit:*
Im Frühjahr ist die Insel mit den unzähligen gelben Blüten des Löwenzahns übersät.
Im August leuchtet an vielen Stellen die violette Heide.
Im September findet man den seltenen, prächtigen Parasol-Pilz und viele eßbare Birkenpilze. Auch die wilden Äpfel sind jetzt reif.

— *Im gleichen Monat werden donnerstags in Langør die Lachsforellen angelandet. Wenn Sie Glück haben, können Sie ein Prachtexemplar am Kai erstehen. Gedünstet mit Lauch und Wurzeln sind sie eine Delikatesse.*

Nächster Hafen

Langør (max. 400 m)

Freizeittips

— *Der kleine Ort Langør ist sehenswert, obwohl er im Hochsommer von bummelnden Seglern überquillt.*
— *Ruhiger geht es am Ostufer der Halbinsel Lilleøre zu, die am bequemsten per Beiboot erreicht wird. Dort findet man einen hervorragenden Badestrand.*
— *Der flache Stavns Fjord ist ebenfalls gut geeignet für Beibootausflüge. Da er unter Naturschutz steht, dürfen die Inseln im Fjord nicht betreten werden!*
Angeln ist im Fjord verboten.

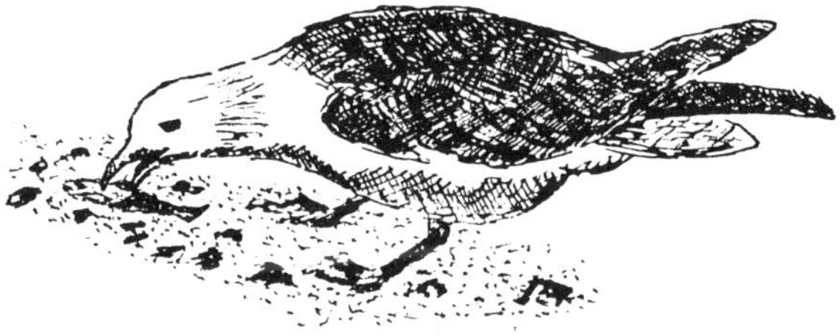

Kyholm

POSITION: 55° 55,85′ N - 10° 40,2′ E
SEEKARTEN: D 18, 19, 20; DK 112

Allgemeine Beschreibung

Die kleine, unbewohnte Insel Kyholm liegt östlich von Samsø am Kyholm Løb. Die nur von ein paar Büschen und Bäumen bestandene Insel gleicht einer gekippten Tafel, die von Nordost nach Südwest hin abfällt. An ihrer Südseite bildet sie eine kleine, von Sandstrand umgebene Bucht.
Die überwucherten Ruinen und das auffällige Kreuz zeugen von ihrer bewegten Vergangenheit.
Kyholm eignet sich als Tagesliegeplatz.

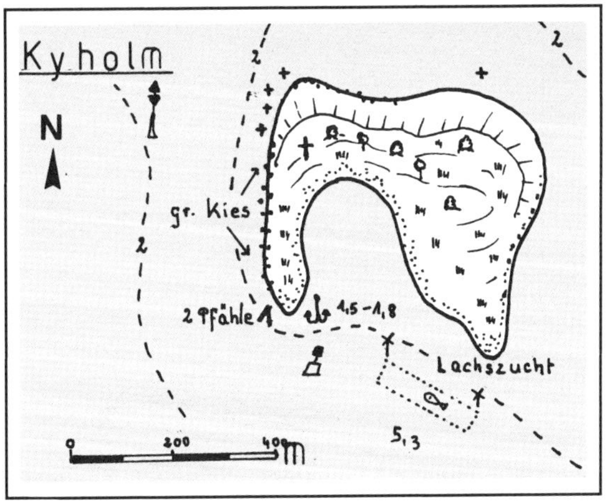

Ansteuerung

Von Süden kommend, folgt man dem Fahrwasser des Lindholm Løbs, welches im Norden in das Kyholm Løb übergeht. Nach dem Passieren der Lachszuchtanlage, die an Steuerbord bleibt, läuft man zwischen ihr und der nächsten nördlich gelegenen roten Tonne vorsichtig in die Bucht ein. Das Echolot sollte mitlaufen, da die Bucht schnell flach wird!

Ankerplatz

Geankert wird am Anfang der Bucht, kurz hinter der roten Tonne.
Der Grund besteht aus Sand.
Kyholm bietet nur mäßigen Schutz, da man nicht weit in die Bucht einlaufen kann. Bei einer Wetterverschlechterung sollte man sich nach Langør verholen.

Versorgungsmöglichkeiten

Keine

Nächster Hafen

Langør (1,5 sm)

Freizeittips

Kyholm ist bei ruhigem Wetter einen Besuch wert.
Es können die Reste der Schanzen aus dem Engländerkrieg und der unter Denkmalschutz stehende Friedhof besichtigt werden. Heute ist Kyholm zwischen April und Juni Vogelschutzgebiet. Das Betreten ist während dieser Zeit nicht erlaubt.

Kulturelles

Kyholm hatte früher eine große strategische Bedeutung.
Im Krieg gegen die Engländer (1807—1814) befand sich auf der Insel eine Verteidigungsanlage mit Schanzen und 27 Kanonen. Bis zu vierhundert Soldaten waren dort zeitweilig stationiert.
1831—32, zur Zeit einer großen Choleraepidemie, war Kyholm Quarantänestation.

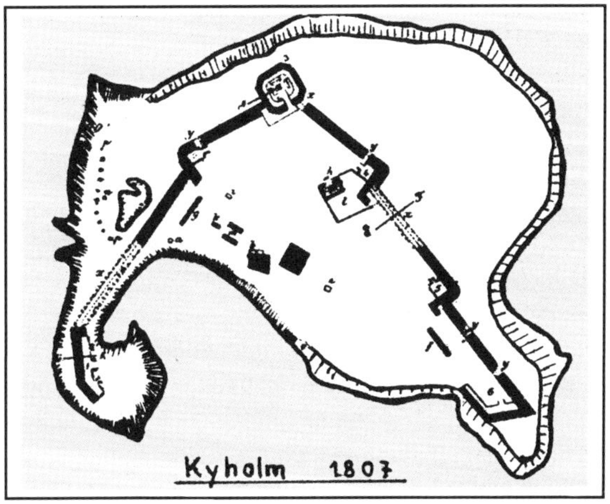

Issehoved

POSITION: 55° 57,5′ N - 10° 33,8′ E
SEEKARTEN: D 19, 20; DK 112

Allgemeine Beschreibung

Issehoved heißt die hohe, hügelige Nordspitze von Samsø.
An der Ostseite der Huk gibt es einen ruhigen, schönen Tagesliegeplatz.

Ansteuerung

1. **Von Süden kommend**
   ist die Ansteuerung unproblematisch. Man braucht nur auf die hohe Steilküste südlich Issehoved zuzuhalten.
2. **Von Westen kommend**
   muß zunächst das Issehoved Flak gerundet werden, welches sich ca. 1,8 sm nordostwärts erstreckt. Das Ende ist durch zwei Untiefentonnen gekennzeichnet. Das Issehoved Rev kann bei ruhiger Wetterlage gefahrlos überquert werden, wenn man die rote Tonne ausgemacht hat. Südlich der Tonne liegt eine 0,9-m- und nördlich eine 0,3-m-Stelle.

Achtung
Eine 2,5-m-Stelle (Stein) befindet sich 0,3 sm östlich der Huk!

Ankerplatz

Man ankert entweder 0,3 sm südlich der Huk oder vor dem 34 m hohen Byløkke Skår dicht unterhalb der hügeligen Küste. Der Ankergrund besteht aus Sand mit Steinen und Tang. Das hohe Ufer bietet Schutz vor allen westlichen Winden. Das flache Issehoved Flak verhindert, daß bei westlichen Winden die See um die Nordspitze herum in die Bucht läuft. Gegen Ost- und Südwind ist die Bucht ungeschützt.

Versorgungsmöglichkeiten

In Nordby (max. 3 km Fußweg)

Nächster Hafen

Langør (ca. 6 sm)

Freizeittips

— *Bei klarer Sicht hat man von den hohen Hügeln einen herrlichen Blick über die ganze Århus Bugt und den nördlichen Großen Belt bis Røsnæs und Sejerø.*
— *Besuch der Töpferei ,,Pottemagerens Hus" in Nordby.*

Mårup Vig

POSITION: 55° 56,2' N - 10° 32,5' E
SEEKARTEN: D 18, 19, 20; DK 112

Allgemeine Beschreibung

Zwischen der Huk Asmindør Hage und dem Hafen von Mårup gibt es gute, ungestörte Ankerplätze.
Das Ufer steigt steil hinter dem Kiesstrand empor.
Schaut man über den Rand der Steilküste, so wandert das Auge über die weite Hügellandschaft Nord-Samsøs.

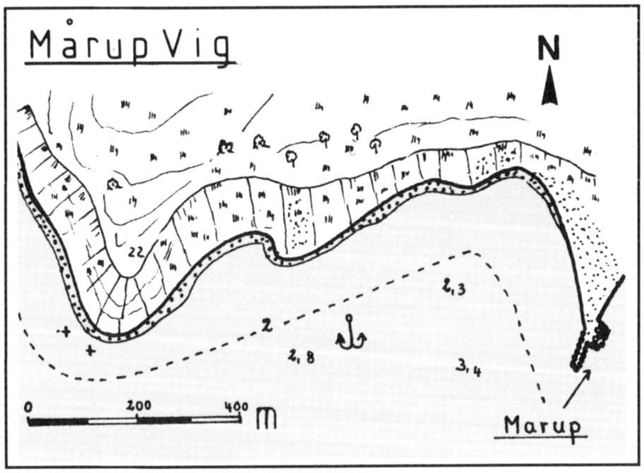

Ansteuerung

Der Ankerplatz bei der Huk Asmindør Hage kann direkt vom Samsø Belt angelaufen werden. Das tiefe Wasser reicht bis dicht an die Küste. Die hohe Steilküste und der Hafen von Mårup sind gute Landmarken, die die Ansteuerung erleichtern.

Ankerplatz

Es kann ca. 150 m vom Strand entfernt geankert werden. Die Wassertiefe beträgt etwa 2,00 — 3,00 m. Der Ankergrund besteht aus Sand und vereinzelten Tangfeldern.

Das steile Ufer schützt gut vor Winden aus Nord bis Ost. Sollte der Wind jedoch auf West bis Süd drehen, ist es ratsam, den Platz zu verlassen.

Versorgungsmöglichkeiten

Versorgungseinrichtungen im Hafen Mårup, einschließlich Fahrradverleih. Ein großer, gut sortierter Supermarkt befindet sich im 1 km entfernten Dorf Mårup. Gutes und originelles Restaurant („Kræmmers Gård") am Ortsausgang Richtung Nordby.

Nächster Hafen

Mårup (max. 0,4 sm), Tunø (3 sm)

Freizeittips

— *Von der Steilküste aus kann man den uneingeschränkten Rundblick über den Samsø-Belt mit den Inseln Endelave und Tunø, bis hin zur Århus Bucht genießen.*
— *Wenn im August die Heide blüht, lohnt sich eine Wanderung durch den Wald von Mårup zur Nordby Hede.*
— *Sehr empfehlenswert ist ein Fahrradausflug zum vier Kilometer entfernten Dorf Nordby mit seinen sehenswerten alten Häusern, dem Dorfteich und Glockenturm oder zum 64 m hohen Ballebjerg mit einem Aussichtsturm, der einen Rundblick über ganz Samsø ermöglicht.*
— *Auf keinen Fall sollten Sie in Nordby einen Besuch der weit über Dänemark hinaus bekannten Keramikwerkstatt „Liller Keramik" (Pottemagerens Hus) versäumen.*

Tunø

POSITION: 55° 57,1′ N - 10° 27,8′ E
SEEKARTEN: D 19; DK 112

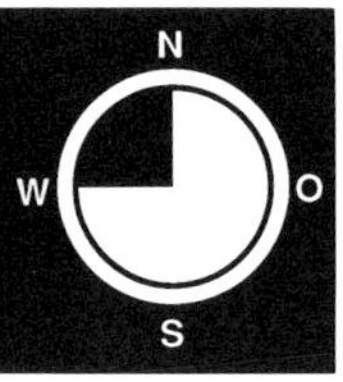

Allgemeine Beschreibung

Die kleine niedrige Insel zwischen Samsø und dem Festland ist während der Hochsaison Ziel zahlreicher Segler. Trotzdem hat Tunø nichts von seinem Charme verloren. Gemütliche Bauernhäuser mit Gemüse- und Obstständen vor den Hoftoren, die zur Selbstbedienung auffordern, der von Bäumen und einer Feldsteinmauer umgebene Kirchturm, der gleichzeitig als Leuchtturm dient und die Überschaubarkeit der Insel, die in einer Stunde umwandert werden kann, machen sie zu einem liebenswerten Eiland.
Sollte Ihnen der Hafen zu voll erscheinen, nicht ärgern, sondern gleich daneben in herrlicher Ruhe den Anker werfen!

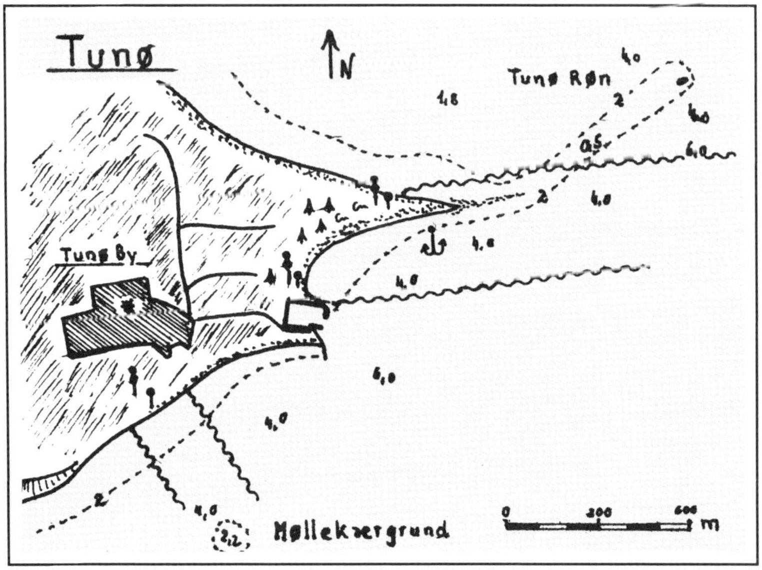

Ansteuerung

1. **Von Süden kommend**
   ist der Ankerplatz knapp 600 m nördlich des Hafens ohne Schwierigkeiten anzulaufen.
2. **Von Norden kommend**
   muß zunächst die Untiefe Tunø Røn gerundet werden. Sie ist durch eine grüne, befeuerte Tonne gekennzeichnet. Hat man sie gerundet, kann man in einem weiten Bogen auf den Ankerplatz vor der sandigen Osthuk zuhalten.

Ankerplatz

Geankert wird dicht vor der niedrigen östlichen Landzunge, der man sich bis auf knapp 100 m nähern kann. Der Ankergrund besteht aus Sand. Auf diesem Platz ankert man gut bei Winden aus West bis Nord.

Tip: Bei südlichen Winden sieht man häufiger Yachten vor der Nordküste, unterhalb der Steilküste östlich Stenkalben ankern.

Versorgungsmöglichkeiten

Am Hafen bzw. im Dorf (Kaufmann)

Nächster Hafen

Tunø (ca. 600 m) bzw. Mårup (ca. 3,2 sm)

Freizeittips

Tunø verlockt mit den familienfreundlichen Sandstränden zu einem längeren Badeurlaub.

Kulturelles

Die heile Welt, die Tunø zu vermitteln scheint, hat spätestens seit dem Frühjahr 1987 einen Knacks erhalten: Tunø ist die erste Insel ohne Trinkwasser! Das Wasser in den Brunnen ist vergiftet. Es darf nicht mehr genossen werden. Noch reagieren die Bewohner überwiegend ungläubig: „Man rieche und schmecke ja nichts!“ Die Nitratwerte liegen jedoch 10% über der zulässigen EG-Höchstgrenze. Dies wird auf den hohen Düngemitteleinsatz (Stickstoff) beim Gemüseanbau zurückgeführt. Zunächst sollen jetzt tiefere Brunnen gebohrt werden. Ob das hilft? Ca. fünf Jahre braucht ein Boden, bis er sich wieder regeneriert hat.

Kattegat

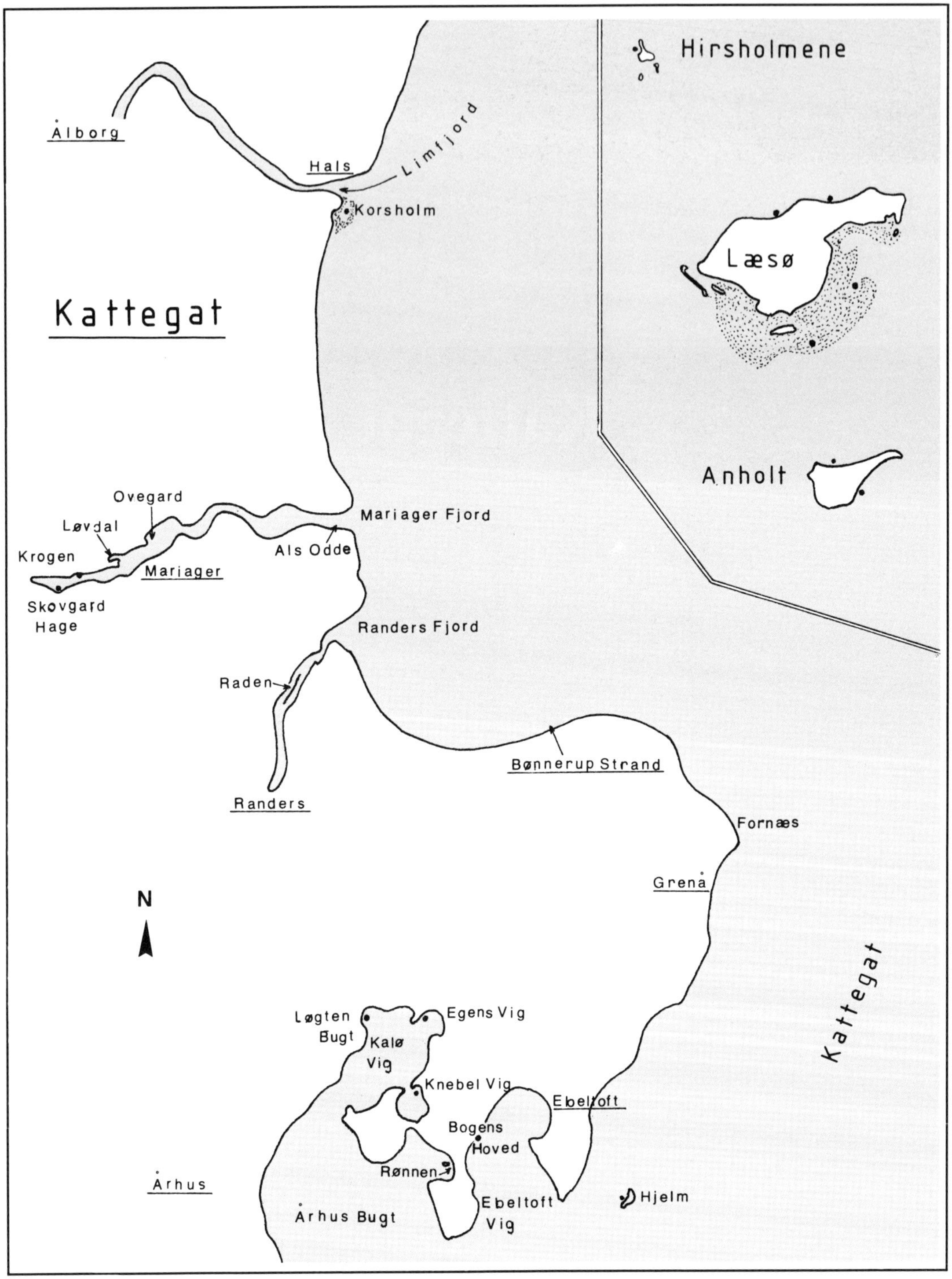
Hirsholmene
Ålborg
Limfjord
Hals
Korsholm
Læsø
Kattegat
Anholt
Ovegard
Løvdal
Krogen
Mariager Fjord
Als Odde
Mariager
Skovgard
Hage
Randers Fjord
Raden
Bønnerup Strand
Randers
Fornæs
Grenå
N
Kattegat
Løgten
Bugt
Egens Vig
Kalø
Vig
Knebel Vig
Ebeltoft
Bogens
Hoved
Rønnen
Århus
Ebeltoft
Vig
Hjelm
Århus Bugt

Århus Bugt

SEEKARTEN: D 19; DK 112

Die Århus Bugt umfaßt die Kalø Vig, Betrup Vig und Ebeltoft Vig. Sie bilden den blaugrünen Kontrast zu den mit Wacholder und Kiefern bewachsenen Mols Bergen, einer landschaftlichen Besonderheit Jütlands.

Dieses geschützte Segelrevier ist reich an guten Ankerplätzen, so daß man bei allen Windrichtungen einen Schlupfwinkel finden kann. Mehrere große Marinas in diesem Revier bieten alle erdenklichen Serviceeinrichtungen, die das zeitweilige Robinson-Dasein unbeschwert genießen lassen.

Bei der Ansteuerung der Kalø Vig sollten Sie diesmal unbedingt das Munitionssperrgebiet beachten. Es lohnt sich vielleicht! Die letzte scharfe Mine aus dem 2. Weltkrieg soll 1984 detoniert sein.

Løgten Bugt

POSITION: 56° 17,1′ N - 10° 23,4′ E
SEEKARTEN: D 19; DK 112

N W O S

Allgemeine Beschreibung

Die Løgten Bugt ist eine kleine Nebenbucht im Norden der Kalø Vig. Sie wird durch die bewaldeten Hügel Ugelbølle Hoved im Norden und Vosnæsgård Skrænt im Süden begrenzt. Im westlichen Scheitel der Bucht befinden sich ein Hotel und eine Ferienhauskolonie, bei Ugelbølle Hoved ein Campingplatz.

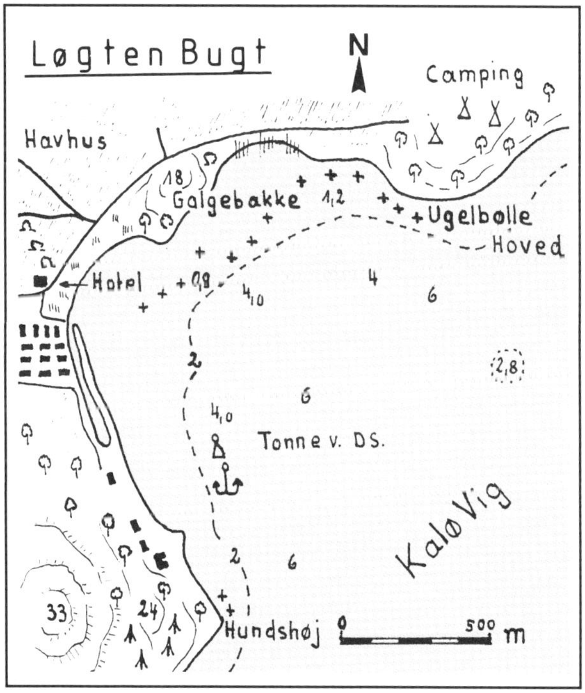

Ansteuerung

Die Løgten Bugt ist problemlos von der Kalø Vig aus anzulaufen.

Achtung

Das Sperrgebiet am Eingang der Kalø Vig sollte unbedingt gemieden werden. Dort wurde Ende des 2. Weltkrieges Munition versenkt, die noch heute von Zeit zu Zeit detoniert.

Ankerplatz

Man ankert am besten vor dem hohen Südwestufer, ca. 250 m vom Land entfernt. Dort ist auch eine Ankerboje der Dansk Sejlunion ausgebracht. Der Ankergrund besteht aus Sand und Schlick.
In der Løgten Bugt liegt man geschützt bei Winden aus Südwest bis Nord.

Versorgungsmöglichkeiten

Kaufmann beim Campingplatz, Restaurant im Hotel.

Nächster Hafen

Åstrup (ca. 3 sm)

Freizeittips

— *Vom 18 m hohen Galgebakke hat man einen beeindruckenden Rundblick über die Kalø Vig.*
— *Spiel:*
„Spinn' mal wieder ein Seemannsgarn . . . "
. . . von Windstärke 8 unter Vollzeug, haushohen Wellen in der Ostsee, winzigen Häfen, die man allein ohne Motor angelaufen hat . . .
Mitspieler: *beliebig viele*
Material: *Zettel und Bleistift*
Durchführung: *Jeder Mitspieler denkt sich den Beginn eines Segelabenteuers aus, schreibt dieses auf einen Zettel, faltet ihn, so daß der andere Mitspieler die Story nicht sehen kann, und gibt ihn an den nächsten weiter. Der spinnt das Seemannsgarn weiter und befördert die Post zum nächsten Mitspieler bis sie einmal die Runde gemacht hat. Nun darf sie geöffnet und vorgelesen werden.*

Egens Vig

POSITION: 56° 16,5′ N - 10° 28,6′ E
SEEKARTEN: D 19; DK 112

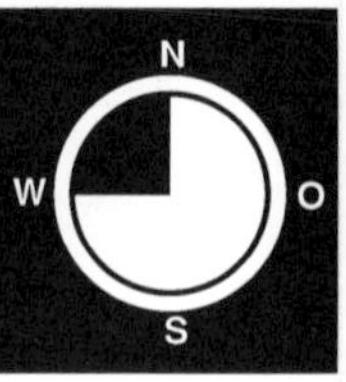

Allgemeine Beschreibung

Die hübsche, von Wald und Feldern umgebene Bucht Egens Vig liegt im Nordosten der Kalø Vig.
Sie wird durch die Halbinsel Kalø und die ausgedehnte steinige Untiefe Rønsten fast ganz von der Kalø Vig abgeriegelt. Zwei schmale Rinnen gewähren einen Zugang, wobei nur die südliche betonnt ist. Die nördliche, gut 11 m tiefe und unbetonnte Rinne sollte nur Ortskundigen vorbehalten bleiben.
Im Scheitel der Bucht liegt der ruhige Sportboothafen Nappedam.

Plan siehe nächste Seite.

Ansteuerung

Von der Nord-Untiefentonne Pladen Grund steuert man mit rw. 57° 2,9 sm bis zum roten befeuerten Dalben am Südende des Steinfeldes Rønsten. Kurz darauf folgt eine rote Spierentonne. Beide müssen hart an Backbord bleiben. Die Rinne ist sehr eng und hat ca. 4 m Wassertiefe. Nach der roten Spierentonne weitet sich die Bucht. Man läuft zunächst ca. 0,5 sm in Richtung Nappedam bevor der Kurs auf die Südostspitze der Halbinsel Kalø geändert wird, vor der man gut ankern kann.

Ankerplatz

In Lee der grasbewachsenen, zum Teil bewaldeten Halbinsel ankert man vor der Ostküste ruhig bei Winden aus West bis Nord. Die Wassertiefe beträgt dort ca. 3 m über Schlickgrund. Man sollte versuchen, sich nahe an das Ufer heranzutasten, um möglichst weit in die Abdeckung zu gelangen.

Versorgungsmöglichkeiten

Kiosk beim Parkplatz;
Kaufmann, Bank, Post usw. in Rønde (knapp 3 km Fußweg)

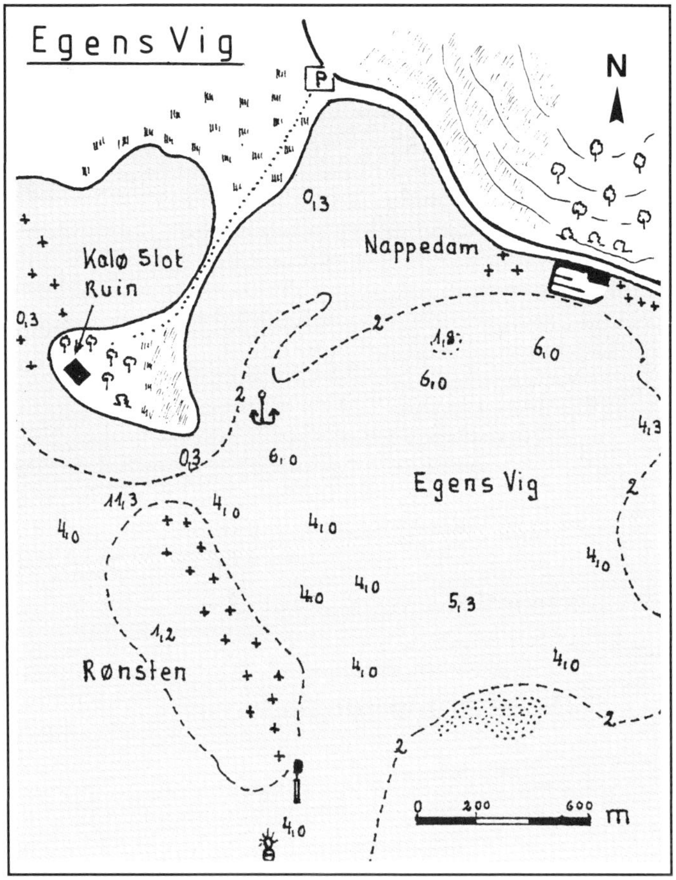

Freizeittips

— Besuch der Kalø Schloßruine
Die Burg wurde im 13. Jahrhundert erbaut und diente u.a. als Zwingburg. Sie beherbergte so prominente Gefangene wie den Schwedenkönig Gustav Vasa (1518 bis 1519). Erst als ihre strategische Bedeutung nachließ, wurde sie abgerissen und die Steine u.a. zum Bau des Schlosses Charlottenburg in Kopenhagen verwandt.

— Schöne Spaziermöglichkeiten in den Wäldern Ringelmose Skov und Hestehave.
Im Ringelmose Skov wachsen Holunderbüsche. Für viele stellen **„ausgebackene Holunderblüten“** eine Delikatesse dar. Dazu benötigt man 20 — 25 voll erblühte Holunderdolden und einen Omletteteig aus
125 g Mehl, 3 Eiern, 1 Prise Salz, etwas Butter/Margarine, 1 Eßl. Bier, 2 Eßl. Milch.
Die Holunderdolden werden in den Teig eingetaucht und mit der Blütenseite nach unten in heißem Fett goldgelb ausgebacken. Vor dem Wenden schneidet man den aus dem Teig herausragenden Stiel ab. Warm, mit Zucker bestreut servieren.

— Will der Skipper sich ebenfalls am Mahl beteiligen, wie wäre es dann, wenn er die Tafel durch eine Meerforelle bereicherte?
Die Halbinsel Kalø ist hierfür ein guter Fangplatz.

— Nördlich Ringelmose Skov steht das alte Herrenhaus Kalø, welches heute als wildbiologische Station dient.

Kulturelles

Die Egens Vig wird seit alters her als Naturhafen genutzt. Hier sah man häufig Jagten und Galeassen liegen, die den Handel betrieben. An der Stelle des Sportboothafens gab es früher eine Anlegebrücke nebst Packhaus. Heute dient es als Clubheim der Segler.

Knebel Vig

POSITION: 56° 13′ N - 10° 28′ E
SEEKARTEN: D 19; DK 112

Allgemeine Beschreibung

Die Knebel Vig ist eine Nebenbucht der Kalø Vig. Da sie fast völlig von Land eingeschlossen und nur durch eine schmale Zufahrt erreichbar ist, stellt sie ein ideales Ankerrevier dar.
Im Südosten der Bucht befindet sich ein kleiner Anleger (Knebel Bro), der in der Saison häufig überbelegt ist.
Besonders am Wochenende kommen viele Segler aus Århus und den umliegenden großen Marinas.

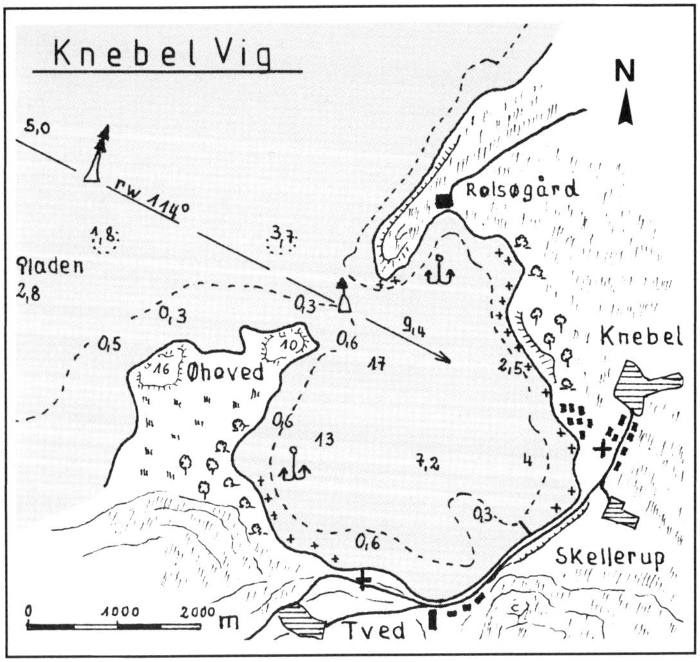

Ansteuerung

Von der grünen Tonne Skødshoved Flak steuert man mit rw. 57° zur Nord-Untiefentonne vor dem Pladen Grund. Diese bleibt an Steuerbord. Mit Kurs rw. 114° geht es weiter zur nächsten grünen Tonne an der Steuerbordseite der Einfahrt zur Knebel Vig. Die Durchfahrt ist eng und tief. Der Grund steigt zu beiden Seiten steil an. Nach dem Passieren der Enge kann man sich ohne Probleme seinen Ankerplatz aussuchen.

Ankerplatz

Je nach Windrichtung kann überall in der Bucht geankert werden. Am schönsten liegt man entweder nordöstlich der Einfahrt bei Rolsøgård oder vor dem ansteigenden Ufer südwestlich Øhoved. Wenig attraktiv ist dagegen die bebaute Ostküste. Zwischen Tved und Knebel verläuft dort dicht am Ufer eine vielbefahrene Straße.
Der Ankergrund besteht aus Sand und Lehm.
In der Bucht kann man je nach Ankerplatz vor Winden aus allen Richtungen geschützt liegen.

Achtung

— Im 2-m-Bereich liegen z. T. große Steine.
— Eine unbezeichnete 0,3-m-Stelle befindet sich im südöstlichen Teil der Bucht, etwas südlich des Anlegers.

Versorgungsmöglichkeiten

In Knebel bzw. Tved

Nächster Hafen

Knebel Bro (max. 1,5 sm) bzw. Åstrup (ca. 4 sm)

Freizeittips

— *Ein Ausflug in die einzigartigen Mols Bjerge mit Heide- und Wacholderflächen, weiten Aussichten von den höchsten Erhebungen Bavnehøj (137 m) und Trehøje (127 m), tiefen Schluchten und einer alten Tingstätte, zählt zu den eindrucksvollsten Reiseerlebnissen.*
— *Auf dem Weg dorthin liegt dicht hinter Knebel eines der besterhaltensten Hünengräber des Landes, „Posekær Stenhus“, ein runder Dolmen, der ca. 4 000 Jahre alt ist.*

Kulturelles

Das Grab ist aus fünf gewaltigen Felsbrocken und einem flachen Deckstein zusammengefügt. Zwei kleinere Steine bilden den Eingang. Umgeben ist das Ganze von 24 Felsblöcken. Die Anzahl der Steine symbolisiert verschiedene magische

Zahlen: Die 5 deutet die geistige oder irdische Welt an. Mit den beiden Eingangssteinen ergibt sich die heilige Zahl 7. Zählt man den Deckstein hinzu, so erhält man die 8 als Symbol der Unendlichkeit. Der Ring besteht aus 24 oder 2 x 12 Steinen. Die Zahlen weisen auf die 12 Monate oder 24 Stunden hin.

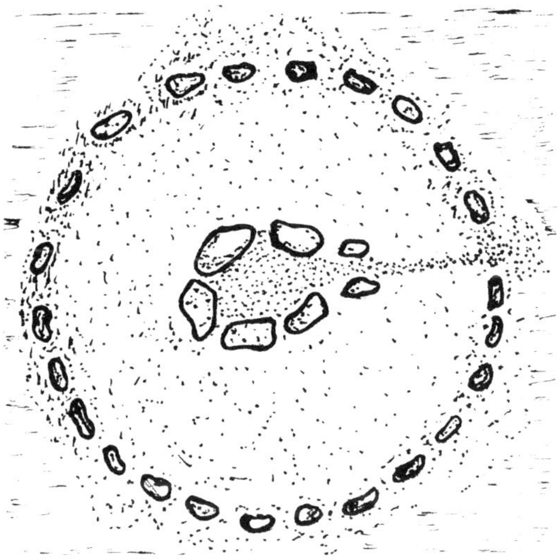

Posekær Stenhus

Rønnen

POSITION: 56° 10,1′ N - 10° 30,8′ E
SEEKARTEN: D 19; DK 112

Allgemeine Beschreibung

Rønnen in der Begtrup Vig ist ein Inselchen mit einer einzelnen kleinen Fischerhütte. Das sie umgebende gleichnamige Flach ist mit großen, zum Teil aus dem Wasser ragenden Steinen bedeckt. Ganz im Nordosten der Vig gelegen, bildet sie zusammen mit dem Flach einen geschützten Naturhafen, den man in dieser offenen Bucht nicht vermuten würde.

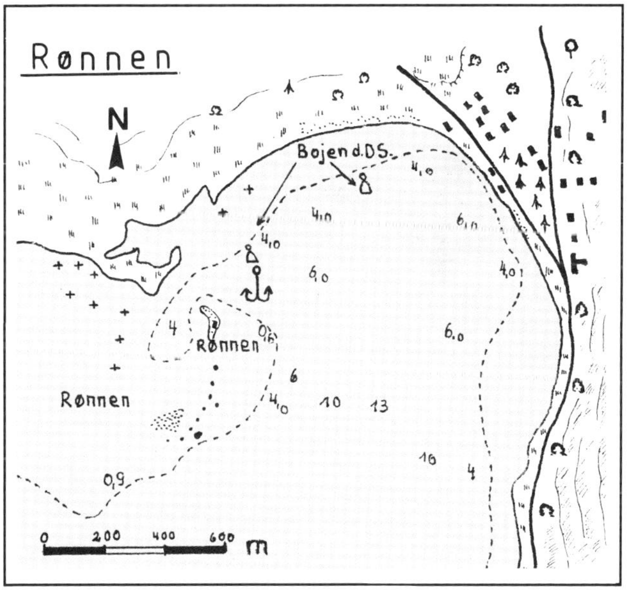

Ansteuerung

Der sicherste Kurs führt an der Westküste von Helgenæs entlang, an der Kongsgårde Bro vorbei und zum Nordost-Scheitel der Vig. Man segle so weit hinein, bis die Insel Rønnen genau West peilt. Danach ändere man den Kurs auf rw. 300° und nähere sich vorsichtig dem Ankerplatz. Das Echolot sollte nicht unter 3 m anzeigen!

Ankerplatz

Entweder ankert man nordöstlich der kleinen Sandinsel oder legt sich an eine der beiden Ankerbojen, die hier von der Dansk Sejlunion ausgelegt wurden.
Der Ankergrund besteht aus Sand.
Hinter Rønnen liegt man sehr geschützt bei Nordwest über Ost bis Süd. Selbst bei westlichen Winden bietet das Rønnen-Flach soviel Schutz, daß man hinter Rønnen sicher liegen kann.
Tip: Im nordwestlichen Scheitel der Begtrup Vig kann man ca. 150 m vom Ufer entfernt über Sandgrund mit kleinen Steinen ankern. Ein feiner Sandstrand, etwas Kiefernwald und Ferienhäuschen formen das Landschaftsbild. Bei sonnigem, sommerlichem Wetter ein empfehlenswerter Tagesankerplatz.

Versorgungsmöglichkeiten

Kaufmann bei Kongsgårde Bro bzw. in Begtrup

Nächster Hafen

Kongsgårde Bro (ca. 1,3 sm) bzw. Århus (10 sm)

Freizeittips

Rønnen ist Brutplatz für viele Enten- und Sumpfvögel. 100 m Mindestabstand sind notwendig, um die Vögel nicht beim Brutgeschäft zu stören!

Kulturelles

Die Halbinsel Helgenæs ist nur durch eine schmale Landbrücke mit Mols verbunden. An dieser Stelle kann man heute noch Reste einer Schanze aus dem letzten Jahrhundert erkennen, die im deutsch-dänischen Krieg errichtet wurde, als General Rye sich mit seinen Truppen dort verschanzte. Kongsgårde Bro war zu der Zeit ein sicherer Truppenlandeplatz, an dem die Soldaten aus- und eingeschifft wurden.

Bogens Hoved

POSITION: 56° 13′ N - 10° 35,2′ E
SEEKARTEN: D 19, 20; DK 112

Allgemeine Beschreibung

Die Westküste der Ebeltoft Vig bietet zahlreiche gute Ankerplätze. Feine Sandstrände wechseln mit kiefernbewachsenen Steilufern ab, und im Hinterland erheben sich die grünen Mols Bjerge. Für Wanderungen in die Mols Bjerge ist der Ankerplatz bei Bogens Hoved besonders günstig gelegen.

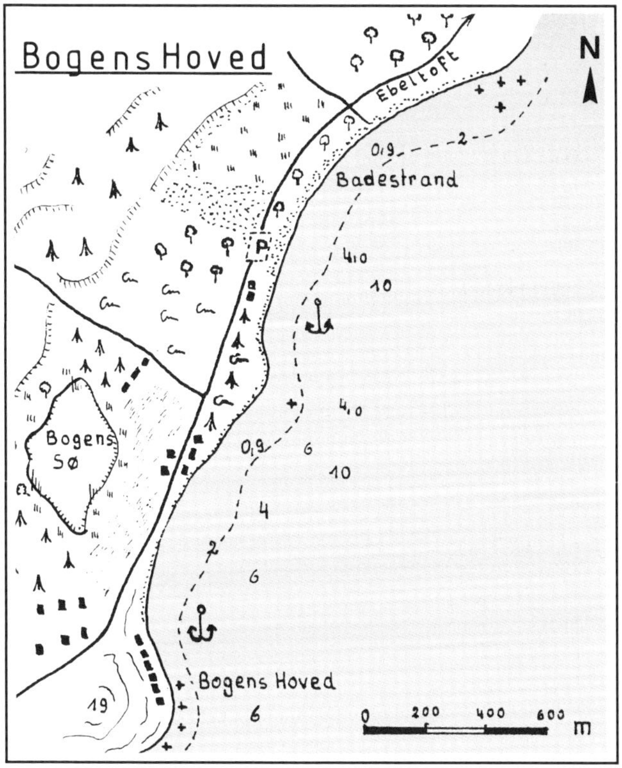

Ansteuerung

Die Ansteuerung von der Ebeltoft Vig aus ist problemlos. Die Steilküste von Bogens Hoved ist weithin sichtbar und eine gute Ansteuerungshilfe.

Ankerplatz

Man kann dicht vor dem Ufer ankern. Die Wassertiefe steigt von der 10-m-Linie steil an. Der Ankergrund besteht in Ufernähe aus Sand und geht in tieferen Bereichen in Lehm über. In Lee von Bogens Hoved liegt man gut bei Winden aus Südwest bis Nordwest.

> **Achtung**
> Innerhalb des 2-m-Bereiches liegen einzelne große Steine.

Tip: Ein weiterer guter Ankerplatz befindet sich vor der bewaldeten Küste von Fuglsø, ca. 0,7 sm südlich von Bogens Hoved. Dort ankert man vor einem herrlichen Wald- und Heidegebiet.

Versorgungsmöglichkeiten

Keine

Nächster Hafen

Ebeltoft (3,2 sm)

Freizeittips

— *Vom offiziellen Badestrand Bogens Hoved kann man interessante Wanderungen in die nahen Mols Bjerge machen. Nähere Informationen hält die Touristinformation bereit.*

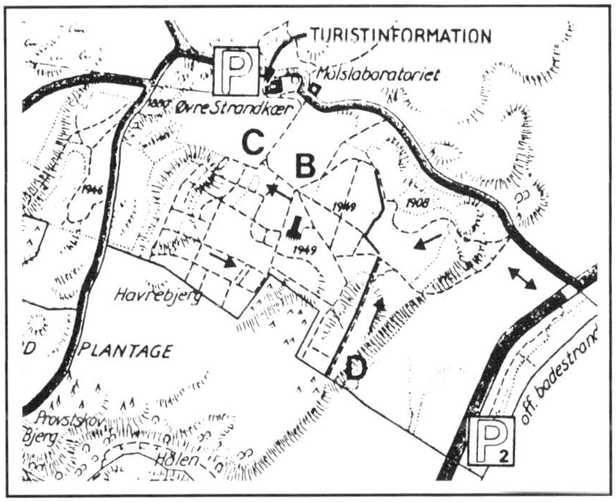

Wegplan zur Touristinformation „Mols Bjerge“

— *Vielleicht treffen Sie auf Ihrem Spaziergang auf einen Ameisenhaufen. Er ist ein kleines Meisterstück der Waldameisen:*
Die Nestbauerinnen errichten den Hügel meist um einen Baumstamm herum, der dem Gebäude Halt verleiht. Der Erdboden und die Kuppel sind von zahlreichen Gängen und Kammern durchzogen, deren Wände mit „Mörtel“, bestehend aus speichelgetränkter Erde, geglättet wurden. Der Mantel der Kuppel besteht aus trockenen Pflanzenteilen (Nadeln, Zweigstücken und Blättchen), der dazu dienen soll, das Nestinnere vor Kälte und Regen zu schützen. Zahlreiche Öffnungen führen nach draußen. Sie werden abends sorgsam geschlossen und morgens wieder geöffnet. Damit das Nest nicht von Schimmelpilzen befallen wird, wird das Nestmaterial regelmäßig gewendet. Das feuchte Material wird zum Trocknen an die Oberfläche gebracht und das trockene in Tiefe des Baues.

Querschnitt durch ein Nest der roten Waldameise

Kulturelles

Die Mols Bjerge entstanden in der letzten Eiszeit. Als die Gletscher wegtauten, blieben die aus Stein-, Kies- und Sandmaterial bestehenden Mols Bjerge zurück. Klimatische Bedingungen taten das Ihrige. Die abfließenden Regenwasser formten tiefe, enge Kluften. Sandstürme führten und führen noch heute zu Sandverwehungen bis zu ½ m Höhe.
Weite Gras- und Heideflächen überziehen die Mols Bjerge, nur unterbrochen von Wacholdersträuchern, Schlehdorn und Eichenwäldern, die sich in geschützten Senken ducken.

Hjelm

POSITION: 56° 08′ N - 10° 48,5 E
SEEKARTEN: D 19, 20; DK 112, 128

Allgemeine Beschreibung

Hjelm heißt eine kleine, steile Insel an der Ostseite des Hjelm Dybs. Der auf einem kahlen Hügel stehende weiße Leuchtturm und das weiße Haus mit rotem Dach in der Westbucht sind die beiden markantesten Gebäude der Insel. Im Norden ist sie bewaldet.
Die meisten Segler ziehen nordwärts oder heimwärts daran vorbei.
Mach' mal Pause! Es lohnt sich!

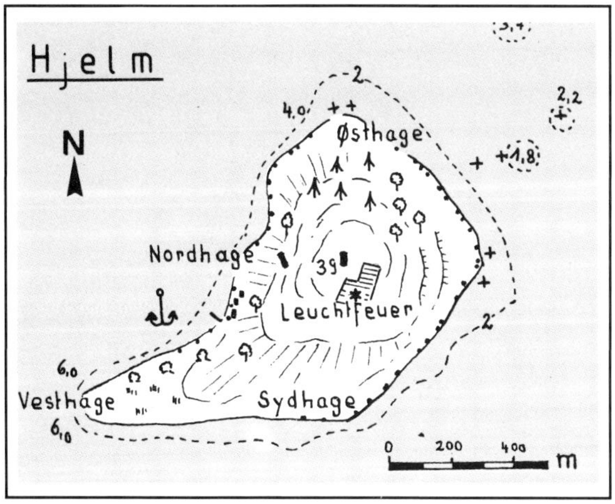

Ansteuerung

1. **Vom Hjelm Dyb**
   braucht man nur auf den weißen Leuchtturm in der Mitte der Insel zuzuhalten, um den Ankerplatz vor dem Westufer anzulaufen.
   Tiefes Wasser reicht bis dicht vor die Küste.
2. **Von Osten kommend**
   sind die vorgelagerten Untiefen NE-Pullen (1,6 m) und E-Pullen nördlich oder südlich zu umsegeln. Im Süden liegt dicht bei der Untiefentonne Klørgrund eine 2,2-m-Stelle mit großen Steinen.

Ankerplatz

Vor der Westküste ankert man vor einem schönen Strand. Die Wassertiefe beträgt ca. 3 — 4 m über feinem Sandgrund.
Bei Ost bis Südost kann man dort ruhig liegen. Dreht der Wind auf Süd oder Nordost, so ist mit Schwell zu rechnen, der um die Insel herumläuft.
Ein Ankerplatz überwiegend für kurze Aufenthalte!

Versorgungsmöglichkeiten

Keine

Nächster Hafen

Ebeltoft (ca. 10 sm)

Freizeittips

- *Guter Badestrand*
- *Bei klarem Wetter kann man von der Hügelkette aus bis nach Seeland und Samsø sehen.*

Kulturelles

- *Die Namensgebung der Insel erfolgte nach ihrem helmartigen Aussehen.*
- *1286 wurde die Insel Zufluchtsort für den wegen Königsmordes für vogelfrei erklärten Mark Stig, der auf ihr eine kleine Festung errichtete. Er selbst starb 1291, während seine Gefolgsleute sich noch weitere fünfzehn Jahre auf der Insel behaupten konnten, ehe sie gefangengenommen und am Galgen von Ribe gehängt wurden.*

Anholt

POSITION: 56° 42,9′ N - 11° 30,6′ E
SEEKARTEN: D 24; DK 102

Allgemeine Beschreibung

Anholt ist für viele Segler das Mekka im Kattegat. Lange weiße Sandstrände, die zu den saubersten in Dänemark zählen, weite Dünen- und Flugsandgebiete, im Norden das Lagunengebiet Flakket, mit seinen Wasserlilien und zahlreichen Stelzvögeln, ziehen die Besucher in ihren Bann.

Es gibt, je nach Windrichtung, zwei gute Ankerplätze:

1. **Die Pakhusbugt an der Südseite und**
2. **Nordstrand, eine weite Bucht vor der Nordküste der Insel.**

Beide Ankerplätze liegen sehr offen und eignen sich vorrangig als Tagesaufenthalt.

1. Pakhusbugt

Ansteuerung

Die Pakhusbugt ist ohne Schwierigkeiten anzulaufen. Zu beachten ist das ausgedehnte Flach südwestlich von Anholt, dessen Wassertiefe im Schnitt jedoch zwischen 3 m und 4 m liegt. Nur bei der West-Untiefentonne Stensøre befindet sich eine 1,9-m-Stelle. Die Tonne muß gut frei an Backbord bleiben und das Skejnæs Hage im weiten Bogen umsegelt werden.

Ankerplatz

Die Pakhusbugt ist ein guter Ankerplatz bei West- bis Nordwinden. Bei starkem Westwind muß der Platz jedoch verlassen werden, da dann die See um Skejnæs Hage herumläuft. Man kann ca. 200 m vor dem Strand auf 2 — 3 m Wassertiefe ankern.

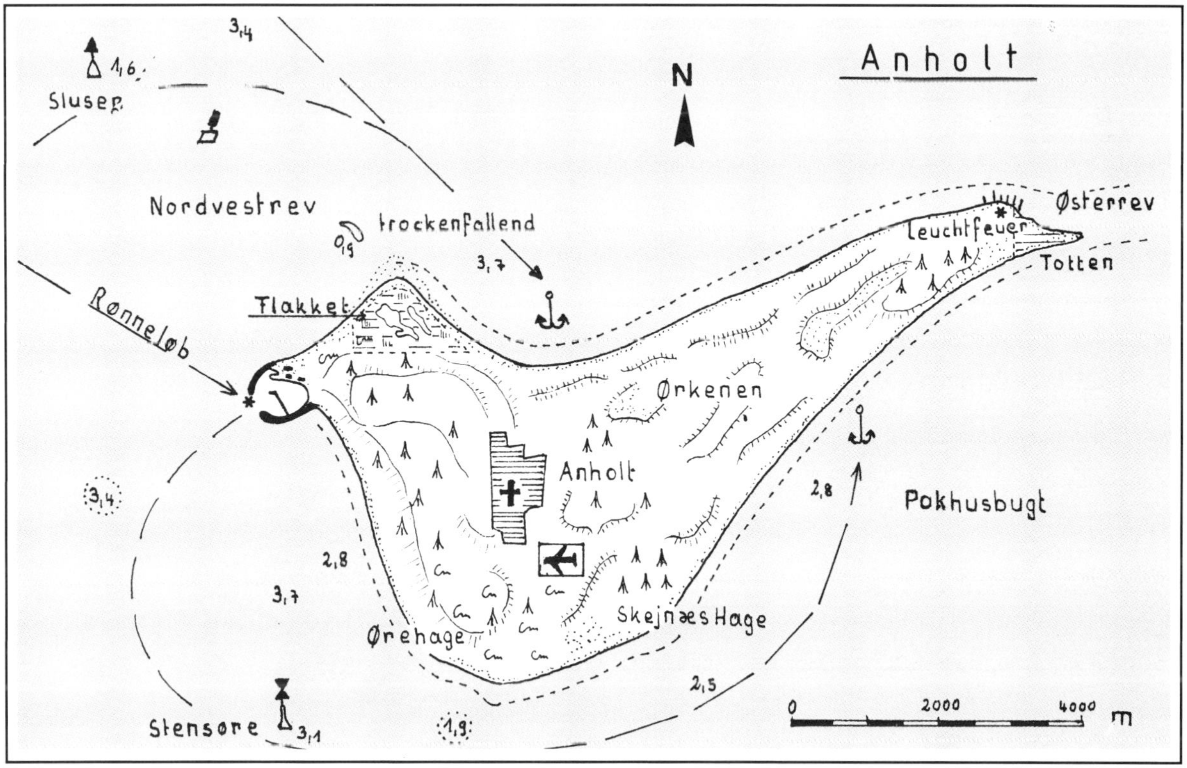

Achtung

- Innerhalb der 2-m-Linie steigt der Grund schnell an.
- Da die Bucht sehr offen ist, muß die Wetterentwicklung genau beobachtet werden!

2. Nordstrand

Ansteuerung

Um die Bucht von Nordstrand zu erreichen, muß man das sich etwa 5 sm seewärts erstreckende Nordvestrev umsegeln, dessen Ende durch eine West-Untiefentonne gekennzeichnet ist. Bei ruhigem Wetter kann man auch die Untiefe queren. Die Durchfahrt Slusen ist durch ein rot-grünes Tonnenpaar gekennzeichnet und liegt ca. 2 sm nordwestlich vom Hafen. Vom Hafen kommend bleibt die rote Tonne an Steuerbord! Nach Passieren des Tonnenpaares halte man in weitem Bogen auf die Nordküste zu.

Achtung

Vorsicht vor dem trockenfallenden Sand ca. 0,3 sm nordwestlich von Anholt!

Ankerplatz

In der Bucht von Nordstrand kann man gut bei südlichen Winden ankern. Hier liegt man ca. 200 m vom Ufer entfernt auf 3 — 4 m Wassertiefe über Sandgrund.

Versorgungsmöglichkeiten

Entweder am Hafen oder im Ort Anholt

Nächster Hafen

Anholt (ca. 8 sm)

Freizeittips

- *Ausflug zum Leuchtfeuer bei Totten.*
- *An warmen Tagen kann man in den Dünen die Feldeidechse beobachten, die nur dort in Dänemark lebt.*

Hinweis:
Große Flächen von Anholt stehen unter Naturschutz. Man sollte sich bemühen, auf Pflanzen und Tiere Rücksicht zu nehmen, um diese einzigartige Natur zu erhalten:

1. *Die Huk Totten ist Geburtsstätte der Jungrobben und darf während der Zeit vom 15.Juni bis 15. August nicht betreten werden. Auch das Segeln in Küstennähe sollte unterbleiben, um die Jungrobben nicht ins Wasser zu jagen. Dies könnte eine Schwächung der Jungtiere zur Folge haben.*
2. *Von Mai bis Juli sollten die Brutkolonien am Strand, in den Dünen oder im Lagunengebiet Flakket gemieden werden.*
3. *Flakket darf zur Lilienblüte ebenfalls nicht betreten werden.*
4. *Die Heideflächen im Dünengebiet von Ørken dürfen nicht betreten werden, um die seltene Lichen-Heide zu schützen.*

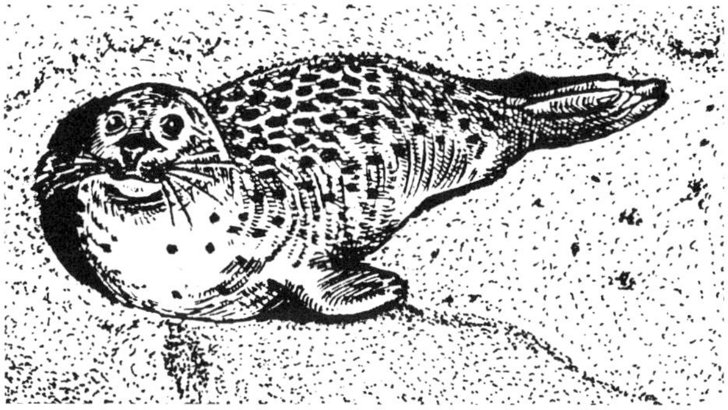

Randers Fjord

SEEKARTEN: D 78; DK 111

Der Randers Fjord gleicht eher einem gemächlich dahinströmenden Fluß als einem Fjord. Von Udbyhøj schlängelt er sich an flachen, schilfbewachsenen Wiesenufern vorbei 15 sm westwärts bis Randers. Beiderseits der engen Fahrrinne erstrecken sich ausgedehnte Flachs mit sehr geringen Wassertiefen. Überall stehen Fischstöcke, ein Zeichen für den einstigen Fischreichtum des Gewässers.

Aufgrund des ausgedehnten Flachwasserbereiches gibt es kaum gute, ufernahe Ankerplätze. Nur zu beiden Seiten der früheren Fahrrinne **Raden,** im Mittelteil des Randers Fjords, kann man gut ankern. Die Berufsschiffahrt, die durch den Kanal fährt, beeinträchtigt dort die Ruhe so gut wie gar nicht.

In den Fjord setzt der Strom normalerweise mit 2 — 2½ sm / Std. Auslaufend ist er etwa doppelt so stark.

Raden

POSITION: 56° 32,14′ N - 10° 13,61′ E
SEEKARTEN: D 78; DK 111

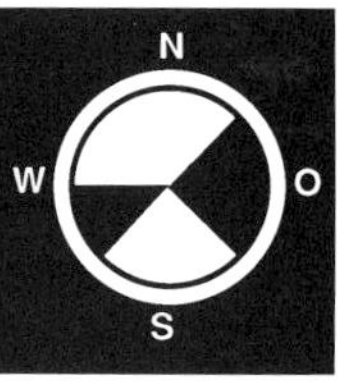

Allgemeine Beschreibung

Raden ist die natürliche Rinne des Randers Fjords, die westlich des Kanals von Kare Holm verläuft. Zwischen ihr und dem Kanal liegt die ca. 2 km lange, schmale Kanalinsel, auf der im mittleren Teil eine kleine Hütte mit Anlegesteg

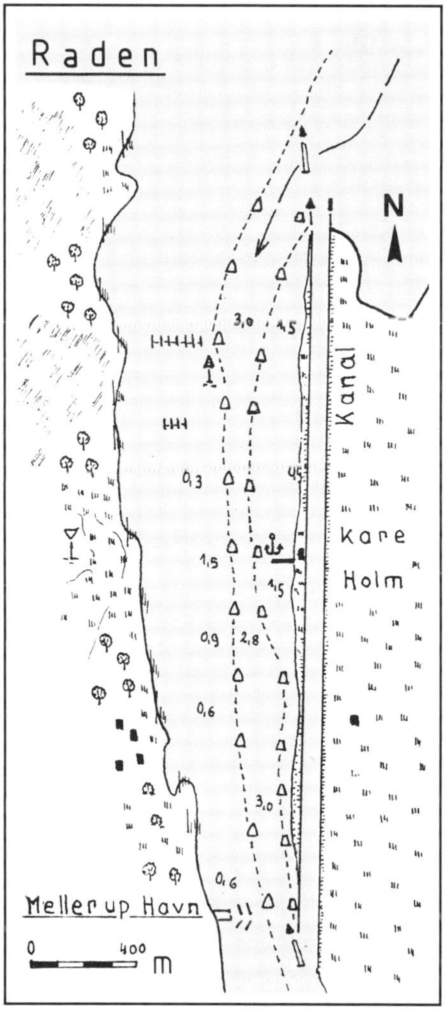

des örtlichen Segelclubs steht. Die frühere Rinne ist in der Sommerzeit (1. 4. — 15. 11.) beidseitig durch kleine gelbe Tonnen bezeichnet.
Das westliche Ufer erhebt sich hinter einem Schilfsaum zu niedrigen Hügeln mit einzelnen Gehöften, Feldern und Baumgruppen. Am südlichen Ende der Rinne liegt der kleine Sportboothafen Mellerup Havn.

Ansteuerung

Die alte Fahrrinne kann von Norden und Süden befahren werden. Die Wassertiefe beträgt in der Rinne 2,80 — 3,00 m.

Achtung

200 m nördlich und südlich der Fährverbindung Mellerup-Voer darf nicht geankert werden.

Ankerplatz

Es kann überall an beiden Seiten der Rinne geankert werden. Der beste Platz befindet sich bei der Clubhütte vor dem kleinen Sandstrand. Der Ankergrund besteht aus Muschelschlick.
Knapp neben der Rinne ankert man ruhig bei Winden aus Nordost bis Südost und Südwest bis West.

Versorgungsmöglichkeiten

Im Ort Mellerup Kaufmann und Gasthof (Mellerup Kro); ca. 1 km Fußweg.

Nächster Hafen

Mellerup (ca. 0,7 sm); Udbyhøj Nord bzw. Syd (ca. 5 sm)

Freizeittips

Der Randers Fjord ist noch heute für seinen Fischreichtum bekannt. 1830 gab es am Fjord rund sechzig Aalfischer, von denen viele eine uralte Fangmethode anwandten, die im Dänischen als „Glibning" bezeichnet wird.
Einheimische Fischer berichten, daß man im Sommer westlich der Kanalinsel Raden die größten Barsche fangen soll.

Glibning-Fischerei am Randers Fjord

Mariager Fjord

SEEKARTEN: D 78; DK 110

Dänemark-„Freaks" bezeichnen ihn als den schönsten Fjord Jütlands. Fürwahr, wer sich durch die scheinbar endlose, schmale Fahrrinne bis Hadsund hindurchgemüht hat, wird reichlich belohnt. Dort treten die Ufer enger zusammen, so daß die Brücke mit Leichtigkeit den Fjord überspannt. Sie ist das eigentliche Tor zum „Paradies".

Öffnungszeiten:

Wochentags von Sonnenaufgang bis ½ Stunde nach Sonnenuntergang.
Sonnabends und sonntags sind Sperrzeiten zu beachten:

Sonnabends	11.00 — 12.00 Uhr
	13.00 — 14.00 Uhr
Sonntags	11.00 — 12.00 Uhr
	13.00 — 14.00 Uhr
	16.00 — 17.00 Uhr
	18.00 — 19.00 Uhr

Als Brückensignal ist die Flagge „N" zu setzen. Der Brückenwart ist über UKW-Kanal 16 (Arbeitskanäle 12 und 13) zu erreichen.

Von Hadsund bis Hobro erstreckt sich ein bildschönes Segelrevier. Geschützte Buchten und die mit Heide und Wacholder bewachsenen hohen Ufer laden zum Verweilen ein. Dazwischen die malerische Kulisse von Mariager. Nicht die Städte, sondern der Charme der Natur beeindruckt den Besucher. Ihm sollte man sich in einer der vielen Ankerbuchten voll hingeben. **Ovegard, Løvdal, Krogen** oder **Skovgård** sind nur eine krönende Auswahl von ihnen.
Die Vielzahl der Ankermöglichkeiten im Innenfjord steht im krassen Gegensatz zum Außenfjord. Nur **Als Odde** mit den zwei Ankerbojen der Dansk Sejlunion ist bedingt empfehlenswert. Kurz hinter der Barre mögen sie für eine kurze Rast geeignet sein.

Als Odde

POSITION: 56° 42,2′ N - 10° 19,1′ E
SEEKARTEN: D 78; DK 110

Allgemeine Beschreibung

Am Eingang des Mariager Fjords, südlich der Fahrrinne bei Pladen, hat die Dansk Sejlunion zwei rote Festmacherbojen ausgelegt. Dort liegt man ohne Windschutz, im Strom und weit vom Ufer entfernt vor einem reizlosen Deich. Wir waren dem herben Charme dieses Platzes nicht erlegen.

Ansteuerung

Direkt vom Fahrwasser aus.
Vorsicht: Zeitweilig liegen Fischernetze zwischen der Fahrrinne und den Bojen aus!

Ankerplatz

Die Bojen liegen ungeschützt etwas außerhalb des Fahrwassers. Winde aus allen Richtungen und der Schwell des Durchgangsverkehrs machen das Liegen unruhig.
Nur bei einer ruhigen, stabilen Wetterlage sehen wir in den Festmacherbojen eine Alternative zur Als Odde Bro.

Versorgungsmöglichkeiten

Keine

Nächster Hafen

Als Odde Bro (ca. 0,5 sm)

Freizeittips

- *Das südliche, zum Herrenhof Overgård gehörende Wiesengebiet ist Lebensraum für viele Vogelarten. Unter anderem kann man dort Sing- und Höckerschwäne, Gänse- und Entenvögel beobachten.*
- *Der Gutshof Overgård kann von außen besichtigt werden.*

Ovegard

POSITION: 56° 41,15′ N - 10° 01′ E
SEEKARTEN: D 78; DK 110

Allgemeine Beschreibung

Zwischen der Zementfabrik Dania und Mariager liegt an der Nordseite des Mariager Fjords die von Wald umgebene Bucht Ovegard. Ein dichter Schilfgürtel säumt das Ufer. Nur in der Nähe des Richtfeuers findet man einen schmalen Sandstreifen, der einen Landgang per Beiboot ermöglicht.
Lautlos huschen die Autos auf der Straße des Südufers bei Fladbjerg wie kleine Käfer vorbei. Der Gesang der Vögel vertieft noch die Ruhe des Platzes.

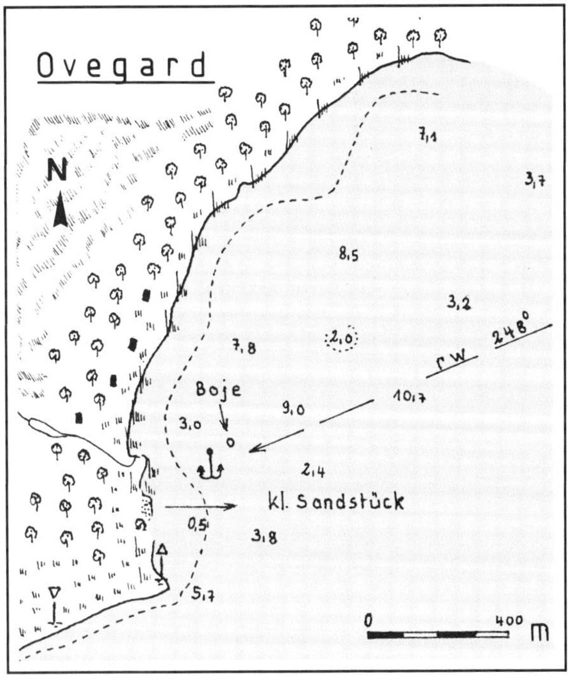

Ansteuerung

Von der Süd-Untiefentonne vor der Zementfabrik Dania segelt man mit Kurs rw. 248° direkt auf den Ankerplatz zu. Die Entfernung beträgt ca. 1,4 sm. Eine gute, weithin sichtbare Ansteuerungshilfe ist das Richtbakenpaar am Südende der Bucht. Es muß etwas an Backbord bleiben.

Ankerplatz

Ovegard ist ein ruhiger, landschaftlich schöner Ankerplatz. Man ankert auf ca. 2,00 — 2,50 m Wassertiefe ungefähr 200 m vom Ufer entfernt. Der Grund besteht aus Muschelschlick. In Lee der bewaldeten Küste liegt man geschützt bei Winden aus Südwest über West bis Nord.

Tip: Bei Winden aus Nord bis Nordost kann man sich in den Nordteil der Bucht bei Vivebrogard verholen.

Versorgungsmöglichkeiten

Kaufmann in Vive (knapp 3 km Fußweg)

Nächster Hafen

Mariager (2,4 sm)

Freizeittips

— *Ein wenig bachaufwärts liegt die Ovegard Vandmølle, eine alte Wassermühle. Man kann zu ihr mit dem Beiboot fahren.*

— *Spiel:*
„Seemanns Meisterwurf"

Mitspieler: *beliebig*

Material: *Es werden ein Rettungsring und eine Wurfleine benötigt.*

Spielregeln: *Man läßt einen Rettungsring an einer Leine achteraus sacken und belegt den Tampen an Bord.*
Mit dem beschwerten Ende der Wurfleine muß der Spieler versuchen, möglichst in den Rettungsring oder auf denselben zu treffen.
Jeder Treffer wird mit einem Punkt bewertet. Gelingt es, in die Mitte des Ringes zu zielen, gibt es dafür drei Punkte. Jeder Spieler hat drei Würfe. Gewonnen hat derjenige, der zuerst 15 Punkte erreicht hat.
Je nachdem, wie weit der Ring achteraus treibt, wird ein Meisterwurf erleichtert oder erschwert.

Løvdal

POSITION: 56° 39, 94′ N - 09° 57,25′ E
SEEKARTEN: D 78; DK 110

Allgemeine Beschreibung

Løvdal ist ein sehr beliebter Ankerplatz. Eingebettet zwischen zwei bewaldeten Höhenzügen liegt die schöne Bucht an der Nordseite des Fjordes. Am östlichen Ufer haben Segler aus Hobro und Hadsund die Steganlage Høllen errichtet. Über den Fjord grüßt die Silhouette von Mariager herüber.

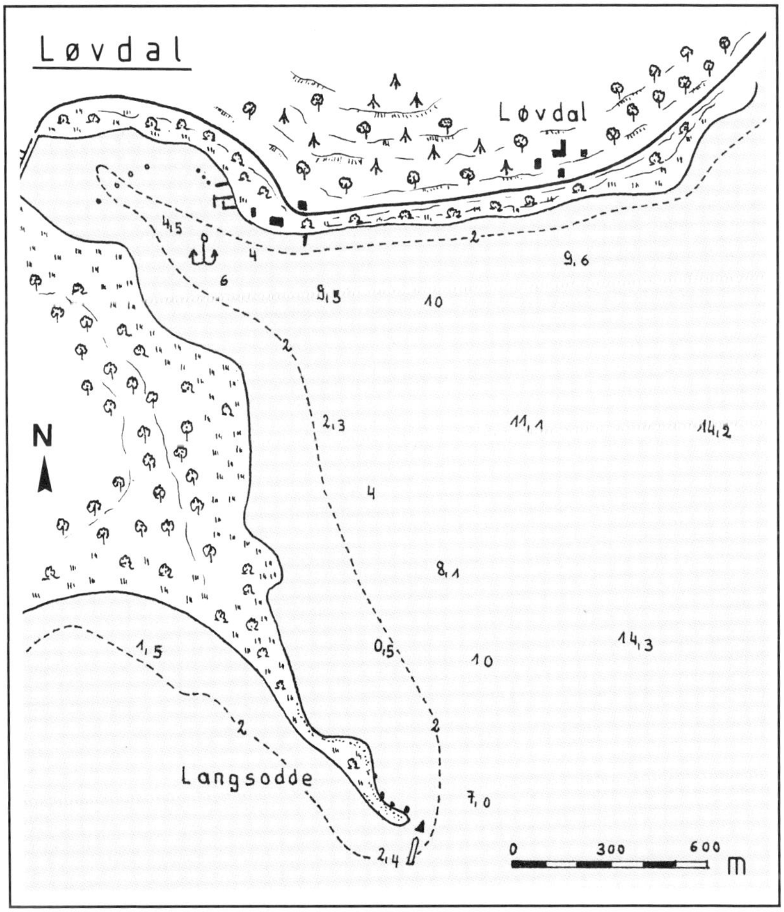

Ansteuerung

Vom tiefen Fjord kann man direkt in die Bucht segeln.

> **Achtung**
> Östlich der Bucht liegt eine Fischzuchtanlage.

Ankerplatz

Am ruhigsten ankert man vor dem Westufer auf 2,50 bis 5,00 m Wassertiefe. Der Ankergrund besteht aus Lehm und Schlick. In der „hyggeligen" Bucht liegt man, außer bei Ost bis Südost, sehr geschützt.

Versorgungsmöglichkeiten

Müllbehälter bei der Steganlage Høllen; Kaufmann in Stinesminde (ca. 1 km)

Nächster Hafen

Mariager (ca. 1,2 sm)

Freizeittips

- *Gut geeignet zum Surfen und Optisegeln.*
- *Der Kielstrup Sø und das nordöstlich daran anschließende Gebiet bis Stinesminde stehen unter Naturschutz.*
- *Wanderweg entlang des Fjordufers nach Stinesminde.*
- *Am Ufer von Langesodde findet man bizarr geformte Feuersteine.*

Kulturelles

Früher diente diese geschützte Bucht den Frachtseglern aus Mariager als Überwinterungsplatz.

Krogen

POSITION: 56° 39,28′ N - 09° 55,62′ E
SEEKARTEN: D 78; DK 110

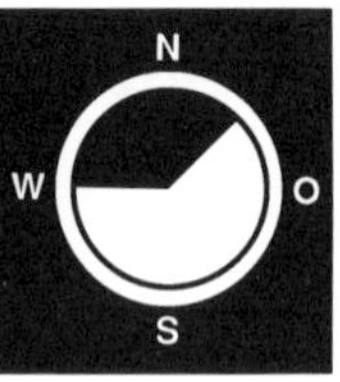

Allgemeine Beschreibung

Die kleine Bucht Krogen liegt an der Nordseite des Mariager Fjords, ca. 0,4 sm westlich der bezeichneten Untiefen Lille Lunddals Tørv und Lunddalstørven. Die umliegenden Hügel sind mit Heide, Wacholder und Nadelwäldern bestanden. Sanft ansteigende Strandwiesen bilden den grünen Saum dieser schönen Bucht.

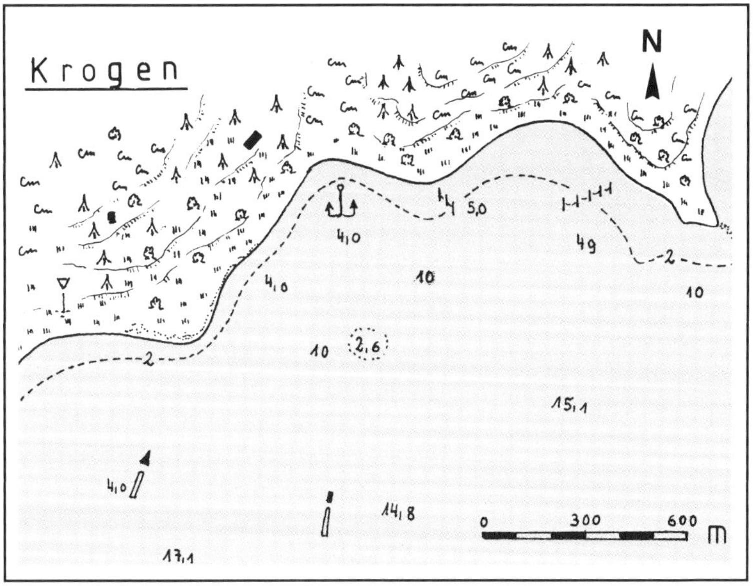

Ansteuerung

Vom Fahrwasser zweigt man direkt in die Bucht ab.

> Achtung
> Zwei Stellnetze in der Bucht.

Ankerplatz

Vor der Strandwiese im Westteil der Bucht kann man sich dem Ufer bis auf ca. 100 m nähern. Die Wassertiefe beträgt etwa 3 m über dem Sand- und Schlickgrund.
In der Bucht ankert man sicher bei Winden aus West über Nord bis Nordost.

Versorgungsmöglichkeiten

Keine

Nächster Hafen

Mariager (knapp 2 sm)

Freizeittips

— *Von den Hügeln hat man eine ausgezeichnete Aussicht auf den inneren Teil des Mariager Fjords.*
— *Probieren Sie doch mal **Wacholderlikör:***
Zutaten: 120 g Wacholderbeeren, einige frische Zweigspitzen, 1 Vanillestange (oder Vanillezucker), Zucker nach Geschmack, 1 Flasche Rum.
Herstellung: Die Beeren werden zerquetscht, zusammen mit den Zweigspitzen und der Vanillestange in eine Flasche gefüllt. Nun wird der Rum hinzugefügt.
Die Köstlichkeit läßt man 8 — 10 Tage ziehen.
Danach wird sie gefiltert und je nach Geschmack gesüßt.
Anmerkung: Guter Rot- oder Weißwein geht auch!

Skovgård Hage

POSITION: 56° 38,29′ N - 09° 50,76′ E
SEEKARTEN: D 78; DK 110

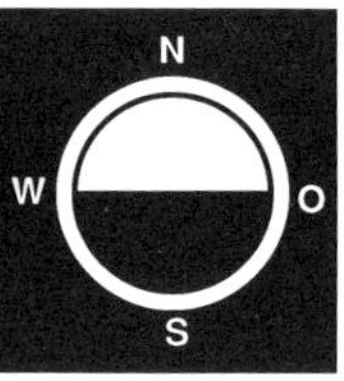

Allgemeine Beschreibung

Die landschaftlich reizvolle Bucht von Skovgård Hage liegt an der Südseite des Mariager Fjords, ca. 1½ sm vor Hobro. Im Scheitel der Bucht befinden sich zwei kleine Bootsstege und ein schmaler Strandstreifen. Dahinter steigt das Ufer schnell bis zu einer Höhe von 55 m an. Die Bucht ist von einem wunderbaren Laub-/Nadelwald eingefaßt, der zum ausgedehnten Waldgebiet von Hobro Skov gehört.

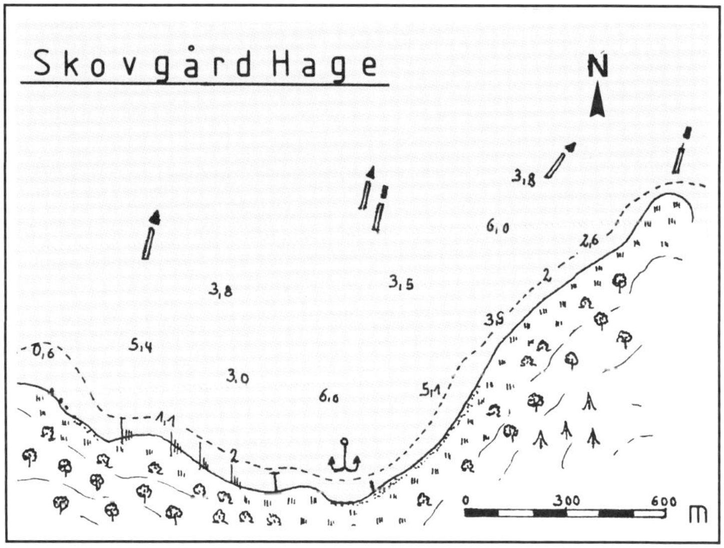

Ansteuerung

Man zweigt vom Fahrwasser direkt zum Ankerplatz ab.

> **Achtung**
>
> Im Ostteil der Bucht liegt zeitweilig dicht vor dem Ufer ein Fischernetz.

Versorgungsmöglichkeiten

Keine

Nächster Hafen

Hobro (ca. 1,5 sm)

Freizeittips

— *Ein Fußweg führt entlang des Ufers bis nach Hobro (ca. 3 km).*

„Bäume erzählen ihren Lebenslauf"
Die Jahresringe eines gefällten Baumes erzählen dem geübten Betrachter eine lange Geschichte über sein Alter, die schlechten und guten Wachstumsjahre und die Pflege, die er an seinem Standort durch die Menschen genossen hat.
Jeder Ring im Baumstamm bedeutet, daß er ein Jahr älter geworden ist. Damit man sich nicht verzählt, könnte man nach jedem 10. Ring ein Zeichen aufs Holz machen.
Beim genauen Hinsehen stellt man fest, daß der Abstand zwischen den Ringen nicht immer gleich ist. Dadurch erzählt uns der Baum, wie gut oder schlecht es ihm in seinem Leben ergangen ist.
Dichte Jahresringe bedeuten schlechte Jahre, weite Jahresringe gute Jahre.
Ferner kann man ablesen, wie häufig der Wald um den Baum gelichtet wurde. Denke einmal darüber nach, was das für einen Baum bedeutet und schon wirst Du verstehen, was der Baumstamm Dir erzählt.

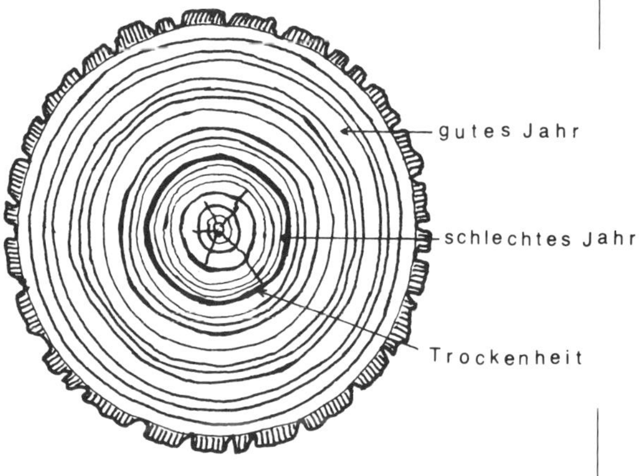

Scheibe eines Baumstammes

Korsholm

POSITION: 56° 58,3′ N - 10° 19,3′ E
SEEKARTEN: D 80; DK 106, 112

Allgemeine Beschreibung

Der Ankerplatz hinter der Sandbank Korsholm erinnert stark an die Wattengebiete der Nordsee. Das Vejdyb hat hinter den beiden Inselchen Korsholm und Hals Sogn einen herrlichen Naturhafen geschaffen. Geschützt durch die ausgedehnten Sände liegt man sicher vor den Seen des Kattegats.
Dieser wohl in seiner Art in Dänemark einmalige Ankerplatz wäre einen Gedanken wert, wenn man im oft überfüllten Hafen von Hals nach einem Liegeplatz Ausschau hält.

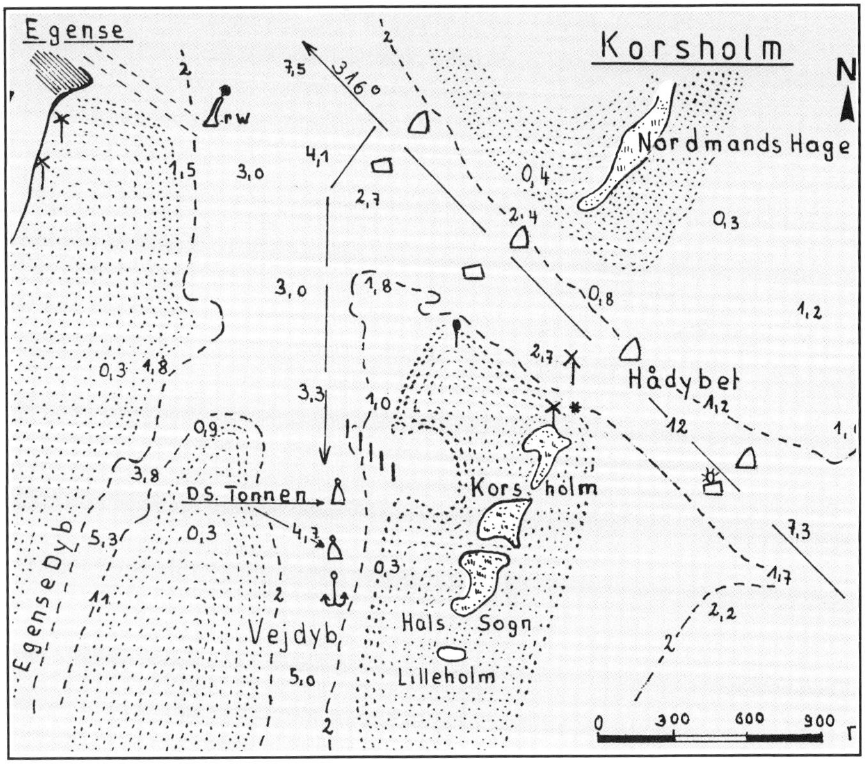

Nächster Hafen

Egense (0,9 sm); Hals 1,4 sm

Ansteuerung

Von See kommend steuert man den gut sichtbaren Leuchtturm Hals Barre an. Von dort führt eine tiefe, gut betonnte Baggerrinne über die Barre nach Hals. Bis zum Leuchtfeuer auf Korsholm beträgt der Kurs rw. 294,5°. Bei dem rot-grünen Tonnenpaar vor dem Leuchtfeuer ändert sich der Kurs auf rw. 316°. Das Feuer bleibt an Backbord. Der Kurs wird bis zum übernächsten Tonnenpaar beibehalten. Nach dem Passieren ändert man in einem Bogen den Kurs auf rw. 180°. Die rot-weiße Ansteuerungstonne von Egense bleibt ca. 0,2 sm an Steuerbord. Voraus kann man jetzt in ca. 0,5 sm Entfernung die gelben Ankerbojen der Dansk Sejlunion ausmachen.

Achtung

— Die Baggerrinne, die über die Hals Barre führt, muß unbedingt eingehalten werden.
— Besonders im Frühjahr und Herbst kann plötzlich Seenebel auftreten, der die Sicht in einigen Minuten auf wenige Meter herabgesetzt. Ohne technische Navigationshilfen sollte man knapp neben der Rinne ankern und warten.
— Im Vejdyb können einzelne Fischerflaggen ausliegen.

Ankerplatz

Entweder bedient man sich der Festmacherbojen der Dansk Sejlunion oder ankert dicht an der 2-m-Linie. Grund besteht aus festem Sand. Die umliegenden Sände lassen keinen nennenswerten Seegang aufkommen. Bei Starkwind sollte man den Platz verlassen.

Versorgungs möglichkeiten

Keine

Freizeittips

Korsholm ist ein „Traumplatz" für Naturfreaks

Læsø

SEEKARTEN: D 25; DK 101

Allgemeine Beschreibung

Læsø ist die größte und nördlichste Insel im Kattegat. Sie liegt ca. 11 sm vom Festland entfernt. Die Insel ist im allgemeinen niedrig. Die Dünenkette Højsande, die höchste Erhebung, beträgt nur 24 m. Vom Deck einer Segelyacht ist Læsø zum Teil erst dann auszumachen, wenn man sich bereits im Bereich der zahlreichen vorgelagerten Sände und Untiefen befindet. Nicht umsonst wird sie im Seehandbuch als „große Behinderung für die Schiffahrt" bezeichnet. Der Kobber Grund im Süden erstreckt sich ca. 8 sm ins Kattegat hinein. Gut sichtbar sind die Kirchtürme von Byrum und Vesterø und der hohe Sendemast bei Østergaard.

Mit Seetang gedecktes Bauernhaus auf Læsø

Læsø ist eine Bauerninsel mit einer ausgeprägten Dünenlandschaft an der Nordküste. Herrliche Sandstrände erstrecken sich von Holtemmen bis Syrodde. Die Südseite ist niedrig und mit Gras, Heide und einigen größeren Sumpfflächen bedeckt. Zahlreiche alte Höfe, traditionell aus Lehm und Treibholz gebaut und mit einem mächtigen Tangdach versehen, stehen noch heute in der ursprünglichen Landschaft.

Um Læsø gibt es mehrere gute Ankerplätze, die je nach Windrichtung aufgesucht werden können. Von Norden nach Süden:

1. **Ankerplatz zwischen Rønne Rev und Holtemmen**
2. **Jegens Bugt**
3. **Zwischen Knobgrund und Flyndergrund**
4. **In der Rinne Låen.**

Ansteuerung

I. Læsø Nordküste

Die beiden Ankerplätze im Norden von Læsø sind ohne nautische Schwierigkeiten anzusteuern.

1. Von der Nord-Untiefentonne Nordre Rønner läuft man mit Kurs rw. 162° bis dicht unter das Ufer von **Holtemmen.** Die hohe Dünenkette Højsande bietet eine gute Ansteuerungshilfe.
   Von Holtemmen segelt man im Abstand von ca. 0,3 sm ostwärts an der Dünenküste von Læsø entlang und gelangt so sicher in die **Jegens Bugt.** Vorsicht ist vor der Untiefe Phønix Grund (1,8 m) geboten. Die flache Stelle liegt 0,8 sm vom Ufer entfernt.
2. Vom Hafen Østerby segelt man dicht unter der Küste (Abstand ca. 0,3 sm) westwärts und gelangt so zu den beiden nördlichen Ankerbuchten.

II. Læsø Südostküste

Die Ankerplätze im Osten bzw. Südosten von Læsø sollten nur bei guter Sicht und beständiger Schönwetterlage angelaufen werden. Trotzdem ist große Umsicht sowohl beim Ansteuern als auch beim Verlassen der Plätze erforderlich. Landmarken als Ansteuerungshilfe stehen — außer dem Kirchturm von Byrum und dem Sendemast — nicht zur Verfügung.

3. Den **Ankerplatz zwischen Knobgrund und Flyndergrund** laufen Sie am besten von der Ost-Untiefentonne Sten Knuder mit Kurs rw. 239° an. Der Kirchturm von Byrum bleibt ca. 45° an Steuerbord. Das Echolot sollte genau beobachtet werden und nicht unter 2,50 m Wassertiefe anzeigen. Von der Tonne bis zum Ankerplatz sind es ca. 3 sm.

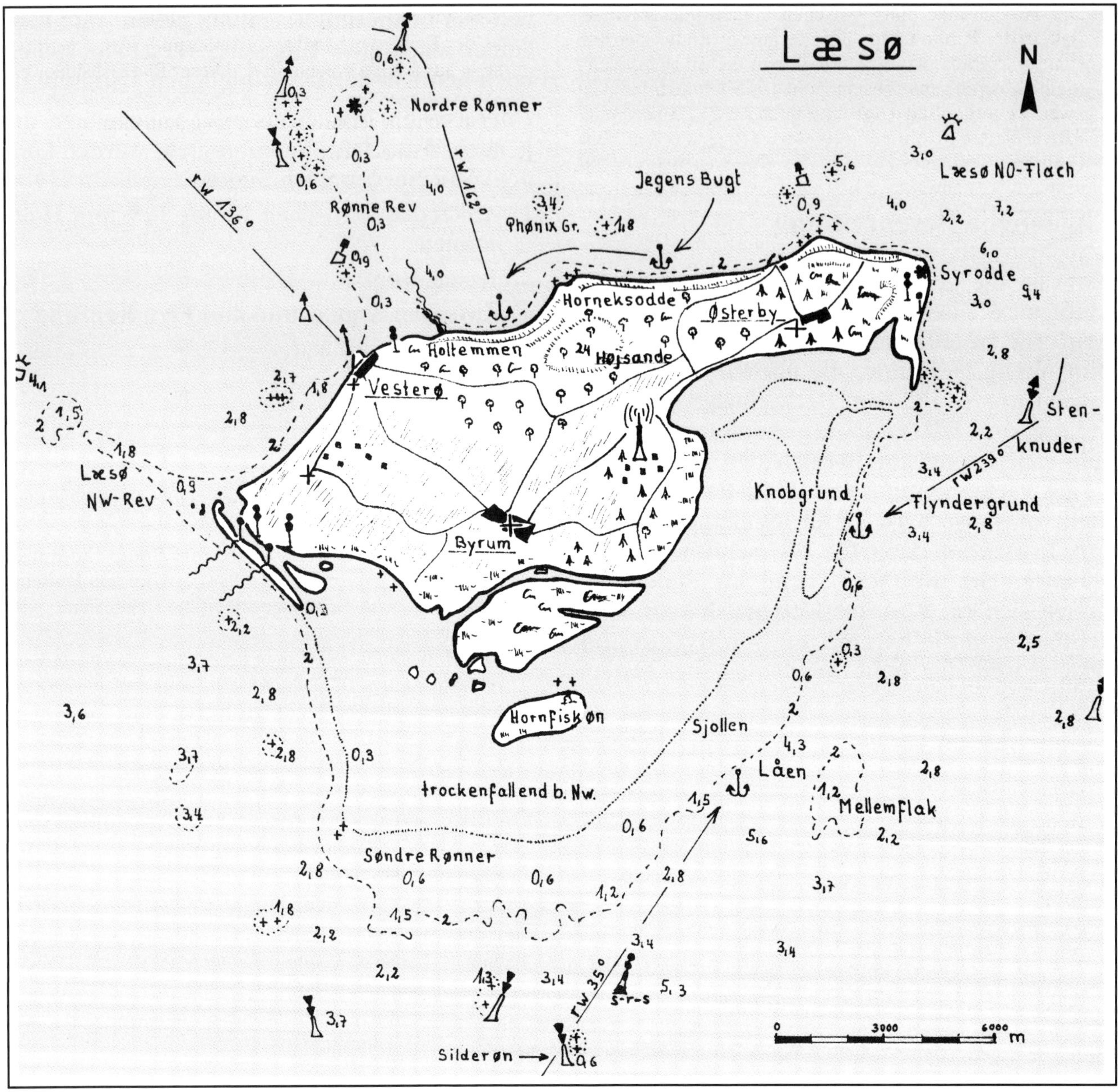

Læsø
N
Nordre Rønner
Rønne Rev
Phønix Gr.
Jegens Bugt
Læsø NO-Flach
Syrodde
Horneksodde
Østerby
Holtemmen
Højsande
Vesterø
Sten-
knuder
Læsø
NW-Rev
Knobgrund
Flyndergrund
Byrum
Hornfiskøn
Sjollen
Låen
Mellemflak
trockenfallend b. Nw.
Søndre Rønner
Silderøn
rw 136°
rw 162°
rw 239°
rw 35°
0
3000
6000
m

4. Der zweite Ankerplatz zwischen Sjollen und Mellemflak, **in der Rinne Låen,** läßt sich gut von Südwesten ansteuern. Voraussetzung ist, daß man die Süd-Untiefentonne Silderøn genau ausgemacht hat. Sie kann leicht mit zwei weiteren Süd-Untiefentonnen, die 1,3 sm bzw. 3.8 sm weiter westlich liegen, verwechselt werden. Die Position ist eindeutig, wenn sie die 1,4 sm entfernte schwarz-rot-schwarze Tonne mit zwei Bällen als Topzeichen nordöstlich von Silderøn erkennen. Von Silderøn läuft man mit rw. 35° ca. 5 sm direkt zum Ankerplatz. Die beiden Tonnen bleiben etwas an Steuerbord. Das Echolot sollte ständig beobachtet werden und nicht weniger als 2,50 m Wassertiefe anzeigen.

Eine sichere Ausgangsposition ist in diesen schwierigen, untiefen Gewässern vor Læsø für alle nautischen Entscheidungen unbedingt notwendig!

Ankerplatz

1. **Zwischen Rønne Rev und Holtemmen**
   Dieser Ankerplatz ist sicher bei Winden aus Südost über Süd bis Südwest. Selbst bei mäßigen westlichen Winden liegt man hier noch verhältnismäßig ruhig, da das flache Rønne Rev mit seinen Sandbänken vor Holtemmen die von Westen anlaufende See bricht.
   Der Ankergrund besteht aus gut haltendem Sandgrund. Man kann etwa 200 m vor dem Ufer über 2 — 4 m Wasser ankern.
   Bei Holtemmen finden Sie einen der schönsten Badestrände Læsøs. Von dort ist es auch nicht weit bis zur höchsten Düne der Inseln, dem 24 m hohen Højsande.
2. **In der Jegens Bugt,**
   ca. 2,5 sm weiter östlich, liegt der nächste gute Ankerplatz. Das tiefe Wasser reicht bis dicht an die Küste heran.
   Man kann ca. 100 m vor dem Strand auf 4 — 6 m Wassertiefe ankern; gut haltender Sandgrund.
   Ein schöner Sandstrand und eine weite Dünenlandschaft bilden eine bezaubernde Kulisse. Bis zum Hafen Østerby sind es ca. 3 km Fußweg.

Die folgenden Ankerplätze an der Südostseite von Læsø sollten nur bei einer stabilen Schönwetterlage aufgesucht werden, obwohl sie kleineren Fischereifahrzeugen gelegentlich als Schutzplätze bei stürmischen Nordwestwinden dienen. Beide Ankerplätze liegen weit ab von Land. Mitten in dieser Weite zwischen Meer und trockenfallenden Sänden wird man zum Mittelpunkt seiner eigenen Welt. Die Ursprünglichkeit ist hautnah, für manchen vielleicht schon beängstigend.

3. **Der Ankerplatz zwischen Knobgrund und Flyndergrund** befindet sich an der Ostküste, ca. 3,7 sm südlich von Syrodde. Man liegt etwa auf 3 m Wassertiefe direkt an der Kante der Sandbank Knobgrund. Der Grund besteht aus feinem grauen Sand. Dieser Platz ist sicher bei Wind aus West bis Nord. Bei Winden aus Süd oder Ost kann sich ein gefährlicher Seegang aufbauen!
4. **In der Rinne Låen,**
   zwischen Mellemflak und Sjollen, liegt der nächste Ankerplatz; ca. 4,7 sm südöstlich von Låen.
   Man ankert auf ca. 3,5 m Wassertiefe. Er besteht aus feinem, dunklem Sand, mit vereinzeltem Tang.
   Die ausgedehnten Flachs verhindern, daß bei westlichen Winden die Seen um die Insel herum laufen. Das Mellemflak bietet sogar bei östlichen Winden etwas Schutz vor der anlaufenden See.

Versorgungsmöglichkeiten

In Vesterø bzw. Østerby

Nächster Hafen

Østerby (1,7 — 14 sm je nach Ankerplatz)

Freizeittips

— *Læsø bietet sehr schöne Badestrände mit feinem, weißem Sand.*

— *Von der höchsten Erhebung der Insel, Højsande, hat man einen weiten Blick über die Insel.*

— *Zwischen den Dünen von Syrodde verstecken sich kleine, alte Fischerhütten, die früher zur Fangzeit bewohnt wurden. Da der Weg nach Hause zu weit war, blieben die Fischer oft wochenlang hier draußen.*

— *In den Sumpfgebieten östlich von Højsande findet man die Rauschebeere, die äußerlich der Heidelbeere gleicht, jedoch im Innern bläßlich gelb ist und einen farblosen Saft enthält. Sie heißt Rauschebeere, da sie in großen Mengen roh genossen Rauschzustände oder Kopfschmerzen erzeugen kann. Roh ist sie schwach giftig. Sie eignet sich aber vorzüglich zur Herstellung von Kompott oder Saft.*

„Rauschetrunk der Wikinger“

Zutaten: *1/2 l Rauschbeerensaft, 1/2 l Wasser, Zucker nach Geschmack, 1 Zimtstange, ein paar Nelken (evtl. Rum, Aquavit o. ä.)*

Zubereitung: *Diese Mischung wird kurz aufgekocht. Danach einige Minuten ziehen lassen.*

Große Wikinger trinken den Saft „mit Schuß“, kleine ohne.

Kulturelles

Bis ins letzte Jahrhundert war Læsø baumlos, aus zwei Gründen:
Erstens wurden die Bäume im Mittelalter zur Salzgewinnung benötigt und zweitens waren sie hinderlich bei der Beobachtung von Schiffsstrandungen. Die Læsøer waren als Strandräuber berüchtigt. Nach einer stürmischen Nacht wurde am nächsten Morgen per Rundblick die Küste nach gestrandeten Schiffen abgesucht. Entdeckte man einen Unglücklichen, so wurde schnell eine Flagge gesetzt. Die gesamte männliche Bevölkerung fiel daraufhin über das gestrandete Schiff her.

Der Holzschnitt von Claus Magnus, 1555, zeigt ein Nordisches Küstenungeheuer, das als Verursacher von Schiffbrüchen galt. Solche Zeichnungen sind oft auf alten Seekarten zu finden.

Hirsholm

POSITION: 57° 29,2′ N - 10° 37,5′ E
SEEKARTEN: D 25; DK 101

N W O S

Allgemeine Beschreibung

Die Inselgruppe Hirsholmene, die sechzehn kleine Inseln umfaßt, steht unter Naturschutz und ist verbotenes Gebiet. Ankern und fischen sind untersagt. Nur der kleine Hafen von Hirsholm darf angelaufen werden.

Ansteuerung

Hirsholm ist ohne Schwierigkeiten anzulaufen.
Bei der Ansteuerung von Frederikshavn aus bleiben die kleinen Steininseln Deget und Hølpen gut an Backbord. Als Ansteuerunghilfe kann der gut sichtbare Leuchtturm von Hirsholm dienen. Beim Anlaufen des Hafens halte man sich dicht an die Nordmole, da am südlichen Molenkopf Versandungen auftreten können.

Ankerplatz

Es darf im Hafenbereich geankert werden, jedoch nicht in der Zufahrt zur Brücke, die in der Zeit vom 1. 4. bis 30. 9. durch rote Bojen gekennzeichnet ist. Der Ankergrund besteht aus Sand.

Achtung

Weite Teile des Hafens sind sehr flach!

Versorgungsmöglichkeiten

Wasser, WC, Telefon, Fähre nach Frederikshavn

Nächster Hafen

Frederikshavn (ca. 3 sm)

Freizeittips

Der Besuch dieses natürlichen Kleinods ist ein besonderes Erlebnis. Alles wird vom Leuchtfeuer aus Granit überragt, neben dem die wenigen Häuser des Dorfes wie Spielzeuge wirken. Rund um die Insel führt ein schmaler Fußweg, auf dem man in 15 Minuten das Eiland umrunden kann. Autos gibt es nicht. An warmen Sommertagen lädt der feine Sandstrand zum Faulenzen und Baden ein. Über allem liegt das vieltausendfache, nicht enden wollende rauhe Geschrei der Möwen, die hier in Kolonien brüten.
Am Wochenende kommen viele Besucher aus Frederikshavn mit dem Postboot herüber.

Limfjord

Limfjord

SEEKARTEN: D 80, 81; DK 105, 106, 108, 109

Der Limfjord bildet ein geschlossenes Wasserband von Thyborøn an der Nordsee bis Hals am Kattegat. Enge Sunde und schmale Baggerrinnen über weite Flachs verbinden die vielfältig gestalteten Wasserflächen miteinander. Dazwischen immer wieder kleine und große Inseln, die zum Landgang und Verweilen reizen. Besonders rund um die Insel Mors gibt es viele schöne, geschützte Ankerbuchten zu entdecken. Dagegen sind die Nissum Bredning und die Flachs zwischen Løgstør und Hals arm an guten Ankerplätzen.

Auch im Limfjord wird man sich der Verantwortung des Menschen für die Tier- und Pflanzenwelt immer stärker bewußt. So sind beliebte frühere Ankerplätze heute zu Wildreservaten erklärt worden, die unbedingt respektiert werden sollten (wie z. B. Store Rotholm in der Risgårde Bredning).

Von Thyborøn bis Hals sind es ohne Abstecher ca. 90 Seemeilen. Wer jedoch den Fjord nicht nur als bequeme Passage von Ost nach West oder umgekehrt benutzt, dessen Log kann nach einem ausgedehnten Törn leicht 200 Seemeilen anzeigen.

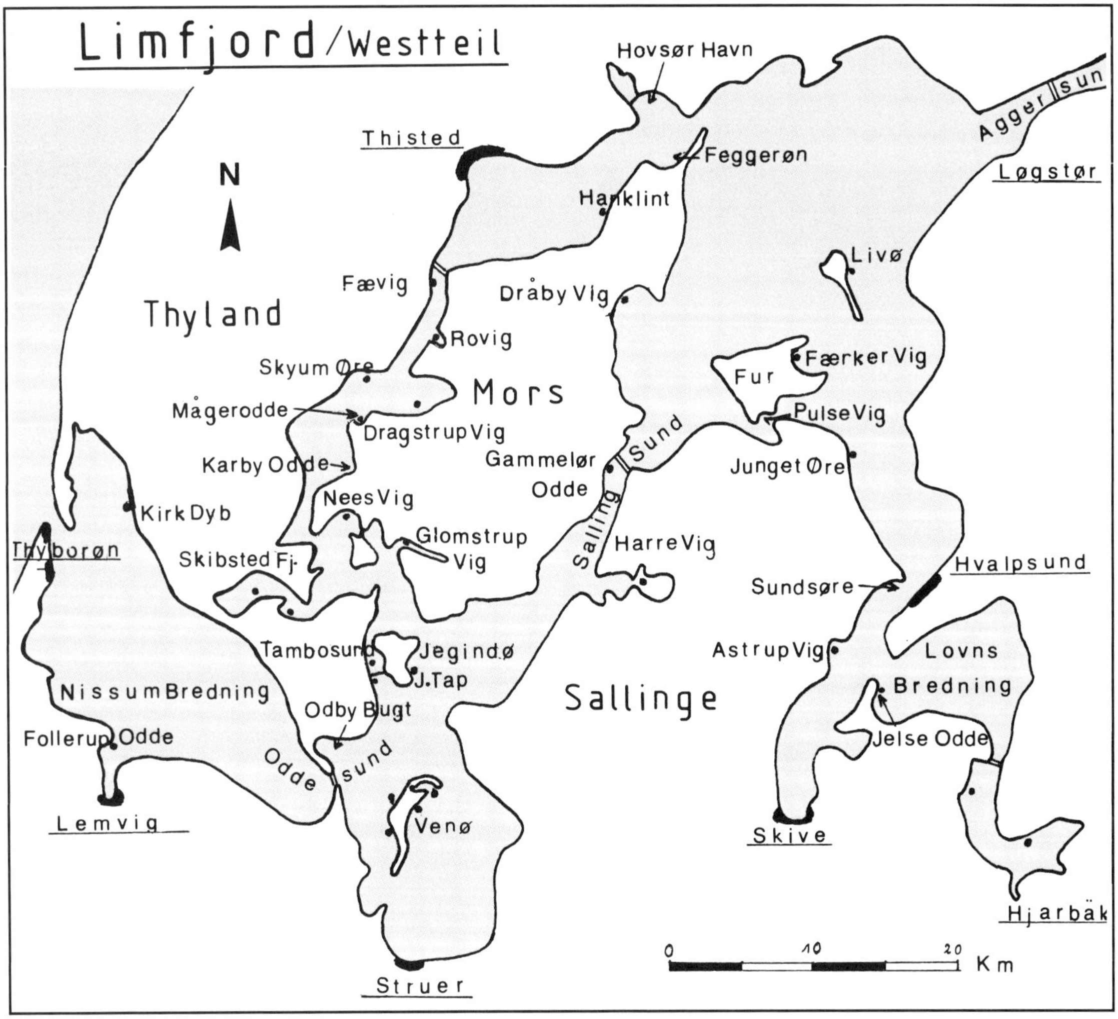

Fünf Klappbrücken und eine feste über den Sallinge Sund (Durchfahrtshöhe 26 m) kreuzen das Fahrwasser, und zwar:

Brücke	Betriebszeiten
Vilsundbrücke	von Sonnenaufgang bis 30 Min. nach Sonnenuntergang
Oddesundbrücke	0.00 — 24.00 Uhr Sperrzeit: 15. Min. vor Durchfahrt eines Zuges
Aggersundbrücke	von Sonnenaufgang bis 30 Min. nach Sonnenuntergang
Ålborg Eisenbahnbrücke	5.00 — 21.00 Uhr Sperrzeit: 15 Min. vor Durchfahrt eines Zuges
Ålborg Limfjord-Brücke	5.00 — 21.00 Uhr Sperrzeiten: Mo. — Fr. 6.40 — 7.10 Uhr 7.40 — 8.10 Uhr 8.40 — 9.10 Uhr 11.50 — 12.20 Uhr 12.40 — 13.10 Uhr 15.40 — 16.30 Uhr 16.50 — 17.30 Uhr Sa. 6.40 — 7.10 Uhr 7.40 — 8.10 Uhr 8.40 — 9.10 Uhr 11.20 — 12.30 Uhr So. 16.00 — 16.30 Uhr 17.00 — 17.30 Uhr 18.00 — 18.30 Uhr

Die Brücken öffnen auf folgendes Signal hin: Flagge „N“ oder Nationale im Want. Alle Brückenwärter sind auf UKW, Kanal 16 (Arbeitskanäle 12 und 13) crrcichbar.
Die Gezeitenströme und der Tidenhub sind im Limfjord normalerweise unbedeutend. Sie wechseln etwa alle sechs Stunden. Wasserstand und Strom hängen vielmehr von den Winden über der Nordsee und dem Kattegat ab. Bei Starkwind und Sturm aus Südwest bis Nordwest kann der Wasserstand bis zu 1,60 m über den mittleren Stand ansteigen, bei Winden aus Ost bis zu 1,50 m unter absinken. Dann können im Oddesund auch Stromgeschwindigkeiten bis zu 3 Kn/Std. auftreten.

Fahrwasser nordwestlich von Mors

Feggerøn

POSITION: 56° 58,6′ N - 08° 55,5′ E
SEEKARTEN: D 81; DK 109

Allgemeine Beschreibung

Die schmale, sichelförmige Landzunge Feggerøn liegt am nordöstlichen Eingang zum Feggesund. Noch vor gut zehn Jahren war die Huk eine Insel, die heute durch eine flache Sandbank mit Mors verbunden ist.
An der schmalsten Stelle des Sundes pendelt eine Fähre zwischen Thy und Mors. Hinter dem Fähranleger steigt das Ufer allmählich bis zum südlichen Feggeklint an.

Plan siehe nächste Seite

Ansteuerung

Sie erfolgt direkt vom Feggesund aus.
Aus nördlicher Richtung ist der Fähranleger eine gute Landmarke zum Ansteuern.

> Achtung
> In der Bucht stehen einzelne Fischerflaggen.

Ankerplatz

Da Feggerøn sehr niedrig ist, liegt man am geschütztesten etwas nordöstlich des Fähranlegers. Der Anker kann knapp 100 m vor dem Ufer fallen. Der Grund besteht aus Sand und Lehm.
In der Bucht liegt man gut bei Winden aus Ost bis Süd.

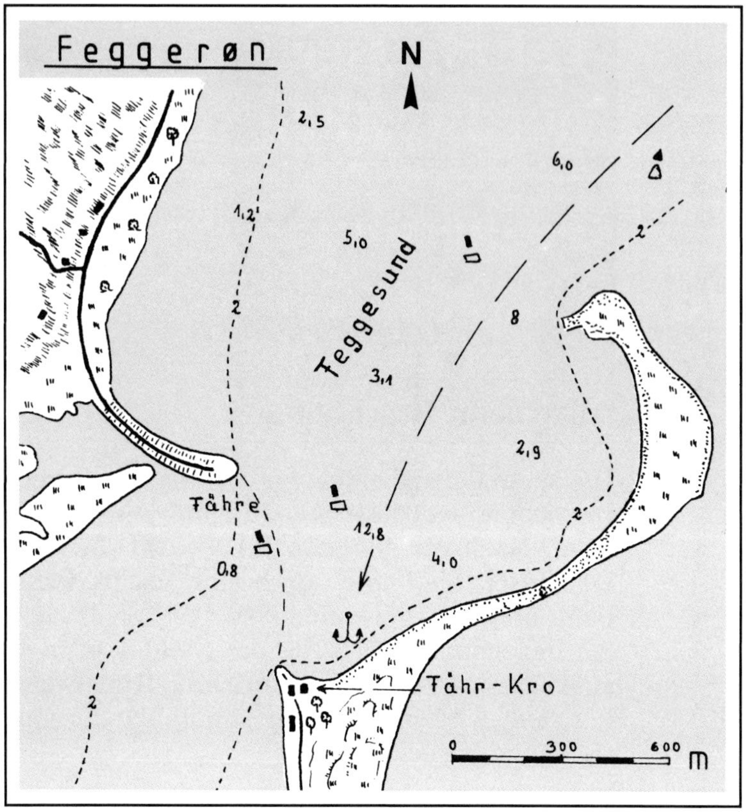

Kulturelles

Einen guten Kilometer südlich des Fähranlegers beginnt das Feggeklint, der Sage von Saxo Grammaticus nach der Schauplatz eines blutigen Familiendramas: Hier erschlug Prinz Hamlet seinen Onkel, König Fegge, aus Rache an dem Mord an seinem Vater. Fegge hatte seinen Bruder umgebracht, weil er ihm Erfolg, Gunst und Ehefrau neidete.
Zum Andenken an Hamlets Tat errichtete man im Feggeklint einen Gedenkstein, der folgende Inschrift trägt:

FEGGE HORVENDEL
HAMLET
KONG FEGGES GRAV
(König Fegges Grab)

Versorgungsmöglichkeiten

Restaurant (Færge Kro);
WC, Wasser und Telefon beim Restaurant.

Nächster Hafen

Amtoft (ca. 2 sm)

Freizeittips

- *Der Færge Kro soll ein gutes, bekanntes Restaurant sein.*
- *Spaziergang zum Feggeklint (König Fegge's Grab). Das Klint besteht aus hellem Moler, welcher reich an Fossilien ist.*

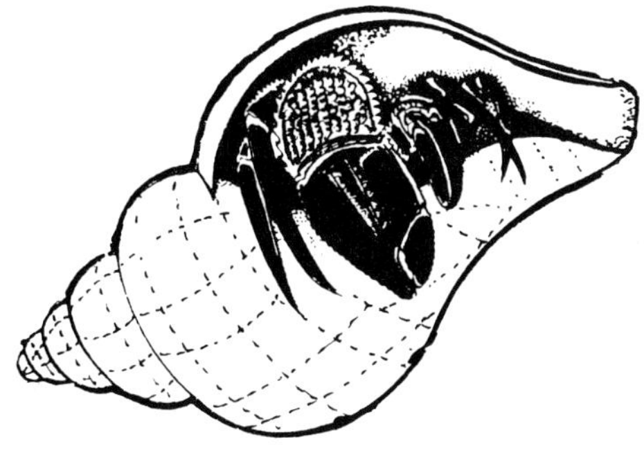

Die Südküste von Illum ist im Sommer ein beliebter Ankerplatz.

Hammerhavn an der Nordwestspitze von Bornholm ist nicht nur ein Hafen, sondern auch ein sehr geschützter Ankerplatz.

Selbst holländische Yachten trifft man in der kleinen Bucht von Torøhuse.

Borresknob ist bei dänischen Seglern sehr beliebt. Wer an einem solch bezaubernden Abend dort ankert, fühlt warum.

Oddesundbro — dahinter liegt fast schon die Nordsee.

Kreisrund und sehr geschützt ist die Knebel-Vig — eine sehr beliebte Ankerbucht am Fuße der Molsbjerge.

Abseits der Limfjordroute schläft der Hjarbæk Fjord seinen Dornröschenschlaf. Es lohnt sich, die „Prinzessin" zu wecken.

Zum Trocknen errichtete Stellnetz-Pfähle und Fischreusen zeugen vom Fischreichtum des Hjarbæk Fjords.

Nur selten wird der reizvolle Guldborg Sund von deutschen Yachten besucht.

Die Klappbrücke bei Hadsund im Mariager Fjord ist das „Tor zum Paradies".

Das „Posekær Stenhus" bei Knebel ist etwa 4000 Jahre alt.

Langsam versinkt die Sonne hinter dem Viemose Skov.

Tief im Süden des Isefjords, vor dem hohen Dragerup Skov, gibt es bezaubernde Ankerplätze.

Nach dem Passieren der schmalen Zufahrt kann man den Sommerabend in Torøhuse voll genießen.

Wasser und
Himmel —
kein Hauch —
keine Zeit.

Die Skanse Bugt
stand schon bei
den Wikingern
hoch im Kurs.

In Lee des Kongsøre Skov findet man nicht nur einen geschützten Ankerplatz, sondern auch einen schönen Badestrand.

50 Mio. Jahre alte Ablagerungen eines subtropischen Meeres bilden die Steilküste von Fur.

Steil abfallende Hänge — hier mit der Festung Hammerhus — prägen das Landschaftsbild der Westküste Bornholms.

Ungedeutet und doch berühmt sind die Fels-Zeichnungen auf dem Madsebakke, nur 1,5 km von der Aasand Bugt entfernt.

Nicht weit von Tejn öffnet sich die herrliche Badebucht von Sandkås.

Lyø By — liebevoll erhalten und gepflegt.

Der schmale Sund zwischen Christiansø und Frederiksø bildet im Nordteil hinter der Klappbrücke eine geschützte Reede.

Klares Wasser und ein breiter, feiner Sandstrand machen die Aasand Bugt zu einem Badeparadies.

Hovsør Havn

POSITION: 56° 59′ N - 08° 52′ N
SEEKARTEN: D 81; DK 109

Allgemeine Beschreibung

Hovsør Havn ist ein reizvoller Naturhafen an der Nordseite des Feggesundes. Die tiefe Bucht ist an drei Seiten von Land umgeben. Das hügelige Westufer ist Bauernland. Nördlich und östlich davon dehnt sich ein 6000 Hektar großes Sumpfgebiet aus, welches zum Teil Wildschutzgebiet ist.
Hovsør Havn wird seit alters her als Ankerplatz benutzt.

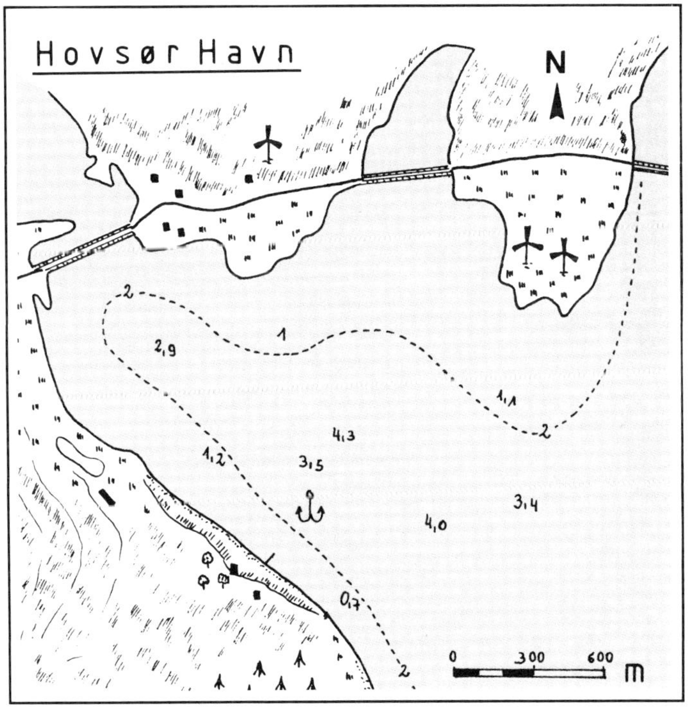

Ansteuerung

1. **Aus der Thisted Bredning kommend**
läuft man Hovsør Havn ab Nord-Untiefentonne Skarrehage mit Kurs Nord an.

2. **Aus dem Feggesund kommend**
steuert man ab grüner Tonne Sæbesholm Sand Kurs rw. 301°. Als Ansteuerungshilfe können die bewaldete Huk Knudsbjerg und die beiden westlich davon stehenden Windgeneratoren dienen.

Im Scheitel der Bucht steht hinter dem Damm zum Lønnerup Fjord der auffällig blaue Turm eines Silos.

Ankerplatz

Der beste Ankerplatz befindet sich vor dem Westufer am Ende des bewaldeten Steilufers. Man kann ca. 150 m vom Strand entfernt auf ca. 2,20 m über Sand / Schlick ankern. In der Bucht liegt man bei allen Winden, außer bei Ost bis Südost, geschützt.

Versorgungsmöglichkeiten

Keine

Nächster Hafen

Thisted (ca. 7 sm); Amtoft (ca. 6 sm)

Freizeittips

Gut geeignet zum Baden, Surfen und Optisegeln.

Kulturelles

Die Ufer des westlichen Limfjords sind Rudimente eines Kreidezeitmeeres, die seit der Steinzeit besiedelt sind. Die damaligen Menschen brauchten für ihre Werkzeuge und Waffen frischen Feuerstein. Diesen fand man nicht an der Erdoberfläche, sondern in der Tiefe der Kreideschichten. So entstanden im Limfjordgebiet professionell betriebene Bergwerke zum Abbau von Feuerstein. Sie bestanden aus Systemen von senkrechten Schächten mit waagerechten Querstollen, die zu den Flintschichten im Kreideberg führten. Auf dem Hügel Sennel Ås, wo heute das Hov Kalkwerk steht, ist ein alter Stollen erhalten geblieben und kann besichtigt werden.

Hanklint

POSITION: 56° 53,98′ N - 08° 46,4′ N
SEEKARTEN: D 81; DK 109

Allgemeine Beschreibung

Wuchtig erhebt sich das lehmig gelbe Hanklint aus dem Limfjord zur beachtlichen Höhe von 61 m empor. Die grünen, grasbedeckten Abhänge wirken unter einem wolkenverhangenen Himmel dunkel und gewaltig. Kein feiner, zarter Sandstrand, sondern grober Kies und Steine säumen die Steilküste. — Ein beeindruckender Ankerplatz.

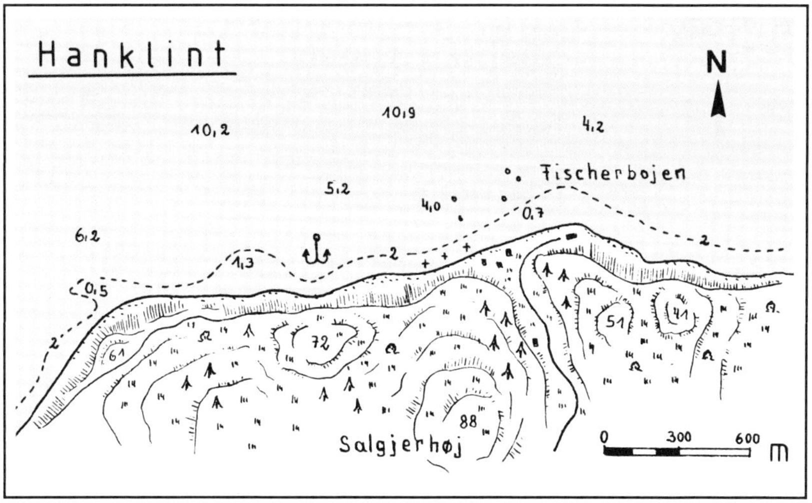

Ankerplatz

Es kann vor der gesamten Klintküste geankert werden. Die 2-m-Linie verläuft zwischen 100 — 200 m vom Ufer entfernt. Der Grund besteht überwiegend aus Lehm. In Lee des Klints liegt man ruhig bei Winden aus Südost bis Südwest.

> **Achtung**
> Der Grund fällt vor dem Klint z. T. rasch von 2 m auf über 6 m ab.

Versorgungsmöglichkeiten

Keine

Nächster Hafen

Thisted (ca. 4 sm)

Freizeittips

- *Der Moler, aus dem das Hanklint besteht, ist reich an Fossilien. Mit ein wenig Glück kann man Abbildungen von Tieren, Insekten oder Pflanzen finden.*
- *Vom Hanklint aus ist es nicht weit bis zur Salgjerhøj, der mit 89 m höchsten Erhebung von Mors. Ein herrlicher Überblick über die Insel Mors und Teile des westlichen Limfjords belohnen den Aufstieg.*
- *In der Thisted Bredning kann man noch den gefleckten Seehund zu Gesicht bekommen.*

Ansteuerung

Hanklint kann direkt von der Thisted Bredning aus angelaufen werden.

> **Achtung**
> Vor dem Ufer einzelne Fischerflaggen.

Kulturelles

Schaut man vom Strand an dem Hanklint empor, so sind viele schwarze und graue Streifen in der Molererde zu erkennen. Man nimmt an, daß es Ascheablagerungen von Vulkanausbrüchen eines mächtigen prähistorischen Vulkans vor Südnorwegens Küste sind. Jede Schicht entspricht einer Eruption (insgesamt 179).

Hanklint

Fævig

POSITION: 56° 51,98′ N - 08° 37,91′ E
SEEKARTEN: D 81; DK 108

Allgemeine Beschreibung

Die Fævig liegt eine knappe Seemeile südlich der Vilsund Brücke. Landschaftlich reizvoll ist der Südteil der Bucht. Der schmale Strand erhebt sich zu hügeligen, von Baumreihen eingefaßten Feldern; dazwischen verstreut Gehöfte. Auf der sandigen, grasbewachsenen Huk steht ein auffälliger einzelner Baum. Der geringe Verkehr auf der Uferstraße stört wenig, wenn man vor dem Südufer ankert.

Ansteuerung

Direkt vom Vilsund aus.

Ankerplatz

Man ankert sehr hübsch vor dem Südwestufer in Höhe des kleinen Wäldchens. Hier beträgt die Wassertiefe 100 m von Land entfernt noch ca. 4 m. Der Grund besteht aus Schlick mit Seegras. In der Fævig liegt man geschützt bei Winden aus Süd bis Nordwest.

Achtung

Dicht vor dem Ufer Fischerpfähle und einzelne Fischerbojen.

Versorgungsmöglichkeiten

Keine.

Nächster Hafen

Vilsund (1 sm)

Freizeittips

- *Kurz vor Vilsund liegt der Vilsund Dyrepark, ein zoologischer Garten, u.a. mit Affengehege und Bärengrotte.*
- *Ca. 3 km südlich der Fævig erheben sich die bis zu 47 m hohen Skyum Bjerge, ein hügeliges, mit Heide, Wacholder und Kiefern bewachsenes Gebiet.*
  Von hier aus hat man einen guten Ausblick auf den Vilsund mit seinen angrenzenden Buchten und die Insel Mors.
  Seit 1984 grast in diesem Gebiet eine Herde gotländischer Wollschafe. Sie sollen das ursprüngliche Gepräge der Skyum Bjerge bewahren helfen. Sie sind handzahm und sehr bettelhaft, besonders der Widder Alfred.

Kulturelles

Dort, wo heute die Vilsundbrücke steht, befand sich früher eine Fährstelle. Mit Ruderbooten wurden die Reisenden von der einen zur anderen Seite übergesetzt.

Aus dem Skizzenbuch Martinus Rørbye (1830)

Rovvig

POSITION: 56° 50,1′ N - 08° 38,36′ E
SEEKARTEN: D 81; DK 108

Allgemeine Beschreibung

Die Rovvig ist eine sehr schöne Bucht an der Ostseite des Vilsundes; begrenzt durch die Huken Skallerup Hage im Norden und Flejskaer Hage im Süden. Hinter einem schmalen, überwiegend kieseligen Strandstreifen geht das Ufer in ein hügeliges Gelände mit Feldern und einzelnen Gehöften über. Südlich Flejskær Hage stehen vier auffällige Windgeneratoren.

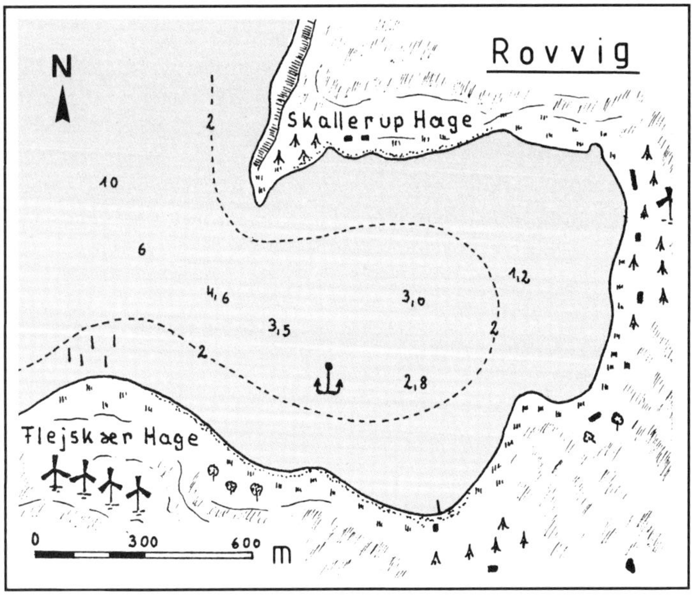

Ansteuerung

Beim Einlaufen vom Vilsund aus halte man sich etwa in der Mitte der Bucht. So bleibt man frei von dem nördlichen und südlichen Flach. Der Windgenerator im Scheitel der Bucht ist eine brauchbare Ansteuerungshilfe.

Achtung

Einzelne Fischerflaggen vor Skallerup Hage und Flejskær Hage; vor der Südhuk Fischerpfähle.

Ankerplatz

Am besten liegt das Boot etwa in der Mitte der Bucht vor dem südlichen Ufer. Die Wassertiefe beträgt dort ca. 3 m über Schlickgrund. Außer bei westlichen Winden findet man stets einen ruhigen Ankerplatz.

Versorgungsmöglichkeiten

Keine

Nächster Hafen

Vilsund (gut 2 sm)

Freizeittips

Gut geeignet zum Surfen und Optisegeln.

Kulturelles

In einer alten Sage wird erzählt, wie die Insel Mors entstanden ist:
Als Gott daran dachte, Jütland zu erschaffen, entschloß er sich, zuvor ein Modell anzufertigen. Dies geriet so schön, daß er es nicht wegwerfen mochte. Statt dessen legte er es vorsichtig in den westlichen Teil des Limfjords, wo es heute als Insel Mors zu sehen ist.

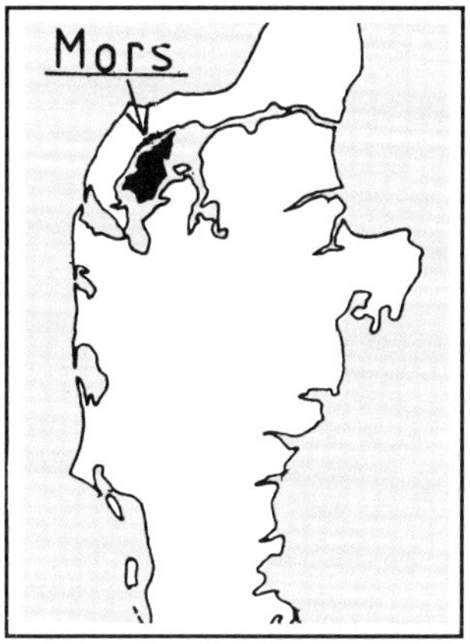

Jütland

Dragstrup Vig

POSITION: 56° 48,92′ N - 08° 39,6′ E
SEEKARTEN: D 81; DK 108

Allgemeine Beschreibung

Die Dragstrup Vig ist eine weite Bucht am südlichen Ende des Vilsundes. Ein breiter Sandstrand zieht sich am Nordufer entlang. Kleine Gehölze, Wiesen, Felder und Heideflächen bestimmen das hügelige Landschaftsbild. Etwas vom südlichen Ufer entfernt liegt der kleine Ort Tæbring.

Ankerplatz

Der schönste Ankerplatz befindet sich im Scheitel der Bucht bei dem kleinen Wäldchen. Dort liegt die versteckte Zufahrt zum nördlich gelegenen See. Man ankert 80 — 100 m von Land entfernt auf 2,50 m Wassertiefe über Sandgrund. Je nach Ankerplatz liegt man in der Dragstrup Vig geschützt bei allen Winden außer bei West.

Versorgungsmöglichkeiten

Kaufmann beim Campingplatz von Dragstrup

Nächster Hafen

Vilsund (ca. 6,5 sm)

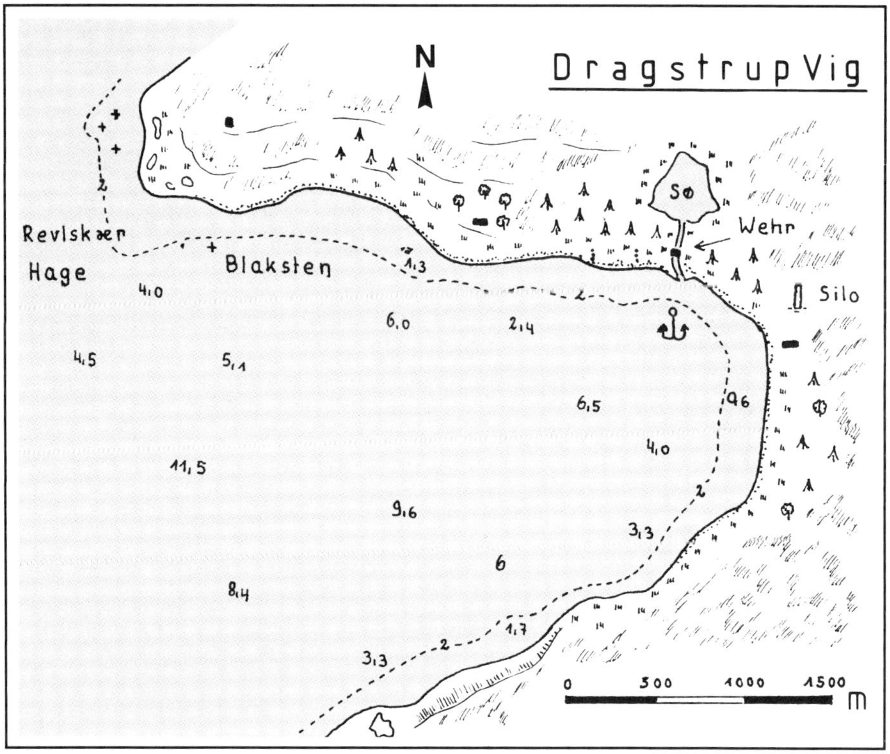

Freizeittips

Nördlich der Dragstrup Vig versteckt sich ein idyllischer kleiner See zwischen den hügeligen Feldern. Nur eine schmale Zufahrt verbindet ihn mit der Dragstrup Vig. Diese Passage zu finden und den See mit dem Beiboot zu erkunden, ist ein herrlicher Entdeckerspaß.

Ansteuerung

Man halte sich gut von der Untiefe Revlskar Hage vor der nördlichen Huk und dem Blaksten frei. Der graue Silo im Scheitel der Bucht ist eine gute Ansteuerungshilfe.

Skyum Øre

POSITION: 56° 48,69′ N - 08° 33,5′ E
SEEKARTEN: D 81; DK 108

N W O S

Allgemeine Beschreibung

Westlich der Dragstrup Vig erstreckt sich eine große Bucht, die von den Landzungen Skyum Øre und Gudnæs Hage begrenzt wird. Der Blick verliert sich in der Weite der Felder und Wiesen; eingestreut ein paar Bauernhöfe und eine kleine Fabrik im Nordosten. Etwas verloren auf der großen Wasserfläche liegt eine gelbe Ankerboje der Dansk Sejlunion.

Ansteuerung

1. **Von der roten Tonne Skyum Øre**
   segelt man westwärts in die Bucht.
   Das Gehöft mit dem auffälligen roten Dach ist eine gute Ansteuerungsmarke.
2. **Von Süden kommend**
   hält man von der roten Tonne vor Gudnæs Hage mit nordöstlichem Kurs auf die Ankerboje zu. Als Ansteuerungshilfe kann die Fabrik im Nordostteil der Bucht dienen.

Ankerplatz

Die Ankerboje schwimmt über einer Wassertiefe von ca. 6,50 m.
Windschutz gibt es kaum.
Die Position der Boje kann sich von Jahr zu Jahr ein wenig verändern, da sie im Frühjahr neu ausgelegt wird.

Versorgungsmöglichkeiten

Keine

Nächster Hafen

Doverodde (knapp 6 sm)

Mågerodde

POSITION: 56° 47,42′ N - 08° 33,61′ E
SEEKARTEN: D 81; DK 108

N W O S

Allgemeine Beschreibung

Mågerodde ist eine kleine, halbkreisförmige Bucht zwischen der Dragstrup Vig und Visby Bredning an der Westseite von Mors. Ein Sandstrand umzieht das Ufer. Das Hinterland ist typisch dänisches Bauernland mit Wiesen, Feldern und kleinen Gehölzen in abwechselnder Reihenfolge. Auffällig sind der hohe Windgenerator am Ostufer der Bucht und ein großer Bauernhof, etwa im Scheitel gelegen.

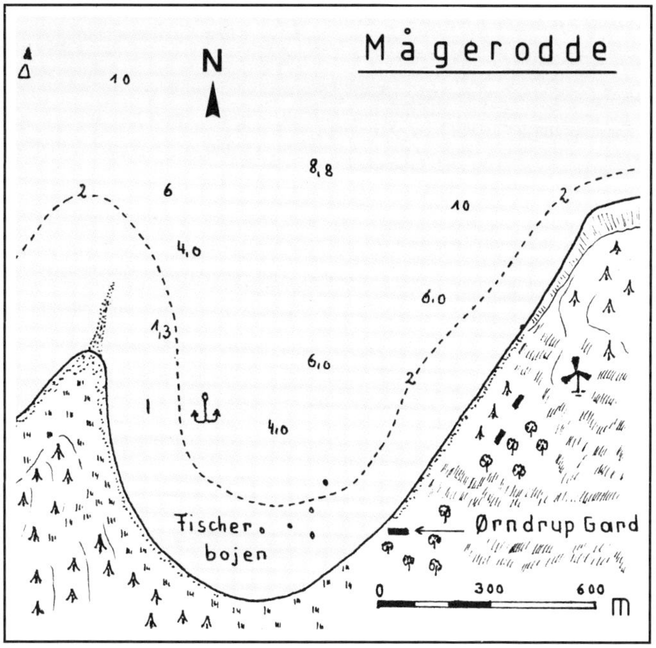

Ansteuerung

Sie ist unproblematisch und erfolgt direkt vom betonnten Fahrwasser aus.
Die Bucht ist frei von Untiefen.

Ankerplatz

Am besten ankert man hinter der lang auslaufenden, sandigen Huk, die die Westseite der Bucht begrenzt. Die Wassertiefe beträgt ca. 150 m vom Ufer entfernt 3,00 — 3,50 m. Der Ankergrund besteht aus gut haltendem, feinem, grauem Sand. Man liegt dort gut in Lee bei Winden aus Ost über Süd bis West.

Versorgungsmöglichkeiten

Keine

Nächster Hafen

Doverodde (6 sm)

Freizeittips

Kinderfreundliche Bucht.
Schöner feiner Sandstrand mit breiter Flachwasserzone zum Baden; auch für kleine Kinder gut geeignet.

Spaß bringt das folgende Spiel:

„Der schwindende Berg"

Mitspieler:	*Beliebig.*
Material:	*1 kleiner Stock.*
Spielregeln:	*Am Strand wird ein kleiner Sandberg errichtet. In die Kuppe wird ein Holzstöckchen gesteckt und nun geht's los:* *Einer nach dem anderen muß etwas Sand von dem Berg wegnehmen. Das Stöckchen soll möglichst lange stehenbleiben. Verloren hat derjenige, bei dem es umfällt. Als Trost darf er einen neuen Sandberg errichten.*

Karby Odde

POSITION: 56° 45,5' N - 08° 32,8' E
SEEKARTEN: D 81; DK 108

Allgemeine Beschreibung

Karby Odde liegt an der Ostseite der Visby Bredning. Bei südlichen Winden findet man dort einen guten Ankerplatz. Das Nordost-Ufer ist flach mit einem schönen, breiten Strand. Dahinter verbergen sich einige kleine Strandseen zwischen den Uferweiden. Einzelne Gehöfte bilden farbige Punkte in der Landschaft. Besonders auffällig sind die zehn Windgeneratoren südlich von Karby.

Ansteuerung

Direkt von der Visby Bredning aus.

Ankerplatz

Man ankert in der Bucht Karby Odde gut bei Winden aus Ost bis Süd knapp 200 m von Land entfernt. Der Ankergrund besteht aus mittelfeinem Sand mit einzelnen Steinen.

Versorgungsmöglichkeiten

Kaufmann in Karby

Nächster Hafen

Doverodde (3,5 sm)

Nees Vig

POSITION: 56° 44,02′ N - 08° 30,41′ E
SEEKARTEN: D 81; DK 108

Allgemeine Beschreibung

Die dreieckige Nees Vig südlich des Nees Sundes wird von der Halbinsel Nees im Norden und der Insel Agerø im Süden begrenzt. Nur die 12 m hohe Huk Nees Øre erhebt sich ein wenig aus dem flachen Landschaftsbild. Um so auffäliger sind die vielen Windgeneratoren am Ostufer der Bucht. Zur Rapsblüte vereinen sich das Blau des Wasser und des Himmels, das Gelb der Felder und das Weiß der Bauernhäuser zu einer bezaubernden Farbkomposition.

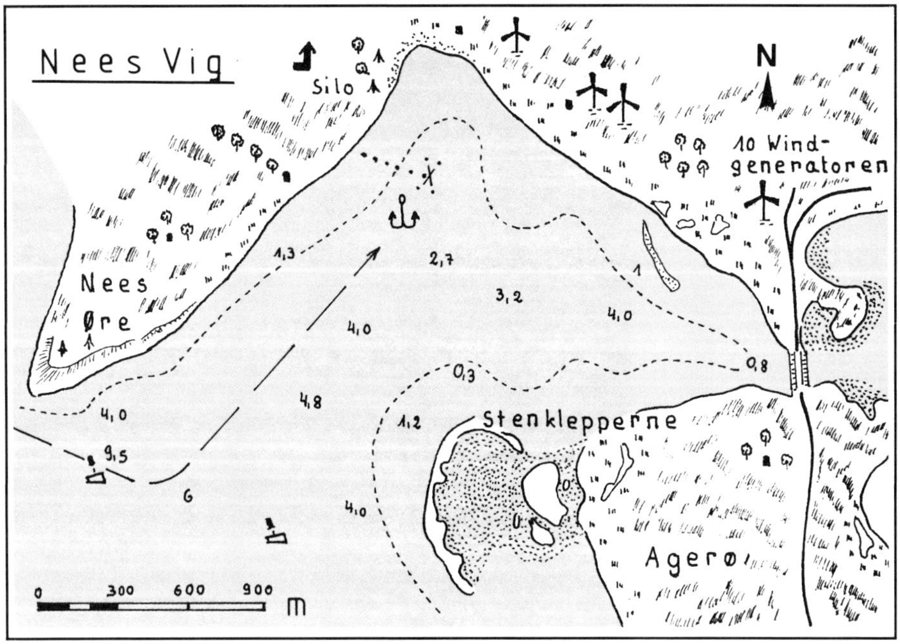

Ansteuerung

Die Nees Vig ist problemlos von der roten Tonne vor Nees Øre anzulaufen. Man halte sich gut frei von dem niedrigen, grasbewachsenen Inselchen Stenklepperne westlich von Agerø.

Achtung

Im nordwestlichen Scheitel der Bucht steht ein Stellnetz.

Ankerplatz

Am besten ankert man vor dem Strand im nordwestlichen Teil der Bucht. Der Ankergrund besteht aus Schlick. Dort liegt man ruhig bei West bis Nordost.

Versorgungsmöglichkeiten

Keine

Nächster Hafen

Doverodde (ca. 2,5 sm)

Freizeittips

„Blätter raten"
Mitspieler: Beliebig
Material: 1 Plastikbeutel
Spielregel: Die Mitspieler sammeln jeweils 10 einzelne Blätter von verschiedenen Pflanzen, die sie gut kennen.
An einem vereinbarten Treffpunkt (an Bord oder an Land) werden diese nach Pflanzenarten sortiert (z. B. Löwenzahn, Sauerampfer, Raps usw.)
Nun geht's los:
Ein Mitspieler sucht sich insgeheim ein Blatt aus und beginnt es zu beschreiben (z. B.: „Mein Blatt ist herzförmig.") Alle anderen sollen herausfinden, welche Pflanze gemeint ist. Der „Pflanzenkenner" darf als nächster sein Blatt auswählen und beschreiben.

Eine Anregung, um Spaziergänge in der Natur für Kinder interessanter zu gestalten.

Glomstrup Vig

POSITION: 56° 42,1′ N - 08° 37,0′ E
SEEKARTEN: D 81; DK 108

Allgemeine Beschreibung

Die Glomstrup Vig ist eine schmale Bucht, die östlich von Agerø tief in die Insel Mors einschneidet. Die Uferweiden gehen landeinwärts allmählich in Felder über. Im Scheitel der Bucht liegt der kleine Ort Tissinghuse. Zu ihm gehört ein Anleger mit 2,25 m Wassertiefe, an dem einige Fischerboote vertäut liegen.
Die Glomstrup Vig ist ein kleiner, idyllischer Naturhafen weitab vom Segelbetrieb.

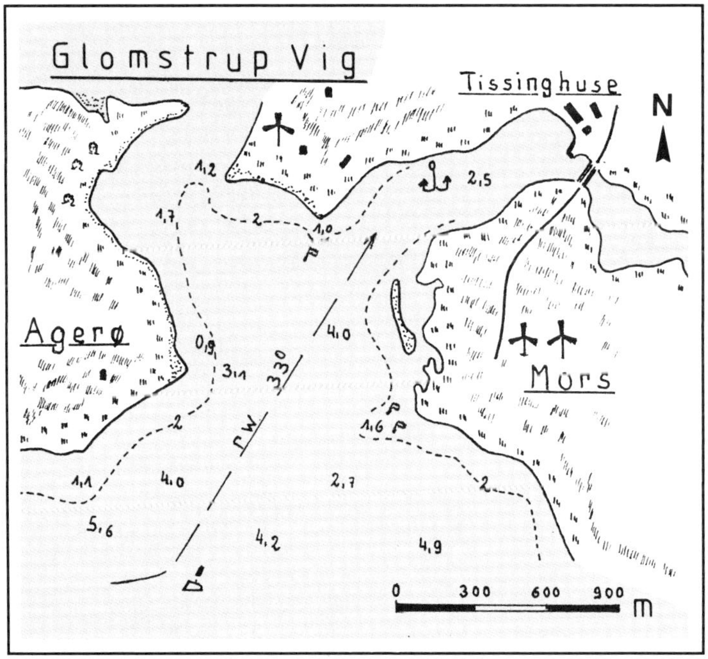

Ansteuerung

Von der roten Tonne vor Munkholm Odde steuert man mit Kurs rw. 33° in die Bucht. Der Windgenerator nördlich Ravns Odde bleibt an Backbord.

Achtung

Auf den Flachs vor den Huken stehen einige Fischerflaggen.

Ankerplatz

Man ankert in der Bucht auf 2,50 — 3,40 m Wassertiefe über Sand-/Schlickgrund.
Außer bei Südwest liegt man dort sehr geschützt.
Tip: Bei westlichen Winden verhole man sich vor das Ostufer von Agerø.
Der Sandstrand lädt zum Landgang ein.

Versorgungsmöglichkeiten

Wasser; Kaufmann in Redsted (ca. 3 km)

Nächster Hafen

Doverodde (ca. 6 sm); Jegindø (ca. 5 sm)

Freizeittips

In der Nähe, auf Ravns Odde, steht das Herrenhaus Glomstrup. In ihm ist ein kleines Heimatmuseum untergebracht, welches im Juli täglich von 10.00 — 17.00 Uhr geöffnet hat.

Kulturelles

Die Glomstrup Vig ist sehr fischreich. U.a. fängt man hier Aale. Der Aalfang hat im westlichen Limfjord Tradition. Meist geht man mit einem Aalspeer oder Aaleisen auf die Jagd. Die mehrzackigen, mit Widerhaken bewehrten Aaleisen gehören zu den ältesten uns bekannten Fischfanggeräten. Sie werden auch heute noch verwendet.

Aalfang im Limfjord

Skibsted Fjord

POSITION: 56° 41,2′ N - 08° 33,0′ E
SEEKARTEN: D 81; DK 108

Allgemeine Beschreibung

Der 6 sm lange Skibsted Fjord ist aufgrund seiner Wassertiefe und den ausgedehnten Flachs vor den Ufern nur bedingt besegelbar. Wer das Innere erkunden möchte, sollte sehr vorsichtig navigieren.

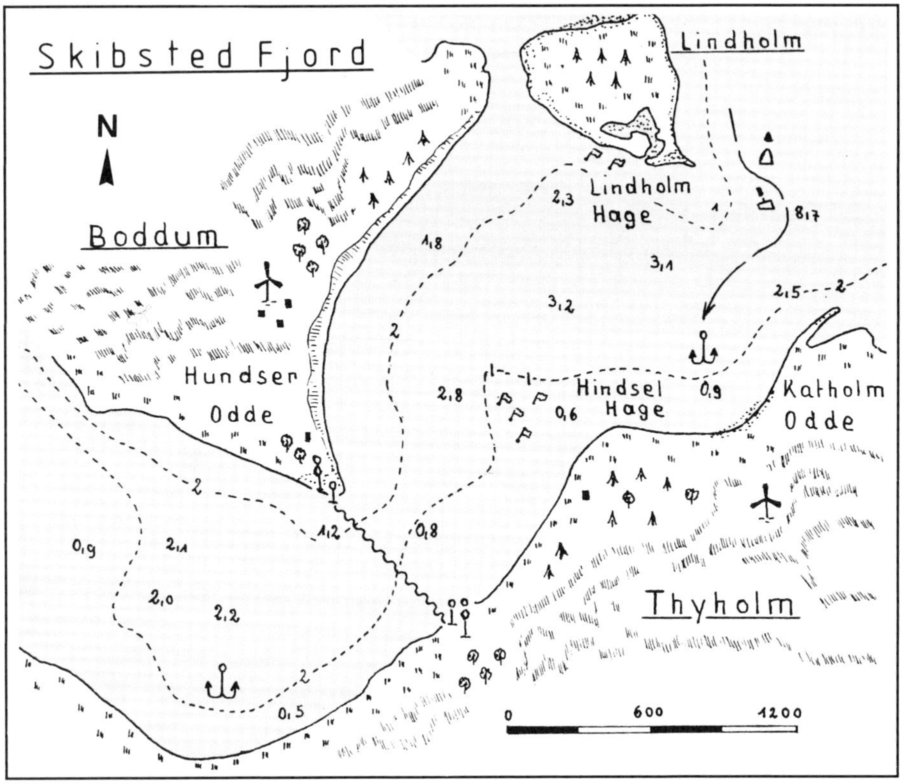

Ansteuerung

Unproblematisch ist es, den Ankerplatz westlich der flachen Landzunge Katholm Odde am Eingang des Skibsted Fjords anzulaufen.

Der Innenteil bleibt Spezialisten vorbehalten. Man segle zunächst etwa im Abstand von 400 m an der Ostküste von Boddum entlang. So wird das Flach Mindsel Hage, auf dem zwei Stöcke und etliche Fischerflaggen stehen, gut gerundet. Die Enge bei Hundser Odde ist gut an den Kabelbaken zu erkennen. Jetzt hilft nur ein gutes Augenmaß: die Mitte halten und mit Hilfe des Echolots hindurchtasten. Danach kann man tief durchatmen und sich einen Ankerplatz auswählen.

Achtung

Vorsicht bei der Ansteuerung des nicht ausgetonnten Skibsted Fjordes!

Ankerplatz

Westlich Katholm Odde findet man eine schöne Ankerbucht mit Strand und Uferweiden. Man ankert ca. 300 m von Land entfernt und liegt dort ruhig bei Südost bis Süd.

Tip: Bei westlichen Winden verholt man besser zur Ostküste von Boddum.

Versorgungsmöglichkeiten

Keine

Nächster Hafen

Tissinghuse (ca. 3 sm), Doverodde (ca. 4 sm)

Freizeittips

Beim Landgang ist zu beachten, daß die Huk Katholm Odde Vogelschutzgebiet ist und in der Zeit vom 1. 4. — 30 .6. nicht betreten werden darf.

Kulturelles

Früher war Boddum eine Insel, die durch Verlandung allmählich mit Thy zusammenwuchs. Das Gebiet war nur dünn besiedelt. Heute steht das Nordufer des Skibsted Fjords unter

Naturschutz, weil man nur dort den seltenen nordischen Zwergbärlapp, die ungewöhnliche Speerblattweide und den Sonnentau, eine insektenfressende Pflanze findet. Die Blattrosetten sind mit roten beweglichen Drüsenhaaren bedeckt, die in Drüsenköpfchen enden. Diese sondern eine klebrige Flüssigkeit ab, von der die Insekten festgehalten werden. Der Sonnentau ist vom Aussterben bedroht.

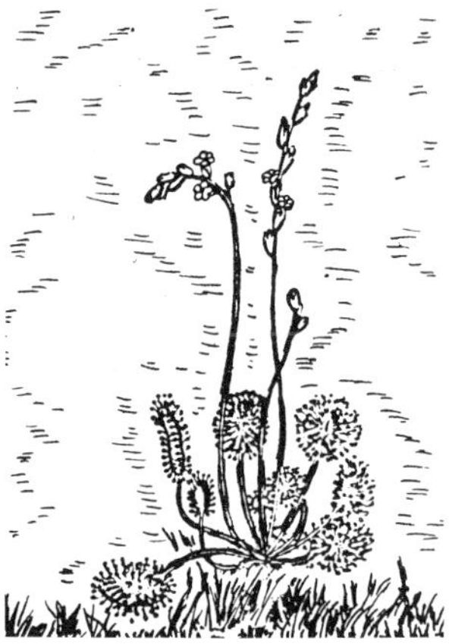

Sonnentau

Tambosund

POSITION: 56° 38,1′ N - 08° 35,8′ E
SEEKARTEN: D 81; DK 108

Allgemeine Beschreibung

Die Inseln Jegindø und Thyholm sind durch den schmalen Tambosund getrennt. Man kann ihn leider nicht in seiner gesamten Länge durchsegeln, da ihn an seiner schmalsten Stelle ein Straßendamm durchschneidet.
Der landschaftlich reizvolle Tambosund bietet im Nord- und Südteil zahlreiche Ankerplätze. Vor Tambohuse, im Südteil, findet man mehrere Anlegestege.

Plan siehe nächste Seite.

Ansteuerung

Der Tambosund kann von Norden und Süden ohne Schwierigkeiten angelaufen werden.
Im Nordteil sollte man die unbezeichnete, flache Sandbank vor Slamør Odde vorsichtig umsegeln. Diese ist schlecht auszumachen.

Ankerplätze

Im Tambosund findet man immer einen geschützten Platz zum Ankern.

I. Im Nordteil ankert man gut

1. vor dem bewaldeten Steilufer beim großen Gehöft Hindsels, ca. 100 m von Land entfernt auf 2,50 m Wassertiefe;
2. beim Wald nördlich des Campingplatzes. 200 m vor dem Ufer beträgt die Wassertiefe ca. 2,00 m.

II. Im Südteil

Vor Tambohuse liegt man gut auf 2,00 — 4,00 m Wassertiefe.

Der Ankergrund besteht überwiegend aus Muschelschlick.

Versorgungsmöglichkeiten

Kaufmann und bekannter Kro (Spezialität Aalgerichte) in Tambohuse.

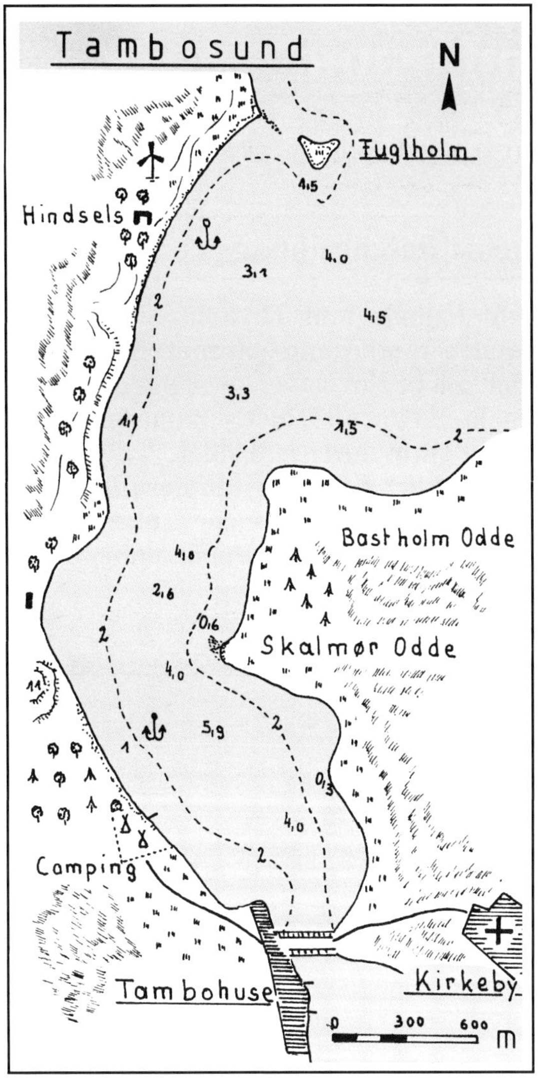

Nächster Hafen

Jegindø (knapp 4 sm)

Freizeittips

— *Lohnenswert ist von Hindsels aus ein Spaziergang zur kleinen Vogelschutzinsel Fuglholm. Sie darf allerdings nicht betreten werden (ganzjährig)!*

— *Im klaren Flachwasser kann man das faszinierende Leben vieler Kleinlebewesen beobachten, wie z. B. das Strudeln der auf kleinsten Steinen und Muscheln sitzenden Seepocken, Schwimmkrabben und Strandschnecken. Am Strand findet man viele verschiedene Arten von Muscheln und Schnecken, u.a. die Herzmuschel, Bohrmuschel, Auster, Messerscheide oder die Pantoffelschnecke. Sie wurde 1880 mit amerikanischen Austern in England eingeschleppt und hat sich von dort an der gesamten Nordseeküste ausgebreitet. Die Pantoffelschnecke lebt in Zeugungsketten bis zu vierzehn Tieren aufeinander. Diese Schnecke gehört zu den wenigen Tierarten, die im Laufe ihres Lebens das Geschlecht wechseln. Die oben sitzenden Tiere sind Männchen, die unteren Weibchen.*

Pantoffelschnecke

Jegindø

POSITION: 56° 38,75′ N - 08° 38,07′ E
SEEKARTEN: D 81; DK 108

Allgemeine Beschreibung

Die halbkreisförmige Ankerbucht erstreckt sich etwas südlich des kleinen Hafens von Jegindø. Hinter dem schmalen Strandstreifen ziehen sich die Häuser des Ortes um die Bucht herum; dahinter Felder, unterbrochen von einzelnen Baumgruppen. Weit sichtbar leuchtet über allem der weiße Kirchturm mit dem roten Dach von Kirkeby.

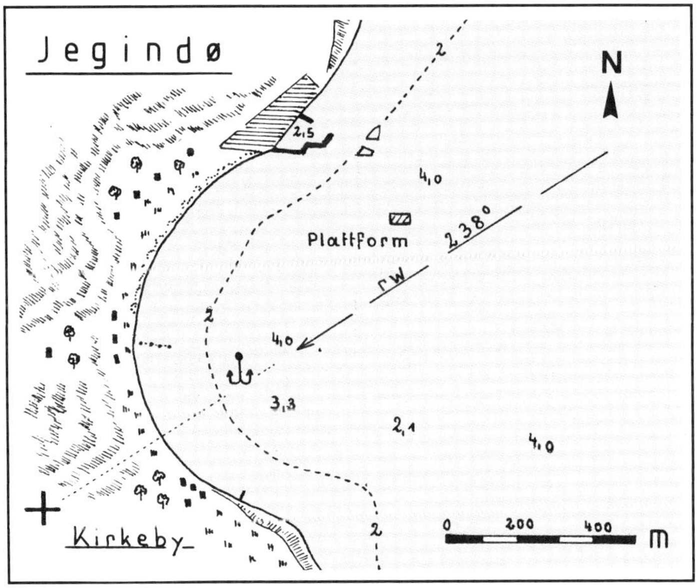

Ansteuerung

Von der Kås Bredning aus kann man mit Kurs rw. 238° direkt auf die weiße Kirche von Kirkeby zuhalten.

Achtung

In der Bucht liegt eine Plattform.

Ankerplatz

Es kann ungefähr 200 m vom Strand entfernt auf gut 3,0 m Wassertiefe geankert werden. Der Ankergrund besteht aus Schlick. Dort liegt man sicher und ruhig bei Winden aus Südwest bis Nordwest.

Versorgungsmöglichkeiten

In Jegindø.

Nächster Hafen

Jegindø (in unmittelbarer Nähe).

Freizeittips

Ein besonderes Erlebnis ist der Besuch einer Fischauktion in Jegindø. Es ist die größte Versteigerung von frischen Aalen am Limfjord.
Auch die Aale des Limfjords erleben ihre Geburtsstunde in den Tiefen der Sargassosee. Als weidenblattähnliche Larven driften sie in ca. drei Jahren mit dem Golfstrom über den Atlantik. Kurz vor dem Eintritt ins Süßwasser verwandeln sie sich in durchsichtige Glasaale. Mehrere Jahre ihres Erwachsenenlebens verbringen sie in den Flüssen und Fjorden Europas, um dann den programmierten Rückweg in die Sargassosee anzutreten. Nach der Eiablage und Befruchtung sterben sie.

Jegind Tap

POSITION: 56° 37,4′ N - 08° 38,25′ E
SEEKARTEN: D 81; DK 108

Allgemeine Beschreibung

Jegind Tap heißt die südöstliche Landzunge von Jegindø. Flach, sandig und spärlich mit Gras bewachsen reicht sie weit in die Kås Bredning hinein. Die vereinzelten Häuser auf der nördlichen Steilküste können den natürlichen Reiz der Landschaft nicht schmälern.

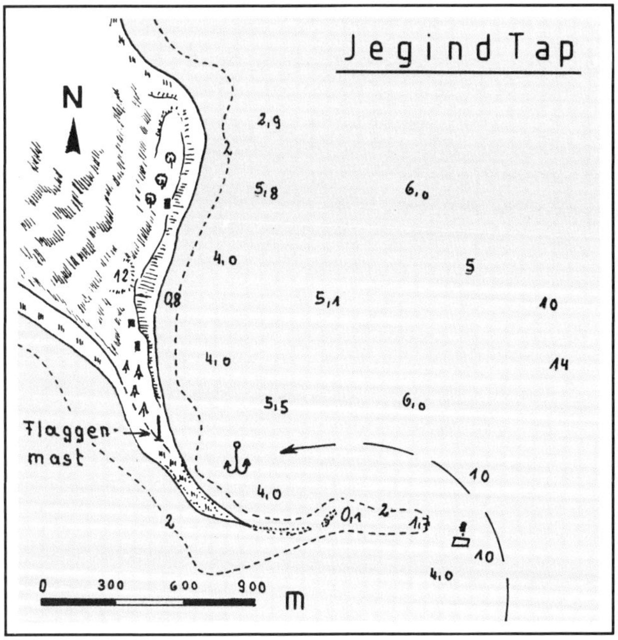

Ansteuerung

Von der Kås Bredning kann man direkt zum Ankerplatz segeln. Der Flaggenmast südlich der Nadelwaldschonung kann als gute Ansteuerungshilfe dienen.

Ankerplatz

Je nach Windrichtung ankert man entweder vor der flachen Huk oder dem Steilufer. Der Grund besteht hauptsächlich aus Schlick. Hinter Jegind Tap liegt man geschützt bei Winden aus Süd bis Nordwest.

Versorgungsmöglichkeiten

Keine

Nächster Hafen

Jegindø (ca. 1,8 sm)

Freizeittips

- *Sehr gute Bademöglichkeiten*
- *Von der Steilküste aus hat man einen schönen Blick über die Kås Bredning.*

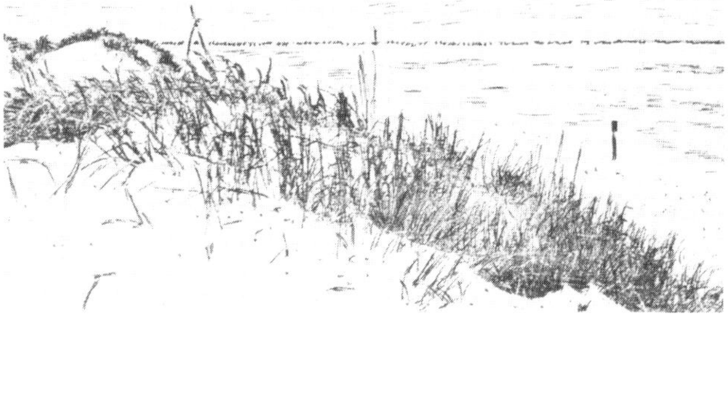

Thyborøn — Venø

Odby Bugt

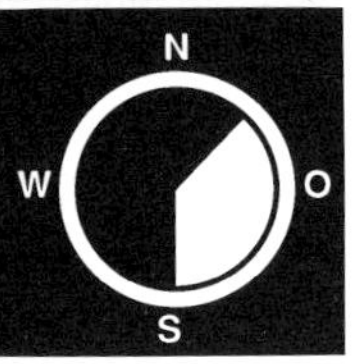

POSITION: 56° 35,95′ N - 08° 33,6′ E
SEEKARTEN: D 81; DK 108

Allgemeine Beschreibung

Die Odby Bugt liegt zwischen Lavbjerg Hage und Grisetåodde. Über den Odde Sund, die Verbindung zur Nissum Bredning, spannt sich eine weit sichtbare Brücke. Auf den Landzungen südlich und nördlich davon stehen insgesamt 35 Windgeneratoren. Nach Nordosten erstreckt sich ein grüner Höhenzug, der zu einem schmalen Strandstreifen abfällt.

Ansteuerung

Die Bucht kann ohne Schwierigkeiten direkt vom Odde Sund aus angesteuert werden.

Ankerplatz

Es kann je nach Windrichtung überall in der Odby Bugt geankert werden. Landschaftlich besonders reizvoll liegt man vor dem Höhenzug im Nordteil der Bucht. Man ankert ungefähr 200 m vor dem Strand auf 2,00 — 2,50 m Wassertiefe. Der Grund besteht aus Mud und Seegras. In der Odby Bugt liegt das Boot ruhig bei Winden aus Süd über West bis Nordost. Tip: Dreht der Wind weiter auf Ost, ankert man sehr idyllisch im westlichen Teil des Odde Sunds vor der hellen Kliffküste der Toftum Bjerge. Bis zu 48 m hohe Hügel, tiefe Schluchten und Strand laden zum Verweilen ein.

Versorgungsmöglichkeiten

Kaufmann in Oddesund Nord

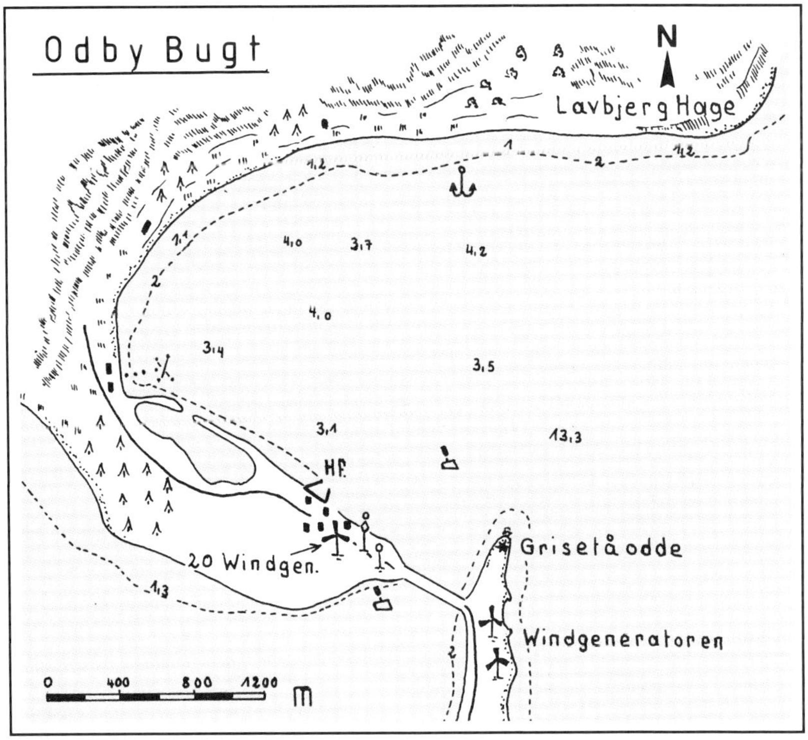

Nächster Hafen:

Oddesund Nord (max. 1,5 sm).

Kulturelles

Die in unmittelbarer Nähe der Oddesundbrücke stehenden Windgeneratoren gehören zum größten Windmühlenpark Dänemarks.

Windgeneratorenpark bei der Oddesundbrücke, von Südosten gesehen.

Follup Odde

POSITION: 56° 35,15′ N - 08° 17,8′ E
SEEKARTEN: D 81; DK 108

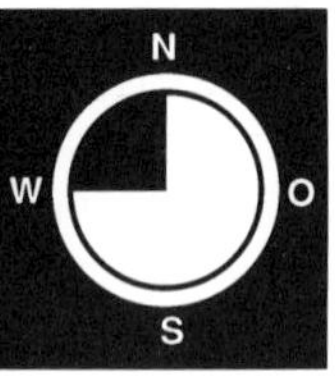

Allgemeine Beschreibung

Follup Odde heißt die 2,1 sm nördlich von Lemvig liegende, sich in die Nissum Bredning erstreckende Landzunge. An ihrem Südende findet man einen guten Ankerplatz.
Auf dem hügeligen Westufer stehen dicht an dicht gepflegte Ferienhäuser, eingerahmt von Laubbäumen und Büschen. Die flache Huk Follerup Odde mit ihrem Sandgürtel ist mit Strandhafer und duftenden Apfelrosen bewachsen.

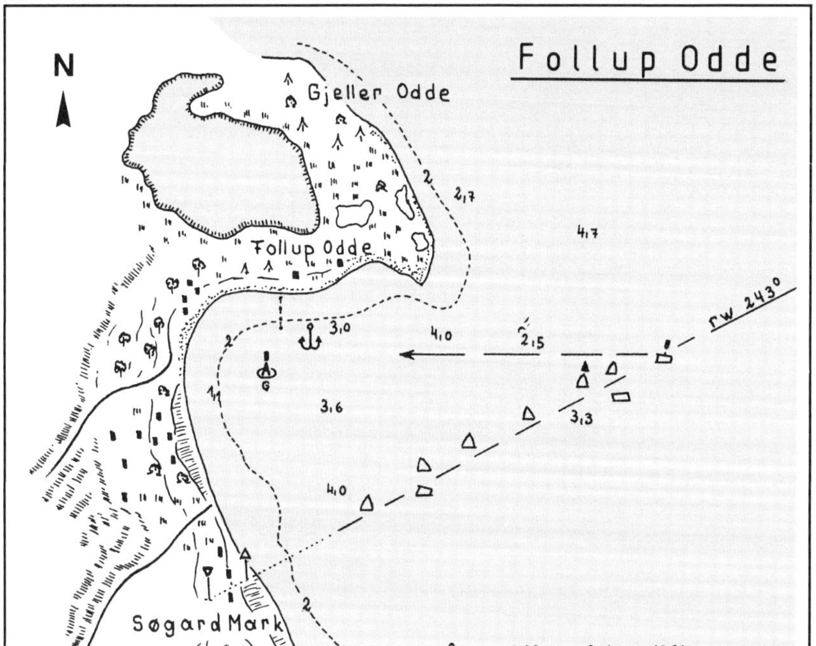

Ansteuerung

Man folgt der betonnten Rinne nach Lemvig bis zur zweiten roten Tonne, die an Backbord bleibt. Von dort hält man mit Kurs rw. 270° direkt auf das Ufer zu. Die Bucht ist frei von Untiefen.

> **Achtung**
> In der Bucht liegt eine gelbe Plattform, auf der ein Gerüst mit einem gelben Zylinder montiert ist.

Ankerplatz

Man ankert auf 2,5 — 3,0 m Wasser ca. 100 m vom Strand entfernt. Der Ankergrund besteht aus Sand. Hinter Follup Odde liegt man ruhig bei Winden aus West bis Nord.

Versorgungsmöglichkeiten

In der Lemvig Marina (ca. 2,5 km).

Nächster Hafen

Lemvig Marina (2,1 sm).

Freizeittips

- *Gute Badebucht*
- *Schöner Blick auf Lemvig*
- *In Follup Odde kann man „in das Universum“ eintreten, indem man den Planetenpfad betritt.*
  Er nimmt seinen Ursprung im Lemvig Museum. Von hier aus führt er bis Gjeller Odde, um den Gjeller See herum und zurück nach Lemvig.
  Der „Planetenpfad“ ist so angelegt, daß er ein Modell des Sonnensystems im Maßstab 1:1 Milliarde darstellt. Die einzelnen Himmelskörper erscheinen in korrekten Abständen als Modelle entlang des Weges.
  Im Museum ist ein Modell des Systems aufgestellt. „Dort steht auch die Sonne“, um die sich alles dreht.

Krik Dyb

POSITION: 56° 43,4′ N - 08° 18,5′ E
SEEKARTEN: D 81; DK 108

Allgemeine Beschreibung

Krik Dyb heißt das schmale, betonnte Fahrwasser zwischen der Nissum Bredning und dem Fischerhafen Agger.

Zwischen Kobberø und Gramstrup verläuft es dicht am steinigen Ufer entlang. Dahinter erhebt sich eine eindrucksvolle, bis zu 56 m hohe Hügellandschaft. Kluftartige Einschnitte geben den Blick auf einzelne Gehöfte und blühende Rapsfelder frei. In dieser urwüchsigen Landschaft zu ankern, empfinden wir als besonderes Erlebnis.

Ansteuerung

Das Krik Dyb kann von der Nissum Bredning angelaufen werden oder von Thyborøn aus durch das bezeichnete schmale Langholm und Kobberø Løb. Von Süden kommend, bleiben die roten Tonnen im Krik Dyb an Backbord.

Ankerplatz

Bei östlichen Winden liegt man gut geschützt in Lee des hohen Steilufers. Man ankert zwischen Kobberø und Gramstrup eben außerhalb des Fahrwassers auf 2 — 3 m Wassertiefe. Der Ankergrund besteht aus Mud.

Versorgungsmöglichkeiten

Keine in unmittelbarer Nähe.

Nächster Hafen

Agger (ca. 3,7 sm)

Freizeittips

Besonders bei Sonnenuntergang sehr schöner Blick von den hohen Kuppen des Steilufers über die Nissum Bredning, u. a. bis nach Agger und Thyborøn.

Kulturelles

Zur Zeit der Wikinger stellte das Krik Dyb die ursprüngliche Verbindung zwischen Nordsee und Limfjord dar. Von hier aus unternahmen sie ihre alljährlich im Sommer wiederkehrenden Raubzüge. Ein beliebtes Ziel war England. Sie benötigten für die Überfahrt ca. drei Tage. Ihre Schiffe liefen im Schnitt 5 sm/Std.
Im 13. Jahrhundert besaßen die Wikinger bereits eine Art Kompaß: Er bestand aus einer wassergefüllten Schale, an deren Rand die Himmelsrichtungen markiert waren. Auf dem Wasser schwamm eine auf einem Stück Holz angebrachte Magnetnadel.

Venø

POSITION: 56° 33,0′ N - 08° 37,0′ E
SEEKARTEN: D 81; DK 108

Allgemeine Beschreibung

Venø, im Südwesten des Limfjordes, zeigt ein abwechslungsreiches Landschaftsbild. Vom hügeligen, bewaldeten Mittelteil geht die Insel nach Norden in das flache Lagunengebiet um die Klovvig und nach Süden in weites Kulturland über. Die Wiesen und Felder der Ostküste, unterbrochen von wenigen großen Gehöften, wirken gleichförmig, so daß nur der Ankerplatz hinter Bradser Odde und derjenige vor dem Hylbjerg empfehlenswert sind.
Die hohen, zum Teil mit Heide bewachsenen Uferabschnitte der Westküste und schönen Sandstränden davor laden mehr zum Verweilen ein. Der kleine Hafen von Venø sollte nur äußerst vorsichtig angelaufen werden. Im Becken besteht kaum Raum zum Manövrieren.

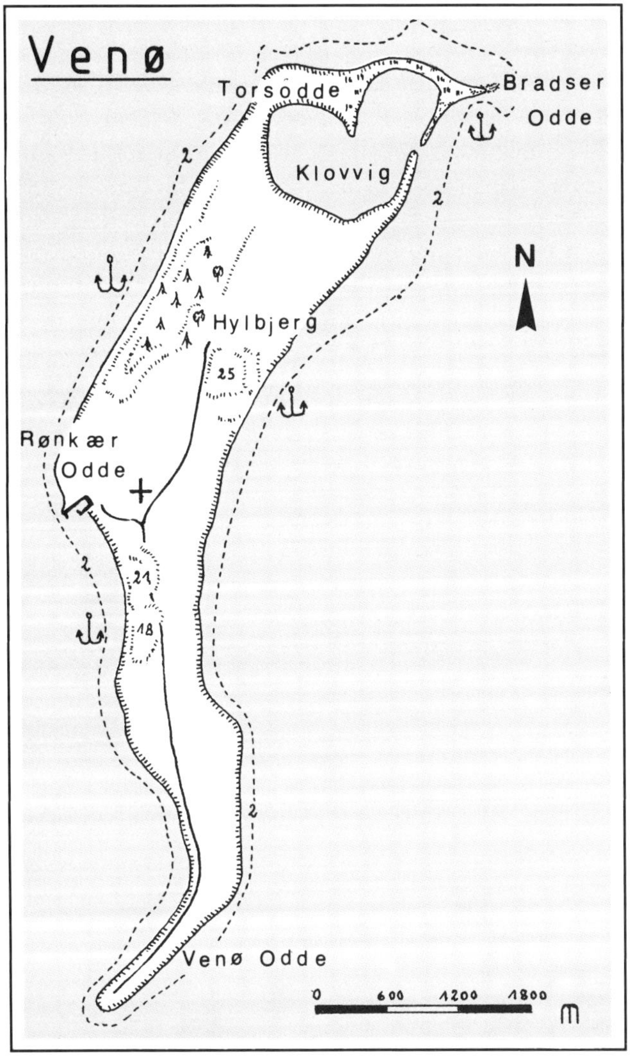

Ansteuerung

Alle Ankerplätze sind entweder vom Venø Sund oder von der Venø Bugt aus problemlos zu erreichen.
Um hinter Bradser Odde zu ankern, sollte man nach dem Runden der grünen Tonne in einem weiten Bogen um die langgestreckte Untiefe herumsegeln und von Süden auf die flache Nordost-Huk zuhalten.

Ankerplatz

Es kann rund um Venø geankert werden. Empfehlenswert sind die in der Skizze vermerkten Plätze. Die 2-m-Linie verläuft etwa 200 m vom Ufer entfernt. Der Ankergrund besteht überwiegend aus Mud oder Lehm.
Da der Nordteil von Venø überwiegend mit flachen Strandwiesen bedeckt ist, bietet er wenig Windabdeckung bei den vorherrschenden westlichen Winden. Bradser Odde ist deshalb ein Schönwetterplatz.
Tip: Bei Nordwind kann man sehr gut südlich der Landzunge Askær Odde vor dem Badestrand Kleppen ankern.

Versorgungsmöglichkeiten

Kaufmann und Restaurant beim Hafen.

Nächster Hafen

Venø (in unmittelbarer Nähe) bzw. Holstebro-Struer (ca. 6 sm)

Freizeittips

— *Klovvig ist Vogelschutzgebiet. Dort brüten viele Strand- und Sumpfvögel.*

Am Strand brütender Vogel

- *Von der Nordwest-Huk hat man einen schönen Blick auf die Klovvig hinüber nach Thyholm, Sallinge, Jegindø und Mors.*
- *Auf Venø steht die kleinste Kirche Dänemarks. Sie ist weniger als 10 m lang und nur 4,21 m breit. Sie wurde um 1600 aus weißgemalten Feldsteinen erbaut. Als Hochzeitskirche ist sie sehr beliebt.*

Fahrwasser südöstlich von Mors

Harre Vig

POSITION: 56° 42,2′ N - 08° 54,2′ E
SEEKARTEN: D 81; DK 109

N W O S

Allgemeine Beschreibung

Die Harre Vig ist ein sehr schöner, geschützter Naturhafen, der durch die Lysen Bredning mit dem Sallinge Sund in Verbindung steht.
Die kreisrunde Bucht ist von gepflegten Feldern, einigen Windmühlen und Gehöften umgeben, die von den Anhöhen herabblicken. Auf den Wiesen am Ufer weiden Kühe, die neugierig aufschauen, wenn eines der wenigen Segelboote vorbeigleitet. Hier und da gibt es kleine Strandflecken. Die Dänen nennen eine derartige

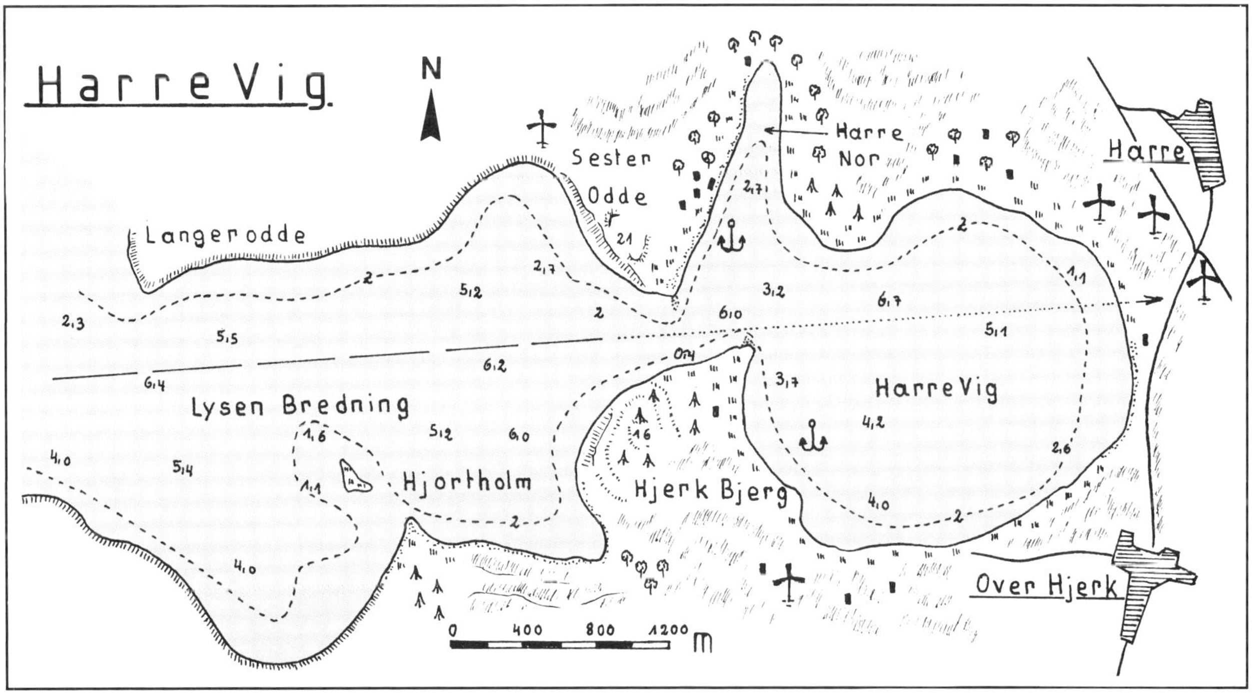

Landschaft liebevoll: „Det er et rigtigt dansk smørhul" (Das ist ein richtiges dänisches Butternest).
Von der Harre Vig zweigt in nördlicher Richtung das schmucke, schmale Harre Nor ab. Die am westlichen Ufer stehenden Ferienhäuser ducken sich unauffällig in die Landschaft und beeinträchtigen das Bild kaum.

Ansteuerung

Um in die Harre Vig zu gelangen, muß zunächst die 2 sm lange Lysen Bredning ostwärts durchsegelt werden. Die folgende Durchfahrt ist nur schmal. Die tiefe Rinne wird im Norden und Süden durch Flachs begrenzt, die man gut an den zahlreichen Fischerflaggen erkennen kann. Man halte sich etwa in der Mitte zwischen den beiden Ufern. Auf diesem Kurs peilt ein alleinstehender Windgenerator etwas rechts voraus. In der Rinne beträgt die Wassertiefe 6 — 7 m. Danach kann man sich entspannt ein schönes Plätzchen suchen.

Ankerplatz

Es kann überall in der Vig geankert werden.
Die schönsten Plätze befinden sich vor dem Südwestufer der Harre Vig, in der Nähe des verfallenen Anlegers, wo einige kleine Boote schwojen, und am Eingang des Harre Nors. Dort ankert man ca. 80 — 100 m vom Westufer entfernt auf 3 m Wassertiefe über Schlickgrund.
In der Harre Vig bzw. im Harre Nor findet man bei allen Winden einen geschützten Ankerplatz.
Trotz der landschaftlichen Reize genießen nur wenige Segler die Harre Vig, so daß man immer einen ruhigen Platz finden kann.

Versorgungsmöglichkeiten

Kaufmann in Vile, Harre bzw. Over Hjerk.

Nächster Hafen

Sillerslev (ca. 6 sm).

Freizeittips

Lassen Sie Ihre Träume mit den Wolken wandern — und wer es gar nicht lassen kann: Baden, surfen oder einmal „Harre Vig rund" mit dem Beiboot.

Gammelør Odde

POSITION: 56° 44,7′ N - 08° 50,2′ E
SEEKARTEN: D 81; DK 109

Allgemeine Beschreibung

Etwas südlich der Sallinge Sund Bro, an der Ostküste von Mors, liegt eine kleine Ankerbucht, ein idealer Platz bei westlichen Winden. Ein Sandstrand säumt das Ufer, und dahinter erhebt sich der dunkle Mischwald. Nur der beim früheren Fähranleger Plagen sich ausbreitende Campingplatz beeinträchtigt die Idylle. Die Uferstraße stört dagegen kaum.

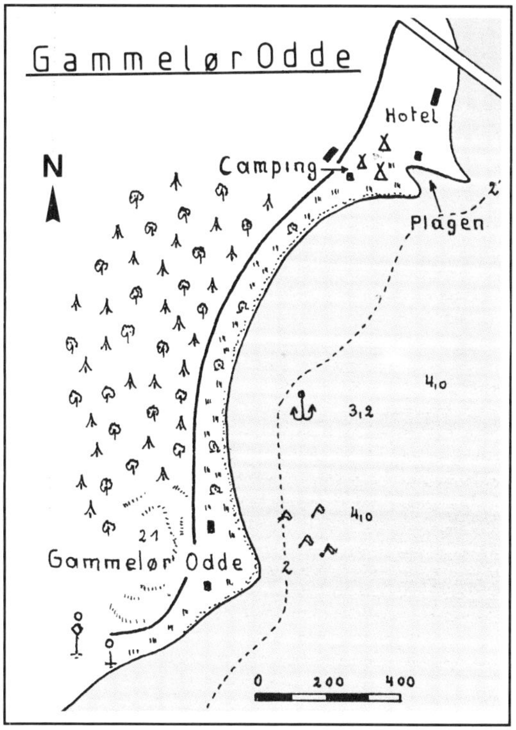

Ansteuerung

Sie erfolgt vom Sallinge Sund aus.

Achtung

Vor Gammelør Odde stehen einige Fischerflaggen.

Ankerplatz

Es kann dicht vor dem feinen Sandstrand geankert werden. Der Ankergrund besteht überwiegend aus Schlick.
In Lee des Waldes liegt man selbst bei Starkwind aus Südwest bis Nordwest ruhig und sicher.

Versorgungsmöglichkeiten

Kleiner Kaufmann beim Sallingsund Camping.

Nächster Hafen

Glyngøre (ca. 1,6 sm)

Freizeittips

— *Vom Ankerplatz oder von der hohen Huk Gammelør Odde aus hat man einen sehr schönen Blick über den Sallinge Sund und auf die Sallingsund Bro, zweitlängste Brücke Dänemarks.*

Sallingsund Brücke

— *Ca. 3 km entfernt, nördlich der Legindbjerge Plantage, liegt der Jesperhus Blumenpark. Er gilt als die größte Blumenanlage Skandinaviens und ist von Mitte Mai bis Mitte September täglich geöffnet (in der Hochsaison von 9.00 — 21.00 Uhr).*

— *Beidseitig des Sallinge Sundes, in Höhe des alten Fähranlegers „Pinen", locken bekannte Kros mit köstlichen Menüs.*

Dråby Vig

POSITION: 56° 52,9′ N - 08° 51,2′ E
SEEKARTEN: D 81; DK 109

Allgemeine Beschreibung

Die weite, tiefe Dråby Vig liegt ca. 8 sm nördlich von Nykøbing. Der östliche Teil, der in der Huk Buksør Odde endet, ist niedrig und teilweise von Sumpfwiesen bestanden. Am Nordwestufer dehnt sich der kleine Fischerort Sønder Dråby aus, zu dem ein Anleger gehört (Wassertiefe am Kopf 1,80 m).
Die sehr flache Dråby Vig ist überwiegend Booten mit geringem Tiefgang vorbehalten.

Ansteuerung

Die Ansteuerung des äußeren Teils der Bucht ist unproblematisch und erfolgt von der roten Tonne vor Buksør Odde aus.
Zum Einlaufen in den innersten Teil braucht man navigatorisches Fingerspitzengefühl. Die ausgedehnten Flachs sind nicht bezeichnet. Auch fehlen auffällige Landmarken. Das Echolot sollte nicht weniger als 2,50 m anzeigen!

Ankerplatz

In der Dråby Vig ankert man gut 0,75 sm nördlich der Alsted Kirke oder östlich des Anlegers von Sønder Dråby. Der Grund besteht aus Sand oder Muschelschlick. In der Bucht liegt man geschützt bei Winden aus West bis Nord.

Versorgungsmöglichkeiten

Kaufmann in Dråby.

Nächster Hafen

Nykøbing (ca. 8 sm).

Livø

POSITION: 56° 53,9′ N - 09° 06,1′ E
SEEKARTEN: D 81; DK 109

Allgemeine Beschreibung

Livø gilt als „Perle“ im westlichen Limfjord. Die pflanzliche Artenvielfalt, das hohe Steilufer im Westen, der „Urwald“ im Norden, die weißen Strände, ausgedehnte Strandwiesen und Heideflächen im Osten und Süden machen die Insel zu einem verlockenden Reiseziel. Das ganze Gebiet steht unter Naturschutz. Die langgestreckte Sandbank Livø Tap ist Seehundschutzgebiet und darf nicht betreten werden.

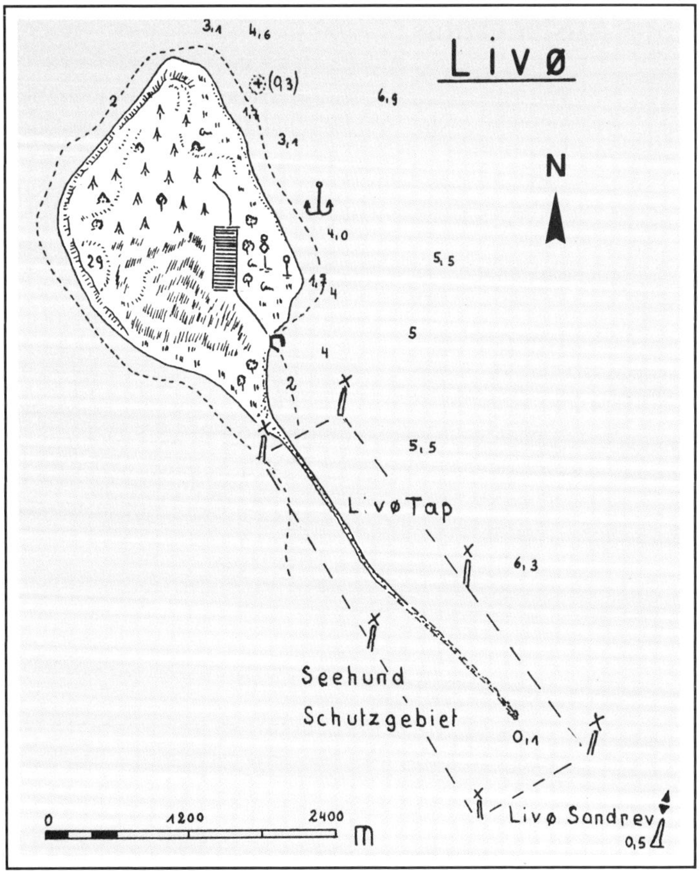

Livøs Hafen und Tor zur Welt ist winzig und in der Saison meistens überfüllt.

Ansteuerung

Von Osten kann man sich der Insel ohne Schwierigkeiten nähern. Die ehemalige Heilanstalt ist von weitem gut auszumachen und als Ansteuerungshilfe nützlich.

Ankerplatz

Gute Ankermöglichkeiten findet man vor der gesamten Ostküste, der man sich bis auf ca. 200 m nähern kann. Der Ankergrund besteht überwiegend aus Lehm. In Lee dieses Uferabschnittes liegt man gut geschützt bei Winden aus Südwest bis West.
Bei östlichen Winden verholt man am besten zum steilen Westufer.
Zeitweilig liegt vor dem Ostufer eine Ankerboje der Dansk Sejlunion aus.

Versorgungsmöglichkeiten

Kaufmann und Restaurant im Ort;
Fähre nach Rønbjerg (1. April — 1. Sept.)

Nächster Hafen

Livø (in unmittelbarer Nähe) bzw. Rønbjerg (ca. 2 sm)

Freizeittips

— *Die Insel lädt zu ausgedehnten Wanderungen ein. In drei Stunden kann man sie umrunden. Der Weg ist ca. 10 km lang.*
Im Norden und an der Westküste stehen zwei Aussichtstürme, von wo aus man einen herrlichen Blick über den westlichen Limfjord genießen kann.
— *Ein Teil der Steilküste an Livøs Westseite besteht aus der fossilienreichen Molererde.*

Kulturelles

Die Umrisse Livøs wurden in der Eiszeit geprägt. Noch heute findet man auf der Insel typische steinzeitliche Mischwaldgebiete. Sie bestanden hauptsächlich aus Eichen und Haselnußsträuchern. Um 1600 waren sie noch so groß, daß sie ausreichend Nahrung für mehrere hundert Schweine boten, die die Bauern dort mästeten.

Pulse Vig

POSITION: 56° 49,15' N - 09° 01,7' E
SEEKARTEN: D 81; DK 109

Allgemeine Beschreibung

Die Pulse Vig ist eine halbkreisförmige Bucht an der Südseite von Fur. Als Alternative zu dem oft überfüllten Hafen ist sie bestens geeignet. Hinter einem schmalen Strand- und Grasstreifen stehen die Häuser von Sønderhede. Im Westteil hat sich eine kleine Werft mit Anleger niedergelassen.
Die Pulse Vig war bis zum Bau des Hafens im Jahre 1955 traditioneller Ankerplatz von Fur.

Ansteuerung

Vom Fur Sund kommend ist die Ansteuerung problemlos.

Ankerplatz

Im Westteil der Bucht reicht das tiefe Wasser bis dicht unter Land. Man ankert hier ca. 100 m vom Ufer entfernt auf 2,50 m Wassertiefe. Der Grund besteht aus Lehm und Schlick. In der Pulse Vig liegt man geschützt bei Winden aus Südwest über West bis Nord.
Der schmale Sandstrand eignet sich sehr gut zum Landen mit dem Beiboot.

Versorgungsmöglichkeiten

Am Hafen

Nächster Hafen

Fur (direkt in der Bucht)

Freizeittips

— *Lohnenswert ist ein Besuch des Fur-Museums in Madsbad (ca. 2,5 km) mit einer ausgezeichneten Fossiliensammlung.*

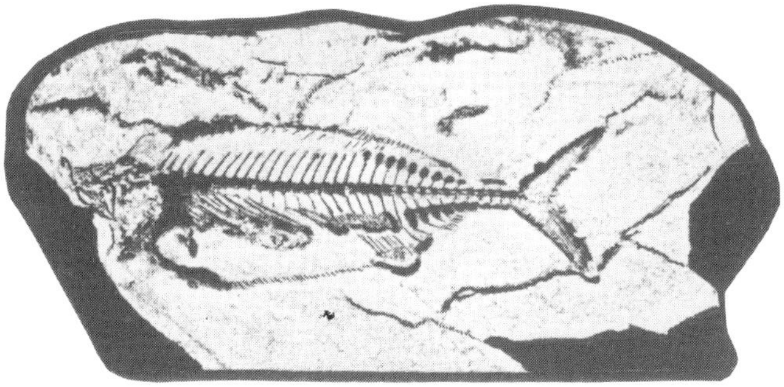

Versteinerter Fisch

— *Am Strand westlich der Pulse Vig kann man versteinerte Seeigel finden.*

Kulturelles

In der Fur-Kirche steht ein Taufbecken aus dem 14. Jahrhundert. An seinem Fuß ist ein Lindwurm in den Stein gemeißelt; ein Symbol für die Sage, daß Fur auf einem Lindwurm ruhe. Drachensagen beruhen im Volksglauben häufig auf Fossilienfunden, und die gibt es auf Fur reichlich.

Færker Vig

POSITION: 56° 51′ N - 09° 04′ E
SEEKARTEN: D 81; DK 109

Allgemeine Beschreibung

Die schöne Færker Vig an der Ostseite der Insel Fur wird von den flachen Landzungen Færker Odde im Norden und Engelstør Odde im Süden eingeschlossen. Rund um die Bucht zieht sich ein Sand-Kiesel-Strand. Dahinter staffeln sich Sanddornbüsche, Heideflächen und Kiefernwäldchen, in denen gut verdeckt Sommerhäuser stehen.
Im Nordwestteil ragt der Schornstein eines großen Molerwerkes über die Baumwipfel. Er ist von See aus gut zu erkennen. In der weiten Færker Vig kann man ruhig und ungestört ankern, da nur wenige Feriengäste den Strand besuchen.

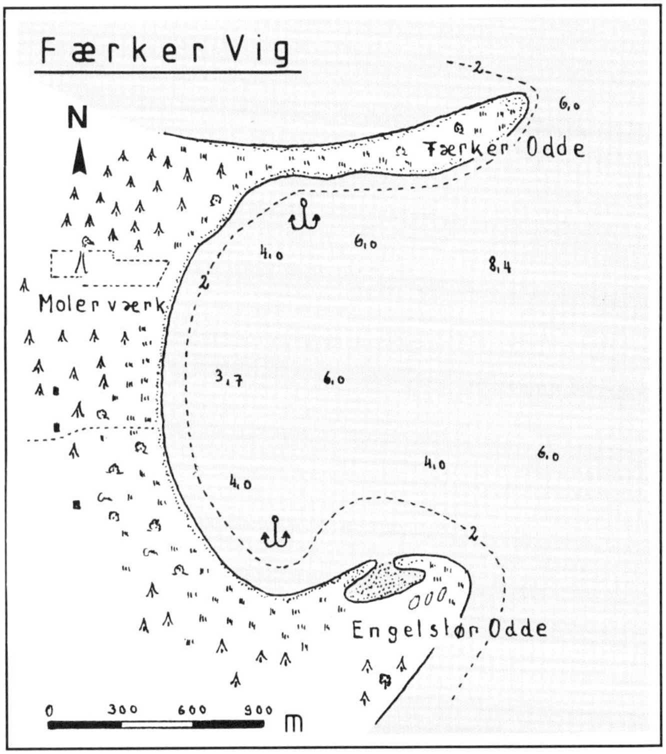

Ansteuerung

Die Færker Vig ist problemlos von Osten anzusteuern. Als Ansteuerungshilfe kann das Molerwerk dienen.

Ankerplatz

Es kann überall in der Bucht geankert werden. Zeitweilig liegen auch zwei Ankerbojen der Dansk Sejlunion aus. Der Ankergrund besteht aus Lehm. In der Færker Vig liegt man ruhig bei Winden aus Süd über West bis Nord. Der Sandstrand erleichtert einen Landgang mit dem Beiboot.

Versorgungsmöglichkeiten

Keine

Nächster Hafen

Fur (knapp 4 sm)

Freizeittips

- *Ein Erlebnis ist der Besuch der Nordküste von Fur mit seinem Steilufer aus Molererde, Rotgestein und den „Langstedhuller“, tiefen Schluchten, die zum Strand hin abfalllen.*
- *Im Moler findet man noch heute zahlreiche Fossilien.*
- *Skamol, das größte Molerwerk auf Fur, darf besichtigt werden. Aus Molererde werden hochdämmende Mauersteine für Industrieöfen und Schornsteine hergestellt.*

Kulturelles

Die Molererde besteht aus 50 Mill. Jahre alten Ablagerungen eines subtropischen Meeres.
Die Bezeichnung Moler setzt sich aus der alten dänischen Vorsilbe „Mo“ zusammen, die weißliche, feinkörnige Sedimente beschreibt, und „ler“, der dänischen Bezeichnung für Ton.
Für den Moler ist charakteristisch, daß er sich aus drei Schichten zusammensetzt: dem weißen Moler, gebildet aus Kieselalgen, schwarz-brauner vulkanischer Asche und rostbraunem Zementstein. Der farbliche Wechsel dieser Bestandteile und die Pressung des Gesteins in Schollen und Falten machen den Reiz des Steilufers aus.

Südlich Fur — Hjarbæk

Junget Øre

POSITION: 56° 47,07′ N - 09° 06,9′ E
SEEKARTEN: D 81; DK 109

Allgemeine Beschreibung

Junget Øre, an der Nordostseite von Sallinge, ist ein landschaftlich reizvoller Ankerplatz hinter einer flach auslaufenden Sandhuk. Südlich davon erhebt sich eine bewaldete, zum Teil mit Weiden bedeckte Hügelkette. Am Ufer verläuft ein Pfad zum nördlich gelegenen Ferienhausgebiet.

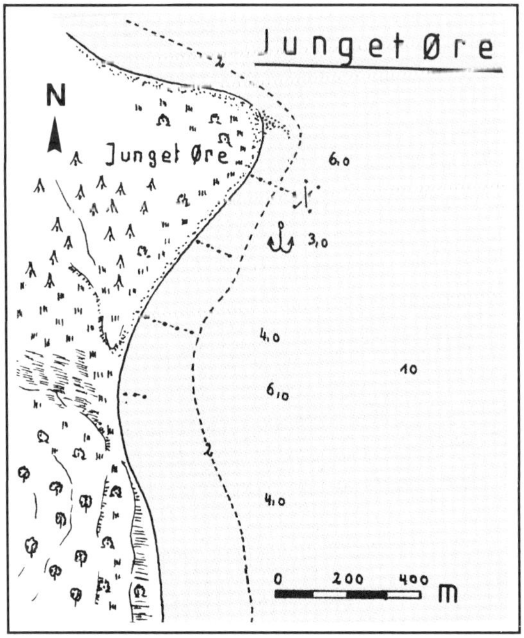

Ansteuerung

Junget Øre kann problemlos direkt vom Fahrwasser angelaufen werden.

> **Achtung**
> Stellnetze stehen dicht vor dem Ufer.

Ankerplatz

Am besten ankert man gleich südlich der Huk ca. 100 m vor dem Strand. Die Wassertiefe beträgt dort etwa 3 m über dem Sandgrund. In Lee des Waldes liegt man geschützt bei Winden aus Südwest bis Nordwest.
Dieser Platz ist denjenigen zu empfehlen, die ungestört die Natur belauschen wollen.

Versorgungsmöglichkeiten

Keine

Nächster Hafen

Fur (ca. 4 sm)

Freizeittips

Vom Ankerplatz aus hat man einen herrlichen Blick über den Limfjord bis zur Insel Livø im Norden und Hvalpsund im Süden.

Sundsøre

POSITION: 56° 42,35 ′ N - 09° 10,8′ E
SEEKARTEN: D 81; DK 109

Allgemeine Beschreibung

An der engsten Stelle des Hvalpsundes reicht die flach auslaufende Sandbank Sundsøre gut 600 m weit in das Fahrwasser hinein. Dahinter findet man am Anfang der hellen Steilküste einen guten Ankerplatz. Nicht weit entfernt liegt der kleine Ort Sundsøre mit einem Kro und der Fähre nach Hvalpsund.

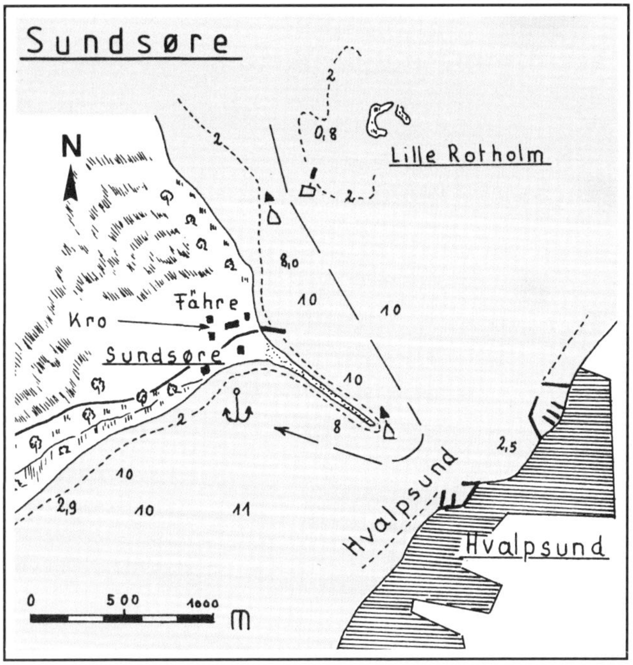

Ansteuerung

Von Norden kommend, halte man sich an das betonnte Fahrwasser durch den Hvalpsund. Nach dem Runden von Sundsøre kann man ohne Schwierigkeiten in die hakenförmige Bucht einlaufen.

Ankerplatz

Man ankert am besten im Scheitel der Bucht ca. 100 m vom Ufer entfernt. Der Ankergrund besteht aus Mud. Dort liegt man ruhig bei Winden aus West bis Nord.

Tip: Bei westlichen Winden kann man auch sehr gut dicht unter der ursprünglichen mit Laub- und Nadelwald bestandenen Steilküste zwischen Sundsøre im Nordosten und der Astrup Vig im Südwesten ankern.
Bei östlichen Winden findet man einen schönen Ankerplatz auf der anderen Seite des Hvalpsundes nördlich des bewaldeten Bregnsø Hage in Höhe des gelben, gut sichtbaren Gehöftes.
Nur ca. 2 km nordöstlich liegt der kleine strohgedeckte Herrenhof Hessel, welcher heute Gutsmuseum ist.

Versorgungsmöglichkeiten

Kro beim Fähranleger;
alle weiteren Versorgungseinrichtungen in Hvalpsund auf der gegenüberliegenden Seite des Sundes.

Nächster Hafen

Hvalpsund Fischereihafen und Sportboothafen (max. 1 sm).

Freizeittips

- *Fahrt mit der Fähre nach Hvalpsund zum Bummeln.*
- *Schöner Badestrand.*
- *Wanderung über die Sandbank bis an das vorbeiführende Fahrwasser.*

Astrup Vig

POSITION: 56° 39,86′ N - 09° 06,05′ E
SEEKARTEN: D 81; DK 109

Allgemeine Beschreibung

Die reizvolle Astrup Vig liegt eingebettet zwischen hügeligen Weiden und Feldern, die sanft zum Ufer abfallen, an der Ostseite von Sallinge. Über dem Scheitel der Bucht prangt das markante Herrenhaus „Jenle“, und im Südwesten erstreckt sich am Rande des bewaldeten Steilufers eine Feriensiedlung.

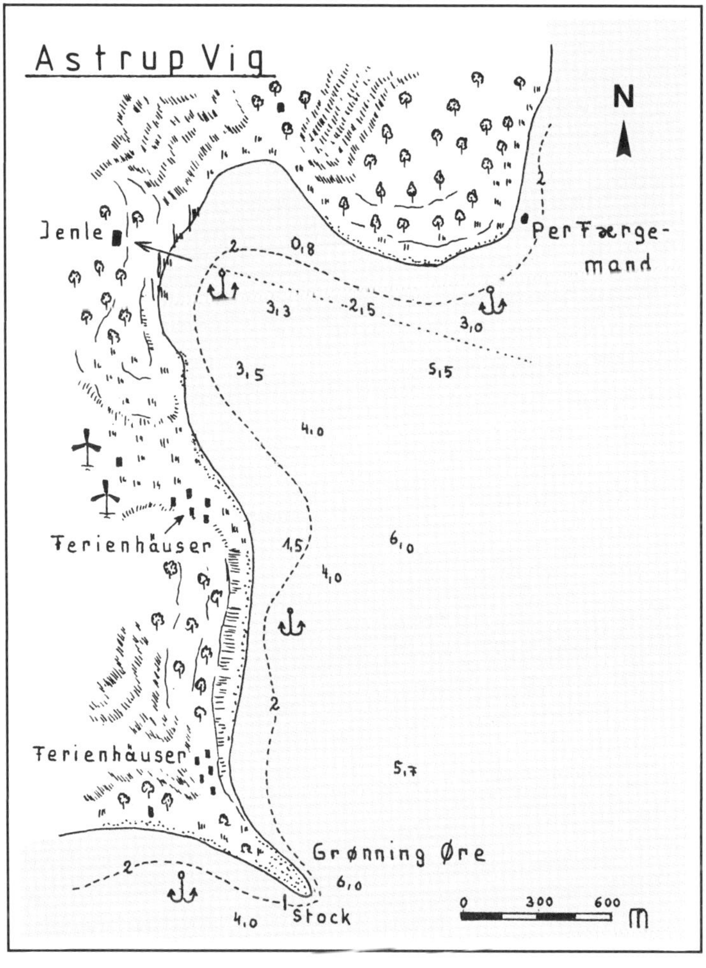

Ansteuerung

Nach dem Runden der nördlichen Huk kann man direkt auf das Gutshaus „Jenle“ zuhalten.

> **Achtung**
> Vor der Nordost-Huk stehen einige Fischerflaggen.

Ankerplatz

Es kann überall in der Bucht geankert werden. Besonders schön liegt man vor der bewaldeten Nordost-Huk, der man sich bis auf knapp 100 m nähern kann, oder vor dem bewaldeten steilen Westufer mit etwas Sandstrand. Auch hier kommt man relativ dicht an das Land heran.

Will man „Jenle“ besuchen, sollte man im Scheitel der Bucht ankern. Der Ankergrund besteht überwiegend aus Mud. In der Astrup Vig liegt man geschützt bei Winden aus Südwest über West bis Nordost.

Tip: Ein weiterer, landschaftlich reizvoll gelegener Ankerplatz befindet sich südwestlich der flachen, mit einigen Büschen bestandenen Landzunge Grønning Øre.
Dagegen erscheint uns die südöstlich gelegene Bådsgård Vig zum Ankern nicht empfehlenswert. Sie ist weit und flach. Viele Fischerstöcke und Stellnetze machen das Manövrieren schwierig. Man ankert bis zu 400 m von Land entfernt.

Versorgungsmöglichkeiten

Keine

Nächster Hafen

Hvalpsund (ca. 4,5 sm); Skive (ca. 6 sm)

Freizeittips

- *Auf der Landzunge Grønning Øre wachsen viele seltene Pflanzen. In den Sommermonaten werden deshalb hier verschiedene naturkundliche Exkursionen durchgeführt.*
- *Besuch des Hofes „Jenle“ (Geöffnet von Mitte Juni bis Mitte August von 13.00 — 16.00 Uhr). Auf ihm lebte von 1906 — 1930 der dänische Dichter Jeppe Aakjær. In Skandinavien wurde er durch die alljährlich stattfindenden „Jenle-Feierlichkeiten“ bekannt, zu denen er prominente Politiker und Schriftsteller seiner Zeit als Redner einlud.*

Jelse Odde

POSITION: 56° 39,0′ N - 09° 09,6′ E
SEEKARTEN: D 81; DK 109

Allgemeine Beschreibung

Die Halbinsel Jelse Odde trennt den Skive Fjord von der Lovns Bredning. Vor der Huk erstreckt sich eine 0,6 sm lange Sandbarre, die je nach Wasserstand sichtbar oder überflutet ist. Es ist unbedingt notwendig, die Nord-Untiefentonne an der entsprechenden Seite zu runden.

Die anfänglich flache, sandige Landzunge geht in hügeliges, überwiegend mit Büschen und Nadelwald bestandenes Gelände über. Ein schöner Sandstrand erstreckt sich südwärts an der Küste entlang. Etwa 1 km vom Ankerplatz entfernt liegt der Lundø Campingplatz, der gut an den am Strand liegenden Kleinbooten zu erkennen ist.

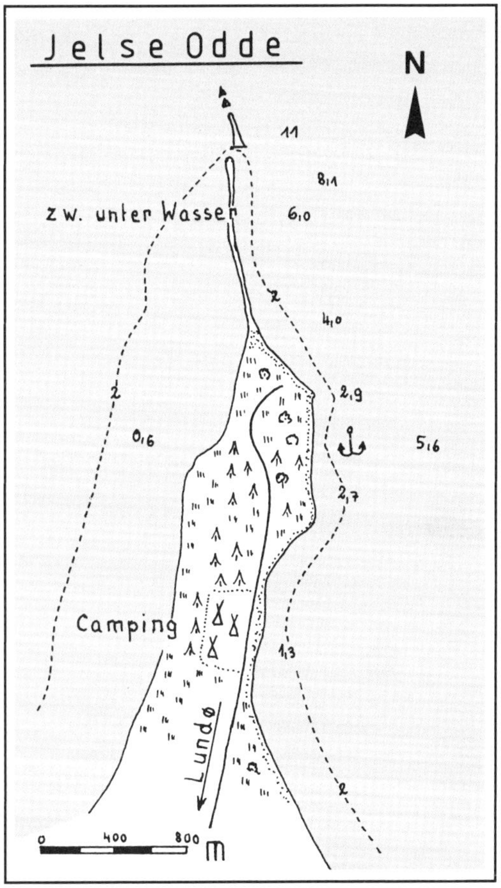

Ansteuerung

Vom Hvalpsund oder aus dem Skive Fjord kommend muß die Nord-Untiefentonne bei Jelse Odde unbedingt an Steuerbord bleiben. Nach dem Runden kann man dicht unter dem Ufer entlang zum angegebenen Ankerplatz segeln.

Ankerplatz

Das Westufer der Lovns Bredning eignet sich in weiten Teilen gut zum Ankern. Empfehlenswert ist der Ankerplatz etwas südlich der Huk Jelse Odde. Hier liegt man ca. 100 m vom Ufer entfernt auf 2,70 m Wasser über gut haltendem Sandgrund. In Lee des Nadelwaldes ankert man ruhig und sicher bei Winden aus Südwest bis Nordwest.

Versorgungsmöglichkeiten

Einen kleinen Kaufmann und eine Waschmaschine gibt es auf dem Lundø Campingplatz (ca. 1 km entfernt).

Nächster Hafen

Hvalpsund (ca. 4,1 sm); Virksund (ca. 6,2 sm).

Freizeittips

— *Schöner Badestrand.*
— *Ein Basteltip:*

„Die Wasserschlange“

Material: *1 Ast, Taschenmesser, Säge, Bohrer, Bändsel, Kleber*

Ein möglichst geschwungener Ast wird mit dem Messer von allen Nebenzweigen befreit. Danach wird das dicke Ende, welches den Kopf ergibt, abgerundet und das dünne Schwanzende angespitzt.

Nun zersägt man den Ast in ca. 3 cm lange Stücke, die anschließend durch kurze Bändsel von nicht mehr als 1,5 cm Länge verbunden werden, und zwar so:

Zunächst bohrt man kleine Löcher in die Mitte der Schnittstellen und verbindet dann je zwei Aststücke, indem man das

kleine Bändsel mit etwas Kleber in die Löcher einfügt. Der Zwischenraum zwischen den Stücken darf nur sehr klein sein.
Jetzt braucht man etwas Geduld, bis der Kleber gut getrocknet ist. Je nach Geschmack kann man den Kopf oder Körper der Schlange mit Farbe verschönern.
Oh Wunder, faßt man die Schlange an, so beginnt sie sich zu ringeln!

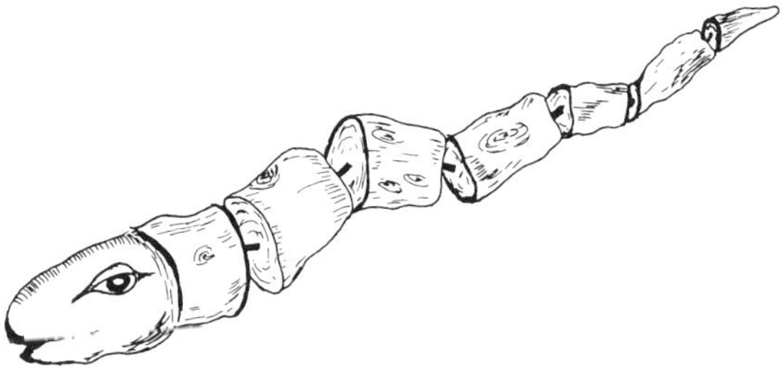

„Die Wasserschlange"

Hjarbæk Fjord

POSITION: 56° 33,2′ N - 09° 16,9′ E
SEEKARTEN: D 81; DK 109

Allgemeine Beschreibung

Der Hjarbæk Fjord ist ein landschaftliches Kleinod. Seit dem Schleusenbau in Virksund (1965) verwandelt sich der Fjord allmählich in ein Süßwassergebiet.

Vor dem zum Teil flachen westlichen Ufer breiten sich Schilffelder aus. Dort stehen zahlreiche Stellnetze und Fischerflaggen. Das östliche

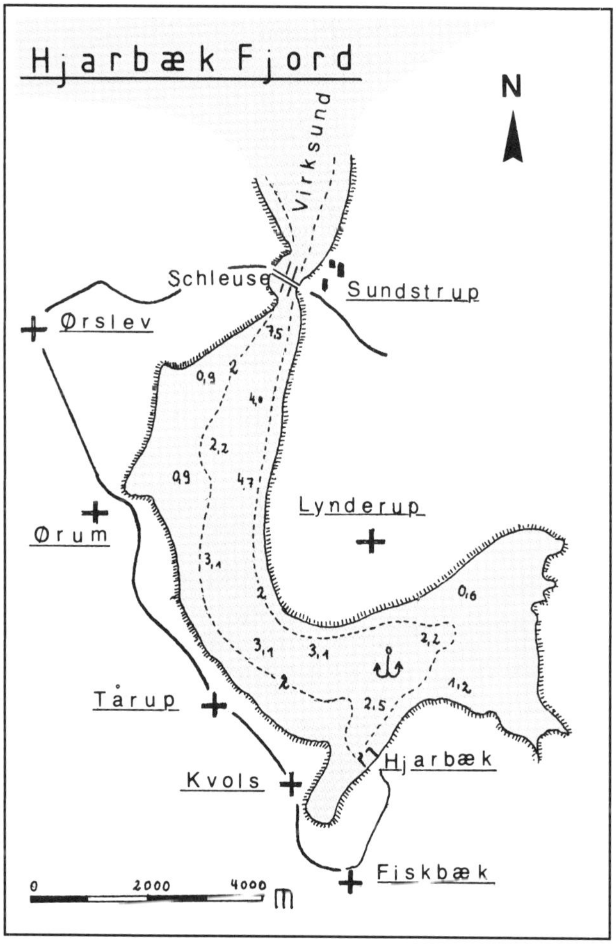

Ufer steigt steil bis zu einer Höhe von 39 m an. Tief im Fjord liegt der kleine, gemütliche Ort Hjarbæk mit dem dazugehörigen Hafen.

Ansteuerung

Den Hjarbæk Fjord erreicht man durch die Schleuse bei Virksund. Sie ist im

April	von 6.00 — 19.00 Uhr
Mai	von 6.00 — 20.00 Uhr
Juni	von 5.00 — 21.00 Uhr
Juli	von 5.00 — 21.00 Uhr
August	von 6.00 — 19.00 Uhr
September	von 6.00 — 18.00 Uhr

in Betrieb und öffnet bei Bedarf. Die Schleusensignale sollte man beim Ein- und Auslaufen unbedingt beachten, da die Schleusentore nach unten abgesenkt werden.

Signale:

1 rotes Licht:	Schleuse geschlossen
2 rote Lichter senkrecht übereinander:	Durchfahrt aus Nord erlaubt
3 rote Lichter senkrecht übereinander:	Durchfahrt aus Süd erlaubt
1 grünes Licht:	Auslaufen aus der Schleuse erlaubt

Achtung

In der Schleuse kann Strom stehen (Boot gut belegen!)

Da der Hjarbæk Fjord unter Naturschutz steht, beträgt die zulässige Höchstgeschwindigkeit im Fjord 8 Knoten.

Ankerplatz

Man kann fast vor dem gesamten Ostufer gute Ankerplätze finden. Das tiefe Wasser reicht dort bis ca. 200 m ans Ufer heran. Auch nordöstlich des Hafens von Hjarbæk liegt man gut. Der Ankergrund besteht aus Mud.
Im Hjarbæk Fjord liegt man geschützt bei Winden aus Nord über Ost bis Süd. Bei westlichen Winden kann man auch hinter einer der zahlreichen Schilfinseln vor Anker gehen.

Versorgungsmöglichkeiten

In Hjarbæk. Bus nach Viborg.

Freizeittips

Der gesamte Hjarbæk Fjord einschließlich einer Uferzone von 50 m ist Wildschutzgebiet. Er ist Rastplatz für viele Zugvögel und Brutgebiet zahlreicher Schwimm- und Watvögel, wie z. B. der Doppelschnepfe (große Bekassine). Sie bevorzugt feuchtes Gelände als Lebensraum und lebt von Insekten, deren Larven, von Würmern und Schnecken, die es hier reichlich gibt.

Doppelschnepfe (große Bekassine)

Im Hjarbæk Fjord bieten sich gute Möglichkeiten zur Vogelbeobachtung.
Manch einen Segler halten die beschriebenen abendlichen Mückenschwärme vom Hjarbæk Fjord fern. Sie sind zwar lästig, gestochen wurden wir jedoch kaum. Feinmaschiger Gardinentüll vor den Lukenöffnungen hält diese ungebetenen Gäste zumindest vom Salon fern.

Kulturelles

Rund um den Hjarbæk Fjord stehen kleine Kirchen mit Glockentürmen. Die Glocke, heute Symbol des Christentums, diente ursprünglich dazu, Übel abzuwehren und auf die Götter einzuwirken. Daß Glocken lange vor dem Christentum bei uns in Gebrauch waren, kann man aus der Namensgebung erkennen: Glocke leitete sich vom keltischen Wort „cloc“ ab.

Smålands Fahrwasser

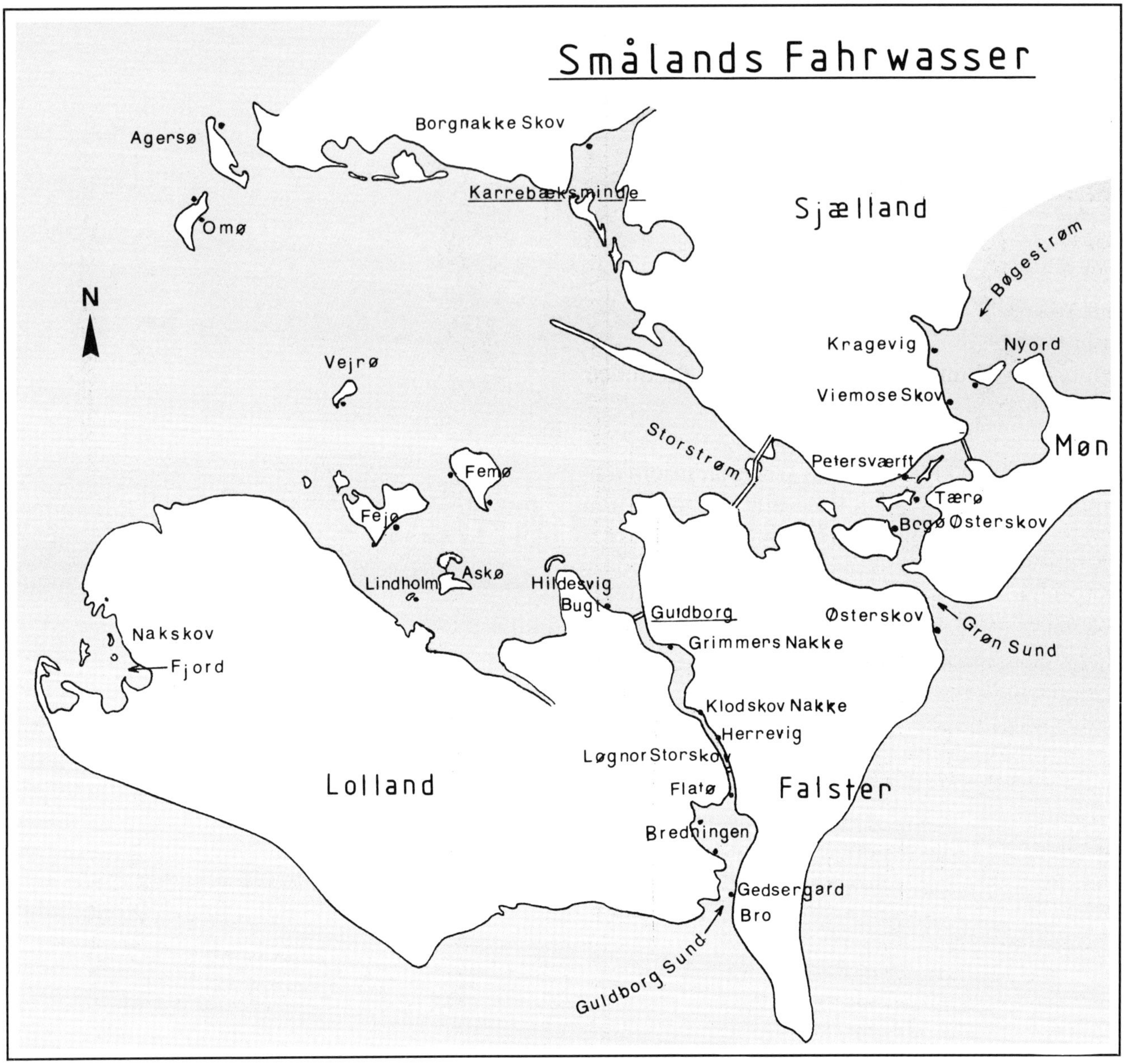
Smålands Fahrwasser
Agersø
Borgnakke Skov
Karrebæksminde
Omø
Sjælland
Bøgestrøm
N
Kragevig
Nyord
Vejrø
Viemose Skov
Storstrøm
Møn
Petersværft
Femø
Tærø
Fejø
Bogø Østerskov
Askø
Lindholm
Hildesvig
Bugt
Guldborg
Østerskov
Grøn Sund
Nakskov
Grimmers Nakke
Fjord
Klodskov Nakke
Herrevig
Løgnor Storskov
Lolland
Flatø
Falster
Bredningen
Gedsergard
Bro
Guldborg Sund

Smålands Fahrwasser - Westteil

SEEKARTEN: D 480; DK 160

Das Smålands Fahrwasser verbindet den Großen Belt mit der Ostsee.

Der Westteil bildet eine große Breite, die von den Inseln Omø, Agersø im Westen, Sjælland im Norden bis Osten und Falster und Lolland im Süden begrenzt wird.

Gute Ankerplätze gibt es im Smålands Fahrwasser trotz der vielen kleineren und größeren Inseln nur wenige, da ausgedehnte, weit vorgelagerte Flachs und Untiefen ein Segeln in Küstennähe stark beeinträchtigen oder zum Teil ganz unterbinden. Alle empfehlenswerten Ankerplätze werden im folgenden näher beschrieben.

Nicht mehr angelaufen werden sollte der oft in Handbüchern erwähnte **Basnæs Havn,** ein Schönwetterplatz vor der Südküste von Sjælland (Pos. 55° 11,8′ N - 11° 21,1′ E), da das Basnæs Nor zum Wildreservat erklärt worden ist.

Eigner von flachgehenden Booten finden noch im östlichen Teil des Smålands Fahrwasser einen ursprünglichen und sehr geschützten Ankerplatz: **Dybsø Havn** (Pos. 55° 07,8′ N - 11° 44,6′ E) im Dybsø Fjord. Die Wassertiefe beträgt in der Zufahrt zum Teil nur 1,20 m, und in der Rinne ist zeitweilig mit starkem Strom zu rechnen.

Vejrø

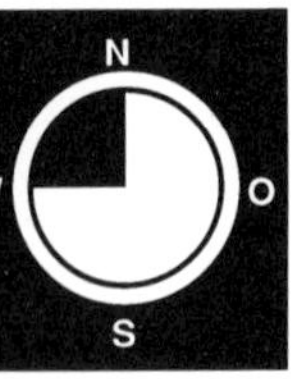

POSITION: 55° 2' N - 11° 22' E
SEEKARTEN: D 480, 3002; DK 142, 160

Allgemeine Beschreibung

Vejrø ist eine kleine Perle im Smålands Fahrwasser. Ehemals eine Bauerninsel, an deren Zeit noch die verlassenen Höfe und der kleine verwilderte Friedhof erinnern, befindet sie sich heute im Besitz eines jungen Landwirtes, der sie nach modernen Methoden bewirtschaftet. Im Herbst verführt das reife Obst in den verlassenen Gärten zum unerlaubten Abernten. Dies sollte im Interesse aller Segler unterbleiben, um uns den Zugang zur Insel noch lange zu erhalten.
Die Insel ist von einem feinen Sandstrand umgeben.
Unvergessen bleibt der Ruf der Fasane, die einem überall auf der Insel begegnen.

Ansteuerung

Von Norden kommend ist die Ansteuerung von Vejrø und der beschriebenen Ankerplätze unproblematisch. Man halte sich nur gut frei von dem Vejrø-N- und NO-Flach.
Von Süden und Westen kommend muß der Segler sich unbedingt an die Untiefentonnen halten, die die ausgedehnten Flachs vor Vejrøs Südküste markieren. Nach dem Runden der S-Untiefentonne von Vallegrund kann im kleinen Bogen auf die Küste von Vejrø zugehalten werden. Oder man hält von der N-Untiefentonne Skallebakke mit Kurs rw. 326° auf das Bauernhaus westlich der Kabelbaken zu.

Achtung

Beim Befahren des Smålands Fahrwasser muß wegen der vielen Untiefen und der starken Stromversetzung vorsichtig navigiert werden.

Ankerplatz

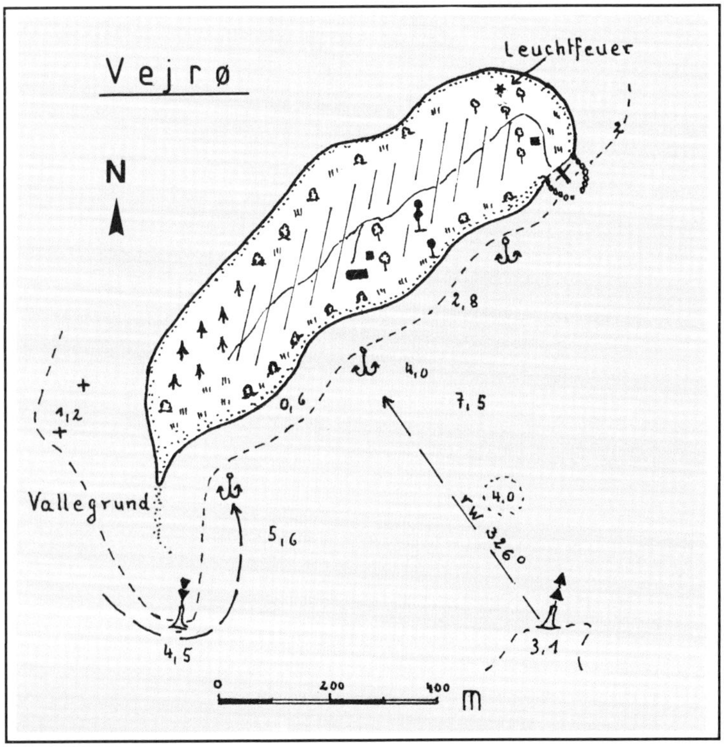

Am besten ankert man auf der SO-Seite der Insel, entweder dicht westlich des Yachthafens oder zwischen dem Bauernhaus (südlich der Kabelbaken) und der in einer flachen Sandhuk auslaufenden Südwestspitze Vejrøs. Die Wassertiefe beträgt ca. 3 m über dem Sandgrund, der zum Teil mit einigen größeren Steinen durchsetzt ist. Der Ankerplatz ist geschützt gegen Winde aus West bis Nord.

Versorgungsmöglichkeiten

Keine

Nächster Hafen

Vejrø-Hafen (ca. 0,75 sm) - Achtung: Einfahrt neigt zur Versandung! Femø (ca. 7 sm).

Freizeittips

Feiner Sandstrand (bestens zum Sonnen und Faulenzen geeignet); sehr gute Bademöglichkeiten; ein entdeckenswerter überwucherter Friedhof.

Tip: Nehmen Sie Ihre Kinder und ein Fernglas mit, und auf geht es zur Südwestspitze von Vejrø. Dort können Sie Kormorane beim Fischen beobachten — oder einfach nur im Gras liegen und ungestört in den Himmel schauen!

Am Strand kann man gut „Ringtennis“ spielen, ein Spiel für groß und klein:

Ringtennis

Mitspieler: *2 oder 4 Personen*

Material: *1 Ring (Gummet — Herstellung siehe Ankerplatz Torø)*
2 lange Stiele (Bootshaken und -schrubber)
1 Leine (Länge ca. 5 m)

Spielfeld: *Originalgröße 12,20 x 3,70 m, das in zwei Hälften geteilt wird.*
Dort werden die beiden Stiele als Pfosten errichtet und die Leine in 1,50 m Höhe gespannt. Beiderseits der Pfosten wird ein Sperraum von 1,80 m markiert, der nicht betreten werden darf.

Spielregeln: *Der Ring (Gummet) muß möglichst flach über die Leine geworfen und vom Gegenspieler aufgefangen werden. Es muß der Ring mit der gleichen Hand zurückgeworfen werden, mit der er aufgefangen wurde. Ein Handwechsel ist nicht erlaubt.*
Die Wertung erfolgt wie beim Tischtennis. Bei 21 Punkten ist Spielende. Bei Punktgleichheit wird solange weitergespielt bis ein Spieler 2 Punkte Vorsprung hat.

Kulturelles

Anfang der 80er Jahre sollte die Insel zu einer Hotelinsel exklusiven Stils umgestaltet werden. Jedoch konnte der Brocken finanziell nicht geschluckt werden. Übrig geblieben sind ein Yachthafen ohne Sanitäreinrichtungen, eine Graslandebahn für Sportflugzeuge und eine Fasanerie, die Jägern auch heute noch das Büchsenfutter liefert.

Femø (Sletteren)

POSITION: 54° 57,2′ N - 11° 32,8′ E
SEEKARTEN: D 480; DK 160

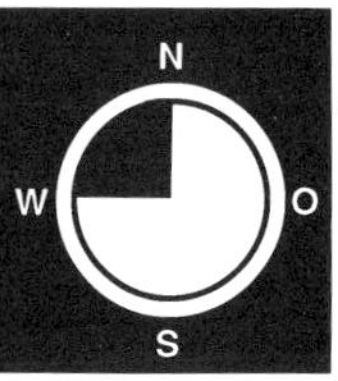

Allgemeine Beschreibung

Femø ist eine kleine Bauerninsel im Smålands Fahrwasser. An der Südostküste zieht sich ein langer Sandstrand entlang. Das Ufer geht ansteigend allmählich in Felder über, zwischen denen verstreut einige Gehöfte liegen. Die typischen dänischen Windgeneratoren, etwa in der Mitte der Insel, sind schon von weitem auszumachen.
Vor der Südostküste verläuft die 2-m-Linie dicht unter Land, so daß sich dieser Küstenabschnitt gut zum Ankern eignet. Der beste Ankerplatz befindet sich ca. 0,5 sm nordöstlich der Südspitze Femøs — Sletteren.

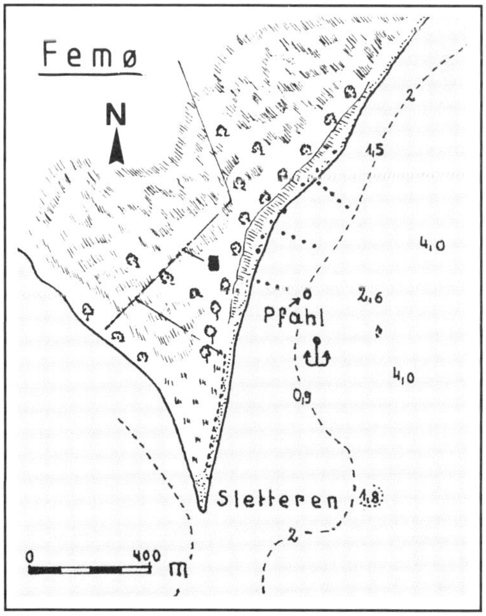

Ansteuerung

Femø ist von ausgedehnten Flachs umgeben. Im Osten erstreckt sich das Skellerev, im Süden das Femø Sletterev und der Grønvold Grund. Die dort ausliegenden Untiefentonnen müssen bei der Ansteuerung des Ankerplatzes unbedingt an der richtigen Seite passiert werden. Danach kann man zunächst die beiden Windgeneratoren auf dem Issemose Bjerg ansteuern. Vor der Südostküste ist der Grund bis dicht unter Land rein. Im Abstand von etwa 800 m läuft man dann südwärts an der Küste entlang zum Ankerplatz, der gut an einem alleinstehenden Pfahl und dem Fischerhaus zu erkennen ist.

Achtung

Vor der Südostküste Femøs liegen einzelne Fischerflaggen aus.

Ankerplatz

Man ankert am besten in Höhe des Fischerhauses ca. 200 m von Land entfernt auf 2,50 m Wassertiefe. Der Ankergrund besteht aus Sand mit Seegras (etwas Modder). An diesem abgelegenen, schönen Platz liegt man ruhig bei Winden aus West bis Nord.

Etwas südlich des Ankerplatzes steht ein einzelner Pfahl, an dem normalerweise das Boot des Fischers liegt. Dicht unter dem Ufer stehen drei Stellnetze.

Tip: Sollte der kleine Hafen von Femø überfüllt sein, kann man bei östlichen Winden nordwestlich des Hafens vor einem Waldstück gut ankern. Die 2-m-Linie verläuft hier knapp 100 m von Land entfernt.
Bei nördlichen Winden kann man zur Insel Fejø hinübersegeln und in der Dybvig etwa 100 m vor dem Ufer ankern. Dort liegt ein Wochenendhausgebiet.

Versorgungsmöglichkeiten

Kaufmann in Sønderby (ca. 1,5 km).

Nächster Hafen

Femø (ca. 6 sm)

Freizeittips

— *Gute Bademöglichkeit.*
— *Am Strand und im Flachwasser kann man viele verschiedene Steine finden, die das Gletschereis aus weiten Teilen der Ostsee dort abgelagert hat. Vier verschiedene Arten lassen sich auch für den Laien gut unterscheiden:*

1. *Helle, rote oder graue Steine mit einer körnigen Struktur — es handelt sich um Granite oder Gneise. Diese stammen aus Bergketten, in denen Druck und Wärme auf das Material eingewirkt haben. Man bezeichnet sie deshalb auch als „umgebildete Steine".*
2. *Rötlich-bräunliche Steinmassen mit hellen Streukörnern — sie zählen zu den vulkanischen Gesteinsarten und stammen aus dem Inneren der Erde. Es sind geschmolzene Steinmassen (Porfyre) aus dem Gebiet zwischen Gotland und den Ålands.*
3. *Steine, die aus einer überwiegend gleichartigen Masse bestehen — sie sind durch das Zusammenpressen von Lehm, Sand oder Kalkschlamm zu Schiefer, Sandstein und Kalkstein entstanden.*
4. *Überwiegend schwarze Steine mit weißen Einschlüssen — das sind Feuersteine, die sich in den Schichten der Kreide gebildet haben. Die in der Kreide befindliche Kieselsäure wurde ausgeschieden und sammelte sich in den Hohlräumen der Kreideschichten. So ist auch ihre merkwürdige Form zu erklären.*

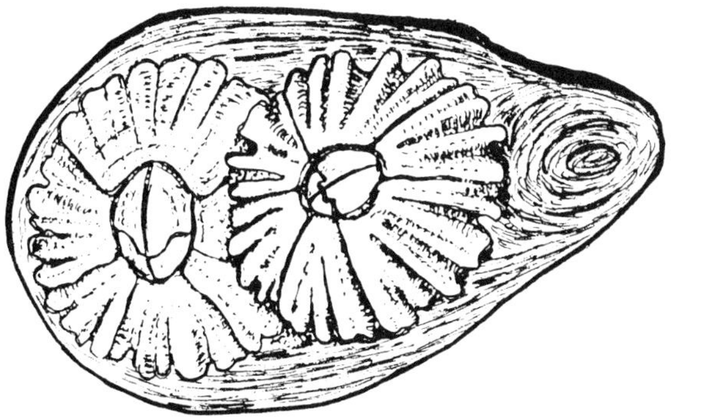

Lindholm

POSITION: 54° 52,9′ N - 11° 27,2′ E
SEEKARTEN: D 480, 3002; DK 160

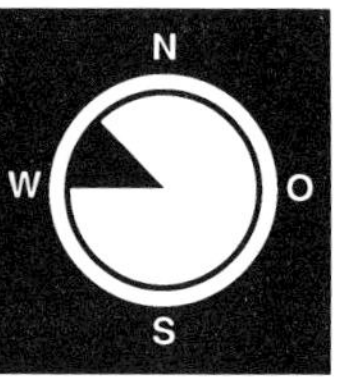

Allgemeine Beschreibung

Lindholm ist eine kleine, im nordöstlichen Teil bewaldete Insel am Lindholm Dyb. An der SO-Seite befindet sich ein kleiner Anleger, der jedoch eine zu geringe Wassertiefe für Kielboote aufweist.
Lindholm ist bewohnt und darf von Besuchern betreten werden.

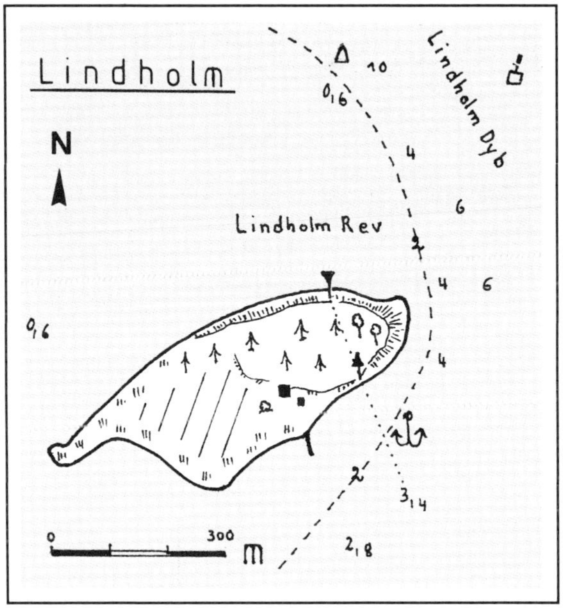

Ansteuerung

Der Ankerplatz ist nur durch das Lindholm Dyb zu erreichen. Zwischen der Insel Lindholm und der Huk Blans Hoved erstreckt sich das Keldernæs Flak mit Wassertiefen von nur 0,6 — 1,5 m!

Achtung

Außerhalb des Tonnenstrichs des Lindholm Dybs wird es sehr schnell flach.

Ankerplatz

Es kann dicht unterhalb der SO-Küste auf ca. 2,5 m Wassertiefe geankert werden. Der Ankerplatz ist sicher vor Winden aus West bis Nordwest.

Versorgungsmöglichkeiten

Keine

Nächster Hafen

Askø (ca. 1 sm) oder Blans (1 sm).

Freizeittips

Gute Bademöglichkeit.
Tip: In einem gemütlichen Spaziergang von 45 Minuten Dauer kann das Inselchen umrundet werden. Dabei können Sie den schönen Blick über das Smålands Fahrwasser mit den Inseln Askø, Fejø und Femø genießen.

Hildesvig Bugt

POSITION: 54° 52,65′ N - 11° 43′ E
SEEKARTEN: D 477, 480; DK 160, 163

Allgemeine Beschreibung

Ca. 1 sm westlich der Ost-Untiefentonne Havresten liegt die landschaftlich reizvolle, weitgestreckte Hildesvig Bugt. Rundherum zieht sich ein ausgedehnter, überwiegend aus Eichen und Buchen bestehender Wald. Im Scheitel der Bucht findet man einen kleinen Sandstrand vor einer Reetgraswiese. Nach Osten geht das Ufer in eine Steilküste über, vor der sich ein schmaler, steiniger Strandstreifen entlangzieht.

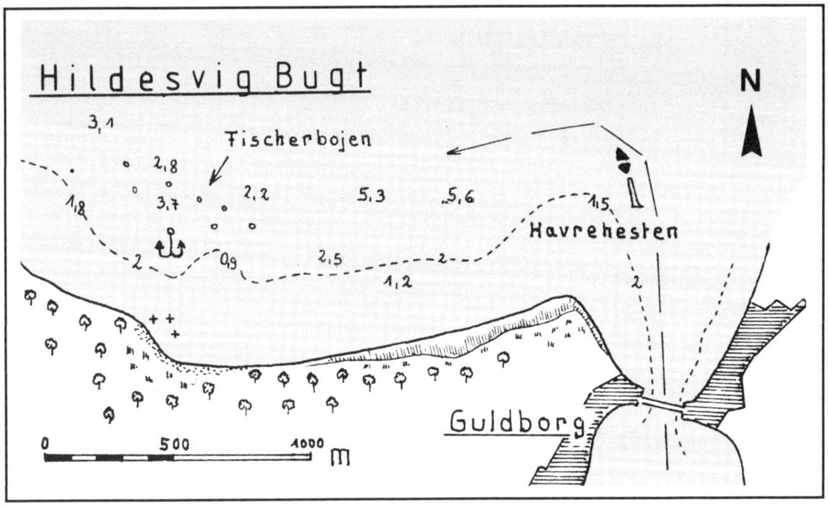

Ansteuerung

1. **Von Norden kommend**
   steuere man von der grünen Tonne, 0,7 sm vor Alstrup Klint, mit Südkurs in die Bucht. Als gute Achterauspeilung kann das langgestreckte Gebäude mit rotem Dach auf der nördlichen Halbinsel von Falster dienen.
2. **Aus dem Guldborg Sund kommend**
   runde man die Ost-Untiefentonne Havresten, um danach in die Bucht einzulaufen.

Da es keine markanten Ansteuerungspunkte gibt, muß man sich mit dem Echolot vorsichtig an das Ufer heranloten.

Achtung

— In der Bucht liegen viele Fischerbojen, die vorsichtig umrundet werden müssen.
— Innerhalb der 2-m-Linie liegen zum Teil große Steine!

Ankerplatz

Man kann gut ca. 200 m von Land auf 2,50 m Wassertiefe ankern. Der Grund besteht überwiegend aus Sand mit etwas Seegras. In Lee des Waldes liegt man sicher bei Winden aus Süd bis West. Der kleine Sandstreifen ist ideal zum An-Land-gehen und Baden geeignet.

Tip: Bei nördlichen Winden liegt man sehr gut bei Broslunde, einer bewaldeten Halbinsel von Falster, am nördlichen Eingang zum Guldborg Sund (Pos. 54° 55,7′ N - 11° 42,1′ E).

Versorgungsmöglichkeiten

Guldborg (ca. 1,5 km Fußweg)

Nächster Hafen

Guldenborg (ca. 1,5 sm)

Freizeittips

— *Gute Bademöglichkeiten.*
— *Der Wald lädt zu ausgedehnten Wanderungen ein.*

Kulturelles

Die Eichen des Hildesvig Skov sind die Reste der ursprünglichen Vegetation Lollands. In der Steinzeit war die Insel von einem dichten Eichenwald überzogen.
Die großen Steine des Küstensaumes ließ die Eiszeit vor ca. 10 000 Jahren zurück.

Guldborg Sund — nördlich von Nykøbing

SEEKARTEN: D 477, 3002; DK 163

Der Guldborg Sund zwischen Lolland und Falster ermöglicht die Durchfahrt vom Smålands Fahrwasser zur Ostsee. Von der nördlich gelegenen Stadt Guldborg bis nach Nykøbing windet sich eine schmale Fahrrinne, die stellenweise weniger als 100 m breit ist. Das betonnte Fahrwasser sollte genau eingehalten werden, da außerhalb viele große Steine liegen. Bei ruhigem Wetter kentert der Strom regelmäßig und erreicht normalerweise 1 bis 2 Knoten Geschwindigkeit. Von Norden kommend bleiben die grünen Tonnen an Steuerbord.

Über den Sund spannen sich zwei Klappbrücken, die von Sonnenaufgang bis Sonnenuntergang geöffnet werden. Die Öffnungszeiten der Kong-Frederik-IX-Brücke bei Nykøbing richten sich nach dem durchgehenden Eisenbahnverkehr. Als Brückensignal gilt die Flagge „N“ und ein Ton „lang-kurz“. Das Flaggensignal sollte ca. ½ sm vor der Brücke bereits gesetzt werden.

Bei Hjelms Nakke befindet sich ein Autobahntunnel, der sog. „Guldborgsundtunnel“, im Bau.

Der Guldborg Sund zwischen Guldborg und Nykøbing ist ein landschaftlich reizvolles Revier. An den Ufern wechseln sich Felder mit kleinen Wäldchen ab. Nur selten fällt der Blick auf einzelne Gehöfte oder entfernt liegende Ortschaften. Rechts und links der schmalen gewundenen Fahrrinne grundeln zahlreiche Schwäne.

Ankern kann man an beiden Seiten der Fahrrinne, soweit es die Wassertiefe bzw. die vielen Fischerbojen zulassen. Zu den schönsten Ankerplätzen im nördlichen Teil des Sundes zählen **Grimmers Nakke, Klodskov Nakke, Herrevig** und **Løgnor Storskov.** Sie sollen näher beschrieben werden.

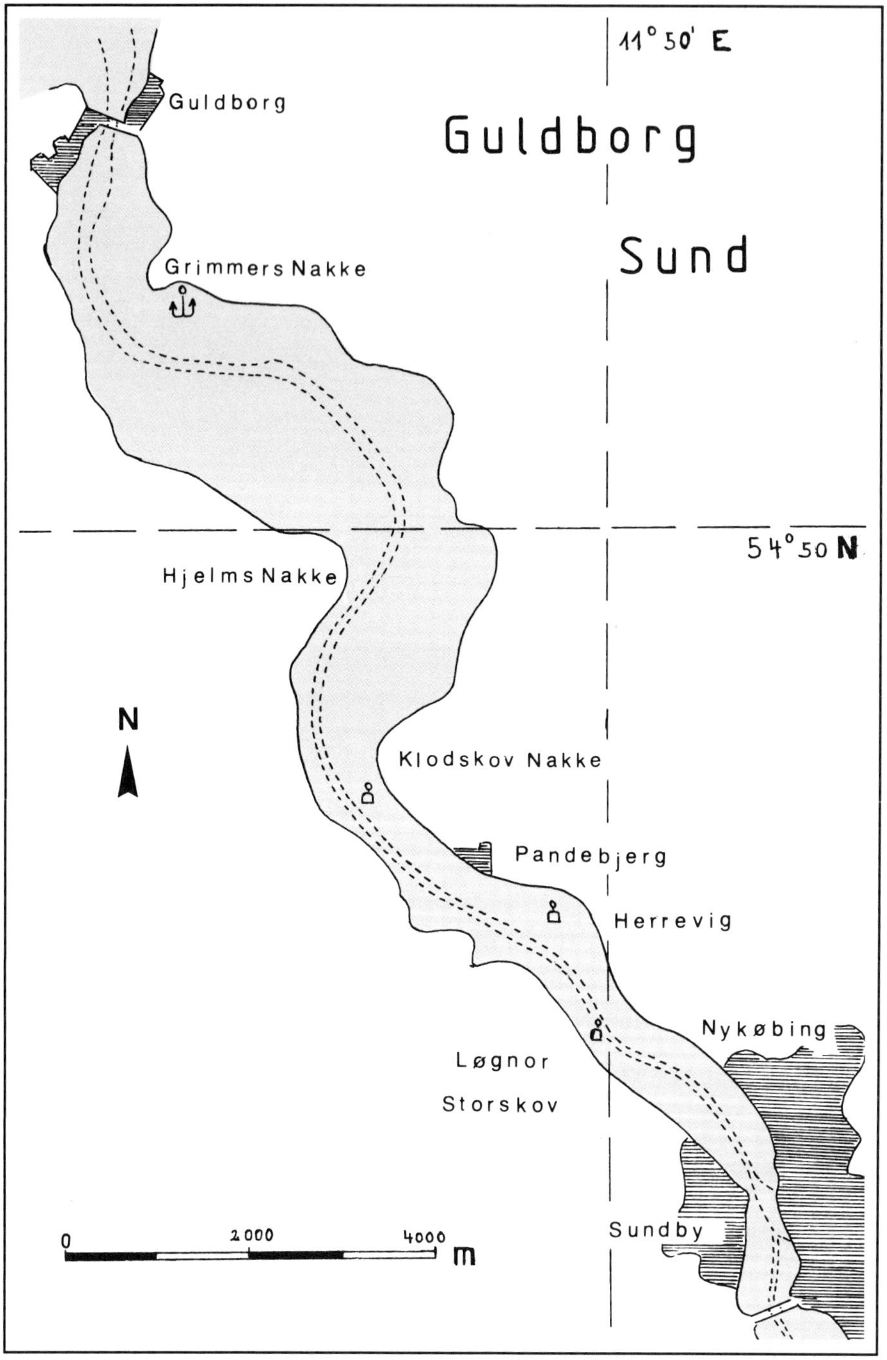

Übersichtsplan Guldborg Sund — Nordteil

Grimmers Nakke

POSITION: 54° 51,3′ N - 11° 45,72′ E
SEEKARTEN: D 477, 3002; DK 163

Allgemeine Beschreibung

Der Ankerplatz Grimmers Nakke liegt südlich vom Sønderskov, einem schönen Buchen-, Kiefern-Mischwald.

Plan siehe „Guldborg Sund — Nordteil"

Ansteuerung

Die Ansteuerung erfolgt von der Fahrrinne aus. Leider ist der Middelgrund bei Grimmers Nakke dicht mit Fischerbojen belegt. Es erfordert viel Geschick, sich durch das Gewirr vorsichtig bis unters Ufer zu manövrieren.

Ankerplatz

Man ankert ca. 250 m vom Ufer entfernt auf 2,00 — 2,50 m Wassertiefe. Der Grund besteht aus Ton mit starkem Seegrasbewuchs. Das hohe Ufer bietet guten Schutz bei Winden aus Nordwest bis Nordost.

> Achtung
>
> Die in der dänischen Seekarte 163 eingezeichnete Festmachertonne lag 1987 nicht aus.

Versorgungsmöglichkeiten

In Sundby (ca. 2,5 km) bzw. Guldborg (ca. 3 km)

Nächster Hafen

Guldborg (ca. 1,5 sm)

Freizeittips

- *Naturfreunde können von diesem Ankerplatz aus eine seltene Fischreiherkolonie beim Brutgeschäft beobachten. Die Vögel brüten in einigen überhängenden Bäumen an der Südseite von Grimmers Nakke.*
- *Bei einem Spaziergang nach Guldborg kommt man an der Sundvedgårds Mølle vorbei. Es handelt sich um eine sogenannte Hofmühle. Sie stammt aus dem Jahr 1870 und war bis zum Ersten Weltkrieg in Betrieb. Es ist die kleinste und besterhaltenste Mühle der Gegend.*

Klodskov Nakke

POSITION: 54° 48,59′ N - 11° 47,68′ E
SEEKARTEN: D 477, 3002; DK 163

Allgemeine Beschreibung

Klodskov Nakke ist eine schilfbewachsene Huk am südlichen Ende der Hjelms Rende. Die ausgedehnten Felder werden zum Ufer hin von einer Busch-/Baumreihe begrenzt. Südwestlich der Huk ist eine gelbe Festmacherboje ausgelegt.

Plan siehe „Guldborg Sund — Nordteil"

Ansteuerung

Direkt vom Fahrwasser aus; am besten von der roten Tonne mit Topzeichen Jydebugt, da nördlich der nächstgelegenen roten Tonne eine Untiefe mit nur 1,70 m Wasser liegt (siehe Seekarte).

Ankerplatz

Die gelbe Ankerboje liegt ca. 100 m außerhalb des Fahrwassers. Die Wassertiefe beträgt dort ca. 2,20 m. Auf diesem Platz findet man Schutz bei Winden aus Ostnordost bis Ost und Süd bis West.

> Achtung
>
> Die in der dänischen Seekarte 163 eingezeichnete Festmacherboje westlich der Hjelms Rende lag 1987 nicht aus. Sie wurde wahrscheinlich nach Klodskov Nakke verlegt.

Versorgungsmöglichkeiten

Keine

Nächster Hafen

Nykøbing (ca. 3,5 sm)

Freizeittips

Ein Spiel für „unruhige Geister“:
„Der verhexte Ring”

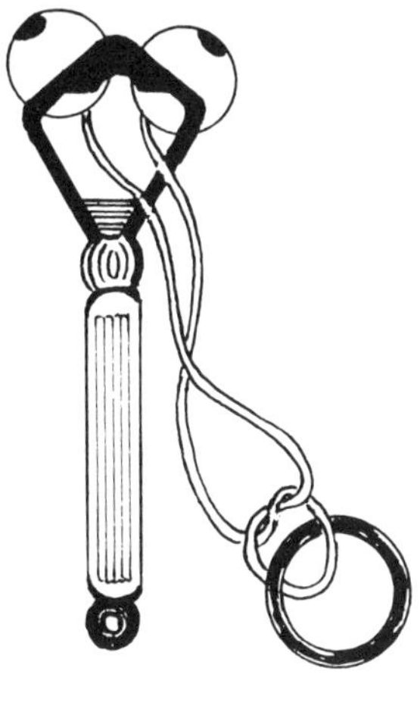

Benötigt werden: 1 Gummistropp
1 Flaschenöffner
1 Ring

Knotenvexierspiele sind sehr alt. Die Aufgabe besteht immer darin, den Knoten ohne Gewalt zu lösen und den Ring zu befreien.
(Lösung: Den Knoten aufziehen, Schlinge verlängern und durch den Flaschenöffner ziehen. Dann über eine der beiden Kugeln heben.)

Herrevig

POSITION: 54° 47,8′ N - 11° 49,55′ E
SEEKARTEN: D 477, 3002; DK 163

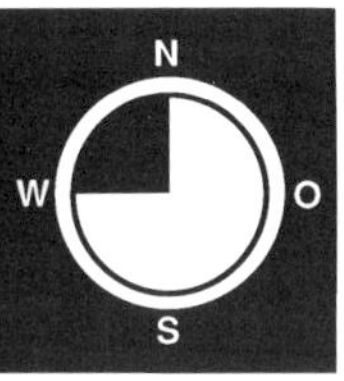

Allgemeine Beschreibung

Herrevig ist eine landschaftlich reizvolle Bucht südöstlich des Anlegers Pandebjerg Hoved Bro. Ein schmaler Schilfgürtel säumt das Ufer. Im östlichen Teil wächst ein Mischwald. Hinter einer Birkenallee führt in Ufernähe eine verkehrsarme Straße vorbei.
In der Sommerzeit vom 1. 4. — 15. 11. liegt in der Herrevig eine gelbe Festmacherboje aus.
Plan siehe „Guldborg Sund — Nordteil”

Ansteuerung

Von der roten Fahrwassertonne mit Topzeichen hält man direkt auf die gelbe Boje zu.
Aus der Seekarte gewinnt man den Eindruck, als läge sie im Flachwasserbereich, da sie weit innerhalb der 2-m-Linie eingezeichnet ist und weitere Tiefenangaben fehlen. Unser Echolot zeigte Wassertiefen zwischen 1,70 — 2,50 m an. Als Ansteuerungshilfe kann das rote Bauernhaus dienen.

Ankerplatz

Die Wassertiefe bei der gelben Boje beträgt ca. 2,50 m. Der Grund besteht aus Lehm mit Tang. In der Herrevig liegt man ruhig bei Winden aus Nord bis Ost.

Versorgungsmöglichkeiten

Keine

Nächster Hafen

— Pandebjerg Hoved Bro (ca. 0,6 sm), ein privater Anleger mit einer Wassertiefe von 2 m am Kopf.
Festmachen für eine Nacht erlaubt.
— Nykøbing (ca. 2 sm)

Freizeittips

— *Gute Bade- und Wandermöglichkeit.*
Etwas nördlich der Bucht erstreckt sich das ausgedehnte Waldgebiet von Ny-Kristineberg Storskov.

Løgnor Storskov

POSITION: 54° 47,2′ N - 11° 50′ E
SEEKARTEN: D 477, 3002; DK 163

Allgemeine Beschreibung

Løgnor Storskov bildet die malerische Waldkulisse für einen schönen Ankerplatz, an dem eine gelbe Festmacherboje ausgelegt ist. Auf einer weiten, vom Wasser einsehbaren Waldlichtung mit Wiesengrund steht ein weißes, strohgedecktes Gehöft. Zwei schmale Sandstreifen laden zum Landgang ein.
Løgnor Storskov bietet sich auch als gute stadtnahe Alternative zum Hafen von Nykøbing an.

Plan siehe „Guldborg Sund — Nordteil"

Ansteuerung

Die dicht am Fahrwasser liegende Boje kann ohne Schwierigkeiten angelaufen werden.

Ankerplatz

Die Wassertiefe beträgt bei der Boje ca. 2,50 m. Im Schutz des Waldes liegt man angenehm bei Winden aus Süd bis Westnordwest.

Versorgungsmöglichkeiten

In Sundby (ca. 2,5 km Fußweg)

Nächster Hafen

Nykøbing (ca. 1 sm)

Freizeittips

— *Von diesem Platz aus kann man sehr gut die vorbeisegelnden Boote mit ihren leuchtend rot-weißen Danebrogs beobachten. Der Guldborg Sund ist noch fest in dänischer Hand!*

Kulturelles

Eine Sage berichtet:
Im Jahre 1219 kämpfte der dänische König Waldemar Sejr in einer großen Schlacht in Estland. Plötzlich öffnete sich der Himmel, und eine Fahne fiel ihm vor die Füße. Er deutete dies als göttliches Zeichen, tauschte sie gegen sein eigenes Kriegsbanner aus und gewann so die Schlacht.
Seitdem ist der Danebrog Dänemarks offizielle Flagge. Als Handels- und Hausflagge ist sie rechteckig, als Königs-, Staats- und Kriegsflagge doppelt geschweift.

Guldborg Sund — südlich von Nykøbing

SEEKARTEN: D 477, 3002; DK 163

Der südliche Teil des Guldborg Sundes zwischen Nykøbing und Flinthorne Rev ist Yachten bis zu 2,00 m Tiefgang vorbehalten. Die stark gewundene und an einigen Stellen sehr enge, zum Teil künstlich gebaggerte Fahrrinne weist eine durchschnittliche Wassertiefe von 2,10 m auf.

Der Südteil des Sundes zeichnet sich durch eine unberührte Natur und verschiedene schöne Ankerplätze, wie z. B. bei der kleinen **Insel Flatø** in der weiten Bredningen, aus.

> **Achtung**
> In den Fahrrinnen sollte man sich möglichst im Tonnenstrich halten, da außerhalb des Fahrwassers zahlreiche große Steine dicht unter der Wasseroberfläche liegen. Dies trifft besonders für die Lolland-Seite und das steinige Flinthorne Rev zu.

Flatø

POSITION: 54° 44′ N - 11° 51,75′ E
SEEKARTEN: D 477, 3002; DK 163

Achtung

— Im südwestlichen Teil der Enge schwimmen viele Fischerbojen.
— Am Ankerplatz steht zeitweilig Strom.

Allgemeine Beschreibung

Ca. 1,7 sm südlich von Nykøbing/F. findet man einen idyllisch gelegenen Ankerplatz in einer Tiefwasserrinne zwischen der kleinen bewaldeten Insel Flatø und Lolland: Weiden, Wiesen und Felder reichen bis ans schilfgesäumte Ufer. Etwas südwestlich liegt der Anleger Priorskov Bro. Er kann heute nicht mehr benutzt werden, da er nur noch aus Pfahlstümpfen besteht.

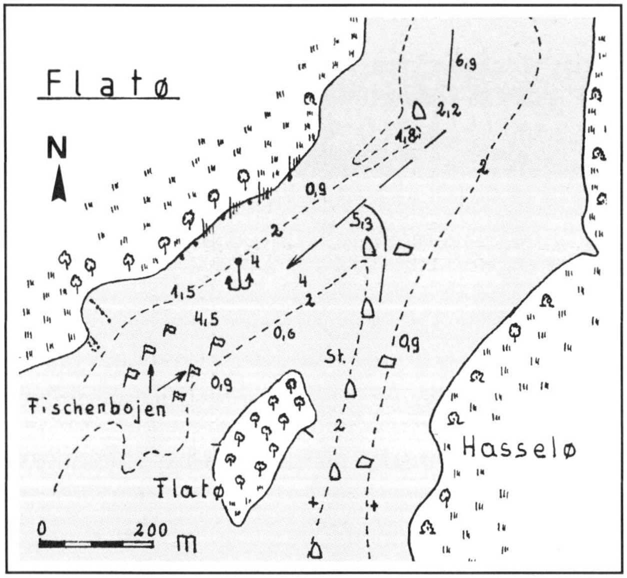

Ansteuerung

1. **Von Nykøbing kommend**
   läuft man von der einzelnen grünen Tonne südlich von Hesselø Plantage mit Kurs rw. 230° direkt zum Ankerplatz.
2. **Von Süden kommend**
   folgt man dem betonnten Fahrwasser bis zum letzten rotgrünen Tonnenpaar nördlich der Insel Flatø und dreht dann nach Backbord in die geschützte Enge zwischen Lolland und Flatø.

Ankerplatz

Man ankert in der Mitte zwischen Lolland und Flatø auf 4,00 bis 4,50 m Wassertiefe. Der Ankergrund besteht aus zähem Lehm mit Muscheln und Seegras. In der Enge liegt man sehr geschützt, außer bei Winden aus Nordost bzw. Südwest.

Versorgungsmöglichkeiten

Keine

Nächster Hafen

Nykøbing (ca. 1,7 sm)

Freizeittips

Am Ufer wachsen zahlreiche Weißdorn-Büsche, die im Mai/Juni ein prächtiges Bild abgeben, wenn sie im weißen Blütenkleid stehen.
Aus den Blüten läßt sich ein vorzüglicher Tee mit goldgelber Farbe zubereiten, der moderner Forschung zufolge beruhigend wirken soll. (Pro Tasse rechnet man 1 Teelöffel Blüten.) Im Herbst kann man sich an den mehligen, süß-säuerlich schmeckenden Früchten laben. Sie sind nicht giftig, wie manche fälschlicherweise behaupten. Da sie sehr gut gelieren, sind sie auch bestens zur Herstellung von Gelee oder Kompott geeignet.

Bredningen (Guldborg Sund)

POSITION: 54° 42′ N - 11° 50,45′ E
SEEKARTEN: D 477, 3002; DK 163

Allgemeine Beschreibung

Bredningen heißt die große Erweiterung des Guldborg Sundes ca. 2,5 sm südlich von Nykøbing. Mit einer durchschnittlichen Wassertiefe von 2,20 m ist sie relativ flach. Das westliche Ufer sowie die kleinen Inseln Lilleø und Kejlsø sind größtenteils bewaldet, während am östlichen Ufer Felder, Wiesen und kleine Ortschaften einander abwechseln.
In der Bredningen findet man zwei gute Ankerplätze:

1. **am Südwestufer vor Frejlev Skov und**
2. **südlich der Insel Kejlsø.**

1. Frejlev Skov

Ansteuerung

1. **Von Norden kommend**
   steuert man nach dem letzten rot-grünen Tonnenpaar der Rinne Nordmands Sand Kurs rw. 233°. Bis zum Ankerplatz sind es 1,75 sm.

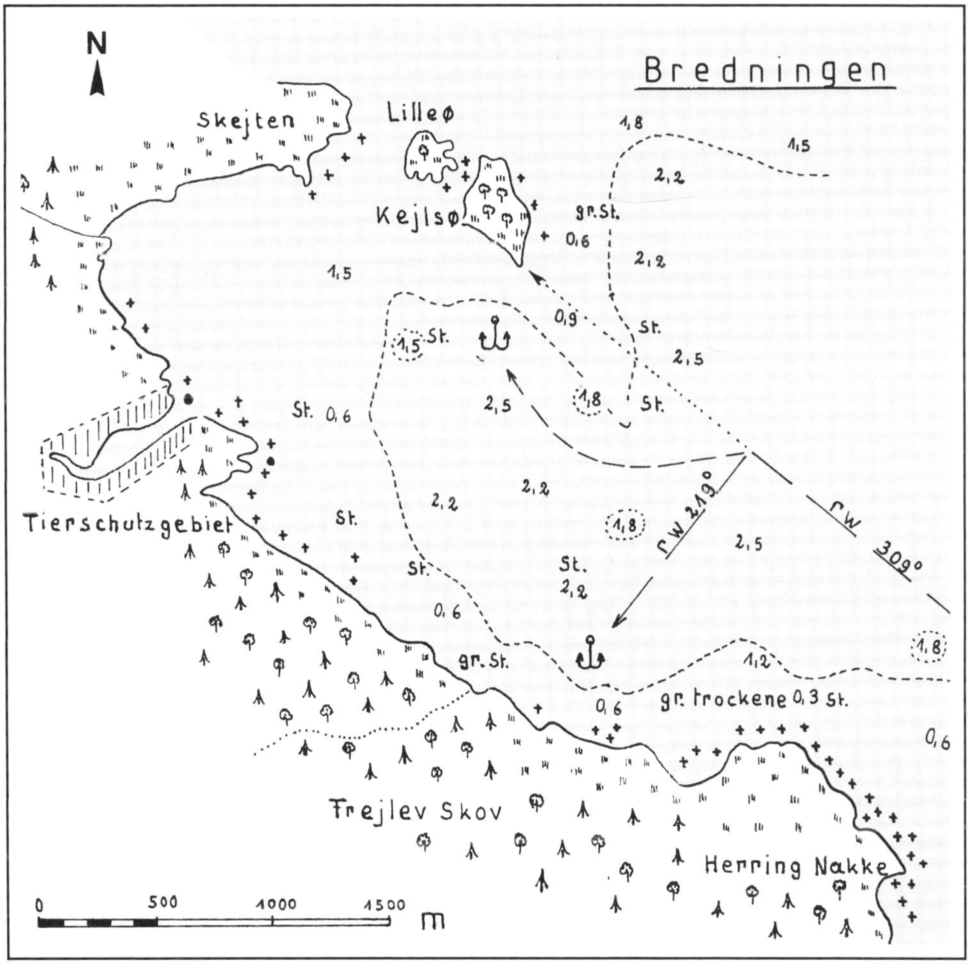

Achtung
Man sollte sich sehr vorsichtig an den Platz heranloten, da es innerhalb der 2-m-Linie sofort sehr flach wird und dort große Steine liegen.

2. **Von Süden kommend**
   folgt man dem betonnten Fahrwasser bis zur Ost-Untiefentonne querab der Halbinsel Herring Nakke. Nordwärts erweitert sich das enge Fahrwasser jetzt zur Bredningen. Hinter der Tonne ändert man den Kurs nach Backbord, bis die Insel Kejlsø genau voraus ist (rw 309°). Nach 1,2 sm wird der Kurs erneut geändert, und zwar auf rw. 219°. Bis zum Ankerplatz sind es jetzt noch 0,5 sm.

Ankerplatz

Frejlev Skov ist ein ausgedehntes Waldgebiet, das im Uferbereich in eine Strandwiese übergeht. Man ankert ca. 250 m von Land entfernt auf ca. 2,20 m Wassertiefe. Der Grund besteht aus Schlick, Steinen und Tang. Man liegt hier sehr geschützt bei Winden aus Süd bis West.

> **Achtung**
> Vor dem Ufer stehen einzelne Fischerpfähle.

2. Kejlsø

Ansteuerung

Sie erfolgt zunächst in gleicher Weise wie zum Frejlev Skov, danach segelt man in einem weiten Bogen auf das Südwestufer von Kejlsø zu (s. Skizze). So umgeht man das Flach, welches sich knapp 1/2 sm in südöstlicher Richtung von Kejlsø aus erstreckt.
Es ist zu beachten, daß die Bredningen mehrere 1,8 m Stellen aufweist, die nicht bezeichnet sind (siehe Seekarte)!

Ankerplatz

Kejlsø ist eine kleine bewaldete Insel, der man sich von Süden her bis auf ca. 200 m nähern kann. Auch hier besteht der Ankergrund aus Schlick, Steinen und Tang. In Lee vor Kejlsø liegt man gut bei Winden aus Nordwest bis Nord.

Versorgungsmöglichkeiten

Keine

Nächster Hafen

Nykøbing / F. (ca. 5 sm)

Freizeittips

Im Frejlev Skov befindet sich die größte Ansammlung von frühzeitlichen Gräbern auf Lolland: Lang-, Rundstein- und Ganggräber aus der Stein- und Bronzezeit, zum Teil mit Bautasteinen.
Das eindrucksvollste von allen ist das Langsteingrab „Kong Grøns Høj“ mit zwölf Bautasteinen. Einen Prospekt mit Lageplan und Erläuterungen erhält man in Nysted im Touristbüro.

Gedsergård Bro

POSITION: 54° 39,4′ N - 11° 51,2′ E
SEEKARTEN: D 477, 3002; DK 163

N W O S

Allgemeine Beschreibung

Gedsergård Bro wird der schöne, ruhige Platz am südlichen Ausgang des Guldborg Sundes genannt. In früherer Zeit befand sich hier eine Anlegebrücke, von der heute nur noch Pfahlreste zu sehen sind. Nördlich und südlich dieses ehemaligen Anlegers geht die Strandwiese in zwei Kiefernschonungen über, zwischen denen ein Feld liegt. In der Ferne erblickt man ein einzelnes Bauernhaus.

Ansteuerung

Sie erfolgt direkt von der Fahrrinne aus.

> **Achtung**
> Nördlich des Anlegers steht ein Stellnetz (eine Pfahlreihe).

Ankerplatz

Es kann nördlich und südlich des ehemaligen Anlegers dicht unter dem Ufer geankert werden. Die 2-m-Linie verläuft nur ca. 100 m vom Land entfernt. Der Ankergrund besteht aus Sand mit Tang. Im Schutz der beiden Wäldchen liegt man sicher bei allen östlichen Winden.

Versorgungsmöglichkeiten

Keine

Nächster Hafen

Nysted (ca. 8 sm); Nykøbing / F. (ca. 7 sm)

Karrebæksminde

POSITION: 55° 0,4′ N - 11° 38,8′ E
SEEKARTEN: D 477, 480; DK 160, 164

Allgemeine Beschreibung

Karrebæksminde ist ein vielbesuchter Ferienort mit dem Flair eines typisch dänischen Fischerstädtchens. Südlich des Hafens erstreckt sich ein langer feiner Sandstrand. An sonnigen Sommertagen herrscht hier reger Badetrubel.

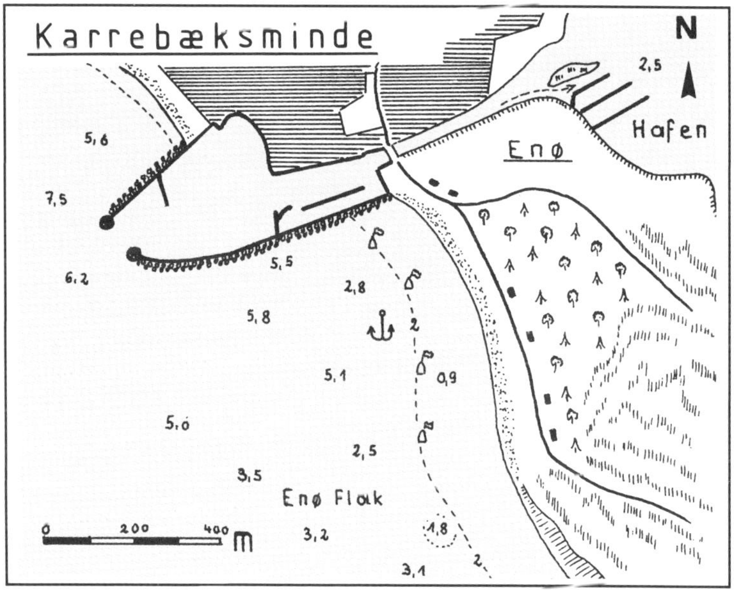

Ansteuerung

Weit sichtbare Ansteuerungsmarken von Karrebæksminde sind die gelben Fischerhäuser mit ihren roten Dächern. Etwas südlich davon liegt der Ankerplatz, der problemlos anzusteuern ist.

> **Achtung**
>
> Vor dem Hafen setzt Gezeitenstrom, der alle sechs Stunden kentert!
> Man achte beim Ankermanöver besonders auf die Schwimmer, Surfer und Wasserskiläufer!

Ankerplatz

Karrebæksminde ist ein beliebter Badeankerplatz.
Am günstigsten ankert man zwischen der Hafenmole und dem etwas südlicher gelegenen Wald. Der innerste Teil der Bucht ist ausschließlich Badegästen vorbehalten. Er ist durch gelbe Bojen gekennzeichnet. Die Wassertiefe liegt bei 3 — 5 m. Der Ankergrund besteht aus Sand. Man liegt hier gut geschützt bei Winden aus Nord bis Ost. Gegen westliche Winde ist der Ankerplatz sehr offen!

Versorgungsmöglichkeiten

Alle Versorgungseinrichtungen in Karrebæksminde.

Nächster Hafen

Karrebæksminde (0,5 sm)

Freizeittips

Karrebæksminde ist ein idyllischer, kleiner Fischerort mit einer sehenswerten alten Klappbrücke.
Sehr guter Badestrand.
Auf der Halbinsel Enø befindet sich ein Wildreservat.
Lassen Sie sich mit dem quirligen sommerlichen Urlaubsstrom durch den netten kleinen Ort treiben und genießen Sie, jetzt einmal von Land aus, das Gedrängel der Boote beim Passieren der Klappbrücke. Eine große Soft-Eis-Tüte gegen Hitze und Durst steigert das Vergnügen. Abends erfüllen oft die Klänge eines Orchestreons vom Jahrmarkt die Bucht und den Hafen.
So gehen Tag, Abend und Nacht zeitlos ineinander über.

Borgnakke Skov

POSITION: 55° 12,08′ N - 11° 40,8′ E
SEEKARTEN: D 477, 480; DK 160, 164

Allgemeine Beschreibung

Der Karrebæk-Fjord gleicht einem stillen, von Schilf umsäumten Binnensee. Nur selten sieht man einen Segler vorbeigleiten oder ein tuckerndes Fischerboot. Hunderte von Schwänen bilden kleine leuchtende Punkte auf dem Wasser. In weiten Teilen ist der Fjord außerhalb der Baggerrinne sehr flach. Die kleinen eingestreuten Inseln sind nur mit dem Beiboot erreichbar.

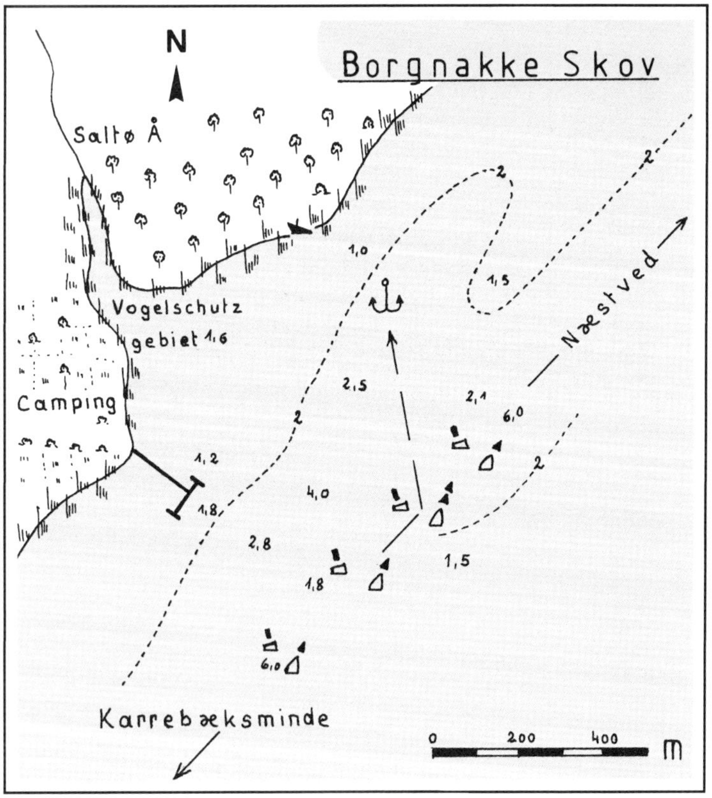

Ansteuerung

Bei der Einsteuerung in den Karrebæk-Fjord muß mit zum Teil starker Strömung (bis 3,5 Knoten) gerechnet werden: Durch den Hafen Karrebæksminde setzt bei ruhigem Wetter ein Gezeitenstrom, der alle sechs Stunden kentert!
Um in den Fjord zu gelangen, muß die Brücke von Karrebæksminde passiert werden. Sie öffnet zu jeder vollen Stunde (Flagge „N" als Brückensignal setzen oder den Brückenwärter über Kanal 16 bzw. die Arbeitskanäle 12 und 13 anrufen). Nach dem Passieren der Brücke folgt man der Fahrrinne nach Næstved bis zur W-Untiefentonne Hælen. Von ihr zweigt man in nordwestlicher Richtung ab und hält direkt auf die Mitte des Waldes Borgnakke Skov oder auf die Überreste eines Ruderbootes am Schilfrand zu. Ankern ca. 200 m vom Ufer entfernt.

Ankerplatz

Ein sehr schöner Ankerplatz liegt vor dem nördlichen Ufer des Fjords unterhalb des ausgedehnten Waldgebietes von Borgnakke Skov. Er ist bei allen Winden sicher, da durch die Inseln Lindholm und Gavnø kein nennenswerter Seegang auftreten kann. Besonders ruhig liegt man bei Winden aus SW bis N. Der Ankergrund besteht aus Lehm. Man ankert ca. 200 m vom Ufer entfernt auf ca. 2,50 m Wassertiefe.
Ein Landgang ist aufgrund des breiten Schilfgürtels schwierig. Eine Anlegemöglichkeit gibt es beim nahen Campingplatz.

Versorgungsmöglichkeiten

Beim Kaufmann des nahegelegenen Campingplatzes „de hvide svaner" (täglich geöffnet von 7.00 — 21.00 Uhr).

Nächster Hafen

Karrebæksminde (1,2 sm); Næstved (3 sm)

Freizeittips

- *Beobachtung des reichen Vogellebens im Fjord (u. a. viele brütende Schwäne). Vom Campingplatz werden Vogeltouren zur Mündung der Saltø Å organisiert.*
- *Im Waldgebiet von Borgnakke Skov können zahlreiche Hügelgräber (je vier große bzw. kleine) entdeckt werden.*
- *Schöner Beibootausflug hinüber zur Insel Gavnø mit sehenswertem Schloß und Schloßgarten.*
- *Dreimal wöchentlich gibt es im Restaurant des Campingplatzes ein großes kaltes, skandinavisches Buffet.*

Kulturelles

Die schmale Fahrrinne, die durch den Karrebæk-Fjord führt, besteht erst seit 1938, nachdem über einhundert Jahre an ihrer Planung gearbeitet wurde. Bis zu diesem Zeitpunkt mußten die Waren, die für Næstved bestimmt waren, in Karrebæksminde in flache Kähne umgeladen werden. Der Bau dieses Kanals war so bedeutend, daß zur Einweihung das Königspaar Christian X. mit Prinz Knud auf der königlichen Motoryacht „Danebrog" anreisten.

Smålands Fahrwasser — Ostteil

SEEKARTEN: D 478, 479, 3002; DK 161, 162

Der östliche Teil des Smålands Fahrwasser beginnt bei der Storstrøm-Brücke. Dieses reizvolle Segelrevier teilt sich in ein nördliches und ein südliches Fahrwasser, die beide um die Insel Møn herumführen.

Zum nördlichen Fahrwasser zählen der Masnedsund, Færgestrøm, Ulvsund und Bøgestrøm. Dort findet man zahlreiche, schöne Ankerplätze, von denen nur die beliebtesten beschrieben werden.

Das südliche Fahrwasser wird durch den Storstrøm, Sortsø Gab und den Grønsund gebildet. Besonders im Sortsø Gab und im Grønsund erfreut sich das Auge an der wechselhaften Landschaft. Welch eine wohltuende Ruhe umgibt den Segler, wenn er bei rauhem Wetter aus dem westlichen Smålands Fahrwasser oder der freien Ostsee dort einläuft. Gute Ankerplätze gibt es jedoch nur wenige, z. B. in der Nähe von **Sortsø** und im Schutz des **Østerskov** kurz vor dem östlichen Ausgang des Sundes bei **Hestehoved Pynt.**

In allen Teilen des östlichen Smålands Fahrwasser muß mit Strom gerechnet werden, der normalerweise alle sechs Stunden kentert. Bei Starkwind oder Sturm kann er längere Zeit aber auch nur in eine Richtung setzen und bis zu 6 Knoten erreichen.

Bogø Østerskov

POSITION: 54° 55,8′ N - 12° 04,8′ E
SEEKARTEN: D 479; DK 162

Allgemeine Beschreibung

Bogø ist eine kleine Insel zwischen dem Storstrøm und dem Grønsund. Durch zwei Dämme ist Bogø im Osten mit der Insel Møn, im Westen mit der Insel Farø verbunden. Vor dem Bau der „Farø-Brücke“ und der großen Autobahnabfahrt Farø bot die Insel zahlreiche schöne Ankerplätze, wie zwischen Farø und Bogø am Sortsø Gab, der Stillingebæks Bugt und vor dem Bauernhof Søvang am Nordufer. Die beiden erstgenannten Plätze sind wegen des Verkehrslärms nicht mehr empfehlenswert. Am besten liegt man heute vor dem Ostufer im Schutz des Buchenwaldes Østerskov.

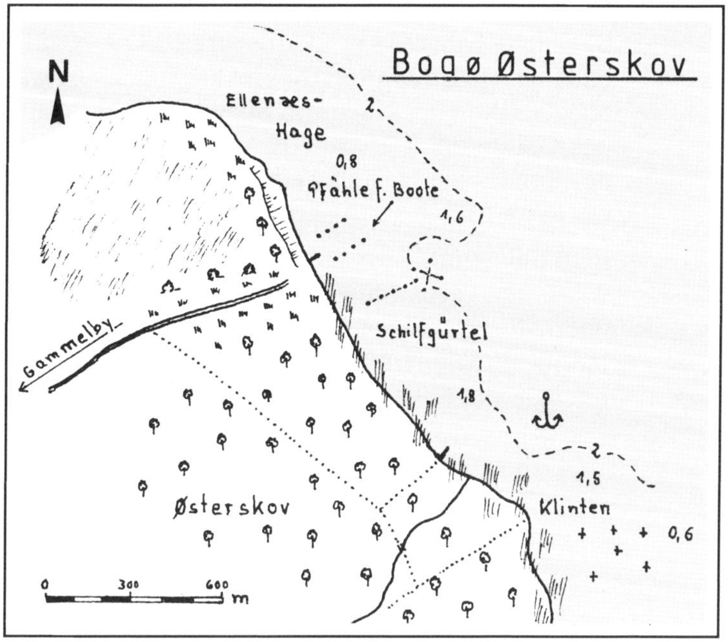

Ansteuerung

Der Ankerplatz Østerskov ist vom Kalvestrøm erreichbar. Vorsicht ist vor der Untiefe Ellenæs Hage, vor Bogøs Nordost-Huk geboten. Man halte einen Mindestabstand von 0,3 sm zum Ufer. Nördlich des Waldrandes Østerskov stehen am Ufer einige Fischerhütten, und im Flachwasser sind kleine Boote an Pfählen vertäut. Hat man diesen Bereich querab, kann der Ankerplatz angesteuert werden. Vorsicht ist vor den Stellnetzen im Uferbereich geboten.

> **Achtung**
> Stellnetze; im Flachwasserbereich einzelne große Steine.

Ankerplatz

Man ankert ungefähr 200 m vom Ufer entfernt auf ca. 2 m Wassertiefe. Der Grund besteht aus Schlamm, Lehm und Tang. Im Schutz des Waldes liegt man gut bei Winden aus Süd bis Nordwest.

Versorgungsmöglichkeiten

Kaufmann in Bogø By (ca. 3 km Fußweg ab Fischersteg)

Nächster Hafen

Petersværft (ca. 7 sm)

Freizeittips

- *Schöne Spaziergehmöglichkeiten im ausgedehnten Buchenwald.*
- *Alte Kirche im Dorf Gammelby. Sie stammt aus der Valdemarzeit.*

Kulturelles

Bogø bedeutet so viel wie „Insel der Buchen“. Früher war nämlich die gesamte Insel von einem Buchenwald überzogen, bis im Jahre 1769 alle Bäume im Westteil der Insel gefällt und verkauft wurden. Der Erlös diente dazu, die Insel vom Staat freizukaufen. Østerskov ist der Rest des einstmals großen Waldes.

Tærø

POSITION: 54° 57,5′ N - 12° 06,4′ E
SEEKARTEN: D 479; DK 162

Allgemeine Beschreibung

Tærø ist eine kleine Insel nordöstlich von Bogø im Langø Vrid. Auf ihr gibt es nur ein Gehöft: Jesminde.
Der Ankerplatz östlich der Insel ist bei den Seglern der umliegenden Clubs sehr beliebt. Die südlich vom Ankerplatz gelegene Halbinsel Skallehoved ist bewaldet. Davor liegt zeitweilig eine Fischzuchtanlage aus.

Ansteuerung

Vom Ulv Sund oder Langø Vrid kommend läuft man am besten bis zur roten Fahrwassertonne vor der Huk Korsø auf Langø. Von dort steuert man 206°. Die rote Tonne sollte achteraus und die Südspitze Skallehoved genau voraus peilen. Man behält den Kurs solange bei, bis die Anhöhe Busk Steuerbord querab peilt und läuft dann langsam auf Tærø zu. Vorsicht — es wird schnell flach! Das Echolot sollte bei der Ansteuerung nicht weniger als 6 m anzeigen.

Achtung

— Unbezeichnete Untiefen
— Fischzuchtanlage südlich des Ankerplatzes.

Ankerplatz

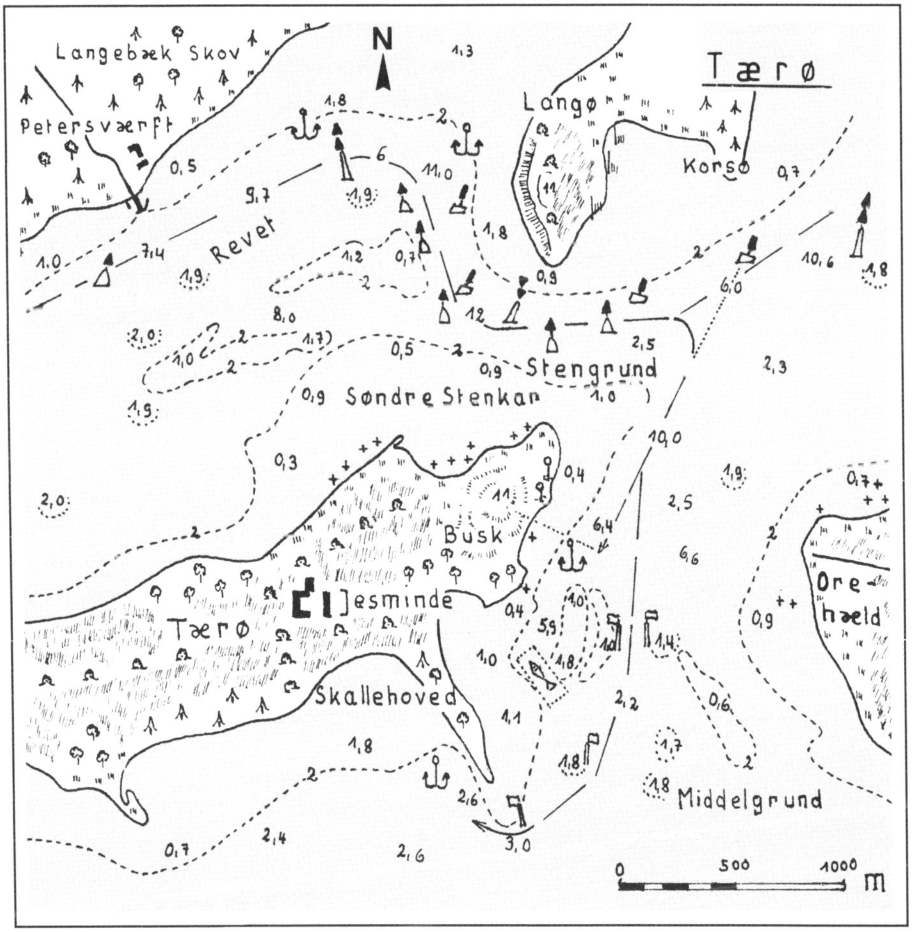

Der Ankerplatz östlich Tærøs ist ausgezeichnet geschützt bei allen westlichen Winden und bei Ostwind. Man ankert auf 3 — 4 m Wassertiefe. Der Grund besteht aus Sand, teilweise Schlick und Seegras.
Tip: Bei nördlichen Winden kann man gut dicht hinter der Halbinsel Skallehoved ankern.
Man halte sich an die aufgestellten Seezeichen (siehe Plan). Die Ansteuerung dieses Ankerplatzes ist wegen des flachen Middelgrundes schwierig. Leichter ist die Ansteuerung durch den Kalvestrøm südlich von Tærø.

Versorgungsmöglichkeiten

Keine

Nächster Hafen

Kalvehave (3 sm)

Freizeittips

Bademöglichkeit

Kulturelles

In dänischen Fischzuchtanlagen werden wohlschmeckende Lachsforellen gezüchtet. Manch ein Fischer / Züchter hat ein Herz für Segler und ist gern bereit, ein Prachtexemplar günstig zu verkaufen.

Lachsforelle, in Weißwein gedünstet

Zutaten: *1 Lachsforelle, Zitronensaft oder Essig, Suppengrün, 1 Zwiebel, Brühe, Salz, 1/2 l Weißwein*

Zubereitung: *Der ausgenommene und gereinigte Fisch wird von innen und außen gesalzen, mit Zitronensaft oder Essig beträufelt und ein wenig stehen gelassen.*
Das zerkleinerte Suppengemüse wird zusammen mit der Zwiebel in die Pfanne gegeben und bei geschlossenem Deckel 5 Minuten in Salzwasser bzw. einer leichten Brühe vorgekocht.
Dann fügt man den Fisch, entweder im ganzen oder in dickere Scheiben zerschnitten, hinzu sowie den Weißwein, bringt alles zum Sieden und läßt anschließend den Fisch 10 Minuten sanft köcheln.

Beilagen: *Serviert wird die Delikatesse mit Petersilienkartoffeln, Buttersauce, einem grünen Salat und einem guten Weißwein (z. B. einem Elsässer Edelzwicker)*

Petersværft

POSITION: 54° 58,4′ N - 12° 05,4′ E
SEEKARTEN: D 479; DK 162

Allgemeine Beschreibung

Das Langø Vrid ist das schmale Verbindungsstück zwischen dem Ny Farvand und dem Ulvsund. Es schlängelt sich zwischen den Inseln Langø, Tærø und Seeland hindurch. Petersværft besteht nur aus einer Brücke (2,0 m) und ein paar Gebäuden, eingebettet zwischen den großen Staatsforsten Stensby Skov und Langebæk Skov.
Der Strom im Langø Vrid kentert bei ruhigem Wetter alle sechs Stunden. Er wird jedoch stark von den vorherrschenden Winden beeinflußt, so daß sich keine genauen Angaben machen lassen.

Plan siehe „Tærø"

Ansteuerung

Der Ankerplatz Petersværft liegt etwas nördlich der Brücke. Man folgt dem betonnten Fahrwasser. Sobald die Nord-Untiefentonne, die Revet (das Riff) markiert, querab ist, dreht man nach Norden aus dem Fahrwasser hinaus und lotet sich an die 2-m-Linie in Lee des Langebæk Skov heran. Außerhalb des schmalen Fahrwassers wird es schnell flach.

Ankerplatz

Der Ankerplatz vor dem Langebæk Skov ist bei Skippern beliebt, die sich auf der Durchreise vom Sund zum westlichen Smålands Fahrwasser befinden. Der Wald bietet ausgezeichneten Schutz vor starken Westwinden. Auch liegt man hier weit genug vom Fahrwasser entfernt, um nicht durch den Schwell des Durchgangsverkehrs gestört zu werden. Der Ankergrund besteht aus Sand. Man ankert auf 2 — 3 m Wassertiefe. Beim Wald befindet sich ein guter Landeplatz für das Beiboot.
Sollte der Wind auf Ost drehen, so braucht man sich nur kurz unter die hohe Westküste von Langø zu verlegen.

Versorgungsmöglichkeiten

Keine

Nächster Hafen

Kalvehave (3,8 sm)

Freizeittips

— *Bademöglichkeit*
— *In den großen Wäldern kann man unbegrenzt wandern. Der Wald besteht überwiegend aus Buchen. Dazwischen findet man große Eichenbestände. Diese Bäume wurden Anfang des letzten Jahrhunderts nach dem Englandkrieg gepflanzt, um als Baumaterial für eine neue Kriegsflotte zu dienen.*
— *Von diesem Platz aus kann man sehr gut die vorbeiziehenden Boote beobachten und das folgende Spiel spielen:*

„Der Geschwaderchef"

Mitspieler: *Beliebig*
Material: *Zettel und Bleistift*
Spielregel: *Die vorbeisegelnden Boote werden beobachtet. Wer zuerst den Bootstyp einer Yacht nennen kann, schreibt ihn auf seinen Zettel. So kann jeder Mitspieler ein Geschwader aufbauen. Wer zum Schluß die meisten Boote hat, wird zum Geschwaderchef ernannt.*

Viemose Skov

POSITION: 55° 01,3' N - 12° 09,7' E
SEEKARTEN: D 478, 3002; DK 161

Allgemeine Beschreibung

Viemose Skov ist ein ausgedehntes, schönes Waldgebiet an der Westseite der Stege Bugt, dessen Bäume fast bis ans Wasser reichen. Wenn sich im gegenüberliegenden Nyord die Boote in sommerlichen Päckchen drängeln, liegt man hier ruhig und kann dem Treiben gelassen zuschauen.

Ansteuerung

Der Ankerplatz kann direkt und ohne Schwierigkeiten vom vorbeiführenden Fahrwasser angelaufen werden (siehe Seekarte).

> Achtung
> Zahlreiche Stellnetze im Uferbereich.

Ankerplatz

Es kann ca. 200 m vom Ufer entfernt auf ungefähr 2,50 m Wassertiefe geankert werden. Der Ankergrund besteht aus Schlamm und Lehm. In Lee des Waldes liegt man ausgezeichnet bei Winden aus Süd bis West.

Versorgungsmöglichkeiten

Keine

Nächster Hafen

Nyord (ca. 1,6 sm)

Freizeittips

— *Bademöglichkeit*
— *Hobbyhistoriker können im Wald zahlreiche Hügelgräber besichtigen.*

Kulturelles

Zur Zeit der Frachtensegler war Viemose Skov ein traditioneller Ankerplatz. Es war üblich, an diesem Platz einen Stop vor der Weiterfahrt einzulegen.

Bøgestrøm

SEEKARTEN: D 478, 3002; DK 161

Im Bøgestrøm findet man mehrere gute Ankerplätze.

Während der Sommersaison ankern an ruhigen, sonnigen Tagen viele Yachten zwischen der südlichen Enge **„De fire Koste"** und dem nördlich gelegenen Saløer Rev etwas außerhalb des Fahrwassers. Das flache Wasser erwärmt sich schnell und lädt zum Baden ein. Gegen Abend lichten sich die Reihen der Ankerlieger wieder, denn dieser Platz bietet keinerlei Schutz bei aufkommenden Winden.

Weitere landschaftlich reizvoll gelegene Ankerplätze findet man nördlich und südlich des kleinen Hafens Sandvig, darunter die **Kragevig,** die gesondert beschrieben wird und die **Kindvig Bugt,** die als Alternative zu den Häfen Sandvig und Nyord bestens geeignet ist.

Die Kindvig Bugt (Pos. 55° 03,2′ N - 12° 08,2′ E) liegt nördlich der flachen Halbinsel Kindvig Hoved. Im breiten Schilfgürtel befinden sich mehrere kleine Einschnitte mit Fischerstegen. Am Südende versteckt sich ein kleiner Fischerhafen mit Slip (ca. 1 m Wassertiefe), der aber nur von Ortskundigen angelaufen werden kann.

In der Mitte der Bucht beträgt die Wassertiefe 2,70 — 3,70 m über Schlamm und Lehmgrund. Achtung: Im flachen Uferbereich stehen auf beiden Seiten der Bucht Stellnetze!

In der Kindvig Bugt ankert man gut bei Winden aus Süd über West bis Nordwest.

Um in die Kindvig Bugt zu gelangen, steuert man von der roten Tonne Landgrund rw. 253°. So bleibt das südlich gelegene Kinderev gut frei.

Einkaufsmöglichkeiten gibt es im nahegelegenen Ort Kindvig (ca. 1 km vom Fischerhafen entfernt).

Ein weiterer guter Ankerplatz befindet sich unter dem steilen **Westufer von Nyord.**

Nyord

POSITION: 55° 02,5′ N - 12° 11,1′ E
SEEKARTEN: D 478, 3002; DK 161

Allgemeine Beschreibung

Weite Küstenbereiche der Insel sind mit ausgedehnten flachen Strandwiesen bedeckt. Nur im Westen erhebt sich das Land bis zu einer Höhe von 15 m. Dort wird überwiegend Getreide angebaut. Das von Holunderbüschen gesäumte Steilufer fällt schroff zum schmalen, steinigen Strand ab.
An der Südküste liegt das kleine, malerische Nyord mit seinem in der Saison häufig überfüllten Hafen. Deshalb ankern viele Segler bei Ostwindlage vor dem westlichen Steilufer.

Ansteuerung

Der Ankerplatz wird von der grünen Tonne Stengrund oder der nördlich davon gelegenen roten Tonne mit nordöstlichem bzw. östlichem Kurs angelaufen.
Vorsicht ist vor den langen, weit ins tiefe Wasser reichenden Stellnetzen geboten.

> Achtung
> Stellnetze.

Ankerplatz

Man ankert ca. 150 m vom Ufer entfernt auf knapp 3 m Wassertiefe.
Der Grund besteht aus Sand bzw. Lehm, etwas Seetang. In Lee des steilen Ufers südlich von Vesternæs liegt man ruhig bei Winden aus Nord bis Ost.

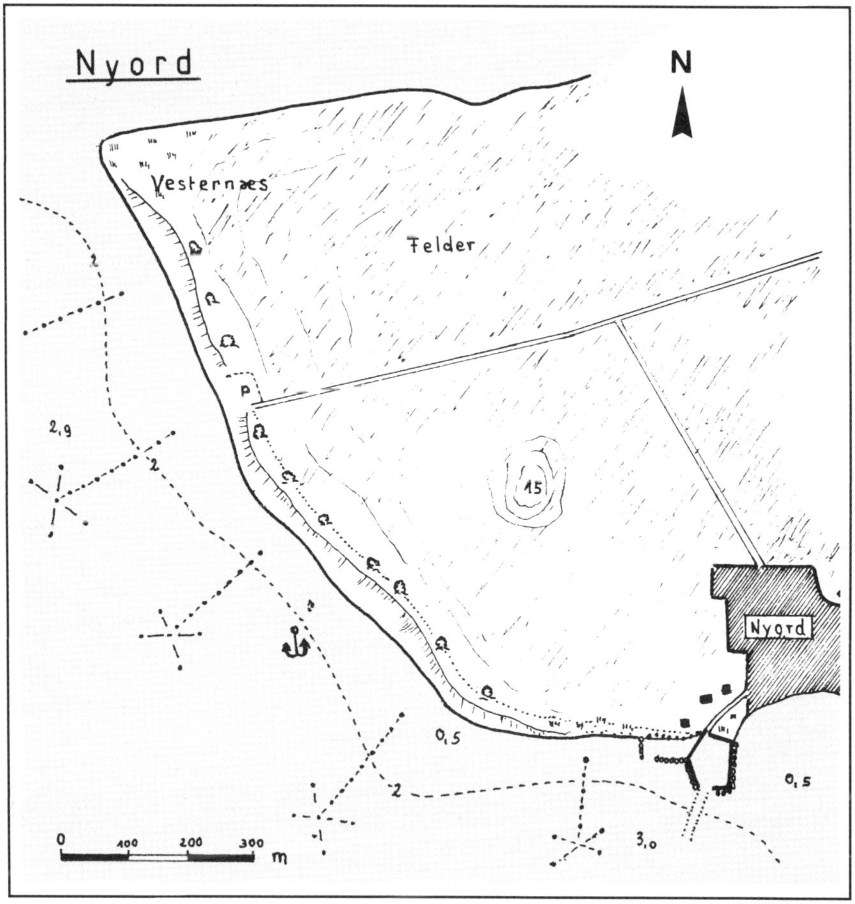

Versorgungsmöglichkeiten

Kaufmann in Nyord (ca. 1 km)

Nächster Hafen

Nyord (ca. 0,5 sm)

Freizeittips

Die Strandwiesen von Nyord sind ein lebenswichtiger Rastplatz für die ziehenden Watt- und Sumpfvögel.
Dort können im Sommer u.a. Höckerschwäne, Graugänse, Spieß- und Löffelenten, Säbelschnäbler, Uferschnepfen und Kampfläufer beobachtet werden. Zu diesem Zweck wurden mehrere Vogelbeobachtungsstände errichtet, weil das Gebiet in der Brutzeit vom 15. 4. bis 15. 7. nicht betreten werden darf.

Kragevig

POSITION: 55° 04,0′ N - 12° 07,6′E
SEEKARTEN: D 478, 3002; DK 161

Allgemeine Beschreibung

Die schöne Kragevig ist mit einer Wassertiefe von 0,60 — 0,80 m leider zu flach für Kielyachten. Man ankert am besten etwas südlich der Bucht vor dem verschilften Ufersaum. Weite Viehweiden, einzelne Felder und der Wald von Kohave gestalten das Hinterland.

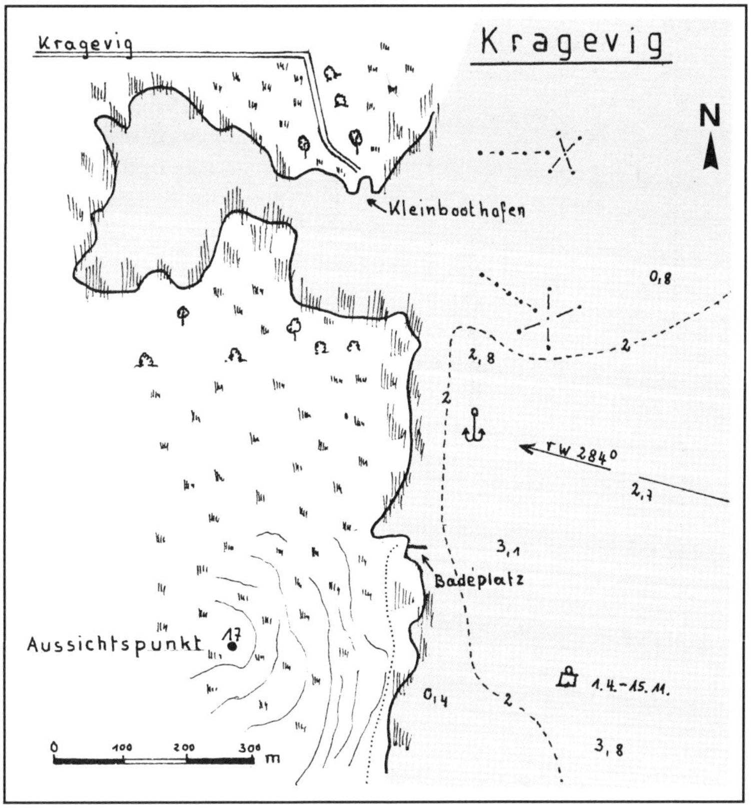

Ansteuerung

1. **Von Süden kommend**
   segelt man ca. 0,4 sm an Sandvig nordwärts vorbei direkt zum Ankerplatz.
2. **Vom Bøgestrøm**
   führt der Kurs rw. 284° von der einzeln stehenden grünen Tonne südlich der Rinne "De fire Koste" direkt auf den Ankerplatz zu.

Achtung
Vor der Küste Stellnetze.

Ankerplatz

Man kann dicht unter Land auf ca. 3 m Wassertiefe ankern. Der Ankergrund besteht aus Schlick und Lehm. Bei Winden aus Südwest bis Nordwest liegt man dort ruhig und sicher.
In den Sommermonaten ist eine gelb-schwarze Festmacherboje der Dansk Sejlunion ausgelegt. Durch den kleinen Badesteg wird der Landgang sehr erleichtert. Von dort führt ein Pfad am Ufer entlang bis nach Sandvig.

Versorgungsmöglichkeiten

Kaufmann in Sandvig (ca. 600 m ab Badesteg)

Nächster Hafen

Sandvig (0,4 sm); Nyord (3 sm)

Freizeittips

- *Lohnenswert ist ein Beibootausflug in die schilfumsäumte, idyllische Kragevig. Nur hin und wieder trifft man auf einen Fischer in seinem kleinen Boot.*
- *Vom Aussichtspunkt auf dem 17 m hohen Hügel hat man einen schönen Blick über den Bøgestrøm.*

Østerskov

POSITION: 54° 50,7′ N - 12° 09,7′ E
SEEKARTEN: D 479, 143; DK 162

Allgemeine Beschreibung

Der Østerskov ist ein ausgedehntes Waldgebiet im Südosten des Grønsundes. Die Küste fällt dort zwischen dem Leuchtfeuer Hestehoved und der Schanze steil zum Hestehoved Dyb ab. Auf einer Reise nach Bornholm oder als Warteposition bei schlechtem Wetter ist dieser Ankerplatz als Zwischenstop bestens geeignet.

Ansteuerung

Sie erfolgt direkt vom vorbeiführenden Fahrwasser aus.

Ankerplatz

Es kann vor dem gesamten Østerskov geankert werden. Vor dem Südteil findet man dicht unter Land die beste Abdeckung. Man ankert dort knapp 100 m vom Ufer entfernt auf ca. 2 m Wassertiefe. Das hohe Ufer und der Wald bieten guten Schutz selbst bei Starkwind aus Süd bis West.

Achtung
Innerhalb der 2-m-Linie z. T. große Steine.

Versorgungsmöglichkeiten

Keine

Nächster Hafen

Hårbølle (ca. 3 sm) bzw. Hesnæs (ca. 2,5 sm)

Freizeittips

Am nördlichen Ende des Steilufers liegen die Reste einer alten Schanze.

Kulturelles

Im späten Frühjahr schallt manchmal der Ruf des Kuckucks über das Wasser. Dies ist der Lockruf des Männchens: „Kuck-Kuck! — Hallo, hier bin ich!“ Wird er von „ihr“ erhört, antwortet sie mit einer Art Kichern „Kikikikiki“, wie ein verschämtes Mädchen. „Kuckuck“ rufen kann nur das Männchen.

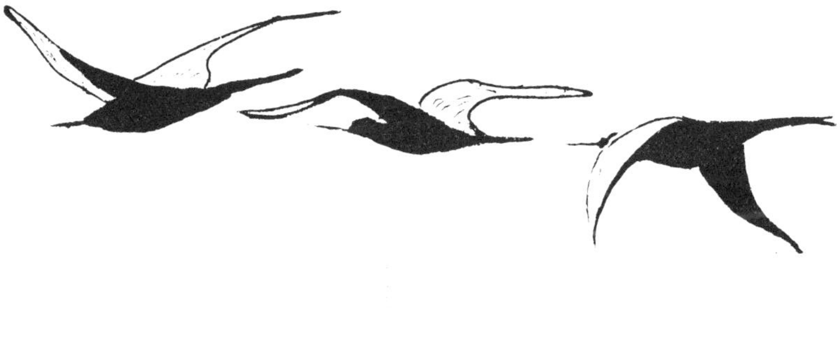

Großer Belt

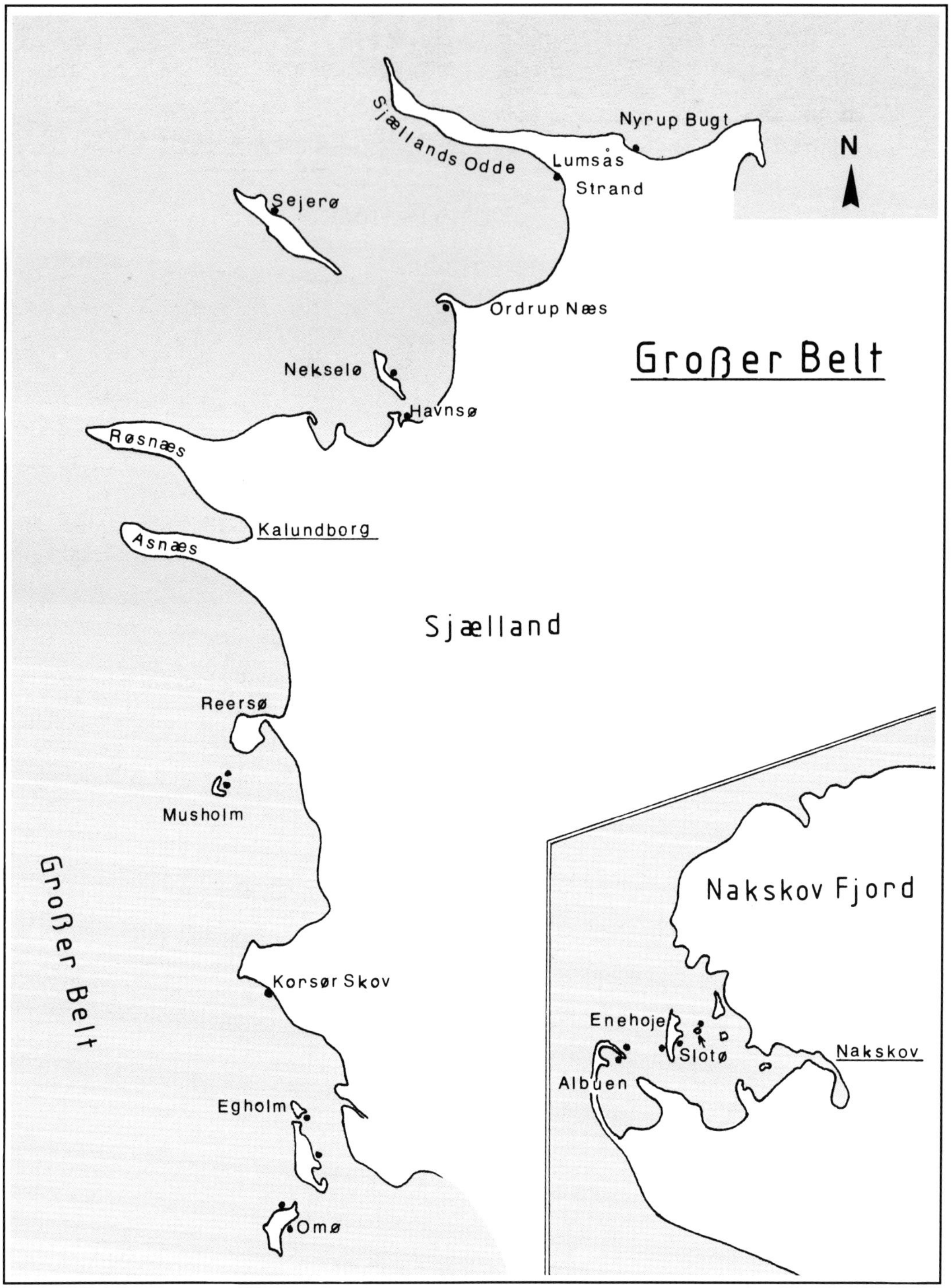
Sjællands Odde
Nyrup Bugt
Lumsås
Strand
N
Sejerø
Ordrup Næs
Großer Belt
Nekselø
Havnsø
Røsnæs
Kalundborg
Asnæs
Sjælland
Reersø
Musholm
Großer Belt
Korsør Skov
Egholm
Omø
Nakskov Fjord
Enehoje
Slotø
Nakskov
Albuen

Nakskov Fjord

SEEKARTEN: D 12, 15; DK 142

Der ca. 3 sm breite, flache Nakskov Fjord schneidet etwa 6 sm tief in die Insel Lolland ein. Die ausgedehnten Untiefen engen die Segelmöglichkeiten auf das betonnte Fahrwasser nach Nakskov und das schönere Nebenfahrwasser um die kleine Insel **Slotø** ein. Abweichungen davon sollten nur revierkundigen Seglern vorbehalten bleiben.

Die größte, bewohnte Insel ist **Enehøje** mit zwei guten Ankermöglichkeiten. Am bekanntesten ist jedoch die Halbinsel **Albuen** mit ihrem Lagunencharakter. Geschützt gegen alle Winde liegt man dort wie in einem Südseeatoll. Nur — die Zufahrt bleibt Booten bis maximal 1,80 m Tiefgang vorbehalten. Bei starken westlichen Winden und auslaufendem Strom können sogar 1,60 m noch zu viel sein. Albuen, durch eine schmale, lange Landzunge mit Lolland verbunden, ist Naturschutzgebiet.

Der Strom im Nakskov Fjord wechselt normalerweise regelmäßig alle sechs Stunden seine Richtung.

Albuen

POSITION: 54° 50,0′ N - 10° 58,0′ E
SEEKARTEN: D 12, 30, 3002; DK 142

N W O S

Allgemeine Beschreibung

„Albuen" heißt Ellenbogen. Es ist eine schmale, flache, mit Strandgras bewachsene Landzunge an der SW-Seite von Lolland, am Eingang zum Nakskov Fjord. Dahinter verbirgt sich eine reizvolle Ankerbucht, die besonders von Naturfreunden geschätzt wird. Die Halbinsel ist Vogelbrutgebiet. Hunde und Katzen dürfen nicht frei herumlaufen.
Am Ende der Bucht liegen zwei Steganlagen vom Nakskov Segel- und Motorbootclub mit ca. 2 m Wassertiefe am Kopf.

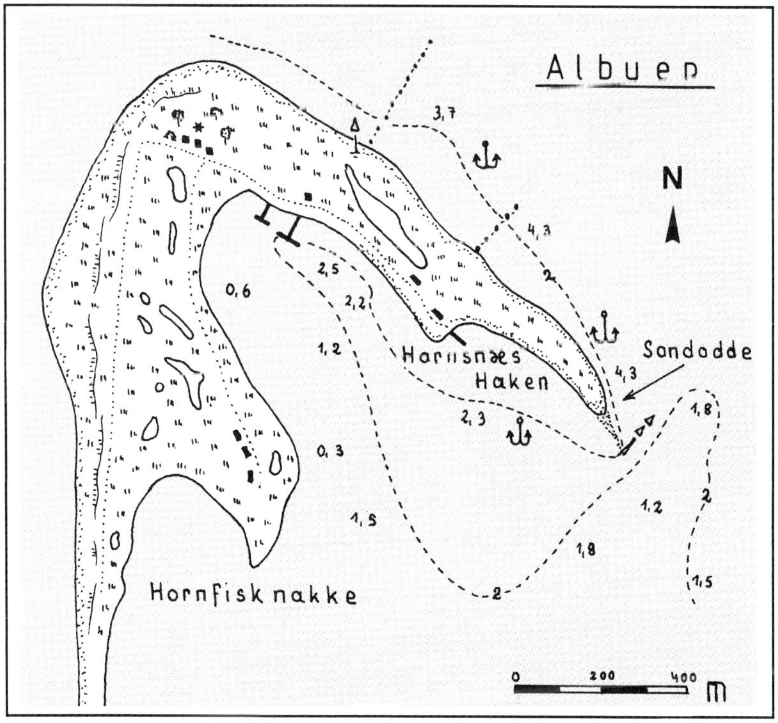

Ansteuerung

1. **Von Süden kommend**
dient die W-Untiefentonne von Albuen Flak als Ansteuerungsmarke. Danach geht es mit Kurs rw. 57° weiter, bis Albuen-Feuer querab peilt. Das gefährliche flache Albuen Trille liegt jetzt steuerbord achteraus und man kann ca. 0,5 sm von Land gefahrlos bis Sandodde segeln. — Stellnetze beachten!
2. **Von Norden kommend**
nimmt man direkt Kurs auf das Leuchtfeuer von Albuen und läuft dann im Abstand von 0,5 sm an Albuen entlang bis Sandodde. Oder man läuft im betonnten Fahrwasser nach Nakskov bis zur Ost-Untiefentonne und hält von dort direkt auf Sandodde zu.

Die Durchfahrt in die Bucht ist nur ca. 50 m breit und hat eine Wassertiefe von 1,80 — 2,00 m. In der Fortsetzung der Huk Sandodde verläuft eine Sandbank, deren Ende durch eine Nord-Untiefentonne gekennzeichnet ist. Diese muß ganz knapp an Steuerbord gelassen werden. Östlich der Fahrrinne liegen einige Steine, und es wird schnell flach. Im westlichen Teil der Bucht findet man wieder ausreichende Wassertiefen.

Achtung

Ausgedehnte Stellnetze vor der Küste; schmale Durchfahrt in die Bucht von Albuen, die lediglich durch eine N-Untiefentonne gekennzeichnet ist. Vorsichtig einsteuern! Einlaufen nur für Boote bis max. 1,60 m Tiefgang ratsam. Der Wasserstand ist je nach Windrichtung sehr veränderlich. In der Einfahrt steht ein- oder auslaufender Strom!

Ankerplatz

Innerhalb der Bucht ankert man am besten zwischen Hornsnæs Haken und Sandodde auf ca. 2,5 m Wasser über Sandgrund. Hier liegt man bei allen Winden außer bei Süd- bis Südost-Wind gut geschützt.
Außerhalb der Bucht kann man östlich der Landzunge zwischen der Peilbake und der Huk Sandodde auf 3 — 4 m Wassertiefe ankern. Der Grund besteht aus Sand, Lehm und etwas Tang. Dieser Ankerplatz ist sicher bei West- bis Südwest-Winden.
Zu beachten sind die beiden Stellnetze, die bis zu 300 m weit ins Wasser hineinragen!

Versorgungsmöglichkeiten

Keine. Nächste Einkaufsmöglichkeit in Langø (ca. 2,5 sm)

Nächster Hafen

Langø (2,5 sm) bzw. Steganlage des Nakskover Segelvereins in der Bucht von Albuen.

Freizeittips

Die Ankerbucht ist ein Paradies für Naturfreunde.
Im Juli können eine Vielzahl von Seevögeln (Möwen, Seeschwalben, Austernfischer) beim Brutgeschäft beobachtet werden.
Am Strand wächst der seltene Meerkohl (crambe maritima).
Gute Bademöglichkeit in der Bucht, deren flaches Wasser sich schnell erwärmt. Vorsicht ist beim Baden im Großen Belt geboten (starke Unterströmung)!

Kulturelles

Im Mittelalter hatten die Gewässer um Albuen große Bedeutung als ertragreiches Heringsfanggebiet. Hier kauften die hanseatischen Kaufleute ihren Hering ein. Diese Zeit ist längt vorbei. Heute fängt man hier noch Hornhechte und Aale. Die letzten Fischer wohnen auf der Halbinsel Hornfiskenakke.

An die dänischen Könige, die im Mittelalter auf Albuen Thing hielten, erinnert das Haus von König Hans und eine alte, 1975 wieder aufgestellte Kanone.

Enehøje

POSITION: 54° 50,52′ N - 11° 0,7′ E
bzw. 11° 1,5′ E
SEEKARTEN: D 12, 30, 3002; DK 142

Allgemeine Beschreibung

Die im Nakskov Fjord gelegene Insel Enehøje gleicht einer von West nach Ost gekippten Tafel. Der westliche, steile und bewaldete Teil ist am reizvollsten. Hier befindet sich ein beliebter Tagesankerplatz. Nach Osten fällt die Insel sanft in welligen, grünen Weiden zum Ufer hin ab.
Enehøje befindet sich in Privatbesitz. Das Betreten der Insel ist unerwünscht!

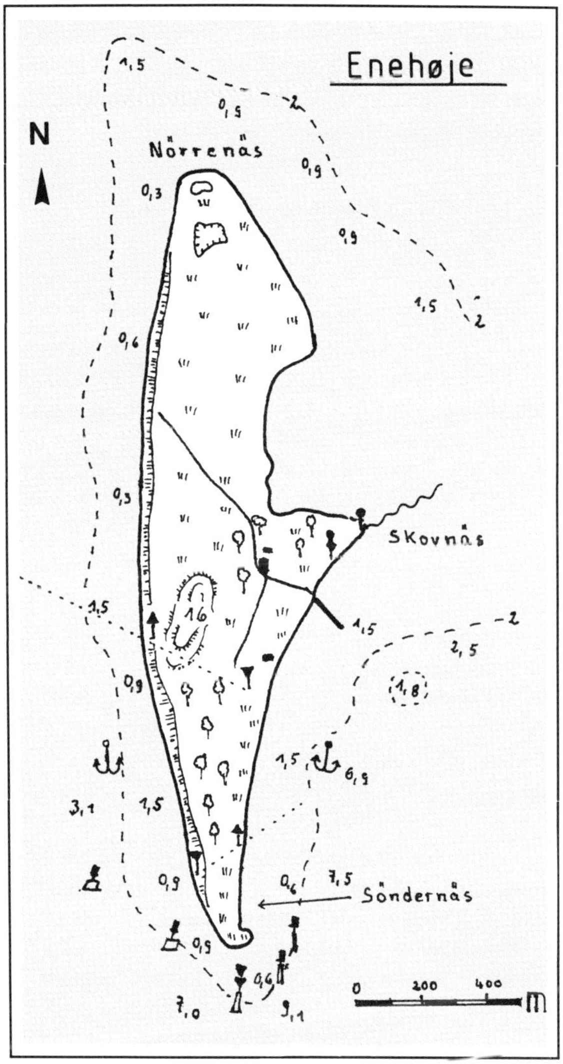

Ansteuerung

1. **Enehøje-Westufer:**
   Um diesen Ankerplatz zu erreichen, folgt man zunächst dem einlaufenden Fahrwasser nach Nakskov. Von der S-Untiefentonne, die **neben der befeuerten** Fahrwassertonne liegt, biegt man nach Backbord ab und steuert mit Kurs rw. 70° den Ankerplatz an.
2. **Enehøje-Ostufer:**
   Ab Enehøje Süd-Spitze folgt man der gewundenen Fahrrinne (= Nebenfahrwasser) nach Nakskov. Bei der 4. grünen Nebenfahrwassertonne ändere man seinen Kurs auf rw. 305°. Ankern dicht neben der Fahrrinne (Echolot mitlaufen lassen!). Die Wassertiefe nimmt zum Land hin schnell ab!

Ankerplatz

Das W-Ufer bietet guten Schutz bei SO-O NO-Winden. Am besten ankert man vor dem hohen, bewaldeten Abschnitt zwischen den befeuerten Richtbaken im Norden und den unbefeuerten im Süden der Insel. 200 m vom Ufer entfernt beträgt die Wassertiefe noch ca. 2,50 m. Der Ankergrund besteht aus Sand und ein wenig Seetang.
Östlich der Insel findet man Schutz bei SW-W-NW-Winden. Am günstigsten ankert man etwas südlich der befeuerten Richtbaken Enehøje Red, dicht neben dem Fahrwasser. Hier beträgt die Wassertiefe ca. 2,50 m. Der Ankergrund besteht aus Schlick.

Versorgungsmöglichkeiten

Keine

Nächster Hafen

Langø (1,0 — 1,5 sm)

Freizeittips

Da das Durchstreifen der Insel unerwünscht ist, haben wir uns für die junge Crew ein Spiel ausgedacht:
„Die Fisch-Fütterung"

Mitspieler: *Ein oder mehrere Schwimmer — sie sind die Fische; ein Angler*

Spielmaterial: *Bootshaken; dünne reißfeste Leine; „Köder" in Form von Bonbons, Schokolade, Wiener Würstchen oder ähnlichem.*

Spielregeln: *Der Angler wirft seine Angel mit dem Köder von Bord aus und schon kommen die Fische angeschwommen und versuchen, den Leckerbissen zu schnappen. Doch halt: Arme und Hände dürfen nicht benutzt werden! Der Gewinner erhält nicht nur den Köder, sondern darf gleichzeitig als Nächster die Angel auswerfen.*

Slotø

POSITION: 54° 50,5′ N - 11° 03,6′ E
SEEKARTEN: D 12, 30, 3002; DK 142

N W O S

Allgemeine Beschreibung

Die kleine Insel Slotø liegt am Nebenfahrwasser nach Nakskov. Heute schläft sie einen Dornröschenschlaf, denn nur selten verirrt sich eine Yacht dorthin. Der Name „Schloßinsel" weist auf die einstige Bedeutung hin. Ein paar Ruinen sind stumme Zeugen der Vergangenheit. Die Insel befindet sich im Privatbesitz. Sie darf betreten werden. Von Besuchern wird erwartet, daß sie den Privatbereich der Bewohner (Bauernhof) respektieren.

Plan siehe „Großer Belt/Nakskov Fjord"

Ansteuerung

Zunächst folgt man der Baggerinne nach Nakskov. Kurz vor der kleinen Insel Barneholm biegt man nach Backbord in das Nebenfahrwasser ein. Am Anfang des Nebenfahrwassers steht eine S-Untiefentonne, die an Backbord bleiben muß! Ist der Anleger von Slotø voraus und peilt das Bauernhaus querab, kann man vorsichtig auf den Ankerplatz zudrehen (Echolot mitlaufen lassen!).

Achtung

Es ist zu beachten, daß im Nebenfahrwasser von Nakskov kommend die roten Tonnen an Steuerbord und die grünen an Backbord bleiben müssen!

Ankerplatz

An der Nordseite der Insel befindet sich in Höhe der Kabelbaken ein kleiner Anleger mit ca. 3 m Wassertiefe am Kopf. Östlich dieses Anlegers kann knapp neben der Fahrrinne auf ca. 2 m Wassertiefe geankert werden. Der Grund ist hart. Die Insel bietet Schutz bei Winden aus Süd bis Südwest.

Tip:
Zum Baden und Angeln kann auch gut nordöstlich von Slotø, dem Hellenæs Red, geankert werden. Wassertiefe 2,5 — 3,5 m.

Versorgungsmöglichkeiten

Keine

Nächster Hafen

Nakskov (ca. 3 sm)

Freizeittips

Besichtigung der Ruinen der Engelsborg, der Kriegsschiffswerft und einer Schanze aus dem Kanonenbootkrieg gegen die Engländer (1807 — 1814).

Kulturelles

Die Anfang des 16. Jahrhunderts errichtete Engelsborg sollte das damals noch unbefestigte Nakskov vor Seeräubern und Feinden schützen, die alle dem an der Insel vorbeiführenden Fahrwasser folgen mußten. Die Baggerrinne existiert erst seit 1919.
100 Jahre lang wurden hier die größten Kriegsschiffe Dänemarks mit ca. 500 Mann Besatzung gebaut. Anfang des 17. Jahrhunderts wurde der Bau der Kriegsschiffe nach Kopenhagen verlegt und die Festungswerft abgerissen.

Omø — Nyrup Bugt

SEEKARTEN: D 11, 12, 13, 30; DK 128, 141, 142, 143

Das weitgestreckte Seegebiet von Omø bis zur Nyrup Bugt umfaßt den Großen Belt, Samsø Belt und einen Teil des südlichen Kattegats; insgesamt ca. 75 sm.

Die offenen, weiten Buchten an der Westküste Sjællands sind den auflandigen Westwinden preisgegeben. Der Name Jammer Bugt läßt etwas von dem Kampf früherer Frachtsegler ahnen, sich von dieser verderbenbringenden Leeküste freizuhalten. Die Gefahren vergangener Zeiten haben durch die heutigen Yachtkonstruktionen und die regelmäßigen Wetterprognosen viel von ihrem Schrecken verloren, so daß man es wagen kann, mit einem wachsamen Wetterauge dieses Seegebiet einmal ankernderweise zu erkunden.

Da gibt es herrliche, weite Sandstrände, den perfekten Naturhafen **Musholm** und hinter **Sejerø** eine geschützte Bucht die selbst bei westlichem Starkwind Sicherheit und Geborgenheit ausstrahlt. Sollte der Törn rund Sjælland gehen, so öffnet sich bald nach dem Passieren von Sjælland Rev die weite, schöne **Nyrup Bugt.** Ein Paradies für große und kleine Wasserratten.

Omø

POSITION: 55° 09,7′ N - 11° 10,4′ E
SEEKARTEN: D 12, 13, 3002;
DK 142, 143, 160

Allgemeine Beschreibung

Omø zieht im Sommer viele Segler an. Die Insel wird durch den tiefen Omø Sund von Agersø getrennt. Im nördlichen Teil erhebt sich der 24 m hohe kahle, nach Osten steil abfallene Hügel Skovbanke. Der Süden ist flach und mit Feldern und Weiden bedeckt.

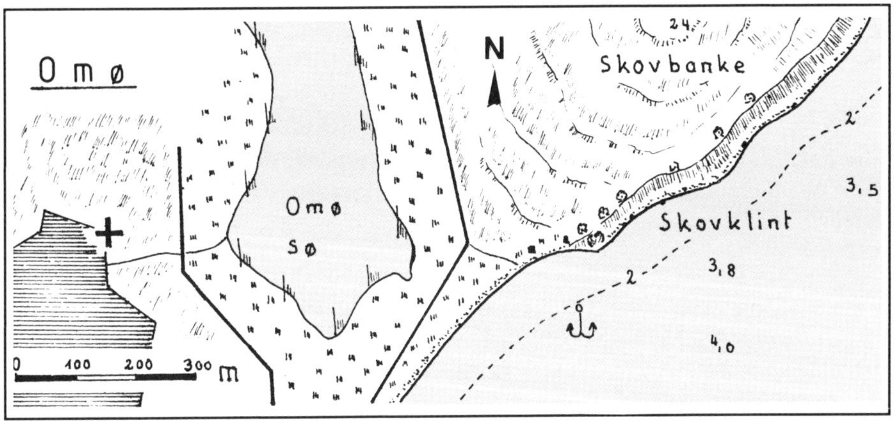

1. **Omø Ostküste (Skovklint)**

Ansteuerung

Von weitem ist die gelbe Steilküste Skovklint an der Ostküste gut auszumachen. Zunächst halte man solange auf ihr südliches Ende zu, bis die weiße Kirche von Omø zu erkennen ist. Diese bleibt nun bis zum Ankerplatz recht voraus. So hält man sich gut frei von der unbezeichneten 1,5-m-Untiefe, die ca. 250 m südöstlich von Skovklint in der Seekarte verzeichnet ist.

> Achtung
> Unbezeichnete Untiefe (1,50 m) vor Skovklint.

Ankerplatz

Es kann vor der gesamten sandigen Ostküste geankert werden. Die 2-m-Linie verläuft nur ca. 100 m vom Ufer entfernt. Der Ankergrund besteht überwiegend aus Sand.
Der schönste, ursprünglichste Platz liegt etwas südlich der Steilküste Skovklint in einer kleinen Einbuchtung. Nur 80 — 100 m vom Ufer entfernt beträgt die Wassertiefe noch 2,50 m.
In Lee der Küste ankert man sehr geschützt bei Winden aus West bis Nord.

2. **Kirkehavn** (Pos. 55° 10,35′ N - 11° 09,8′ E)

Ansteuerung

Man halte von Norden kommend direkt auf den Hafen zu und lasse dann etwas nordöstlich davon den Anker fallen.

> Achtung
> Stellnetze.

Ankerplatz

Die Reede von Kirkehavn an der Westküste Omøs ist ein weiterer guter Ankerplatz. Im Sommer liegen dort zahlreiche Yachten.
Man ankert dort ruhig bei Winden aus Ost bis Süd ca. 250 m vor dem Ufer. Der Grund besteht überwiegend aus Sand.

Versorgungsmöglichkeiten

In Omø. Von Skovklint sind es nur ca. 10 Minuten Fußweg (knapp 1 km) bis zum Dorf Omø By.

Nächster Hafen

Omø Kirkehavn in unmittelbarer Nähe;
von Skovklint aus ca. 4 sm bzw. Agersø (ca. 6 sm).

Freizeittips

- *Sehr gute Bademöglichkeiten an beiden Ankerplätzen.*
- *Vom Hügel Skovbanke hat man bei schönem Wetter einen weiten Blick über Omø, Agersø, den Großen Belt und das Smålands Fahrwasser.*

Kulturelles

Früher bestand Omø aus zwei Inseln, die durch einen schmalen Sund voneinander getrennt waren. Noch heute kann man den Verlauf des Sundes erahnen: Reste sind der Omø Sø und das ihn umgebende vogelreiche Moor.

Omø Kirke (Ostansicht)

Egholm

POSITION: 55° 14,4′ N - 11° 11,3′ E
SEEKARTEN: D 12, 13, 3002; DK 142

Allgemeine Beschreibung

Egholm ist eine kleine bewaldete Insel am nördlichen Ausgang des Agersøsundes, die durch einen Damm mit Agersø verbunden ist. Bis auf zwei Bauernhäuser ist die Insel unbebaut.
Der Ankerplatz in der Bøgevig liegt ruhig und abgeschieden; eine gute Alternative zum oft überfüllten Hafen von Agersø, der im Jahr von ca. 2 000 Yachten angelaufen wird.

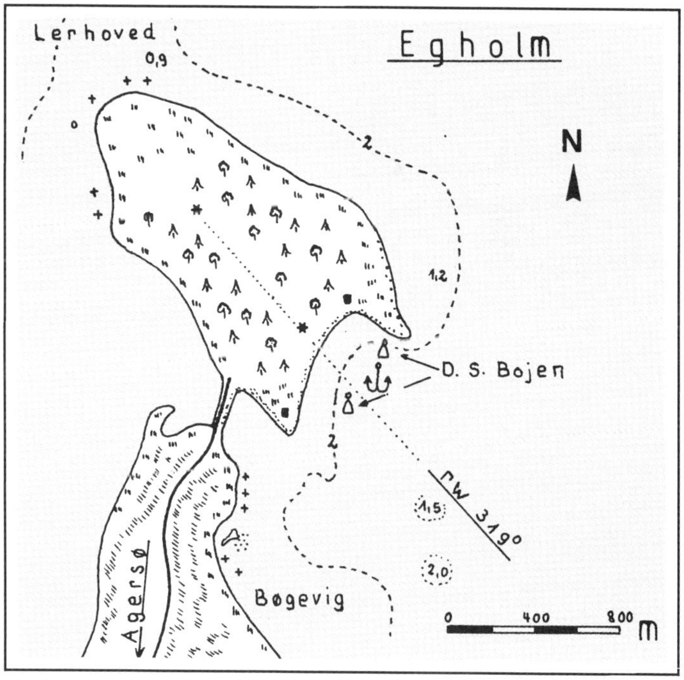

Ansteuerung

1. **Von Süden,**
   durch den Agersøsund kommend, leitet das Richtfeuer auf Egholm direkt in die Bøgevig (Kurs rw. 319°). Die beiden unbezeichneten Untiefen bleiben an Backbord.
2. **Von Norden kommend**
   läuft man zunächst bis zur grünen Tonne, die querab von Egholm liegt, um dann westwärts, an der flachen Huk von Egholm vorbei, in die Bøgevig einzulaufen.

> **Achtung**
> Zwei unbezeichnete Untiefen mit 1,5 m bzw. 2 m in der Bucht! Ankern Sie nicht direkt im Bereich des Leitfeuers. Ihr Ankerlicht könnte die durchlaufende Schiffahrt irritieren.

Ankerplatz

In der Bøgevig liegt man geschützt bei Winden aus Südwest über West bis Nord. Es kann knapp 200 m vom Ufer auf ca. 2,50 m Wassertiefe über Sand- und Schlickgrund geankert werden. Während der Saison sind zwei Ankerbojen der Dansk Sejlunion ausgelegt.

Tip: Es kann auch südöstlich des Hafens Agersø außerhalb der 2-m-Linie, die ca. 200 m vom Ufer entfernt verläuft, geankert werden. Der Ankergrund besteht aus Sand und Seegras, einzelne Steine. Dieser Ankerplatz bietet Schutz bei West- bis Südwest-Wind. (Position: 55° 12,5′ N - 11° 12,3′ E)

Versorgungsmöglichkeiten

In Agersø (ca. 4 km Fußweg)

Nächster Hafen

Agersø (ca. 2 sm)

Freizeittips

- *Während der Saison kann man im Agersø Kro samstags und sonntags in der Zeit von 8.30 — 10.00 Uhr ein Frühstücksbuffet genießen. Der Kro liegt an der Straße auf halbem Weg nach Agersø.*
- *Auf Agersø wird Mohn angebaut. Die blühenden Mohnfelder bieten Ende Juni/Anfang Juli einen bezaubernden Anblick.*

Korsør Skov

POSITION: 55° 18,3′ N - 11° 11,3′ E
SEEKARTEN: D 12, 13; DK 142, 143

Allgemeine Beschreibung

Korsør Skov ist eine kleine Einbuchtung, ca. 2,5 sm südöstlich von Korsør, die in ihrem Scheitel einen schönen Strand aufweist. Zwei kurze Badestege führen ins Wasser. Einige Steinwälle dienen als Uferbefestigung. Unterhalb der steilen Huk liegen viele große Steine. Oberhalb des hohen Ufers am Rande des Waldes steht ein rotes, strohgedecktes Haus; dahinter Felder. 200 m landeinwärts liegt das Kursuscenter Klarskovgård. Die leuchtend gelben Dächer ergeben eine gute Landmarke.

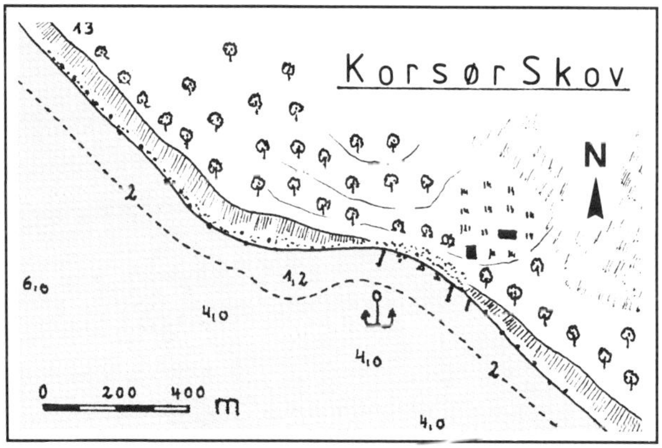

Ansteuerung

Vom Großen Belt kommend halte man zunächst auf die gelbe bewaldete Steilküste von Korsør Skov zu, bis das Strohdachhaus zu erkennen ist. Dieses bleibt bei der weiteren Ansteuerung bis zum Ankerplatz genau voraus.

Ankerplatz

Man ankert in Höhe des roten Häuschens ca. 100 m von Land entfernt. Die Wassertiefe beträgt dort ca. 3 m. Der Ankergrund besteht aus Sand mit etwas Seegras. In Lee des hohen Ufers liegt man ruhig bei Winden aus Nord bis Ost.

Tip: Bei östlichen Winden kann man auch an der Ostseite des Agersø Sundes bei **Skælsgør Red** vor dem Wald zwischen Lindesskov Flak und Tudsehage (Pos. 55° 15,7′ N - 11° 14,6′ N) vor Anker gehen. Die 2-m-Linie verläuft ca. 200 m vom Ufer entfernt. Der Ankergrund besteht aus Sand, z. T. Schlamm.
Oder man ankert in der weiten Bucht von **Espe** vor dem Wald Apager Skov (Pos. 55° 17,1′ N - 11° 14,0′ E). Man kann sich dem Ufer auf ca. 200 m nähern. Der Grund besteht aus Sand bzw. Lehm. In der Bucht liegt man sicher bei Winden aus Nord bis Südost.
Beiden Buchten ist gemein, daß sie sehr weit und offen sind.

Versorgungsmöglichkeiten

Keine

Nächster Hafen

Korsør (ca. 2,5 sm)

Freizeittips

- *Ein Wanderweg führt entlang des Steilufers bis nach Korsør (ca. 4 km)*
- *Angelfreunde können dort mit etwas Glück die Bordküche durch einen Dorsch, Plattfisch oder eine Meerforelle bereichern.*
- *Das Ferienangebot im Klarskovgård reicht von Stoffdruck, Gipsmalerei, Emaillearbeiten bis hin zum Tanz am Abend.*

Musholm

POSITION: 55° 28,8′ N - 11° 05,0′ E
SEEKARTEN: D 11; DK 141

Allgemeine Beschreibung

Musholm ist eine kleine Insel mit Naturhafen, die in der Musholm-Bucht an der Westküste vor Seelands Küste liegt. Sie ist privat und wird nur zeitweise bewohnt. Teile der Insel sind Vogelschutzgebiete (siehe Skizze), die während der Brutzeit nicht betreten werden dürfen. Hunde dürfen nicht frei herumlaufen, Besucher sollten sich dem Haus auf der Insel nicht mehr als 100 m nähern.

Ansteuerung

Die Ansteuerung bietet bei normalen Sichtverhältnissen keine Schwierigkeiten.

1. **Von Süden kommend**
   sind von weitem die vielen Sendemasten auf der nördlich gelegenen Halbinsel Reersø gut zu erkennen. Kommt die relativ flache Insel Musholm in Sicht, so halte man sich etwa 0,5 sm von der Ost-Huk frei, da sich die Sandbank Pullen etwa 0,5 sm in Nord-Süd-Richtung erstreckt. So läuft man parallel zur Sandbank Kurs NNW auf die kleine Sandinsel Nordholm zu, bis sich der Blick in die nach Osten geöffnete Bucht auftut. Vorsicht: an der Nordseite der Bucht liegen zwei Lachszuchtanlagen! Sie müssen an Stb. bleiben.
2. **Von Norden kommend**
   läuft man an Reersø vorbei direkt auf Nordholm zu. Nordholm rundet man in einem Abstand von ca. 0,5 sm und läuft dann direkt in die Bucht ein. Die Lachszuchtanlagen bleiben an Stb!

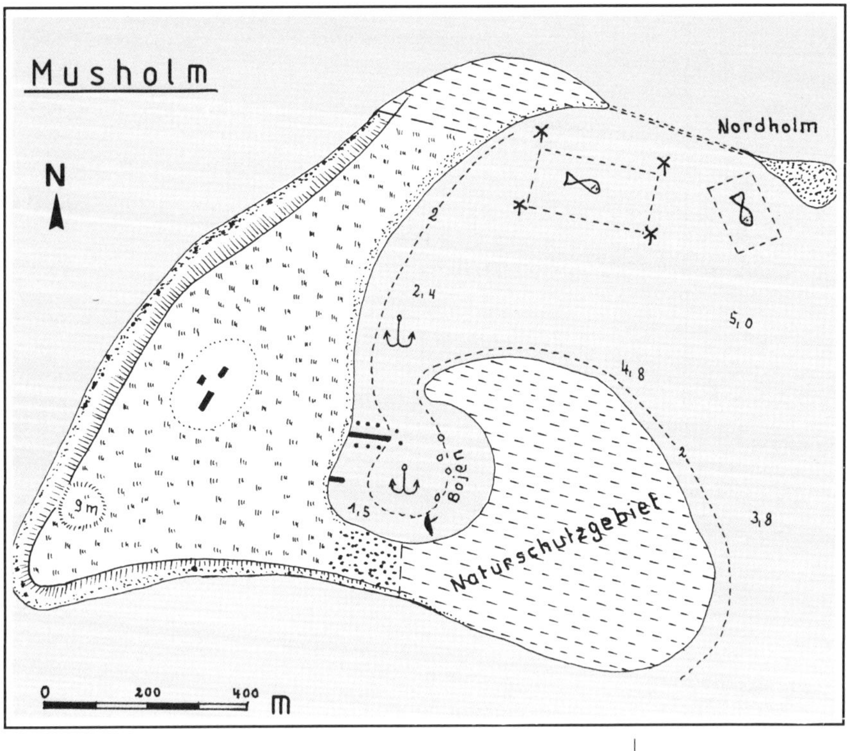

Achtung

Beim Einlaufen in die Bucht ist auf die Lachszuchtanlagen zu achten (siehe oben).

Ankerplatz

Es kann überall in der Bucht auf 2,00 bis 2,50 m Grund geankert werden. Der Ankergrund besteht aus Sand.
Die Bucht bietet guten Schutz bei Winden aus Süd über West bis Nord.
Im inneren Teil der Bucht liegen vier Festmacherbojen.
Ferner gibt es eine kleine Brücke mit ca. 2,50 m Wassertiefe am Kopf, die sich im Besitz des Musholmsbugten Bådeklub befindet.

Versorgungsmöglichkeiten

Keine;
manchmal kann Lachs von den Fischern gekauft werden.

Nächster Hafen

Reersø (ca. 3 sm); Mullerup (ca. 3,5 sm)

Freizeittips

Kinderfreundlicher Badestrand, ruhige Bucht zum Surfen und Optisegeln. Fußballtore am Strand, Erkundung von zwei Wracks im innersten Teil der Bucht.
Seevögel (u.a. Möwen, Seeschwalben, Austernfischer) können beim Brüten beobachtet werden.
Auf der Insel wachsen seltene Pflanzen, wie Sandnelken, Meerkohl (crambe maritima) und Tripmadam (Sedum reflexum) sowie viel Löwenzahn.
Tip für Naturfreunde: Löwenzahnblätter geben einen guten Salat, dessen Geschmack noch durch gebratene Speckwürfel und geröstete, mit Knoblauch eingeriebene Brotkrusten verbessert werden kann. (Nur zarte, junge Blätter verwenden!) Und hier noch ein altes dänisches Rezept:

Die Übersetzung lautet:
„Die frisch aufgesprungenen Blüten werden von der bitteren grünen Hülle befreit. Die Blüten einen Tag lang in Svendborg Akvavit oder Wodka ziehen lassen. Filtern. Nach Geschmack verdünnen."

Ankerplatz-Tip: Havnsø

Bei westlichen Winden kann man sich gut an die Ostküste der Insel **Nekselø** (Pos. 55° 46,9′ N - 10° 18,1′ E) verholen. Man ankert dort etwas nördlich oder südlich des Anlegers ca. 200 m von Land entfernt auf 4 m Wasser über Sandgrund. Von Havnsø bis zu diesem Ankerplatz sind es ca. 2 sm.

Havnsø

POSITION: 55° 45,2′ N - 11° 19,4′ E
SEEKARTEN: D 20, 64; DK 103, 128

Allgemeine Beschreibung

Havnsø ist ein kleiner Fischer- und Ferienort südlich von Nekselø in der gleichnamigen Bucht. Sie ist von einem schmalen Sandstrand umgeben und hat außer regem Badebetrieb wenig zu bieten.

Ansteuerung

Die Reede von Havnsø ist nur von Norden anzulaufen, da das Flach zwischen Nekselø und Sjælland unpassierbar ist (0,30 — 1,20 m).
Am besten hält man, parallel zur Ostküste von Nekselø, in ca. 0,5 sm Abstand direkt auf Havnsø zu (siehe Seekarte).

Ankerplatz

Westlich des Hafens ankert man ca. 200 m vom Ufer entfernt über 2 — 4 m Wassertiefe. Der Ankergrund besteht aus Sand und Seegrasflächen. Innerhalb der 2 -m-Linie liegen einige Steine. Das ausgedehnte Flach westlich von Nekselø läßt auch bei starken Westwinden kaum Seegang aufkommen, so daß man hier gut bei Winden aus Südost über Süd bis Nordwest ankern kann. Tip: siehe links unten.

Versorgungsmöglichkeiten

Aller Art in Havnsø vorhanden, nur keine Dusche.

Nächster Hafen

Havnsø in unmittelbarer Nähe; Nekselø (1,8 sm)

Freizeittips

Wer Interesse an Kulturdenkmälern hat, kann die westlich des Hafens gelegene Havnsø Mølle, eine 1822 erbaute holländische Windmühle, besichtigen oder einen Spaziergang zum 4 km östlich gelegenen Schloß Dragsholm machen.

Sejerø

POSITION: 55° 54,45′ N — 11° 07,5′ E
SEEKARTEN: D 20; DK 128, 103

Allgemeine Beschreibung

Sejerø, die 6 sm lange, schmale Insel auf halbem Weg zwischen Røsnæs und Sjællands Odde, lädt zum Verweilen ein. Es locken weiße Strände, klares Wasser und die hügelige, von der Eiszeit geprägte Landschaft.
Ungestört können Sie diese Natur in einer kleinen Bucht an der Ostküste, nur 1,5 sm vom Leuchtturm Gniben entfernt, genießen.

Ansteuerung

Beim Runden der Nordspitze muß das betonnte Sejerø NW-Rev, welches sich 1,5 sm seewärts erstreckt, genau beachtet werden. Liegt das Feuer Gniben achteraus, kann man dicht unter der Ostküste weitersegeln, vorbei am 26 m hohen Eskebjerg auf eine hohe Huk zu. Dahinter öffnet sich die schöne namenlose Ankerbucht.

Ankerplatz

Man ankert 180 — 200 m vom Strand entfernt auf ca. 2,50 m Wassertiefe. Der Grund besteht aus Sand mit mittelgroßen Steinen. Ein ausgezeichneter Platz, selbst bei Starkwind aus Süd bis West.

Tip: Dreht der Wind auf Ost, kann man gut auf der Südwestseite von Sejerø, dicht unter dem 30 m hohen Hügel Kongshøj, ankern.

Versorgungsmöglichkeiten

In Sejerby (ca. 3,5 km Fußweg)

Nächster Hafen

Sejerø (knapp 7 sm)

Freizeittips

— *Lohnenswert ist der ca. 3 km lange Spaziergang zum Leuchtfeuer Gniben. Von dort kann man den Blick über die Inseln im Kattegat bis nach Sjællands Odde im Nordosten schweifen lassen.*

Leuchtfeuer Gniben

Tip: *Am Strand findet man häufig schöne Muscheln, Schnecken oder besondere Steine. Meist versinken sie später zu Hause in irgendeiner Schublade oder Ecke. Doch es geht auch anders, indem man sich einen **„Muschelkasten“** baut:*
Zunächst wird ein Holzkasten gezimmert, ein fester Pappkasten tuts auch. Das Innere wird anschließend, am besten mit schwarzer Farbe, sauber ausgemalt und, während der Anstrich noch feucht ist, mit Sand bestreut. Nach dem Trocknen werden die Muscheln hübsch angeordnet und festgeklebt. Jede Muschel bekommt zum Schluß ein kleines Kärtchen mit dem Namen und Fundort. Als Wanddekoration wirkt ein Muschelkästchen ganz toll!

Ordrup Næs

POSITION: 55° 50,4′ N - 11° 21,6′ N
SEEKARTEN: D 20; DK 103, 128

Allgemeine Beschreibung

Ordrup Næs heißt die nördliche Huk der Nekselø Bugt. Auf der Westseite der 15 m hohen, hügeligen Halbinsel findet man eine gute Ankerbucht.
Von See aus wirkt diese Gegend zunächst kahl und wenig einladend. Bei näherer Betrachtung gleicht sie einer satten, grünen, irischen Landschaft mit Schafen und moorigen Senken.

Beim Runden der Huk von Norden muß man auf das weitauslaufende, schmale Flach vor Ordrup Næs achten, das sich ca. 500 m in nordwestlicher Richtung seewärts erstreckt.

Ankerplatz

Hinter der Huk verläuft die 2-m-Linie ca. 100 — 150 m vom Ufer entfernt. Der Ankergrund besteht aus Sand mit Seegras.
In Lee des Hügels liegt man gut bei Winden aus Nordwest bis Ost.
Bei westlichen Winden kann man sicher vor der Nordostküste von Ordrup Næs ankern.

> **Achtung**
> An der Südseite der Huk stehen dicht vor dem Ufer einige Fischerpfähle. In der Bucht eine 0,60-m-Stelle.

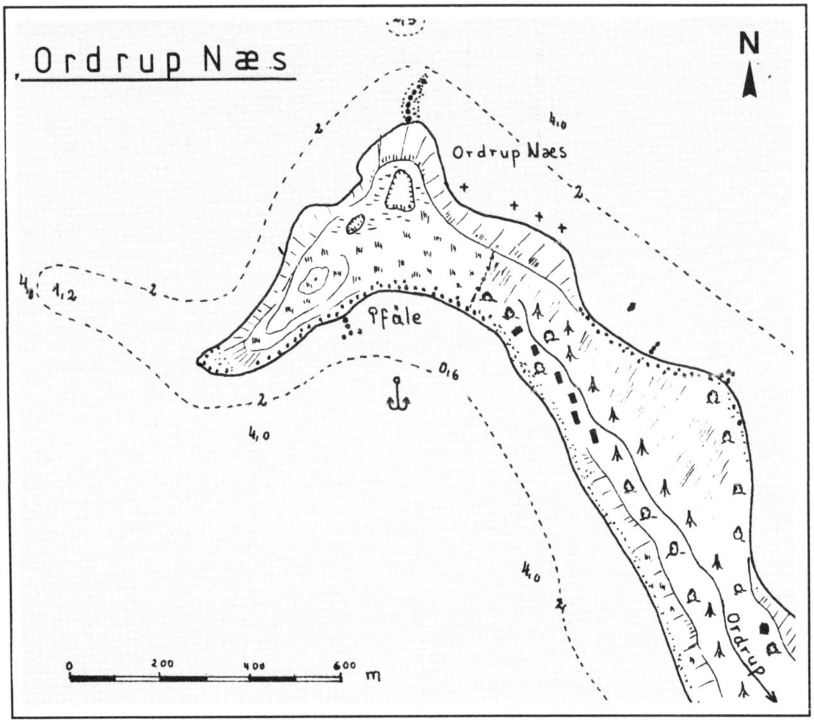

Versorgungsmöglichkeiten

Kaufmann am Hauptweg nach Ordrup (ca. 1,5 km Fußweg)

Nächster Hafen

Nekselø Bro (ca. 4 sm); Sejerø (ca. 8,7 sm)

Freizeittips

- *Gute Bademöglichkeit.*
- *Ordrup Næs ist ein Angelparadies: Nicht nur Meerforellen stehen hier rund um die Landspitze, sondern auch Hornhecht, Plattfisch und Dorsch.*
- *Von der Hügelkuppe aus hat man einen weiten Blick über die Sejerø- und Nekselø Bugt. Ein Sonnenuntergang wird hier zu einem unvergeßlichen Erlebnis.*
- *Gut erhaltenes Feuchtwiesenbiotop mit Schwertlilienbestand.*

Ansteuerung

Von der Süd-Untiefentonne Kolen (Sejerø SE-Rev) kann man die Bucht mit Kurs rw. 85° anlaufen.
Die hohe Steilküste und der grasbewachsene 15 m hohe Hügel von Ordrup Næs sind schon von weitem auszumachen.

Kulturelles

Feuchtwiesen und Moore entwickeln sich in Senken und Mulden, aus denen das Wasser nicht abfließen kann. Sie bieten einen vielfältigen Lebensraum für Pflanzen und Tiere.

Lumsås Strand

POSITION: 55° 55,5′ N - 11° 31,3′ E
SEEKARTEN: D 20; DK 103, 128

Allgemeine Beschreibung

Lumsås Strand, an der Nordostküste der Sejerø Bugt, besticht durch seine schöne Umgebung. Ein feiner, breiter Sandstrand zieht sich um die Bucht herum. Dahinter verstecken sich zahlreiche Ferienhäuser in weiten Kiefernwäldern. Mehrere große Steine liegen vor der hohen Nordhuk der Bucht. Im Mittelteil schaukeln im Sommer Jollen und Kleinboote an ihren Bojen.

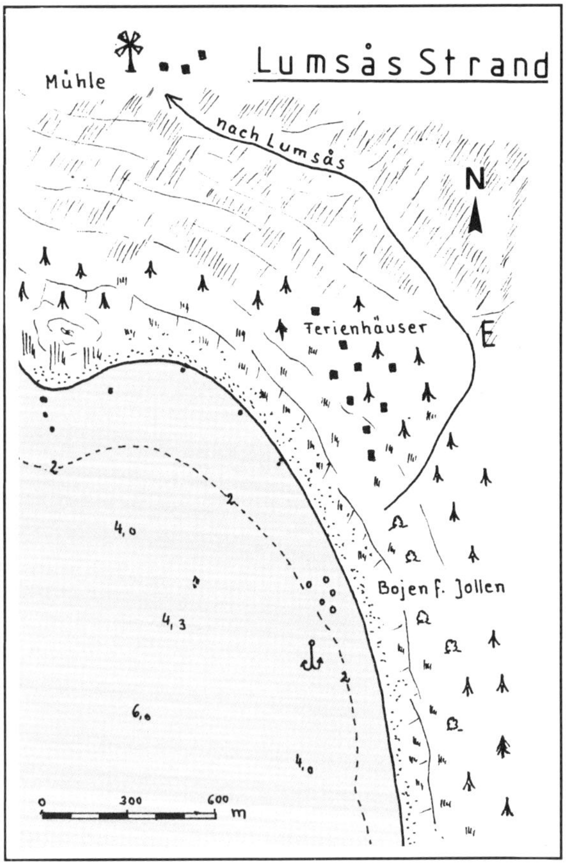

Ansteuerung

Lumsås Strand ist ohne Schwierigkeiten anzulaufen. Eine gute Ansteuerungshilfe ist die nördlich der Bucht auf einer Anhöhe stehende Mühle mit einer Häuserreihe.

Ankerplatz

Am besten ankert man im südlichen Teil der Bucht vor dem Wald in der Nähe des Bojenfeldes. Hier verläuft die 2-m-Linie nur ca. 200 m vom Ufer entfernt.
Der Ankergrund besteht überwiegend aus Sand mit Seegras / Seetangflecken.
In der Abdeckung des Kiefernwaldes ankert man sicher bei Winden aus Nord bis Ost.

Versorgungsmöglichkeiten

Kaufmann und Restaurant (Åsløkke Kro) im Ort Lumsås (ca. 2 km Fußweg)

Nächster Hafen

Nekselø (12 sm)

Freizeittips

- *Sehr schöner, breiter Badestrand.*
- *Geht man von Lumsås Richtung Stenstrup, gelangt man zum sogenannten „Trollhügel“ (Troldestuerne). Es handelt sich um ein Doppelgrab (Hügelgrab), das ausgegraben und zugänglich gemacht wurde (ca. 5 km Fußweg).*

Nyrup Bugt

POSITION: 55° 57,5′ N - 11° 36,5′ E
SEEKARTEN: D 20, 22; DK 102, 103

Allgemeine Beschreibung

An der Nordküste Sjællands liegt die 5,6 sm weite Nyrup Bugt. Sie wird im Westen durch die 35 m hohe Huk Klintebjerg und im Osten durch das niedrige Korshage begrenzt.
Mit ihrem feinen, sauberen Sandstrand, den Dünen und dem klaren Wasser ist sie ein beliebtes Ferienziel. Rund um die Bucht erstreckt sich kaum sichtbar ein ausgedehntes Sommerhausgebiet. Trotzdem wirkt der Strand selbst in der Hochsaison nie überlaufen.

Ankerplatz

Gut ankern kann man südlich des kleinen, neu erbauten Hafens **Klintebjerg.** Die Straße verläuft zwar direkt hinter dem kieseligen Strand, wirkt aber nicht störend.
Bei **Korshage** liegt feiner Sandstrand, der landeinwärts zunächst in einen Dünengürtel und dann in Kiefernwald übergeht.
Die 2-m-Linie verläuft ca. 200 m vom Ufer entfernt.
Der Ankergrund besteht aus feinem Sand mit einigen Steinen.
In Lee der Dünen und des Kiefernwaldes ankert man ruhig bei Winden aus Ost über Süd bis West.

Versorgungsmöglichkeiten

Keine

Nächster Hafen

Odden Havn (ca. 8 sm) bzw. Hundested (ca. 4 sm)

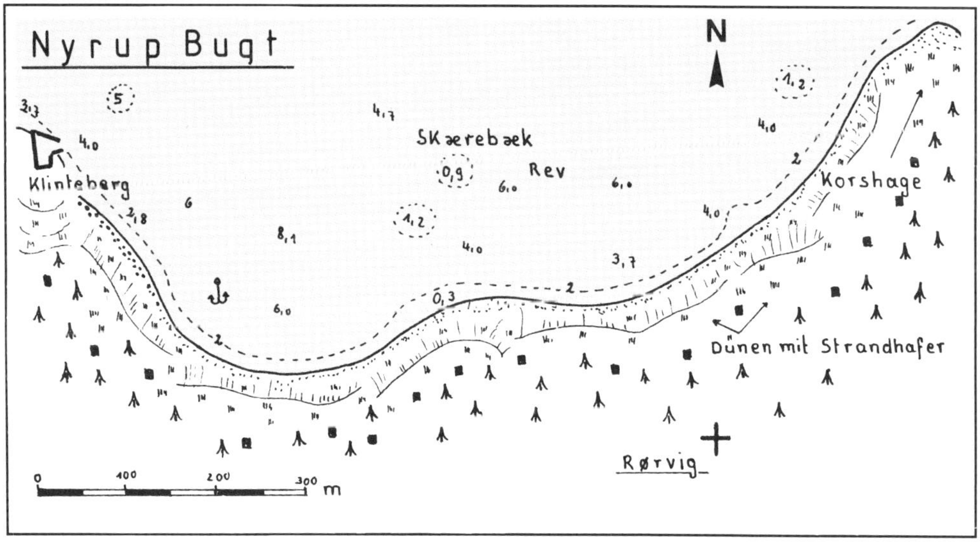

Freizeittips

- *Sehr schöner Badestrand.*
- *Die Bucht ist gut zum Surfen geeignet.*

Geologisches

Der Baumeister der Dünen ist der Wind, der den feinen Sand vor sich hertreibt und ihn dort fallen läßt, wo er auf ein Hindernis stößt. Auf der Leeseite türmt sich dann ein kleiner Sandberg auf. Dünen brauchen ca. 50 Jahre, um ihre maximale Höhe zu erreichen und ein schützendes Pflanzenkleid zu entwickeln.
Typischerweise sind Dünen von Strandhafer bewachsen. Bei heißem, trockenem Wetter rollen sich ihre Blätter zusammen. Die Spaltöffnungen befinden sich dann auf der innenliegenden Oberseite. So erreicht die Pflanze einen wirksamen Verdunstungsschutz. Bei Feuchtigkeit entrollen sich die Blätter wieder. Sie wirken jetzt graugrün und flach.

Ansteuerung

Von Odden Havn segelt man in ca. 1 sm Abstand parallel zur Küste bis zur Huk Klintebjerg. Nach dem Runden kann man direkt in die Bucht einlaufen.
Wer bei Korshage ankern möchte, halte sich gut frei von der Untiefe Skærebæk Rev, die sich im Mittelteil der Bucht in Nord-Süd-Richtung erstreckt. Sie weist stellenweise Wassertiefen von nur 0,90 — 1,20 m auf.

Ise- und Roskildefjord

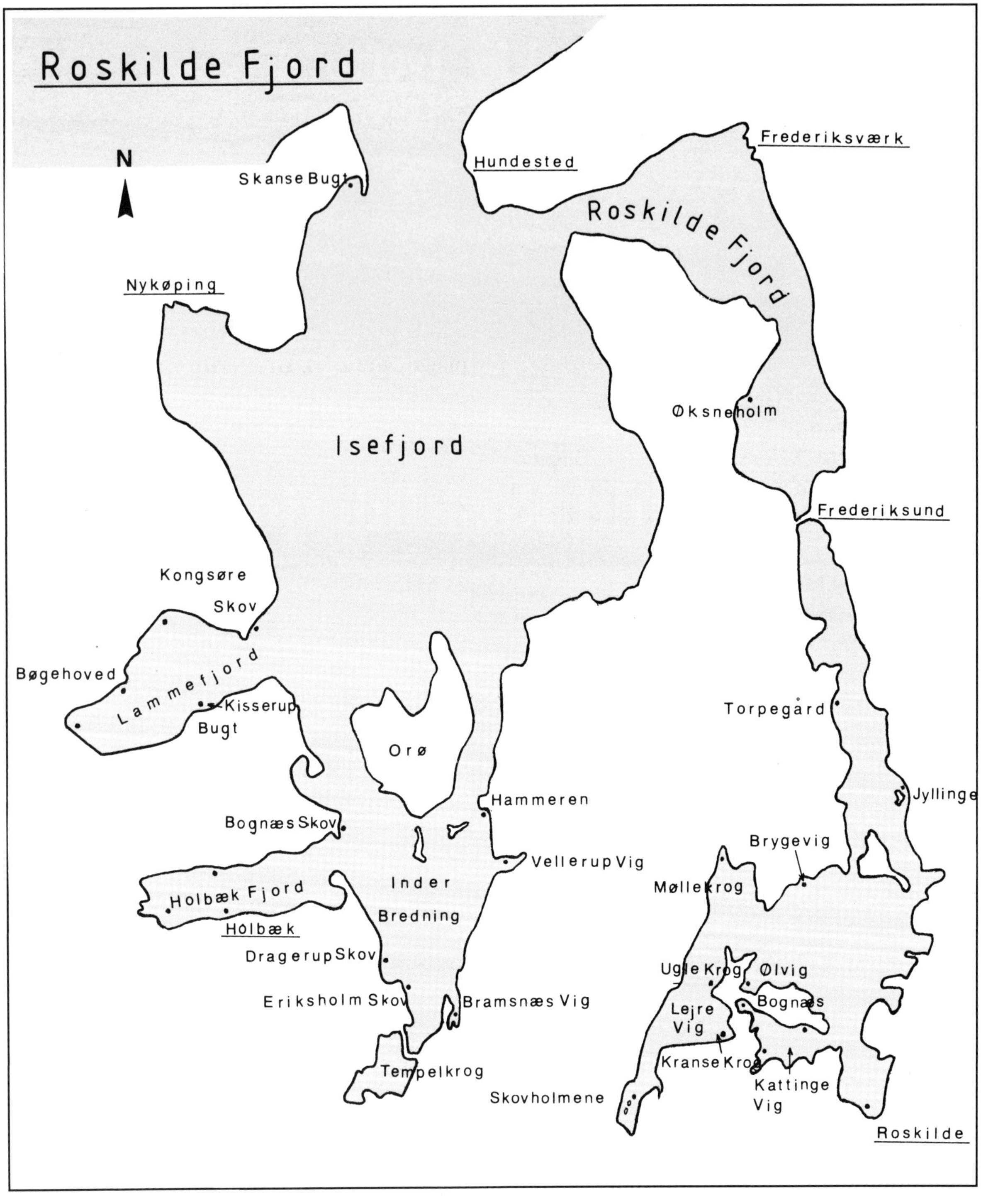
Roskilde Fjord
N
Skanse Bugt
Hundested
Frederiksværk
Roskilde Fjord
Nykøping
Øksneholm
Isefjord
Frederiksund
Kongsøre
Skov
Bøgehoved
Lammefjord
Kisserup
Bugt
Torpegård
Orø
Hammeren
Jyllinge
Bognæs Skov
Brygevig
Vellerup Vig
Møllekrog
Inder
Bredning
Holbæk Fjord
Holbæk
Dragerup Skov
Ugle Krog
Ølvig
Eriksholm Skov
Bramsnæs Vig
Lejre
Vig
Bognæs
Kranse Krog
Tempelkrog
Kattinge
Vig
Skovholmene
Roskilde

Ise- und Roskildefjord

SEEKARTEN: D 22, 23; DK 116, 117, 118

Ise- und Roskildefjord schneiden tief in die Nordküste von Seeland ein. Selbst in der Hauptsaison fließt der Strom der Segelboote an ihnen vorbei, obwohl gemütliche Häfen und zahlreiche idyllische Ankerplätze zum Verweilen einladen. „Kachelt" es im Kattegat mal so richtig, dann bleibt dort das Segeln immer noch ein Vergnügen.

Eine etwa 2 sm breite Barre behindert die Zufahrt zum Ise- und Roskildefjord. Durch das 3,1 m tiefe Vesterløb dicht unter Skansehage oder die Baggerrinne vor dem Ostufer, mit einer Solltiefe von 6,5 m, passiert man ohne Probleme dieses Hindernis.

Isefjord

SEEKARTEN: D 22; DK 116, 117

Das Segeln im Isefjord erfordert keine besonderen navigatorischen Kenntnisse. Ausgenommen ist ein Abstecher durch das Orø Østre Løb. Die nicht betonnte Durchfahrt ist aufgrund der zahlreichen Untiefen schwierig. Besonders in der Inder Bredning eröffnen sich dem Besucher reizvolle Ankerplätze, wie z. B. **Dragerup Skov** und die **Bramsnæs Vig.**

Skanse Bugt

POSITION: 55° 57,1′ N - 11° 47,2′ E
SEEKARTEN: D 22; DK 116, 117

Allgemeine Beschreibung

Die Skanse Bugt liegt am Ausgang des Isefjords. Von hier ist es nur noch ein Sprung zum Kattegat.
Die Bucht ist rundherum von einem schmalen, feinen Sandstrand umgeben. Das Wasser ist glasklar. Hinter dem westlichen Dünenstreifen verstecken sich zahlreiche Sommerhäuser im Kiefernwald. Die Halbinsel Skansehage ist nur mit Strandgras und einigen Apfelrosensträuchern bewachsen.

Ansteuerung

Von Hundested steuert man rw. 80° zur roten Tonne Tærskelen. Danach hält man sich an das betonnte Fahrwasser des Vesterløbs und läuft bis zur S-Untiefentonne von Skansehage. Diese muß an Steuerbord bleiben. Nach dem Runden der Tonne können Sie in die Bucht einlaufen und sich einen schönen Ankerplatz auswählen!

Ankerplatz

Die Skanse Bugt ist eine erstklassige Ankerbucht. Sie erinnert an die schönen Buchten des Mittelmeeres.
Die tiefe Bucht bietet sehr guten Schutz bei Winden aus West über Nord bis Ost. Man ankert auf ca. 3 m Wassertiefe.
Der Ankergrund besteht überwiegend aus Sand, etwas Lehm oder Seegras.
Im innersten Teil der Bucht ist ein Badeplatz durch gelbe Spieren mit Kreuz gekennzeichnet.

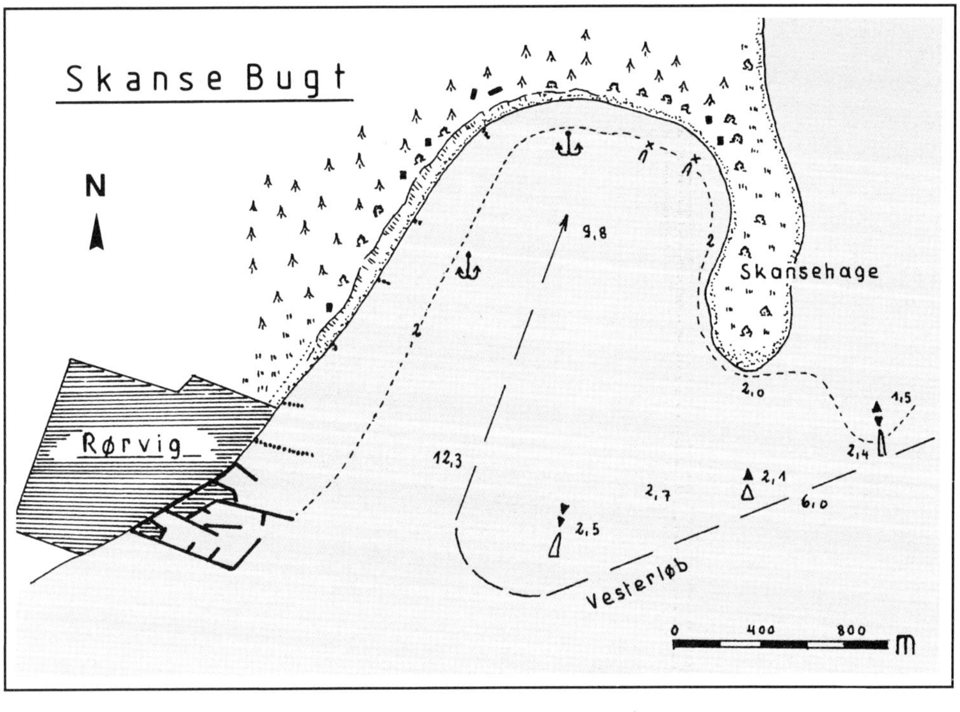

Versorgungsmöglichkeiten

In Rørvig

Nächster Hafen

Rørvig (max. 0,75 sm)

Freizeittips

— *Die Bucht ist ideal zum Baden, Surfen und Opti-Segeln.*
— *Eine Wanderung um die Halbinsel Skansehage oder nach Rørvig bereichert das Programm. Unterwegs findet man die Strand-Platterbse (Lathyrus maritimus) und den Strandhafer (Ammophila arenaria). Wußten Sie, daß die grau-grüne Färbung vieler Strandpflanzen aus einem Wachsüberzug besteht? Ein wir-*

kungsvolles Mittel, um die Pflanze vor dem Austrocknen durch übermäßige Verdunstung zu bewahren; ein gutes Beispiel für eine Anpassung an einen extremen Lebensraum.

— *Abends kann man den wunderschönen Blick über die Bucht auf das erleuchtete Hundested genießen.*

Kulturelles

Ihren Namen Skansehage erhielt die Halbinsel von einer Schanze, die den Zugang zum Isefjord sichern sollte.
Schon die Wikinger hatten dort einen Thingplatz.
In der Skanse Bugt warteten sie auf ruhigeres Wetter zum Auslaufen oder sammelten sich, bevor sie auf Feindfahrt gingen.
Für ihre ausgedehnten Seereisen benutzten sie u.a. eine Sonnenpeilscheibe mit einem Schattenstift, um die Himmelsrichtungen zu bestimmen. Die waagerechte Nadel zeigte die Kursrichtung des Bootes an.

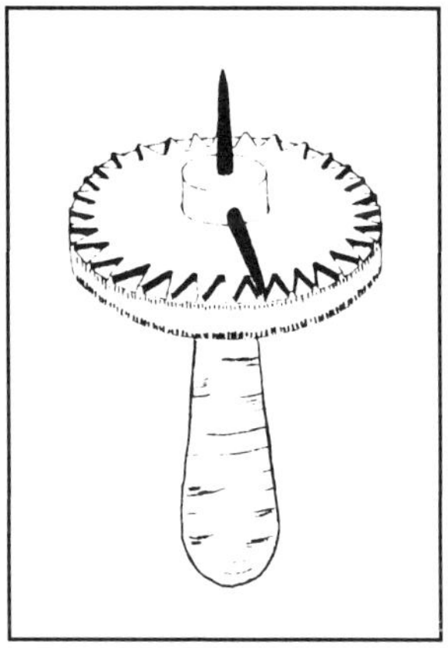

Sonnenpeilscheibe

Kongsøre Skov

POSITION: 55° 48,8′ N - 11° 43,5′ E
SEEKARTEN: D 22, DK 116

N W O S

Allgemeine Beschreibung

Kongsøre Skov, vor der Einfahrt zum Lammefjord, ist ein ausgedehntes Waldgebiet. Das Ufer besteht aus feinem Sandstrand.

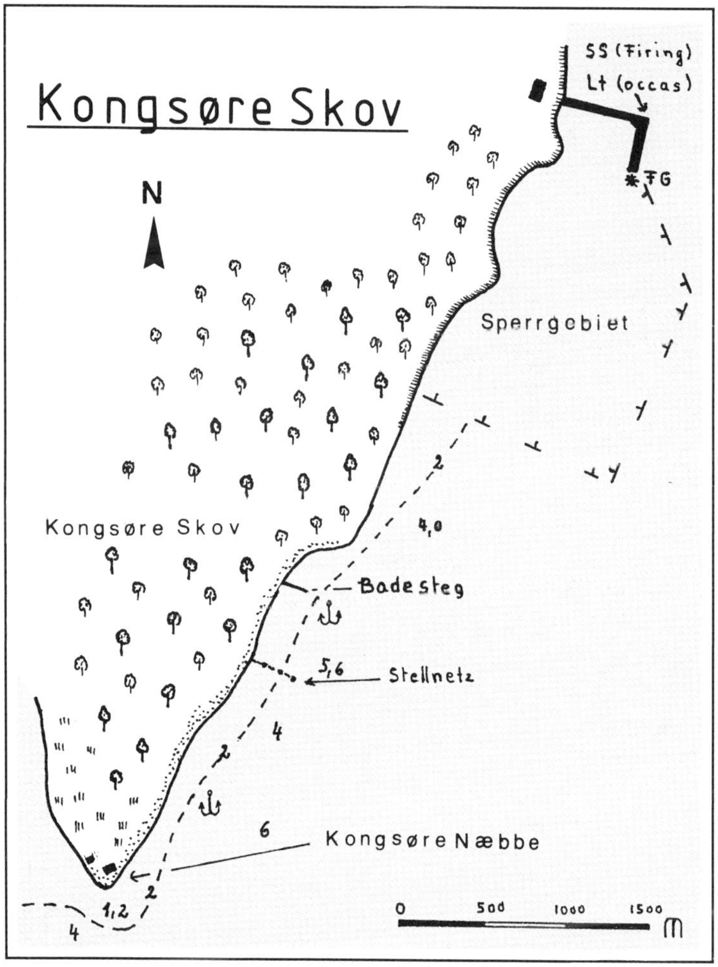

Ansteuerung

Von Norden kommend halte man auf den weit sichtbaren Signalmast der Torpedoversuchsanstalt zu. Dieser bleibt ca. 600 m an Steuerbord. Weiter geht es mit Kurs SW um das Sperrgebiet herum und auf das weiße Fischerhaus auf Kongsøre Næbbe zu. Wenn die Badebrücke querab ist, kann der Skipper sich problemlos einen schönen Ankerplatz dicht unter Land auswählen.

Achtung

- Beim Queren der Torpedoschießbahn ist auf die Signale am Signalmast zu achten: weiße Blinke unmittelbar vor dem Abschuß und während der Torpedo läuft.
- Das südlich des Signalmastes gelegene Sperrgebiet sollte nicht passiert werden.
- Stellnetz südlich der Badebrücke.

Ankerplatz

Kongsøre Skov ist eine beliebte Ankerbucht.
Der beste Platz zum Ankern liegt zwischen der kleinen Badebrücke und der Huk Kongsøre Næbbe, auf der ein weißes Fischerhaus steht. Wer nördlich des Badesteges ankern möchte, muß genau auf die Grenzen des Sperrgebietes achten!
Unterhalb des Waldes liegt man geschützt gegen Winde aus Südwest über West bis Nord. Es kann bis dicht unter das Ufer auf 2 — 4 m Wassertiefe geankert werden. Der Ankergrund besteht aus Sand.

Versorgungsmöglichkeiten

Keine

Nächster Hafen

Orø (4,5 sm)

Freizeittips

- *Gute Badebucht, besonders im Bereich der Badebrücke (Sandstrand) bzw. vor der Huk Kongsøre Næbbe;*
- *Möglichkeit zu ausgedehnten Waldspaziergängen.*

Tip: Vielleicht finden Sie unterwegs einen knorrigen Baumast oder Wurzelstücke, aus denen ihre Kinder Figuren (z. B. einen ***Waldtroll,*** *eine Krake oder ähnliches) basteln können.*

Material: Baumast oder -wurzel,
Säge, Bohrer,
etwas Tauwerk oder Wollfäden,
Klebe, Farbe.

Mit etwas Phantasie lassen sich aus vielen natürlichen Formen Figuren basteln. Farbe und Tauwerk als Haarersatz fördern das urige Make up.

Sidinge Fjord

POSITION: 55° 48,8′ N - 11° 39,9′ E
SEEKARTEN: D 22; DK 116

Allgemeine Beschreibung

Vom Lammefjord zweigt in nördlicher Richtung der Sidinge-Fjord ab, der an einem geraden Abschlußdamm endet.

Plan siehe „Lammefjord"

Ansteuerung

Nach dem Runden von Kongsøre Næbbe in einem Mindestabstand von 200 m kann man mit Kurs NW in den weiten Sidinge Fjord bis zum Begrenzungsdamm laufen. Man halte sich an der Nordseite des Fjords. Große Vorsicht ist vor dem südlichen Egenæs Hage, einer unbezeichneten Untiefe mit einer 0,3-m-Stelle geboten!

Achtung

- Es gibt eine unbezeichnete 1,2-m-Stelle östlich des Dammhäuschens direkt vor dem Abschlußdamm.
- Vor dem Nordufer ist auf Stellnetze zu achten!
- Unbezeichnete Untiefe Egenæs Hage vor dem Südufer.

Ankerplatz

Der Abschlußdamm bietet Schutz vor NW- bis N-Winden. Bis auf eine 1,2-m-Stelle direkt vor dem Damm beträgt die Wassertiefe mindestens 2 m. Der Ankergrund besteht aus Schlick oder Sand.

Versorgungsmöglichkeiten

Keine

Nächster Hafen

Orø (7 sm)

Freizeittips

Das Anlaufen des Sidinge Fjords lohnt sich nur zur Zeit der Tulpenblüte.

Kulturelles

Alte Stiche zeigen, daß der Sidinge Fjord in früherer Zeit viel weiter ins Land einschnitt. Im Rahmen eines Landgewinnungsprojektes, welches den Verlust Nordschleswigs 1864 ausgleichen und einem großen Geburtenüberschuß Rechnung tragen sollte, wurde ein Damm quer über den Fjord gebaut und das dahinterliegende Land trockengelegt. So entstand eine große, fruchtbare Landfläche, auf der neben Gemüse besonders Tulpen gezogen werden.

Alter Stich des Sidinge Fjords

Lammefjord

POSITION: 55° 46,6′ N - 11° 37,4′ N
SEEKARTEN: D 22; DK 116

Allgemeine Beschreibung

Der Lammefjord zweigt in südwestlicher Richtung vom Isefjord ab. Sein künstliches Ende in Form eines Dammes zeigt, daß auch er im Rahmen eines Landgewinnungsprojektes erheblich verkleinert wurde.
Der Ankerplatz vor dem Abschlußdamm ist wenig reizvoll. Vor der nordwestlichen Schleuse liegen einige Boote an Bojen.

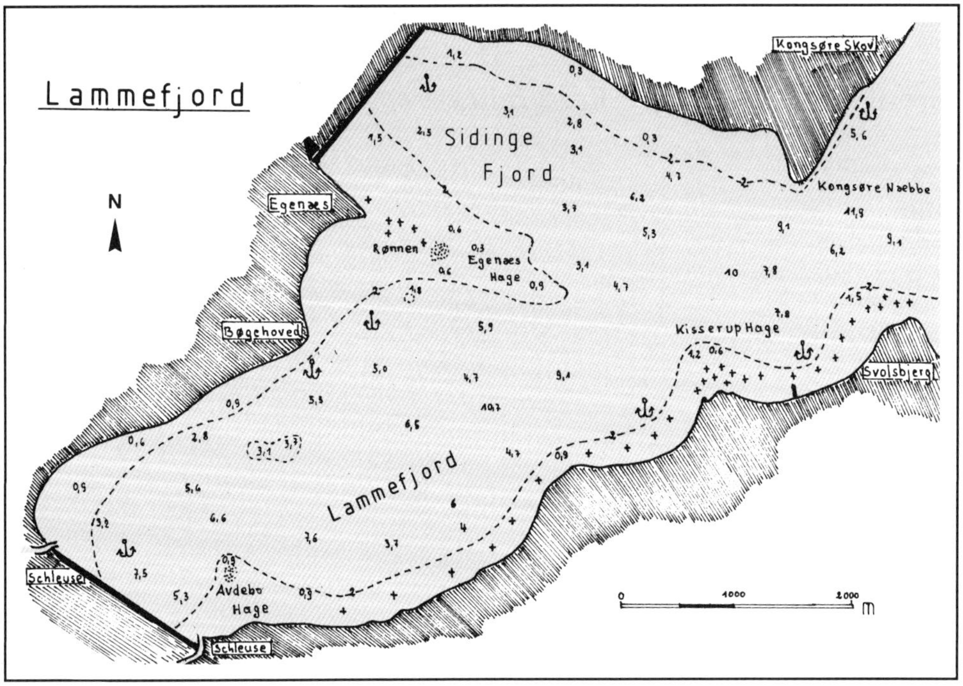

Ansteuerung

Es gelten die Segelanweisungen von Bøgehoved.
Nach dem Passieren der Untiefen Kisserup Hage und Egenæs Hage halte man auf die nordwestliche Schleuse des Abschlußdammes zu, um sich von der Untiefe Avdebo Hage (0,9 m) freizuhalten.

Achtung

Die unbezeichneten Untiefen Egenæs Hage (0,3 m), Kisserup Hage (0,6 m) und Avdebo Hage (0,9 m) müssen vorsichtig umfahren werden!

Ankerplatz

Es kann ca. 150 m vor dem Abschlußdamm auf ca. 4 m Wassertiefe geankert werden. Im Bereich der beiden Schleusen nimmt die Wassertiefe auf unter 2 m ab.
Der Ankergrund besteht überwiegend aus Schlick und Sand.
Der Ankerplatz bietet Schutz vor Winden aus Süd über West bis Nordwest.

Versorgungsmöglichkeiten

Keine

Nächster Hafen

Orø (9 sm)

Freizeittips

Besuch der Tulpenfelder zur Zeit der Tulpenblüte.

Kulturelles

55,7 Quadratkilometer des Lammefjords wurden 1872 bis 76 eingedeicht und in der Folgezeit trockengelegt. Der innere Teil des neugewonnenen Gebietes ist auch heute noch so schlammig, daß er keine Häuser tragen kann. Seit 1950 werden vorzugsweise Wurzeln (Mohrrüben) angebaut, weil sie im Schlamm des Fjordes besonders gerade und glatt wachsen. Sie werden im Oktober / November geerntet und in elf Mohrrübenwäschereien gewaschen. Danach werden sie, appetitlich verpackt, nicht nur in Kopenhagen, sondern auch im Ausland verkauft.

Bøgehoved

POSITION: 55° 47,6′ N - 11° 38,9′ E
SEEKARTEN: D 22; DK 116

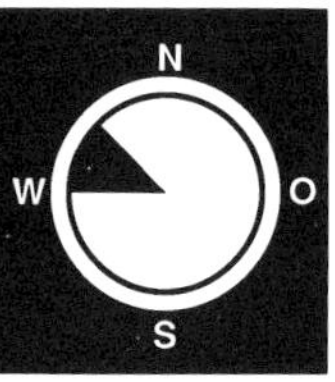

Allgemeine Beschreibung

Bøgehoved heißt die Huk zwischen Sidinge Fjord und Lammefjord. Sie gehört zu einer typisch dänischen Landschaft, in der sich sanfte Hügel mit Wiesen, Feldern, einzelnen Gehöften und kleinen Gehölzen abwechseln.

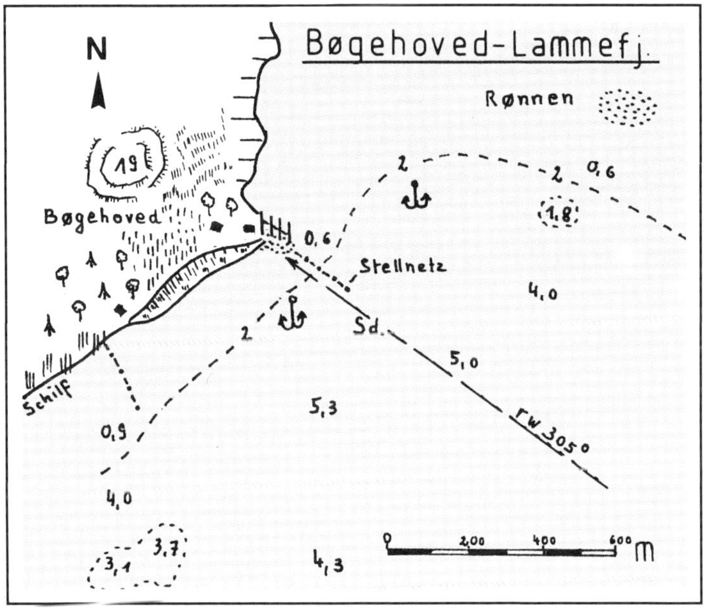

Ansteuerung

Um Bøgehoved aufzusuchen, bleibt Kongsøre Næbbe ca. 400 m an Steuerbord. Dann läuft man mit Kurs rw. 242° in den Lammefjord ein. Das Echolot sollte mitlaufen und nicht weniger als 6 m anzeigen, denn Vorsicht ist vor den unbezeichneten Untiefen Egenæs Hage (0,3 m) und Kisserup Hage (0,6 m) geboten! Nach 2,3 sm kann man das weiße Haus an der Spitze von Bøgehoved mit den dahinter aufsteigenden Hügeln gut erkennen und darauf zuhalten (Kurs rw. 305°). Es kann etwa 150 — 200 m unter Land auf ca. 2,5 m Wasser geankert werden.

Achtung

— Unbezeichnete Untiefen Egenæs Hage und Kisserup Hage.
— Einzelne Stellnetze vor und westlich der Huk Bøgehoved.

Ankerplatz

Am besten ankert man vor einem weit sichtbaren weißen Haus mit rotem Dach, welches etwas westlich der Huk steht. Die Wassertiefe beträgt 400 m vom Ufer entfernt ca. 4 m. Boote mit geringerem Tiefgang können auch in der Bucht nordöstlich der Huk bei den Bojenliegern ankern.
Der Ankergrund besteht aus Sand.
Der Ankerplatz ist geschützt gegen Winde aus nordwestlicher Richtung.

Versorgungsmöglichkeiten

Keine

Nächster Hafen

Orø (7 sm)

Freizeittips

Ise- und Roskildefjord sollen sehr fischreich sein. Vielleicht versuchen Sie einmal Ihr Angelglück!

Kisserup Bugt

POSITION: 55° 47,6′ N - 11° 43,1′ E
SEEKARTEN: D 22; DK 116

Allgemeine Beschreibung

Die Kisserup Bugt liegt an der Südseite des Lammefjords zwischen dem Svolsbjerg und der Untiefe Kisserup Hage. Sie ist in weiten Teilen mit einem Schilfsaum umgeben. Bei der Badebrücke gibt es etwas Sandstrand. Auf dem steil ansteigenden Ufer stehen einzelne Wochenendhäuser.

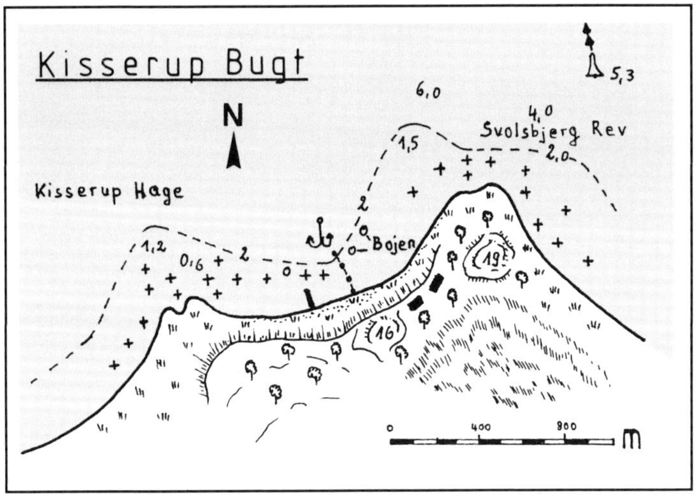

Ansteuerung

Von Kongsøre Næbbe steuert man rechtweisend Süd.
So bleibt das weiße Fischerhaus auf der Huk genau achteraus. Dieser Kurs führt direkt bis zum Ankerplatz östlich der Brücke.

> **Achtung**
> Innerhalb der 2-m-Linie liegen viele große Steine!
> Ein Stellnetz steht östlich der Badebrücke.

Ankerplatz

Man ankert etwas östlich der Brücke, ca. 200 m von Land entfernt. Vorsicht: innerhalb der 2-m-Linie liegen viele große Steine, die teilweise aus dem Wasser ragen! Der Ankergrund besteht aus Sand und Schlick. Das Steilufer bietet guten Schutz vor südlichen Winden.

Versorgungsmöglichkeiten

Keine

Nächster Hafen

Orø (ca. 5,5 sm)

Freizeittips

— *Bademöglichkeit.*
— *Schöner Blick vom Svolsbjerg über den Ise- und den Lammefjord.*

Beobachtungstip:
Offene Wasserflächen ermöglichen die Entwicklung eines Schilfgürtels, der Lebensraum für viele Vogelarten bietet, so z. B. der Bartmeise, die im Sommer Wasserkäfer oder andere Kleintiere von der Wasseroberfläche wegfängt oder dem Drosselrohrsänger. Er ist nur durch das Fernglas von Sperlingen zu unterscheiden, zu deren großer Familie er gehört. Die Brutzeit ist von Mai — Juli/August.

Bognæs Skov

POSITION: 55° 45,0' N - 11° 46,4' E
SEEKARTEN: D 22; DK 116

Allgemeine Beschreibung

Der Ankerplatz Bognæs Skov liegt am südlichen Ausgang des Orø Vesterløbs vor dem Wald Bognæs Skov. In der Bucht befindet sich ein Badesteg mit etwas Sandstrand.
Dieser Platz wird gern von den Wassersportlern aus Holbæk aufgesucht.

Ansteuerung

Der Ankerplatz kann ohne Schwierigkeiten direkt vom Orø Vesterløb angelaufen werden. Ist die rote Tonne vor Orø Havn querab, kann man direkt auf den Brückenkopf zuhalten.

Achtung

— Im Orø Vesterløb muß mit Gezeitenstrom gerechnet werden.
— Unterwasserkabel (Lage wird durch die Kabelbaken angezeigt).
— Südlich der Kabelbaken steht ein Stellnetz.

Ankerplatz

Man kann sich vor Heckanker an den Kopf des Steges (Wassertiefe ca. 1,60 m) legen oder zwischen Steg und Kabelbaken ca. 180 m vom Ufer entfernt auf ca. 2 m Wassertiefe ankern. Der Ankergrund besteht aus Sand.
Der Wald Bognæs Skov schützt vor allen westlichen Winden.

Versorgungsmöglichkeiten

Keine

Nächster Hafen

Orø (1 sm) oder Holbæk Marina (2 sm)

Freizeittips

— *Guter Badeplatz.*
— *Genießen Sie den schönen Blick über das Orø Vesterløb auf die Insel Orø. Alle Segelboote, die nach Holbæk wollen — und das sind viele — müssen dicht am Ankerplatz vorbeisegeln. Das ist besser als eine Bootsausstellung!*

Holbæk Fjord

POSITION: 55° 43,5′ N - 11° 42,0′ E
SEEKARTEN: D 22; DK 116

Allgemeine Beschreibung

Der Holbæk Fjord ist landschaftlich nicht besonders reizvoll.
Es gibt verschiedene Ankermöglichkeiten:
a) östlich der Insel Rønnen
b) westlich Holbæks bzw. Hørbys und
c) im inneren Teil des Holbæk Fjords

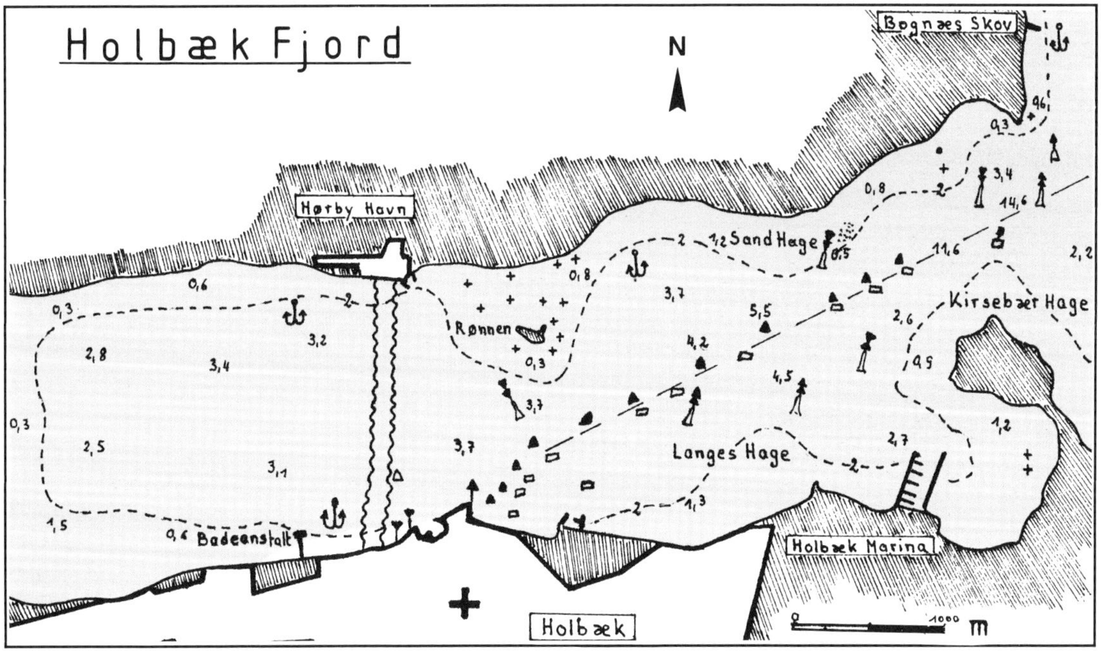

Ansteuerung

Alle Ankerplätze lassen sich problemlos vom betonnten Fahrwasser nach Holbæk aus ansteuern.

Ankerplatz

a) Bucht östlich der **Insel Rønnen** und westlich der Untiefe Sand Hage:
Hier ankert man geschützt gegen NW- bis ONO-Wind. Die 2-m-Linie verläuft ca. 250 m vom Ufer entfernt. Der Ankergrund besteht aus Sand.

b) Bei **Holbæk** zwischen Westhafen und Badeanstalt:
Ein stadtnaher Ankerplatz, auf dem man Schutz vor südlichem Wind findet. Es kann dicht unter dem Ufer geankert werden. Die 2-m-Linie verläuft 150 m vom Ufer entfernt.
Achtung: 2 Unterwasserkabel.

c) **Hørby Havn:**
Einen guten Ankerplatz finden Sie bei nördlichen Winden etwas westlich von Hørby Havn.

d) Westlich der Stadt Holbæk im **inneren Holbæk Fjord:**
Da die Bucht nach Westen hin flach ausläuft, liegt man z. T. etwa 700 m vom Ufer entfernt. Je nach Windrichtung ankert man besser unter dem Nord- oder Südufer.

Der Grund der tieferen Teile des Fjords besteht aus Schlick. Die flacheren Teile sind dicht mit Tang bewachsen.

Versorgungsmöglichkeiten

In Holbæk und Hørby.

Nächster Hafen

Holbæk (max. 1 sm), Hørby Havn (1 sm)

Freizeittips

Lohnenswert ist in Holbæk der Besuch der St.-Nikolaj-Kirche und des Holbæk-Museums, welches zu den besten Kleinstadtmuseen Dänemarks zählt.

Dragerup Skov

POSITION: 55° 42,6' - 11° 47,7' E
SEEKARTEN: D 22; DK 116

Allgemeine Beschreibung

Der Ankerplatz Dragerup Skov, an der Westseite der Inderbredning, liegt unterhalb eines mit Buchen bewachsenen Steilhanges. Durch den lichten Wald leuchten Unmengen von lila Weidenröschen. Im Sommer ankern hier zahlreiche dänische Yachten.

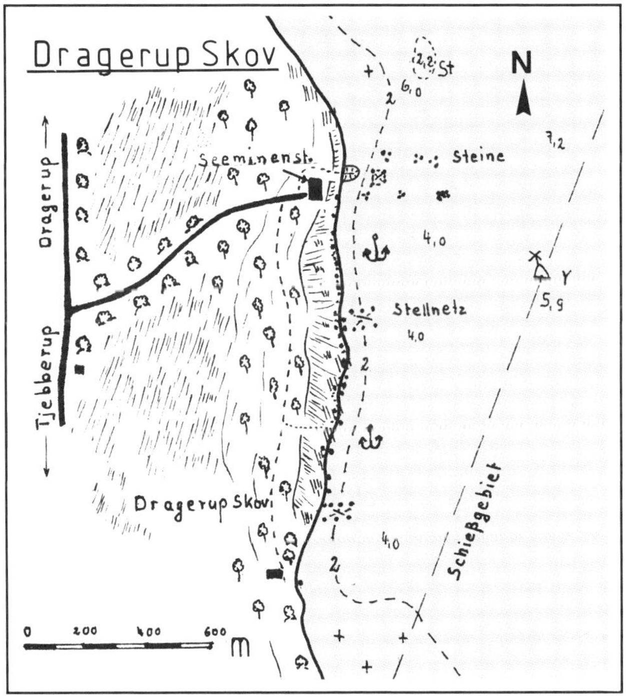

Ansteuerung

Von Norden kommend steuere man von der Untiefentonne Orø SW-Pullen (die an Backbord bleiben muß) Kurs rw. 185° auf die gelbe Tonne des Schießgebietes zu. Sind die auffälligen Betonklötze der früheren Seeminenstation passiert, kann man gefahrlos auf die Küste zuhalten und sich einen schönen Ankerplatz aussuchen.

Achtung

Einige Stellnetze stehen ca. 50 — 100 m vom Ufer entfernt.

Ankerplatz

Der beste Ankerplatz befindet sich zwischen den Betonsockeln der ehemaligen Seeminenstation im Norden und dem kleinen, gelben Haus im Süden. Das hohe Ufer bietet sehr guten Schutz gegen Westwinde. Auch bei SW und NW kann man noch sicher liegen, da ganz dicht unter dem Ufer geankert werden kann. Die 4-m-Linie verläuft ca. 200 m vom Ufer entfernt. Der Ankergrund besteht aus Sand, Seetang und zum Teil Schlamm (Modder).

Versorgungsmöglichkeiten

Am Ankerplatz keine, sonst in Holbæk (Bushaltestelle im 2 km entfernten Ort Tjebberup).

Nächster Hafen

Ejby (1 sm)

Freizeittips

- *Gute Bademöglichkeit.*
- *Herrlicher Blick vom Steilufer aus über die Inderbredning.*

Tip: Besuchen Sie das sehenswerte Dorf Dragerup mit seinen alten, gut restaurierten Häusern (25 Min. Fußweg). Sie wandern dorthin auf einem sehr schönen Weg, der durch Wald und Feld führt. Vom Ankerplatz aus folgen Sie dem Waldweg in Richtung Seeminenstation. Von dort führt ein breiter Weg immer geradeaus bis zur Hauptstraße, die nach rechts zum Dorf Dragerup führt. Fotoapparat nicht vergessen!

Eriksholm Skov

POSITION: 55° 41,8′ N - 11° 48,6′ E
SEEKARTEN: D 22; DK 116

N W O S

Allgemeine Beschreibung

Eriksholm Skov wird ein weithin sichtbarer, bewaldeter Steilhang an der Westseite des Inderbredning, ca. 0,75 sm südlich von Dragerup Skov, genannt.
Hier liegt man ungestört in einer herrlichen Landschaft. Selbst Fischer tuckern nur gelegentlich vorüber.

Plan siehe „Bramsnæs Bugt"

Ansteuerung

Der Ankerplatz Eriksholm Skov ist von der Bramsnæs Bugt aus problemlos anzusteuern. Von Norden kommend muß ein durch gelbe Tonnen gekennzeichnetes Schießgebiet gequert werden. Die Schießzeiten werden bei den umliegenden Yachtclubs ausgehängt.

> **Achtung**
> An der Nordspitze ist eine unbezeichnete 0,6-m-Stelle, ca. 150 m vom Ufer entfernt, zu beachten!

Ankerplatz

Es kann dicht unter dem Ufer geankert werden. Die 2-m-Linie verläuft ca. 100 m vom Land entfernt. Der Ankergrund besteht aus Sand und etwas Seegras. Es ist ein sehr geschützter Platz bei Winden aus SW bis W. — Vorsicht ist bei den beiden Stellnetzen vor dem Ufer geboten. Es können auch einzelne Fischerflaggen ausliegen.

Versorgungsmöglichkeiten

Keine

Nächster Hafen

Ejby (1 sm)

Freizeittips

Dies ist ein Platz für stille Genießer und Naturfreunde!

Bramsnæs Bugt

POSITION: 55° 40,5′ N - 11° 48,8′ E
SEEKARTEN: D 22; DK 116

Allgemeine Beschreibung

Die Bramsnæs Bugt ist durch einen Fahrdamm vom Tempelkrog getrennt. Der letztere ist landschaftlich sehr reizvoll, aber nur mit dem Beiboot befahrbar.
Die Bramsnæs Bugt ist als Ankerbucht nicht empfehlenswert.

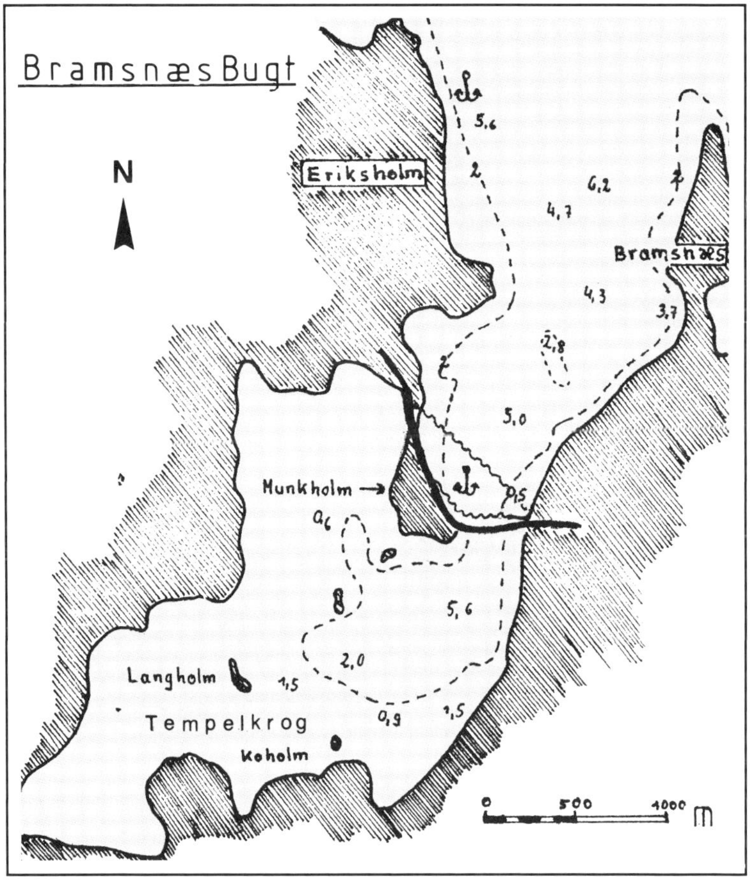

Ansteuerung

Am besten segelt man am steilen Ostufer der Bramsnæs Bugt in einem Mindestabstand von 150 m südwärts bis kurz vor den Steindamm. Die Bogenbrücke über den Tempelkrog ist weithin sichtbar.

Achtung

- Ca. 200 m vor dem Steindamm liegt an der Ostseite eine 0,5-m-Stelle.
- Durch den Tempelkrog setzt zeitweise Gezeitenstrom.

Ankerplatz

Man kann vor dem Steindamm auf 2 — 4 m Wasser ankern, der Schutz vor SO- bis SW-Winden bietet. Der Ankergrund besteht aus Lehm und Schlick.
Kurz vor dem Damm verläuft ein Unterwasserkabel.

Versorgungsmöglichkeiten

Keine

Nächster Hafen

Ejby (ca. 1,8 sm)

Freizeittips

- *Der einzige für uns ersichtliche Grund, hier zu ankern, besteht darin, den Tempelkrog zu erforschen. Dies ist nur mit dem Beiboot möglich, da die Brücke nur eine Durchfahrtshöhe von 3 m aufweist.*
- *Der Tempelkrog ist eine Art verlandeter Binnensee mit einer vielartigen Vogelwelt — ein Paradies für Vogelspezialisten!*

Bramsnæs Vig

POSITION: 55° 41,3′ N - 11° 50,2′ E
SEEKARTEN: D 22; DK 116

Allgemeine Beschreibung

Bramsnæs Vig liegt an der Ostseite der Inderbredning. Es ist eine tiefe, schmale Bucht, die von grünen Steilhängen, an denen einzelne Baumgruppen wachsen, eingerahmt wird, die am Ende der Bucht in einen Laubwald übergehen. Am Ostufer liegen die beiden kleinen Fischerorte Ejby Havn und Fiskerhus. In der Bucht befindet sich ein ausgedehntes Bojenfeld.

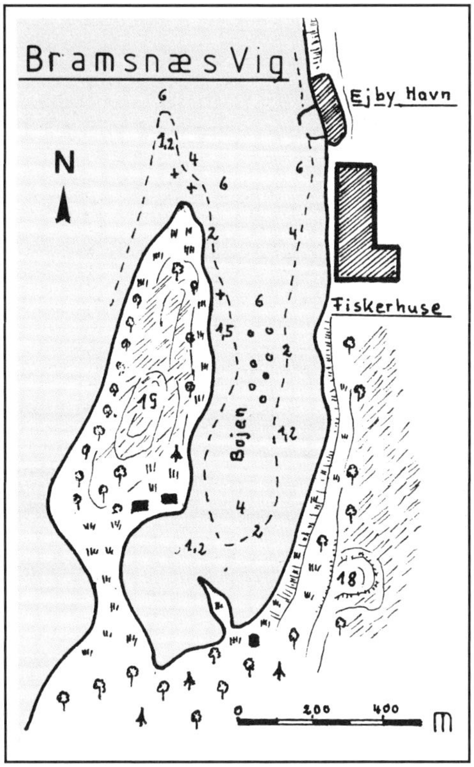

Ansteuerung

Von der Ost-Untiefentonne Orø SW-Pullen steuert man rw. 150° auf den kleinen Hafen von Ejby Havn zu, der an der Einfahrt in die Bramsnæs Vig liegt.
Beim Einlaufen in die Bucht halte man sich an das Ostufer (Abstand ca. 100 m), da vor der Huk der Halbinsel Bramsnæs ein Steinriff mit einer 1,2-m-Stelle liegt. Auf ihm sind zeitweilig Aalreusen ausgelegt.

> **Achtung**
> Steinriff nördlich der Halbinsel Bramsnæs.

Ankerplatz

Bramsnæs Vig ist eine reizvolle Ankerbucht.
Störend ist das große Bojenliegerfeld in der Mitte der Bucht, das man vorsichtig passieren muß, um im Südteil der Bucht einen guten Ankerplatz zu finden. Die Wassertiefe beträgt hier 4 — 2 m. Der Ankergrund besteht aus Sand, Lehm und etwas Tang. In der Bucht liegt man sehr geschützt, außer bei NNW- und N-Winden.

Versorgungsmöglichkeiten

Im 2 km landeinwärts gelegenen Ort Ejby

Nächster Hafen

Ejby (max. 0,5 sm), Orø (4,7 sm)

Freizeittips

Im kleinen Fischerort Ejby Havn kann man noch echtes Fischer-Milieu schnuppern.
Südlich des Hafens liegt die Anhöhe „Dejlighedsbakke". Das bedeutet „Schönheitshöhe", weil sie dem Besucher einen schönen Blick über die Bramsnæs Vig und Inderbredning gewährt.

Vellerup Vig

POSITION: 55° 44,1′ N - 11° 52′ E
SEEKARTEN: D 22; DK 116

Allgemeine Beschreibung

Vellerup Vig ist eine landschaftlich schöne Bucht, die an der Ostseite der Inderbredning tief in das Land einschneidet. Sie ist von einem Schilfgürtel umgeben. Auf dem hügeligen Ufer stehen einzelne von Baumgruppen und Feldern umgebene Gehöfte. Im Osten reicht der Wald Egholm Skov bis an das Ufer heran.

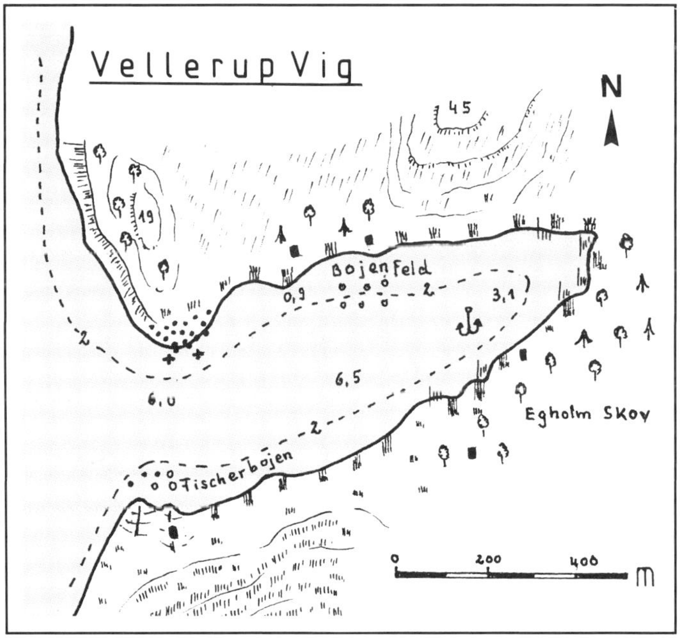

Ansteuerung

Von der nördlichen Begrenzungstonne des Schießgebietes in der Inderbredning läuft man Kurs rw 86° bis zur S-Untiefentonne Dronningedyssen. Von dort geht es weiter mit Kurs rw. 54° auf die Einfahrt zur Vellerup Vig zu. Man halte auf die Mitte der Einfahrt zu, da vor der südlichen Huk häufig Fischerbojen ausgelegt sind und vor der nördlichen Huk große Steine liegen (Mindestabstand von den Ufern 100 m).

Achtung

— An der N-Seite der Einfahrt liegen große Steine.
— An der S-Seite der Einfahrt sind zeitweilig Fischerbojen ausgelegt.

Ankerplatz

Vellerup Vig bietet sehr guten Schutz bei Winden aus Süd über Ost bis Nord. Je nach Windrichtung ankert man entweder vor dem Nord- oder Südufer. Vor dem Nordufer liegen zahlreiche Kleinboote vor Ankerboje.
Der Ankergrund besteht aus Sand und Schlick.

Versorgungsmöglichkeiten

In Vellerup (Fußweg max. 2,5 km)

Nächster Hafen

Ejby (3 sm)

Freizeittips

— *Aufgrund der geschützten Lage ist die Bucht gut zum Surfen und Optisegeln geeignet.*
— *Hört ein Angler den Namen Vellerup Vig, dann packt ihn das Angelfieber, und das Wasser läuft ihm im Munde zusammen: Die Chance, hier eine Meerforelle zu angeln, soll sagenhaft gut sein!*

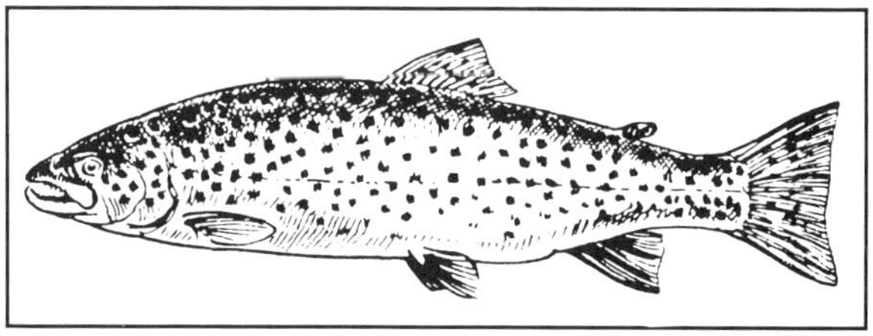

Hammeren

POSITION: 55° 45,15′ N - 11° 51,3′ E
SEEKARTEN: D 22; DK 116

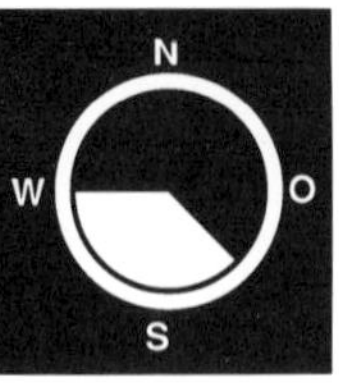

Allgemeine Beschreibung

Die hübsche, kleine Bucht Hammeren liegt an der Ostseite der Inderbredning, der Zufahrt zum Orø Østre Løb.
Sie wird im Norden durch die bewaldete Halbinsel Hammer Bakke begrenzt, die nach Süden in ein grasbewachsenes Steilufer übergeht. Auf ihm stehen einige Wochenendhäuser. Der Scheitel der Bucht ist von einem Schilfsaum eingerahmt.

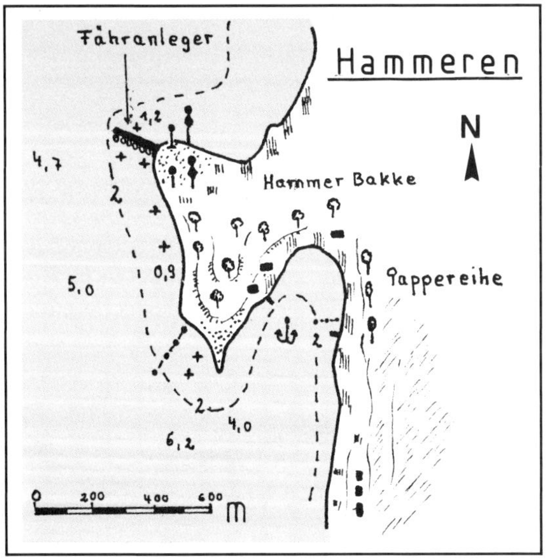

Ansteuerung

Von Süden führt der Kurs rw. 24° von der S-Untiefentonne Dronningedyssen direkt in die Bucht.
Von Norden, durch das Orø Østre Løb kommend, segelt man parallel zum östlichen Ufer um die Halbinsel Hammer Bakke herum. Der Abstand sollte mindestens 300 m betragen, da im Uferbereich große Steine liegen.

Achtung
In der Bucht stehen einige Stellnetze.

Ankerplatz

Hammeren ist eine reizvolle, ruhige Bucht, in der man gut geschützt bei Winden aus West über Nord bis Südost liegen kann.
Der schönste Ankerplatz befindet sich vor dem Ostufer. Die 2-m-Linie verläuft hier nur knapp 100 m vom Ufer entfernt. Der Ankergrund besteht aus Sand und Schlick.

Versorgungsmöglichkeiten

In Bybjerg auf Orø (ca. 2,5 km Fußweg).

Nächster Hafen

Ejby (3,5 sm), Orø (5,5 sm)

Freizeittips

Von Hammeren aus kann man gut einen kleinen Ausflug zur Insel Orø machen. Die Fähre bringt Sie schnell hinüber. Für Orø sind sowohl die sie umgebenden Flachs mit den großen aus dem Wasser schauenden Steinen und kahlen Steininselchen charakteristisch, als auch die ausgedehnten Strandwiesen mit Astragel, einer Steppenpflanze, die aus Südosteuropa kommt.
Da die Insel seit der Vorzeit besiedelt wird, können Sie Gräber aus der Bronzezeit, z. B. bei Køkkenmøddinger besichtigen. Wer sich mehr für dieses Thema interessiert, findet zusätzliche Anregungen im Orø Museum in Bybjerg.
Bevor es wieder an Bord geht, schauen Sie schnell noch in den 200 Jahre alten Kro in Bybjerg hinein und stärken sich ein wenig.

Roskildefjord

SEEKARTEN: D 22; DK 118

Im ca. 20 sm langen Roskildefjord ist der Kurs oft durch die schmalen, gut betonnten Rinnen vorbestimmt. Ein verwirrendes Netz von Stellnetzpfählen macht jedoch die Navigation zum Teil recht schwierig, und hier und da fehlt eine Tonne ganz.

Im Nordteil des Roskildefjords, bei Dyrnæs Hage, verengt sich das Fahrwasser erheblich. Von Westen reicht ein Steinriff bis fast an die grüne Fahrwassertonne. An ein Aufkreuzen ist mit größeren Booten kaum noch zu denken.

Weiter südwärts überspannt bei Frederikssund die einzige Klappbrücke den Fjord. Sie öffnet von 5.00 Uhr bis 30 Minuten nach Sonnenuntergang alle halbe Stunde; zu folgenden Zeiten jedoch nur zu jeder vollen Stunde:

Montag — Donnerstag	16.00 — 18.00 Uhr
Freitag	16.00 — 20.00 Uhr
Sonnabend	9.00 — 18.00 Uhr
Sonntag	10.00 — 21.00 Uhr

Als Brückensignal dient die Flagge „N". Der Brückenwart ist auch über UKW Kanal 16 (Arbeitskanäle 12 und 13) zu erreichen.
Nördlich der Brücke befindet sich ein Warteschlengel.
Während der Nord- und Mittelteil des Roskildefjords arm an Ankerbuchten ist, erweist sich der seenartige Südteil als wahres Ankerparadies. **Kattinge Vig, Lejre Vig** oder **Møllekrog:** die Qual der Wahl ist groß. Ist erst einmal der Kulturhunger in Roskilde gestillt, so können diese Ankerplätze das ihrige dazu beitragen, den Sommertörn zu einem abgerundeten Erlebnis werden zu lassen.

Roskilde Fjord — Nordteil

POSITION: 1. 55° 52,55′ N - 12° 01,11′ E
POSITION: 2. 55° 53,1′ N - 12° 03,1′ E
SEEKARTEN: D 23; DK 118

Allgemeine Beschreibung

Im nördlichen Teil des Roskilde Fjords, zwischen Lynæs und Frederikssund, bieten sich nur zwei Plätze zum Ankern an:

1. östlich der kleinen, flachen Grasinsel Øksneholm,
2. an der Ostseite des Fjords unterhalb des 26 m hohen Myrbjergs.

Beide Ankerplätze können nur als Tagesliegeplätze auf der Durchreise empfohlen werden.

Ansteuerung

1. **Øksneholm:**
   Von der grünen 1,15 sm südlich der Dyrnæs Bro liegenden Tonne gelangt man mit Kurs rw. 231° direkt zum Ankerplatz östlich der Insel (siehe Seekarte).
2. **Myrbjerg:**
   Von der oben erwähnten grünen Tonne steuert man rw. 78°. Als gute Ansteuerungshilfe bieten sich die beiden oberhalb des Steilufers gelegenen Bauernhäuser an (siehe Seekarte).

Ankerplatz

1. **Øksneholm:**
   Man ankert östlich der mit ein paar Büschen bestandenen Grasinsel, die Windschutz nur bei Westwinden bis mittlerer Stärke bietet.
   Der Ankergrund besteht aus Sand.
   Vor der Insel befinden sich keine Stellnetze.
2. **Myrbjerg:**
   Man ankert relativ weit vom Ufer entfernt, da die 2-m-Linie ca. 300 m vor der Küste verläuft.
   Der Ankergrund besteht aus Sand.
   Das steile, teilweise bewaldete Ufer schützt vor Ostwind.
   Auch hier stehen keine Stellnetze.

Versorgungsmöglichkeiten

Keine

Nächster Hafen

Neder-Draaby (max. 2,5 sm)

Kulturelles

In der Steinzeit, vor 7 000 — 8 000 Jahren, war dieses Gebiet von Menschen bewohnt, die sich einerseits von der Jagd in den ausgedehnten Wäldern und andererseits von Fischen und Austern, die sie im Fjord fingen, ernährten.
Etwa 4 000 vor Chr. wurde die Urbevölkerung von einem Bauern- und Hirtenvolk verdrängt, das sich daran machte, die Wälder mit Axt und Feuer zu roden. Mit ihrer Feuersteinaxt besaßen sie ein effektives Werkzeug: Die Bauern waren damit imstande, eine 42 cm dicke Eiche in knapp einer Stunde zu fällen! In zwölf Stunden schaffte es ein Mann, ca. 500 qm Urwald zu roden!

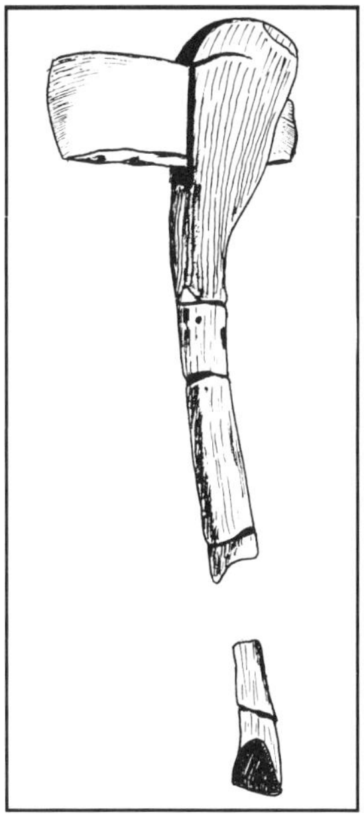

„Sigerslev-Axt" von Stevns

Roskilde Fjord — Mittelteil

POSITION: 1. 55° 47,5′ N - 12° 04′ E
POSITION: 2. 55° 44,8′ N - 12° 05,8′ E
SEEKARTEN: D 23; DK 118

N W O S

Allgemeine Beschreibung

Im mittleren Teil des Roskilde Fjords, zwischen Frederikssund im Norden und der Insel Eskilsø im Süden, bieten sich verschiedene Tagesankerplätze an, die es aber nicht mit der Schönheit der Ankerbuchten im inneren Roskilde Fjord aufnehmen können:

1. **Die Bucht von Torpegård am Westufer zwischen Hyldeholm und Horsehage;**
2. **am Nebenfahrwasser zum Jyllinge Yachthafen.**

Ansteuerung

Die verschiedenen Ankerplätze können direkt vom Fahrwasser aus angelaufen werden (siehe Seekarte).
Vorsicht ist vor dem steinigen Torpgrund mit 0,4 m Wassertiefe geboten, der östlich des Anlegers von Torpegård liegt und durch eine grüne Tonne gekennzeichnet ist.

Ankerplätze

1. **Bucht von Torpegård:**
   Sie liegt zwischen Hyldeholm und Horsehage.
   Durch die Untiefe Torpgrund wird sie in zwei Abschnitte geteilt: den nördlichen, von Feldern und Wald umgeben, und den südlichen, einem Wochenendhausgebiet.
   Man kann ca. 250 m vom Ufer entfernt auf 3 m Wasser ankern. Der Ankergrund besteht aus Lehm und Sand, stellenweise Tang. Innerhalb der 2-m-Linie liegen einzelne große Steine. Im Gegensatz zum übrigen Roskilde Fjord ist die Bucht arm an Stellnetzen.
   Man liegt geschützt vor SW- bis NW-Winden.
2. **Am Nebenfahrwasser zum Jyllinge Yachthafen:**
   Es kann etwas außerhalb des Fahrwassers geankert werden, entweder etwas südlich des Nordhafens von Jyllinge oder etwas nordwestlich des Jyllinge Yachthafens.
   Der Ankergrund besteht überwiegend aus Sand.
   Das östliche Ufer bietet Schutz vor Winden aus NO bis SO.

Versorgungsmöglichkeiten

Am Westufer keine;
am Ostufer im Nordhafen Jyllinge oder im Yachthafen Jyllinge.

Nächster Hafen

Jyllinge Nordhafen bzw. Yachthafen Jyllinge (max. 3 sm)

Freizeittips

Bummel durch den alten Teil von Jyllinge, einem ehemaligen Fischerdorf.

Roskilde Fjord — Südteil

Bryggevig

POSITION: 55° 43,76′ N - 12° 02,25′ E
SEEKARTEN: D 23; DK 118

Allgemeine Beschreibung

Die Bryggevig liegt ca. eine Seemeile westlich von Selsø Hage, dem südlichen Ausgang der Skovrende.
Sie ist von Feldern umgeben. Am Westufer befindet sich ein kleiner Anleger. Im inneren Teil der Bucht stehen Wochenendhäuser, die zum Teil von Bäumen verdeckt werden. Eine gut sichtbare Straße führt zum höher gelegenen Ort Sønderby.

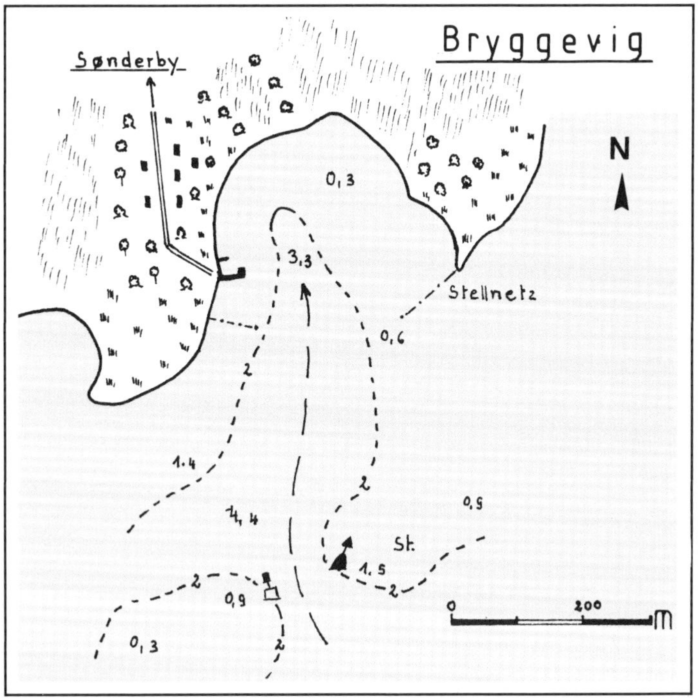

Ansteuerung

1. **Von Norden:**
   Von der roten, befeuerten Ansteuerungstonne zur Rinne Selsø Hage geht es mit Kurs rw. 86° zur roten Spierentonne von Hveden. Von ihr führt der Kurs rw. 06° in die Bryggevig.
2. **Von Süden (Roskilde):**
   Von der grünen Leuchttonne 0,6 sm westlich der Untiefe Vestre Tue (Blz. G. 5 Sek.) gelangt man mit Kurs rw. 346° zum rot/grünen Tonnenpaar Hveden, der Ansteuerung zur Bryggevig.

Achtung

Auf der Untiefe Hveden und zu beiden Seiten der Einfahrt in die Bucht stehen Stellnetze. Das Tonnenpaar ist davor schlecht auszumachen!

Ankerplatz

Die Bucht ist gut gegen Winde aus West über Nord bis Nordost geschützt. In der Mitte beträgt die Wassertiefe 3,30 m, die zu den Ufern hin schnell abnimmt.
Man ankert ca. 100 m vom Westufer entfernt über Sand- und Lehmgrund.

Versorgungsmöglichkeiten

Im Ort Sønderby (ca. 15 Min. Fußweg ab Anleger)

Nächster Hafen

Gershøj (3 sm)

Freizeittips

An vielen Weg-, Feld- und Waldrändern wächst der Beifuß (Artemisia vulgaris), eine Staude, die bis zu 2 m hoch wird. Früher habe ich sie als Unkraut wenig beachtet, bis ich zufällig ein Blatt in die Hand nahm und es zerrieb: Welch aromatischer Duft und würziger Geschmack!
Beifuß ist ein naher Verwandter des Estragons.
Er eignet sich gehackt vorzüglich zur Herstellung von Kräuterbutter oder zusammen mit Zwiebeln zu „Beifußschmalz“.

Gemeiner Beifuß

Møllekrog

POSITION: 55° 44,2′ N - 11° 59,5′ E
SEEKARTEN: D 23; DK 118

Allgemeine Beschreibung

Die Lejre Vig läuft im Norden in der tiefen Bucht Møllekrog aus. Bei Sonnenschein ist die leuchtend gelbe Steilküste von Skrivernæbbet schon von weitem gut auszumachen. Das Westufer ist dagegen flach und verschilft. Im Scheitel der Bucht befindet sich ein kleiner Steg mit 1,50 m Wassertiefe am Kopf.

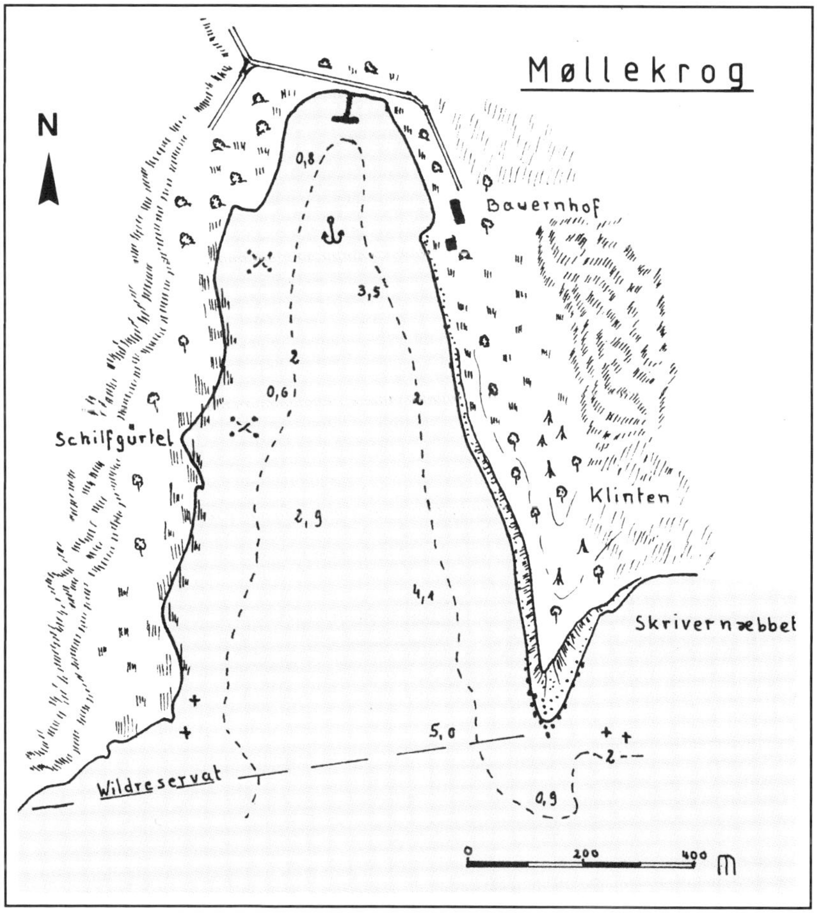

Ansteuerung

Von Gershøj halte man mit Kurs rw. 25° auf die hohe, gelbe Steilklüste von Skrivernæbbet zu (ca. 1 sm). Kommt der Anleger am Ende der Bucht in Sicht, so kann man den Kurs ändern und darauf zuhalten. In der Mitte der Bucht beträgt die Wassertiefe ca. 3 m.

> **Achtung**
> — Vor dem Westufer liegen einzelne Stellnetze.
> — Laut Seekarte sollen während der Saison in der Einfahrt zum Møllekrog drei gelbe Tonnen ausliegen. Wir konnten sie nicht entdecken!

Ankerplatz

Entweder ankert man im Scheitel der Bucht kurz vor dem Anleger oder auf 2 — 3 m Wassertiefe dicht unterhalb der 24 m hohen östlichen Steilküste. Hier liegt man sehr geschützt bei Winden aus NO bis SO. Das flache westliche und nördliche Ufer bietet dagegen weniger Windschutz.
Der Ankergrund besteht aus Sand bzw. Lehm.

Versorgungsmöglichkeiten

Keine

Nächster Hafen

Gershøj (1,2 sm)

Freizeittips

- *Besuch der kleinen Selsøkirche am Selsø Sø oder des Herrenhofes Selsø Slot, der vor 700 Jahren im Besitz der Bischöfe von Roskilde war.*
  Heute ist der Hof ein Museum und kann in der Saison täglich von 11.00 — 17.00 Uhr besichtigt werden.
- *Vom hohen Skrivernæbbet hat man einen weiten, herrlichen Blick über den Roskilde Fjord und die Lejre Vig.*
- *Vogelliebhaber kommen auch im Møllekrog wieder auf ihre Kosten: Der Møllekrog und der daran anschließende Selsø Sø sind Wildreservate. Sie sind bekannt für ihren außergewöhnlichen Vogelreichtum (viele Schwimm- und Sumpfvögel).*
- *Møllekrog und Selsø sind die Reste eines Sundes, der in der Steinzeit die Halbinsel Selsø von Hornsherred trennte.*

Lejre Vig — Westufer

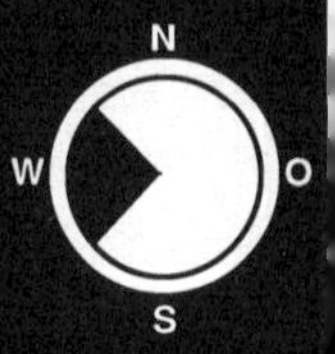

POSITION: 1. 55° 39,75′ N - 11° 56′ E
POSITION: 2. 55° 42.8′ N - 11° 58,7′ E
SEEKARTEN: D 23; DK 118

Allgemeine Beschreibung

Das Westufer der Lejre Vig ist vielgestaltiges Kulturland: kleine Ortschaften wechseln sich mit einzelnen Gehöften, Feldern und kleinen Gehölzen ab.

Ansteuerung

Sie erfolgt durch das Færgegap südlich des Nørrerevs oder durch die betonnte Fahrrinne nördlich des Revs (siehe Seekarte).

Ankerplatz

Bei westlichen Winden kann man sehr gut vor dem gesamten Westufer der Lejre Vig ankern. Die 2-m-Linie verläuft ca. 200 m vom Ufer entfernt. Guten Ankergrund findet man überall.

> **Achtung**
> Im Uferbereich zahlreiche Stellnetze.

Versorgungsmöglichkeiten

In Gershøj und Lyndby.

Nächster Hafen

Gershøj bzw. Herslev.
Boote mit wenig Tiefgang können auch an dem Steg hinter der Steinmole von Lyndby festmachen. Die Zufahrt ist betonnt.

Skovholmene

POSITION: 55° 39,52′ N - 11° 56,2′ E
SEEKARTEN: D 23; DK 118

N W O S

Allgemeine Beschreibung

Der südliche Teil der Lejre Vig mit den kleinen Schilfinseln Skovholmene ist zum Ankern gut geeignet. Am Westufer liegt die Ortschaft Lyndby, deren Kirche weit zu sehen ist. Nach Osten hin erhebt sich ein grasbewachsener Hügelzug. Durch die verschilften Ufer, vor denen Stellnetze stehen, wirkt die Bucht sehr idyllisch.

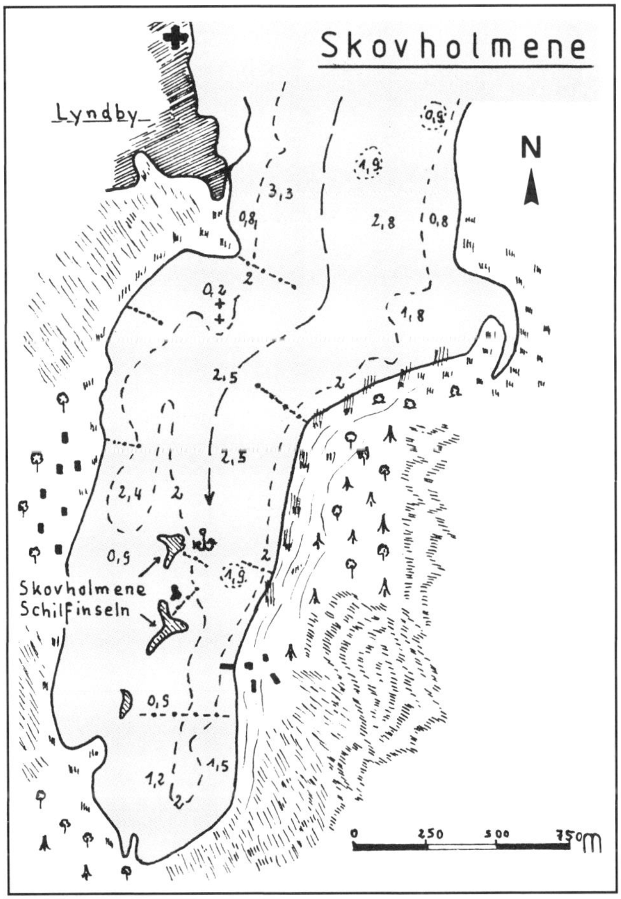

Ansteuerung

Nördlich von Lyndby führen Starkstromleitungen (Durchfahrtshöhe 27 m) über die Vig. Der im Wasser stehende Strommast muß, von Norden kommend, an Steuerbord bleiben: Nördlich davon befindet sich eine 1,5-m-Stelle!
Danach segle man an der Westseite der Vig, bis die Kirche von Lyndby querab peilt. Die Einsicht in den inneren Teil der Lejre Vig wird durch sich überschneidende Stellnetze, die weit in die Bucht reichen, verdeckt. Sie müssen im Slalom umfahren werden. Jetzt liegen die Schilfinselchen voraus, bei denen man gut ankern kann.

Achtung
Zahlreiche Stellnetze im inneren Teil der Bucht, die weit ins tiefe Wasser hineinreichen.

Ankerplatz

Es kann entweder nordöstlich der Inseln Skovholmene oder vor dem steilen Ostufer geankert werden. Je nach Wahl liegt man gut geschützt bei W- bis SW-Wind oder bei östlichen Winden. Der Ankergrund besteht aus Muschelschlick.

Versorgungsmöglichkeiten

Keine

Nächster Hafen

Herslev (ca. 3,5 sm)

Eines der vielen Stellnetze im Ise- und Roskildefjord

Freizeittips

Durch das Fernglas kann man das reiche Vogelleben auf den Schilfinselchen Skovholmene beobachten.
Bläßhuhn und Teichhuhn sind zwei zum Verwechseln ähnliche Bewohner dieser Schilfregionen. So kann man diese Wasservögel unterscheiden:
Das Bläßhuhn ist etwas größer als das Teichhuhn. Sein Gefieder ist schieferschwarz, sein Schnabel und das darüberliegende Stirnfeld sind weiß. Bei Gefahr flüchtet es auf das offene Wasser, was das Teichhuhn nicht macht. Vor dem Auffliegen läuft es auf dem Wasser.
Normalerweise ruft das Bläßhuhn „köw", ist es aber aufgeregt, ruft es „pütz".
Das Teichhuhn ist ebenfalls schwarz. Der untere Schwanzrand und die Flügelränder sind jedoch weiß. Der rote Schnabel hat eine gelbe Spitze.
Beim Schwimmen nickt das Teichhuhn mit dem Kopf und wippt mit dem Schwanz.
Es ruft: „ick-ick-ick" oder „djuk", warnend „kürrh" und aufgeregt „kick-kick" oder „rrai".

Kransekrog

POSITION: 55° 41,3′ N - 11° 59,4′ E
SEEKARTEN: D 23; DK 118

N W O S

Allgemeine Beschreibung

Kransekrog ist eine weitere landschaftlich reizvolle Bucht in der Lejre Vig, südöstlich der Huk Agernæs. Das Ufer ist von einem Schilfgürtel und einem sich anschließenden Wald umgeben. Über die flache, südliche Huk hinweg leuchten die Getreidefelder.

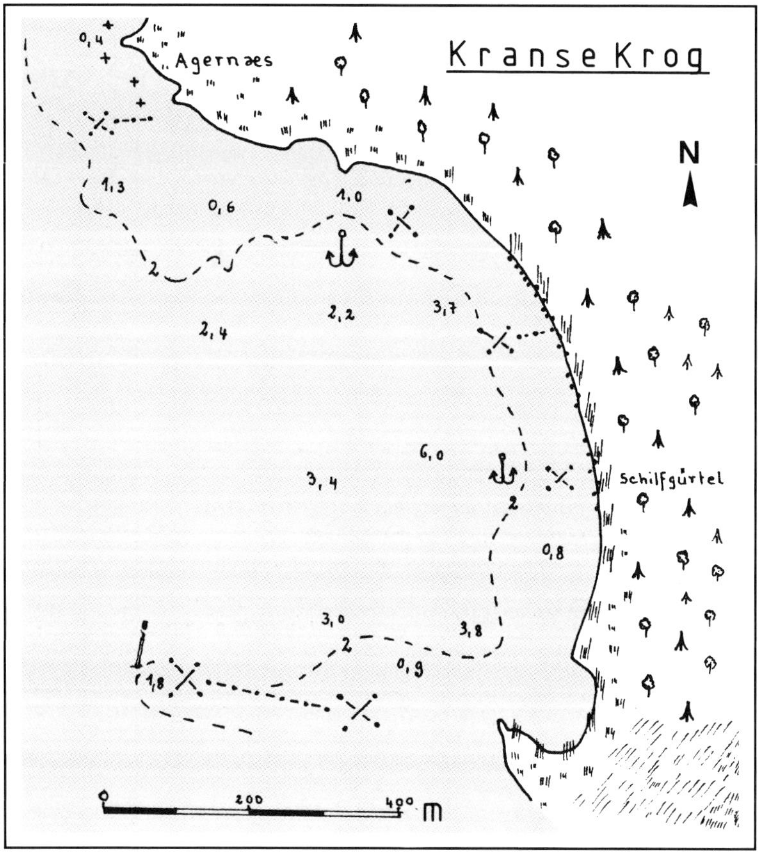

Ansteuerung

Von der roten Tonne Uglen steuert man rechtweisend 214° ca. 0,6 sm. Danach bleibt die Halbinsel Agernæs beim Runden ca. 300 m an Backbord. Das Echolot sollte nicht unter 3,5 m anzeigen. So hält man sich gut von den Stellnetzen unter dem Ufer von Agernæs frei.

> **Achtung**
> Innerhalb der 2-m-Linie liegen einzelne Stellnetze und Steine.

Ankerplatz

Die schöne Bucht Kransekrog ist eine gegen NW-N-OSO-Winde gut geschützte Ankerbucht. Man kann am dichtesten unter dem Nordufer ankern, da hier die 2-m-Linie nur ca. 150 m vom Ufer entfernt verläuft. Der Ankergrund besteht aus Lehm und Schlick.

Versorgungsmöglichkeiten

Keine

Nächster Hafen

Herslev (1 sm)

Kulturelles

Im Ise- und Roskildefjord kann man noch viele große und kleine Traditionssegler unter Segeln bewundern, wie z. B. das Isefjordbåd. Ursprünglich wurde es zur Heringsfischerei mit Treibnetzen benutzt. Die größten von ihnen maßen bis zu 10 m Länge. Es waren geklinkerte Boote mit hohem Kiel und starker Aufkimmung. Ihre Schiffsform erkennt man heute noch in den typisch dänischen Fischkuttern wieder. Getakelt war das Isefjordbåd als Gaffelkutter mit Toppsegel und zwei Vorsegeln.

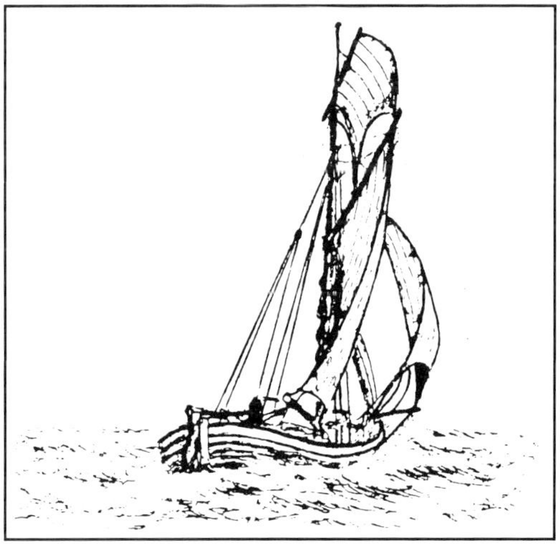

Das Isefjordbåd

Uglekrog

POSITION: 55° 42,1′ N - 11° 59,46′ E
SEEKARTEN: D 23; DK 118

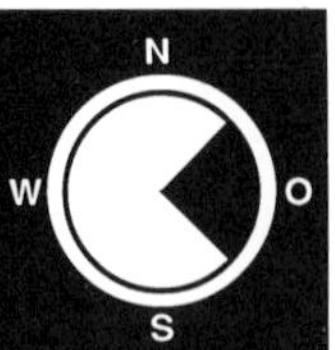

Allgemeine Beschreibung

Uglekrog ist eine weitgeschwungene Bucht an der Ostseite der Lejre Vig. Im Norden geht sie in das Færgebrorev über, im Süden wird sie durch die Halbinsel Agernæs begrenzt. Hinter einem schmalen, kieseligen Strand erhebt sich ein bewaldeter Höhenzug.

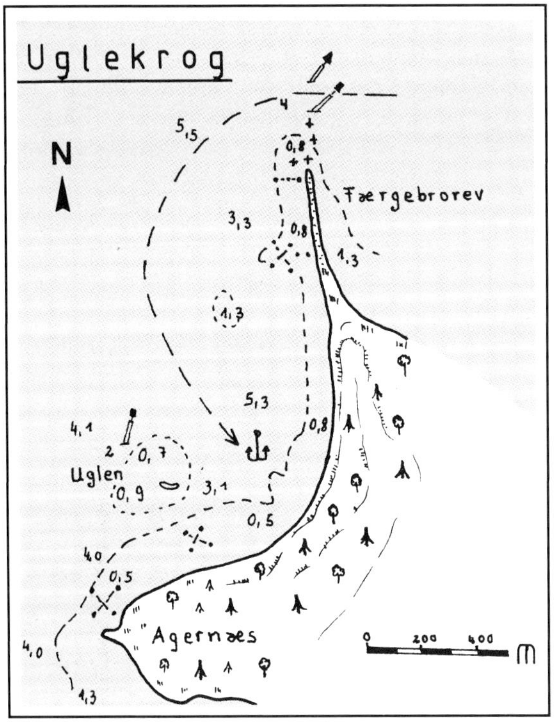

Ansteuerung

Von der Süd-Untiefentonne Ægholm Flak steuert man mit Kurs rw. 273° durch das enge Færgegap in die Lejre Vig. Nachdem man die rote Tonne Færgebrorev passiert hat, geht es noch 0,2 sm mit dem gleichen Kurs weiter. Danach kann man mit Kurs rw. 167° direkt in die Bucht Uglekro einlaufen.

Ankerplatz

Uglekro ist ein ruhiger, landschaftlich reizvoller Ankerplatz, auf dem man sehr geschützt bei Winden aus NO bis SO liegt. Es kann ca. 150 m vom Ufer auf 2 m Wassertiefe geankert werden. Der Ankergrund besteht aus Sand, zum Teil auch aus Lehm.

Achtung

Im südlichen Teil der Bucht befindet sich die Mini-Insel Uglen. Sie ist von einer Untiefe mit Wassertiefen von 0,7 m bzw. 0,9 m umgeben. Die rote Tonne Uglen sollte an Backbord bleiben.

Versorgungsmöglichkeiten

Keine

Nächster Hafen

Gershøj (1 sm)

Freizeittips

Strandwanderung über das Færgebrorev zum Færgegap.

Kulturelles

Uglekrog bedeutet „Eulenwinkel". Vielleicht hören Sie hier des Nachts das „Hu-hu-hu" oder „Humb-wumb" einer Waldohreule oder den ähnlichen Ruf des Waldkauzes („hu-hu-hu-huuuu" und „ku-witt").
Solche Schreie mögen dazu beigetragen haben, daß die Wikinger an das nächtliche Wirken dämonischer Mächte glaubten. Um sich vor ihnen zu schützen, malten sie magische Symbole auf die Randleisten ihrer Zeltgestelle, z. B. in Form einer gewundenen Schlange (gefunden auf dem Zeltgestell des Oseberg-Schiffes).

Ølvig

POSITION: 55° 41,85′ N - 12° 00,4′ E
SEEKARTEN: D 23; DK 118

Allgemeine Beschreibung

Die Bucht Ølvig am Nordufer der Halbinsel Bognæs im inneren Roskilde Fjord schneidet tief in das Land ein.
Im Scheitel der Bucht liegt der Bauernhof Bognæs Gard, dessen Vieh auf den Uferwiesen weidet. Im Osten und Westen wird die Ølvig von Wäldern eingerahmt, nach Süden hin erscheint sie flach und offen. Der Blick fällt auf Getreidefelder.

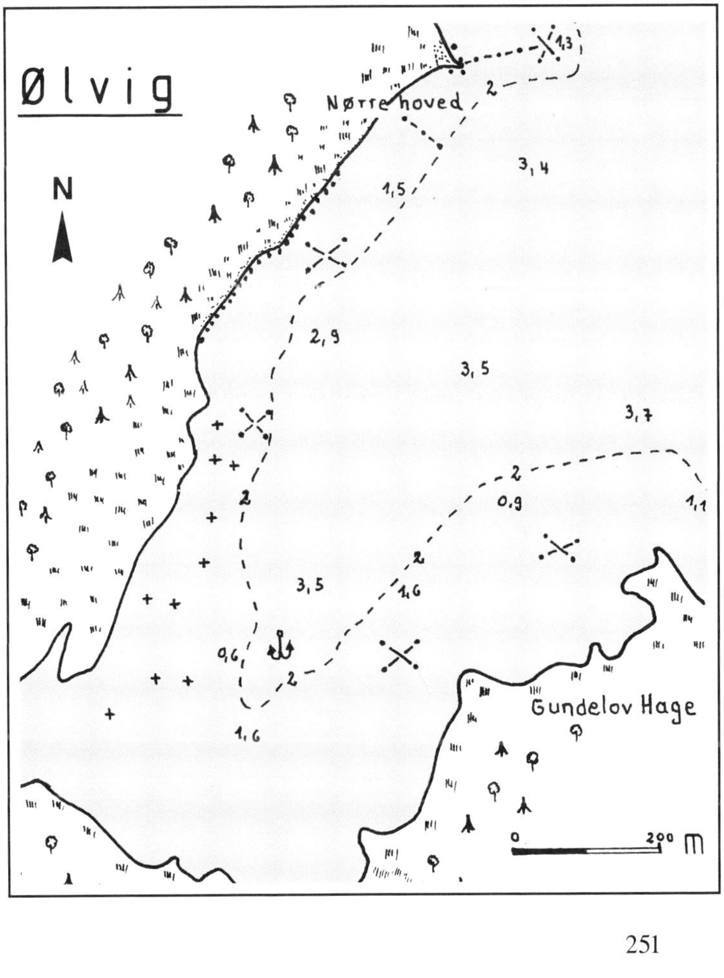

Ansteuerung

Die Bucht ist ohne navigatorische Schwierigkeiten anzulaufen. Eine Ansteuerungshilfe bietet die Süd-Untiefentonne von Ægholm Flak, von der man mit Südkurs in die Bucht einlaufen kann. Dabei halte man sich mindestens 300 m von der Huk Nørrehoved frei (1,3-m-Stelle)!

> Achtung
> Im Uferbereich große Steine und Stellnetze.

Ankerplatz

Die sehr schöne und unberührte Ankerbucht bietet guten Schutz bei Winden aus Ost über Süd bis Nordwest. Es kann auf gut 2 m ca. 200 m vom Ufer entfernt geankert werden. Im Uferbereich, innerhalb der 2-m-Linie, liegen große Steine, insbesondere vor dem südlichen Teil des Westufers, sowie einige Stellnetze!

Versorgungsmöglichkeiten

Keine

Nächster Hafen

Gershøj (2 sm)

Kulturelles

Schon die reiselustigen Wikinger durchstreiften diese Gegend. Ihre Langboote verfügten jedoch nicht über den heutigen Ausrüstungsstandard. Camping wurde bei ihnen ganz groß geschrieben.
Sie gingen mit ihren Booten dicht unter dem Ufer vor Anker und schleppten dann ihre „Campingausrüstung" an Land: Ihr Zelt, zerlegbare Bettgestelle, große Fellbeutel, die sogenannten „hudfats", die nachts als Schlafsack für zwei Mann dienten, und einen klappbaren Dreifuß, an dem die Töpfe über dem Feuer aufgehängt wurden. Der Bronzekessel vom Gokstad-Schiff faßte 145 Liter, groß genug, um eine fünfzigköpfige Besatzung mit einem Schlag Brei zu versorgen.

Egehoved/ Bognæs

POSITION: 55° 41,3′ N - 12° 02,8′ E
SEEKARTEN: D 23; DK 118

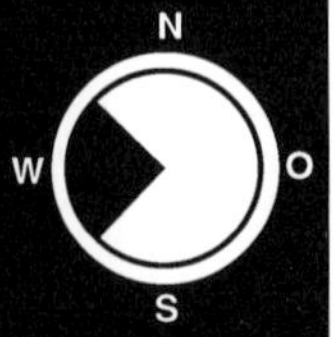

Achtung

Vor den Huks Egehoved und Askehoved stehen je ein Stellnetz und in der Bucht zwei weitere.

Allgemeine Beschreibung

Im inneren Roskilde Fjord liegt an der Ostseite der bewaldeten Halbinsel Bognæs eine schöne, unbewohnte Bucht. Sie wird durch die sandige Huk Egehoved im Norden und der Halbinsel Askehoved im Süden gebildet. Hinter der Feuchtwiese im Scheitel der Bucht erhebt sich die Waldkulisse des Bognæs Skov.

Ankerplatz

Sehr schöne, ruhige und abgelegene Bucht.
Es kann ca. 250 m vom Ufer entfernt auf ca. 2 m Wassertiefe geankert werden. Der Ankergrund besteht aus Schlick / Lehm. Die Bucht bietet guten Schutz vor Winden aus SSW-W-NW.

Versorgungsmöglichkeiten

Keine

Nächster Hafen

Veddelev (1 sm)

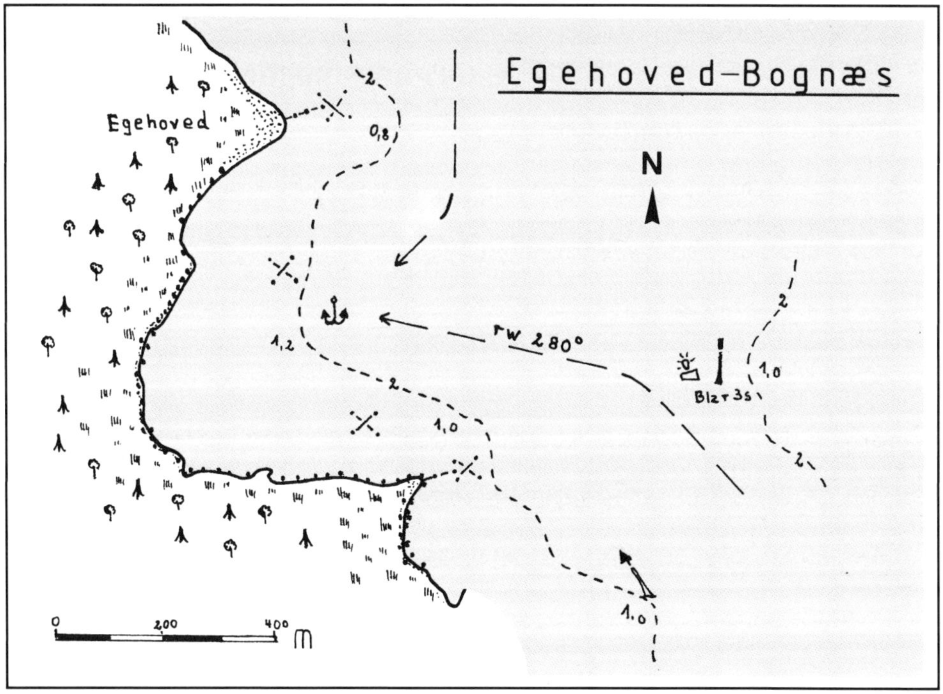

Freizeittips

- *Da das Fahrwasser nach Roskilde an der Bucht vorbeiführt, kann man den Anblick der vorbeiziehenden Yachten genießen.*
- *Vom Boot oder Land aus können Raubvögel (Greifvögel) wie Habicht, Sperber und Mäusebussard bei der Jagd beobachtet werden.*
  Greifvögel sind die einzigen Vögel, die ihre Beute mit den Füßen (Fängen) greifen. Die Beute wird vor dem Verschlingen zerkleinert, aber nicht, bevor ein Teil der Federn oder Haare ausgerupft wurde (Rupfung).

Da das Gebiet von Bognæs Storskov unter Naturschutz steht, dürfen die Waldpfade nicht verlassen werden!

Ansteuerung

Von der roten, befeuerten Tonne westlich der kleinen Insel Elleøre läuft man mit Kurs rw. 280° direkt in die Bucht hinein.

Kattinge Vig

POSITION: 55° 40,5′ N - 12° 01,5′ E
SEEKARTEN: D 23; DK 118

Allgemeine Beschreibung

Die schöne Kattinge Vig zweigt vom inneren Roskilde Fjord in westlicher Richtung ab.
Es ist eine Bucht, die fast vollständig von Land umgeben ist: Im Norden wird sie von der bewaldeten, unter Naturschutz stehenden Halbinsel Bognæs begrenzt, die im Westen in leicht gewellte Felder übergeht. Im Süden schließt sich ein weiteres Waldgebiet, der Boserup Skov, an. Nur zwei bis drei Gehöfte liegen verstreut um die Kattinge Vig.

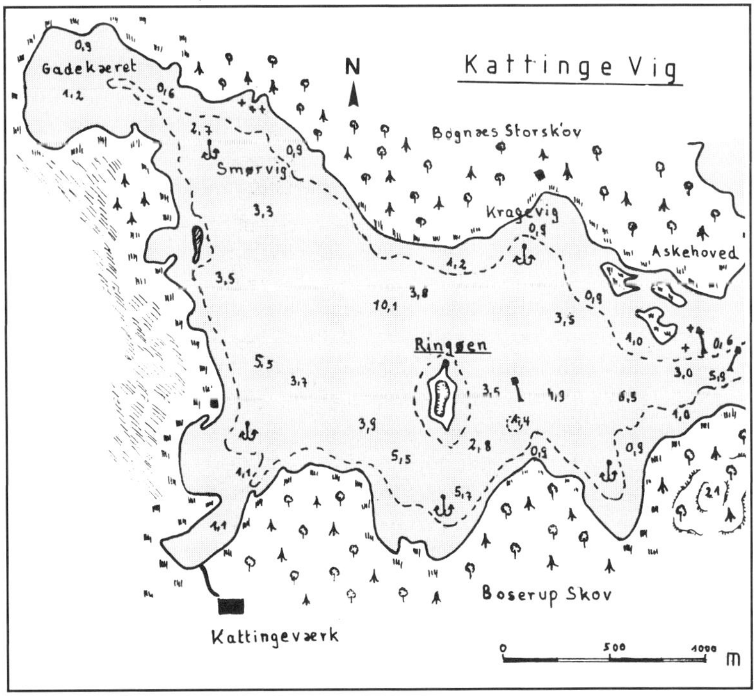

Ansteuerung

Von der grünen Tonne Veddelev Hage, westlich des Hafens Veddelev, läuft man mit Kurs rw. 260° auf die Einfahrt der Kattinge Vig zu. Sie ist durch ein rot/grünes Tonnenpaar gekennzeichnet. Die Tonnen sind von weitem schwer auszumachen, da sie durch zahlreiche Stellnetze auf den Untiefen nördlich und südlich der Fahrrinne verdeckt werden. Hat man das Tonnenpaar passiert, läuft man mit gleichem Kurs bis zur roten Tonne östlich der Laguneninsel Ringøen weiter. Diese muß an Backbord bleiben, da südlich der Tonne eine 1,4-m-Stelle liegt!
Spätestens hier müssen Sie sich für einen Ankerplatz entscheiden! Bis auf Stellnetze im Uferbereich gibt es keine weiteren navigatorischen Schwierigkeiten.
Um in der Kragevig zu ankern, steuert man ab roter Tonne Ringøen Kurs rw. 04°. Eine gute Ansteuerungshilfe bietet das weiße Bauernhaus in der Bucht.

Achtung

— Untiefen mit Stellnetzen nördlich und südlich der Einfahrt zur Kattinge Vig;
— Stellnetze in den Buchten.

Ankerplätze

Die beiden westlichsten Ankerbuchten, die **Smørvig** und die **Bucht nördlich des Kattingeværk,** sind gegen Westwinde wenig geschützt, da das Westufer flach ist und kaum Windschutz bietet.
Die schönsten Buchten sind:

1. Die **Kragevig** am Nordufer der Kattinge Vig, sie bietet guten Schutz bei Winden aus NW über N bis NO.
2. Die **Buchten südlich und südöstlich der Insel Ringøen,** hier liegt man geschützt bei Winden aus West über Süd bis Ost.

Der Ankergrund in der Kattinge Vig besteht aus Sand bzw. Schlick.

Versorgungsmöglichkeiten

Keine

Nächster Hafen

Veddelev (max. 2 sm), Roskilde (max. 4 sm)

Freizeittips

- *Beibootausflug zur Laguneninsel Ringøen, einer kleinen Grasinsel, die ringförmig einen See einschließt. Sie ist Vogelschutzgebiet und darf vom 1. 4. — 31. 7. nicht betreten werden!*
- *Spaziergang durch den Boserup Skov zum Kattingeværk, einer 1754 erbauten Papiermühle. Sie liegt an dem Bach, durch den der Store Kattingesø mit der Kattinge Vig verbunden ist.*
  Der Boserup Skov ist ein beliebtes Ausflugsziel für die Roskilder.
- *Im Bognæs Storskov, einem Naturschutzgebiet, kann man zahlreiche Vogelarten beobachten u. a. Raubvögel, die über den Baumwipfeln kreisen und den in Dänemark seltenen Pirol.*
  Er ist etwa so groß wie eine Drossel. Sein Gefieder ist leuchtend gelb, Flügel und Schwanz sind schwarz mit gelber Zeichnung. Er hält sich überwiegend in Laubbäumen auf. Vielleicht hören Sie seinen markanten Ruf „chra-chra" bzw. „ga-ga" oder seinen flötenden Gesang „dü-dü-lio".
  Der Pirol gehört zu der Familie der Webervögel. Sein schönes, aus Halmen und langen Fasern gewebtes, napfförmiges Nest hängt frei zwischen zwei waagerechten Astgabeln.
  In diesem Naturschutzgebiet dürfen die Waldpfade nicht verlassen werden!

Kulturelles

Kattingeværk im Boserup Skov wurde errichtet, um das Papier für eine der ersten Tageszeitungen Dänemarks, der „Nationale Tidende", herzustellen.

Roskilde

POSITION: 55° 39,1′ N - 12° 4,7′ E
SEEKARTEN: D 23; DK 118

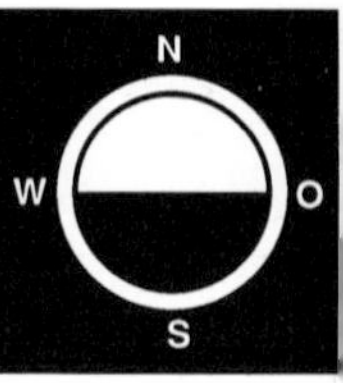

Allgemeine Beschreibung

Roskilde liegt am Ende des Roskilde Fjords. Vom Wasser aus bietet die Stadt mit ihrem mächtigen Dom einen eindrucksvollen Anblick. Sollte der kleine Hafen — wie stets in der Saison — überfüllt sein, so kann man an einer der freien Bojen festmachen oder ankern.

Ansteuerung

Man folge dem Fahrwasser nach Roskilde. Die Stadt mit dem sie überragenden Dom ist schon von weitem gut erkennbar. Östlich und westlich des Hafens erstrecken sich zwei ausgedehnte Bojenfelder (siehe Seekarte).

Ankerplatz

Ankern kann man in der Bucht vor Roskilde entweder östlich des Hafens in der Nähe der Wikingerhalle oder westlich von ihm. Die westliche Reede ist für Boote mit größerem Tiefgang empfehlenswert. Viele kleine Stege am Ufer erleichtern den Landgang per Beiboot.
Die Wassertiefe vor dem Westufer beträgt 2 bis 4 m, vor dem Ostufer ca. 1,40 — 1,70 m. Die Bucht bietet guten Schutz vor West- über Süd- bis Ostwinden.
Wer Ruhe und Stadtnähe liebt, kann so dem Lärm und Trubel am Hafen entgehen!

Versorgungsmöglichkeiten

Sind alle in Roskilde vorhanden.

Nächster Hafen

Roskilde (max. 0,4 sm)

Freizeittips

Roskilde lohnt einen längeren Aufenthalt, denn es gibt hier viel zu sehen: die Wikingerschiffshalle gleich am Hafen, den Dom von Roskilde, den Marktplatz mit seinem Gemüse- und Flohmarkt an jedem Mittwoch und Samstag vormittag oder den Stadtteil St. Jørgensbjerg, ursprünglich ein Fischerdorf, mit der Kirche St. Jørgensbjerg, von der aus ein herrlicher Blick über Hafen und Fjord möglich ist.

Tip: Haben Sie noch einen freien Tag zur Verfügung, sollten Sie den Besuch des „Lejre Versuchscenter" nicht versäumen! In einem Eisenzeitdorf bei Lejre können Sie am Leben unserer Vorfahren teilnehmen. Probieren Sie's mal selbst: Das Getreideschroten auf einem Mühlstein und das Backen von Feuerstättenbrötchen. Um zum Lejre Versuchszentrum zu gelangen, nimmt man ab Roskilde die Eisenbahn Richtung Holbæk bis zur Station Lejre (8.30, 9.30 usw. bis 14.30 Uhr ab Roskilde). Vom Bahnhof Lejre fährt der HT-Bus 233 zum Versuchszentrum. Er hat Anschluß an den Zug.

Kulturelles

Eine Sage berichtet, wie die Stadt Roskilde zu ihrem Namen kam: Es war einmal ein König, der hatte zwei Söhne, Helge und Roar. Doch wer von ihnen sollte das Reich erben? Da er keinen benachteiligen wollte, machte er Helge zum König über das Meer und Roar zum König über das Land. Roar begann schon bald, um eine liebliche Quelle Häuser zu bauen. Der Ort wurde nach ihm benannt: Roars Kilde (Roars Quelle).

Tatsächlich entspringen in Roskilde zahlreiche Quellen. Die größte heißt Maglekilde. Aus ihr sprudeln täglich 15 000 Liter Wasser.

Eisenzeitdorf Lejre

Der Sund

Der Sund

SEEKARTEN: D 328, 329, 289; DK 131, 132, 133, 134

Der Sund ist die östliche Wasserstraße zwischen dem Kattegat und der Ostsee. Die Verbindungslinie Gilbjerg Hoved/Kullen bildet die Nordgrenze und Stevns-Leuchtfeuer/Falsterbo-Leuchtfeuer die Südgrenze. Die Gesamtlänge beträgt ca. 55 sm.

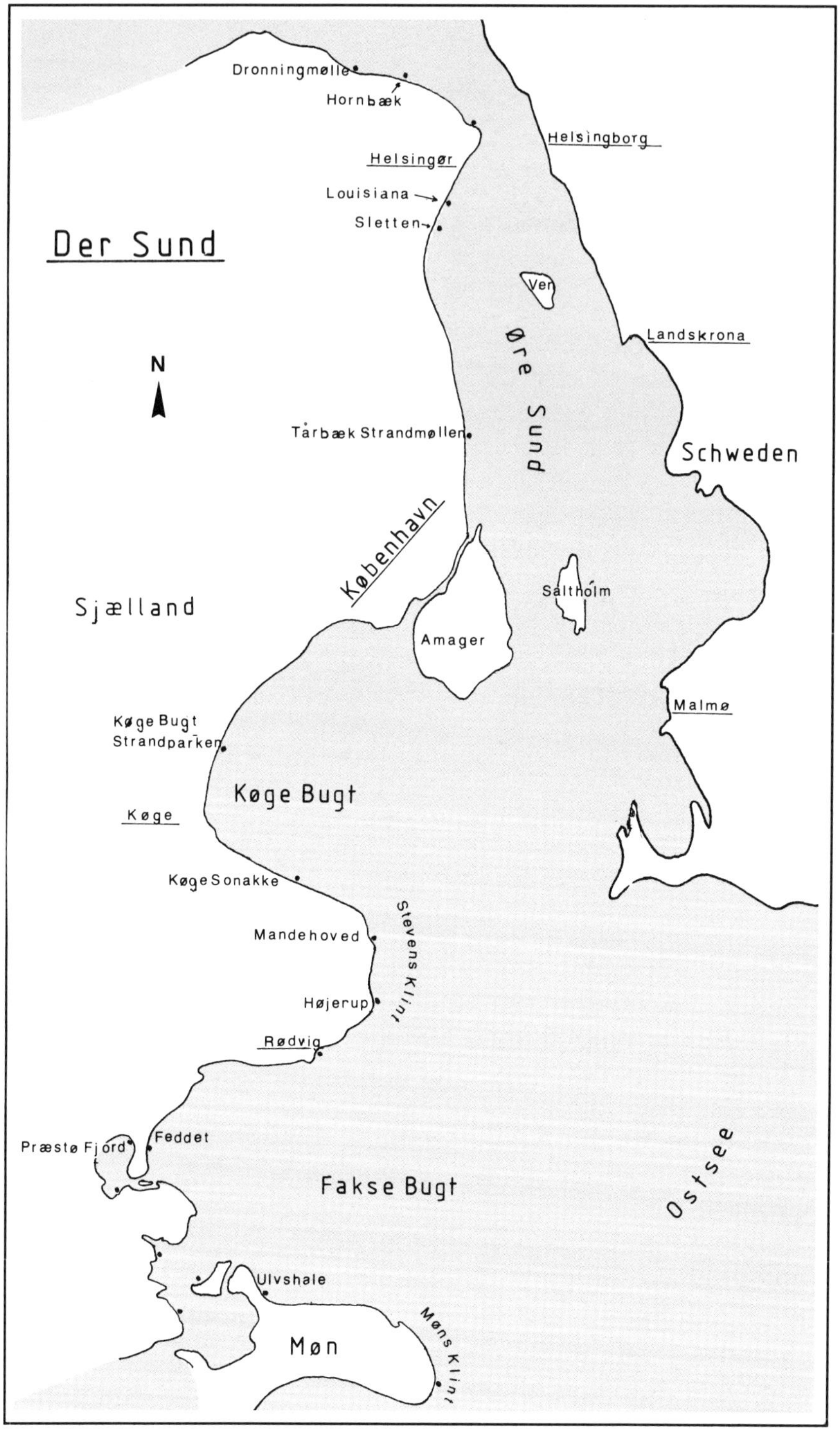

Der Sund — nördlicher Teil

SEEKARTEN: D 328; DK 131, 133

Die dänische Küste des Sundes ist wenig gegliedert und arm an guten Ankerbuchten. Für kurze Tagesaufenthalte, zum Baden oder Ausruhen sind sie bei westlichen Winden jedoch gut geeignet. Die stark befahrene Küstenstraße von Kopenhagen nach Helsingør verläuft größtenteils in Ufernähe. Der Schwell der Berufsschiffahrt und der zum Teil kräftig laufende Strom im Sund beeinträchtigen das Ankervergnügen.

Die beiden besten Ankerplätze liegen bei **Helsingør** und **Munkerup-Dronningmølle.** Für eine kurze Pause kann man auch bei **Tårbæk-Strandmøllen (Skodsborg), Sletten, Louisiana** und **Hornbæk** ankern.

1. **Tårbæk-Strandmøllen (Skodsborg) —**
   Position: 55° 48,7′ N - 12° 35,1′ E
   Recht hübsch ist die Bucht von Skodsborg, einem Villenhausgebiet. Allerdings führt die Durchgangsstraße direkt am Ufer entlang, so daß der Verkehrslärm über das Wasser schallt. Ca. 400 m vom Ufer entfernt beträgt die Wassertiefe etwa 3 m. Der Grund besteht aus Sand. Vor der Mündung der Mølleå liegt eine gelbe Tonne aus. Knapp 1/2 sm weiter nördlich zeigt die Karte ein unbezeichnetes Wrack mit nur 0,90 m Wasser darüber!
   In der Bucht ankert man gut bei westlichen Winden.

2. **Sletten —**
   Position: 55° 57,4′ N - 12° 32,5′ E
   Dicht nördlich des Yachthafens Sletten kann vor einem Sandstrand mit Badesteg geankert werden. Die Wassertiefe beträgt 200 m vom Ufer entfernt noch knapp 3 m. Der Ankergrund besteht aus Sand und Ton. Bei Winden aus West bis Nordwest liegt man gut in der Abdeckung. Die südlich gelegene Nivå Bugt ist zum Ankern ungeeignet, da sie zu flach ist.

3. **Louisiana —**
   Position: 55° 58,1′ N - 12° 33,0′ E
   Bei West- bis Nordwestwind kann man südlich des Hafens Humblebæk dicht in Lee des auf einem Hügel erbauten Kunstmuseums Louisiana ankern. In ihm werden Werke bekannter in- und ausländischer Künstler ausgestellt. Das Museum ist ganzjährig täglich von 10.00 bis 17.00 Uhr bzw. mittwochs von 10.00 — 22.00 Uhr geöffnet.

4. **Hornbæk —**
   Position: 56° 05,8′ N - 12° 28,0′ E
   Östlich des Yachthafens Hornbæk erstreckt sich ein schönes Strandgebiet mit Dünen, die in einen Kiefernwald übergehen. Im Sommer halten sich hier zahlreiche Badegäste auf.
   In dieser landschaftlich reizvollen Umgebung kann bei Süd- bis Südwestwind dicht vor dem Ufer geankert werden. Der Grund besteht aus Sand.
   Der Westteil der Hornbæk Bugt mit seinem weiten Strand und ausgeprägten Dünengürtel ist zum Ankern weniger geeignet, da die Bucht ganz flach ausläuft. Die 2-m-Linie verläuft ca. 300 m vom Ufer entfernt. Man ankert über Sand mit Seegras.

Munkerup-Dronningmølle

POSITION: 56° 06,5′ N - 12° 22,8′ E
SEEKARTEN: D 328; DK 131

Allgemeine Beschreibung

Der Leuchtturm Nakkehoved steht auf einem bewaldeten Steilhang, der nördlichen Begrenzung des Sundes.
Nach Südosten neigt sich die Landschaft zum schönen, flachen Sandstrand von Dronningmølle. Im waldreichen Uferbereich stehen Ferienhäuser, östlich von Dronningmølle befindet sich oberhalb des Strandes ein großer Campingplatz.

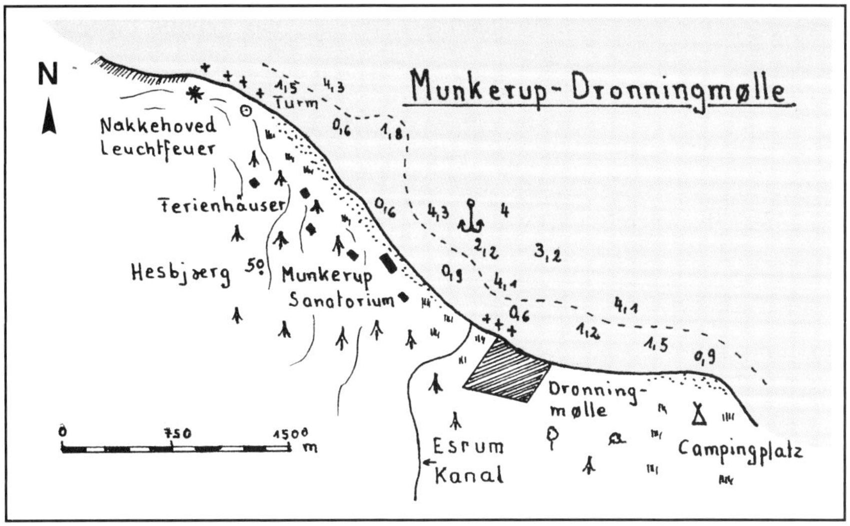

Ansteuerung

1. **Aus Nordwesten kommend**
sind das Leuchtfeuer und der Turm auf Nakkehoved gute Landmarken. Beim Einlaufen in die Bucht achte man auf die östlich des Leuchtturmes gelegenen unbezeichneten 0,6-m- und 1,8-m-Stellen.

2. **Aus dem Sund kommend**
läuft man an Hornbæk vorbei noch 3 sm nordwestwärts an der Küste entlang. Dieser Kurs führt an dem gut sichtbaren Campingplatz vorbei und kurz dahinter zum Ankerplatz.

Ankerplatz

Man kann gut vor dem Sanatorium auf 4 m Wassertiefe über Sandgrund ankern. In der Abdeckung des hohen Westufers liegt man geschützt vor Winden aus Süd bis West.

Versorgungsmöglichkeiten

Kaufmann in Dronningmølle

Nächster Hafen

Gilleleje (2,5 sm) bzw. Hornbæk (3 sm)

Freizeittips

- *Bademöglichkeit.*
- *Ein schöner Spaziergang führt zum historischen Feuerturm auf Nakkehoved und zum heutigen Leuchtfeuer, das auf einem weißen, viereckigen Turm brennt. Von dort aus hat man einen großartigen Blick über den Sund und das Kattegat.*
Wer des Wanderns noch nicht müde ist, den führt der Weg durch die Fyrbakker-Hügellandschaft, einem reizvollen Wald- und Heidegebiet, bis zum sehenswerten Fischer- und Badeort Gilleleje (ca. 3 km Fußweg).

Kulturelles

Etwas westlich von Dronningmølle endet der Esrum Kanal. Er stellt die Verbindung zwischen der Hornbæk Bugt und dem ca. 8 km südlich gelegenen großen Esrum See dar.
Wer es abenteuerlich liebt, kann versuchen, ihn per Beiboot zu erreichen. Nördlich des Sees liegt das zu besichtigende Esrom Kloster.

Helsingør

POSITION: 56° 02,6′ N - 12° 37,0′ E
SEEKARTEN: D 328; DK 131

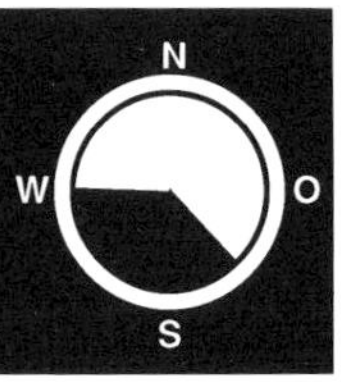

Allgemeine Beschreibung

Helsingør liegt an der engsten Stelle des Sundes. Schon von weitem lockt das Schloß Kronborg mit seinen Türmen und grünen Dächern. In der Bucht nördlich des Schlosses befindet sich der große Yachthafen von Helsingør.

Im Sund muß auf den starken Fährverkehr zwischen Helsingør und Helsingborg geachtet werden. Die Fähren haben Wegerecht!

> **Achtung**
>
> Je nach Wetterlage und Windverhältnissen muß mit starkem Südost- bzw. Nordwest-Strom gerechnet werden. Er kann über zwei Knoten betragen!

Ankerplatz

Die beiden Ankerplätze östlich und westlich des Yachthafens bieten sich als Alternative zur Marina von Helsingør an. Der Ankergrund besteht aus Sand mit etwas Seegras.

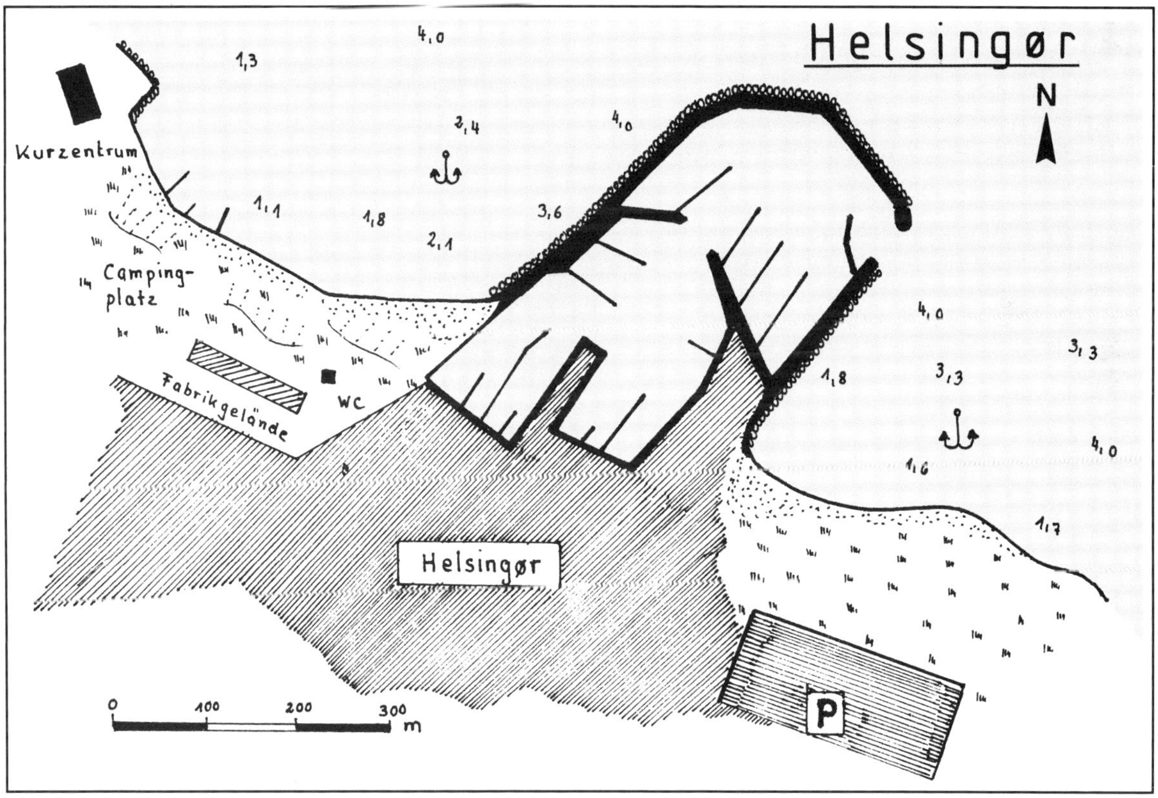

Ansteuerung

Nach Umrunden der Halbinsel Krogen mit dem Schloß Kronborg kann der östlich des Yachthafens gelegene Ankerplatz direkt angelaufen werden.
Möchte man westlich davon ankern, dann segelt man einmal um ihn herum.

Man ankert auf 2 - 4 m Wassertiefe. Auf der Reede von Helsingør liegt man sicher bei Winden aus Südost bis West.

Versorgungsmöglichkeiten

Alle Versorgungseinrichtungen im Yachthafen oder in der Stadt Helsingør.

Nächster Hafen

Yachthafen Helsingør in unmittelbarer Nähe.

Freizeittips

- *Besichtigung des Schlosses Kronborg mit angeschlossenem Handels- und Seefahrtsmuseum.*
- *Schloß Marienlyst mit Dänemarks ältester Schloßparkanlage. In ihr wurde 1926 der Granit-Sarkophag „Hamlets Gedächtnisgrab" aufgestellt.*
- *Badeanstalt beim Kurzentrum.*
- *Interessant ist auch eine Fahrt mit der Oldtimerbahn. Sie besteht aus einer Dampflokomotive und Wagen aus den Jahren 1885 — 1920. Die Fahrt führt 24 km weit bis nach Gilleleje.*

Kulturelles

Schloß Kronborg wurde anstelle des 1420 von Erich von Pommern errichteten Schlosses Krogen erbaut.
Die Befestigung der Meerenge diente zur Erhebung des „Øresund-Zolles", der mehr als 400 Jahre lang von jedem durchfahrenden Schiff zu entrichten war. Alle Schiffe mußten südlich des Schlosses Kronborg vor Anker gehen. Manchmal lagen hier mehrere hundert Segler, um entweder ihren Zoll zu bezahlen oder besseres Wetter für die Weiterfahrt abzuwarten.

Der Sund — südlicher Teil

SEEKARTEN: D 329, 478; DK 132, 161, 187, 190

Der südliche Teil des Sundes reicht von der Insel Amager bis zum Stevns Klint. Die dazwischen liegende Køge Bugt ist nach Osten offen und ungegliedert.
Südwärts segelnd sind die weißen Kalkformationen des Stevns Klint aus großer Entfernung auszumachen. Anfänglich winzig klein steigen sie gewaltig aus der Ostsee empor, wenn man ganz dicht darunter vorbeigleitet oder ein paar Stunden vor Anker sich diesem Naturschauspiel öffnet.

Køge Bugt

SEEKARTEN: D 329; DK 132

In der weiten Køge Bugt vor Sjællands Ostküste gibt es nur zwei Ankerplätze, die erwähnenswert sind: **Køge Sønakke** im Süden und **Køge Bugt Strandparken** im Norden.

Im Mittelteil führt eine stark befahrene Fernstraße dicht am Ufer entlang, deren Verkehrslärm die Ankerfreude beeinträchtigt.

1. **Køge Sønakke —**
   Position: 55° 24,5′ N - 12° 23,0′ E
   Bei Süd- bis Westwind findet man einen guten Ankerplatz im Südteil der Køge Bugt zwischen dem kleinen Bøgeskov Fiskerihavn und der nördlich gelegenen Huk Køge Sønakke. Dieser Küstenabschnitt ist relativ hoch und umfaßt die ausgedehnten Waldgebiete von Magleby Skov und Gorslev Bøgeskov. Am besten ankert man unterhalb des 14 m hohen Langebjerg, etwa 0,75 sm südöstlich der Landspitze Køge Sønakke. Die 2-m-Linie verläuft nur ca. 150 m vom Ufer entfernt. Achtgeben sollte man auf die zahlreichen vor der Küste stehenden Stellnetze!
2. **Køge Bugt Strandparken —**
   Position: 55° 36,7′ N - 12° 24,0′ E
   Im Nordteil der Køge Bugt ist zwischen Hundige und Vallensbæk Strand in einem ausgebaggerten Lagunengebiet ein großes Wassersportzentrum mit mehreren Yachthäfen entstanden. Es ist unter dem Namen „Køge Bugt Strandparken" bekannt. Möchte man nicht einen der neuen Yachthäfen aufsuchen, so bietet sich das Liegen vor Anker außerhalb der Hafenbereiche im Binnensee als Alternative an. Man ankert dort sicher auf 2 — 3 m Wassertiefe. Der Ankergrund besteht aus Sand. Die Ansteuerung zum Wassersportzentrum erfolgt aus Osten. Die Einfahrt in das Lagunengebiet ist durch ein Molenpaar gekennzeichnet.

Mandehoved

POSITION: 55° 20,4′ N - 12° 27,0′ E
SEEKARTEN: D 478, 3002; DK 132, 161, 187

Allgemeine Beschreibung

Es ist ein Erlebnis, unterhalb der bis zu 40 m hohen, weißen Kreidefelsen von Stevns Klint zu ankern. Am Klippenrand wachsen einzelne Büsche und Bäume. Dahinter erstrecken sich Felder mit einzeln stehenden Gehöften. Zwischen Mandehoved und dem Leuchtfeuer „Stevns Fyr“ sind die Kreidefelsen zwar höher, doch ein großer, lauter und staubiger Kalksteinbruch und ein Militärlager direkt beim Leuchtfeuer stören dort die Ankeridylle.

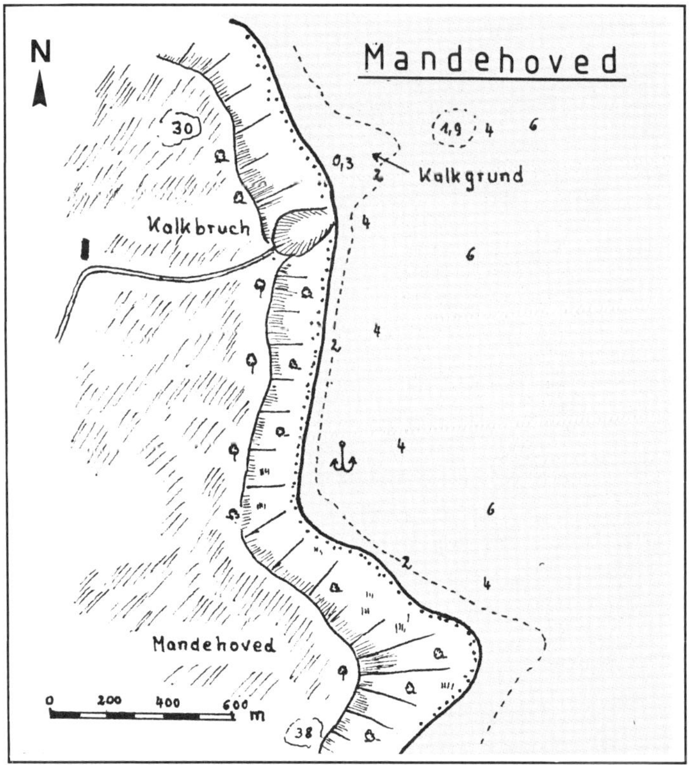

Ansteuerung

1. **Von Süden kommend**
   segelt man am Leuchtfeuer Stevns Fyr und dem Kalksteinbruch, den man gut an seinem hohen, weißen Schornstein und der Verladebrücke erkennen kann, vorbei und rundet die Huk Mandehoved. Der Kurs an der steilen Küste entlang führt direkt zum Ankerplatz.
2. **Von Norden kommend**
   segelt man vom Bøgeskov Fiskerihavn aus parallel zur Küste südostwärts. Die sich 0,3 sm seewärts erstreckende unbezeichnete Untiefe Kalkgrund mit Wassertiefen von 0,30 — 1,90 m muß weiträumig umsegelt werden.

Achtung

— Vor der Küste stehen zahlreiche, weit in die See reichende Stellnetze.
— Am Ankerplatz muß mit Fallwinden und zum Teil starkem, meist nordwärts setzendem Strom gerechnet werden.

Ankerplatz

Es kann dicht unterhalb des Klints geankert werden, da die 2-m-Linie nur 100 m von Land entfernt verläuft. Am besten liegt man etwas südlich des stillgelegten Kalksteinbruchs. Der Ankergrund besteht aus weißem Kalkschlamm und Lehm.
In Lee des hohen Klintes ankert man gut bei Winden aus Süd bis Nordwest. Bei Starkwind können Fallböen und der Strom den Anker zum Slippen bringen. Beim Verlassen des Bootes oder nachts sollte vorsichtshalber ein zweiter Anker ausgebracht werden! Unvergeßlich bleibt dieser Ankerplatz, wenn morgens die weiße Steilküste im Licht der aufgehenden Sonne erstrahlt!

Versorgungsmöglichkeiten

Keine

Nächster Hafen

Bøgeskov Fiskerihavn (ca. 2,3 sm) bzw. Rødvig (ca. 5 sm)

Freizeittips

Versuchen Sie einmal, einen Faustkeil herzustellen:

Herstellung eines Faustkeiles

Es wird ein fester Schlagstein (Granit) und die zu behauende Feuersteinknolle benötigt. Alles weitere zeigen die beiden Skizzen (Vorsichtshalber ein Pflaster bereithalten!)

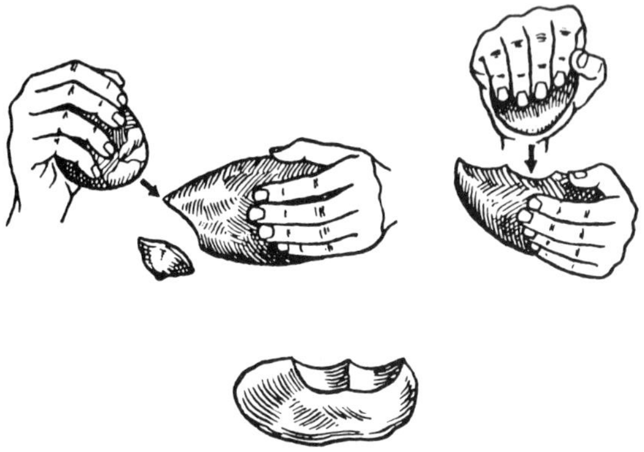

Die Bearbeitung eines Feuersteines

Kulturelles

In der Kreide sind viele Feuersteine eingebettet, aus denen die Steinzeitmenschen mit viel Geschick und Ausdauer die Werkzeuge für ihren Daseinskampf anfertigten.

Der klassische Faustkeil ist mandelförmig und diente als Universalwerkzeug, z. B zum Bohren, Schneiden, Stechen und Schaben.

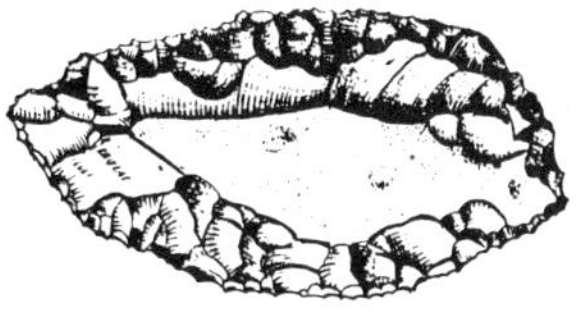

Faustkeil

Højerup

POSITION: 55° 16,8′ N - 12° 27,0′ E
SEEKARTEN: D 478, 3002; DK 187, 190

Allgemeine Beschreibung

Ca. 1,3 sm südwestlich des Leuchtfeuers Stevns Fyr liegt am Fuße der weißen Kalksteinklippen eine beeindruckende kleine Bucht. Die alte Kirche von Højerup ragt über den Klippenrand hinweg und beherrscht das Bild. Eine steile Treppe führt vom steinigen Strand zu ihr hinauf. Nördlich davon, in einer Waldlichtung, steht ein auffälliger weißer Fahnenmast.

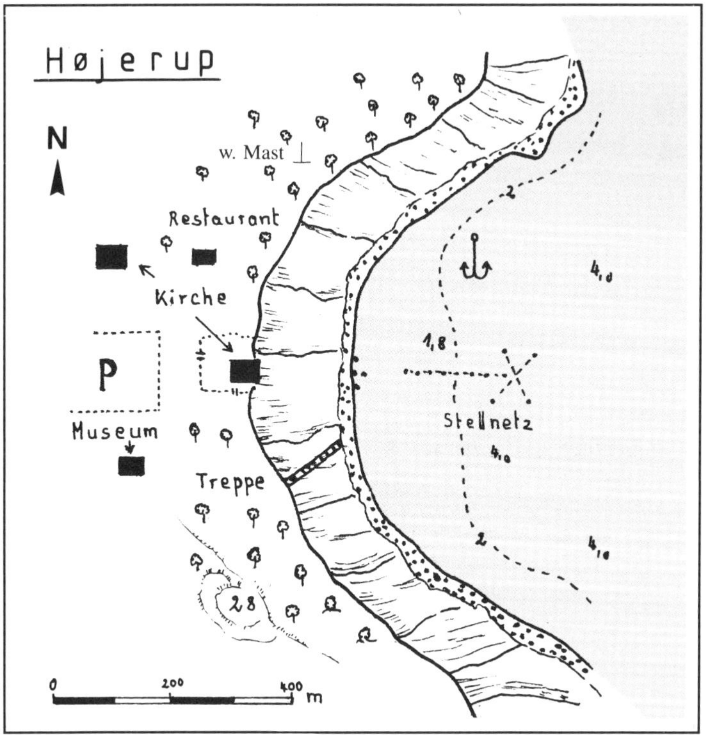

Ansteuerung

Die Ansteuerung ist unproblematisch. Schon von weitem sieht man die hohe Steilküste und darauf die Kirche von

Højerup. Auf diese kann man direkt zuhalten. Die graue Kirche mit dem roten Dach ist jedoch von weitem zwischen den Bäumen schwer auszumachen.
Ein sehr langes Stellnetz teilt die Bucht in zwei Hälften.

Achtung

— Vor der Küste stehen zahlreiche Stellnetze.
— Es muß mit Fallwinden und überwiegend nordwärts setzendem Strom gerechnet werden.

Ankerplatz

Es kann nördlich oder südlich des Stellnetzes geankert werden. Besser liegt man im Nordteil auf ca. 3 m Wassertiefe. Der Ankergrund besteht aus Lehm und Seegrasfeldern. Das schroff abfallende Klint bietet gute Abdeckung bei West- und Nordwestwind. Fallwinde vom Klint und Strom können das Ankervergnügen beeinträchtigen.

Versorgungsmöglichkeiten

Kaufmann in Højerup (ca. 500 m), Restaurant bei der Kirche.

Nächster Hafen

Rødvig (ca. 3 sm)

Freizeittips:

— *Ein Pfad entlang des Klippenrandes führt zum Leuchtfeuer bzw. nach Rødvig. Von dort aus hat man einen einzigartigen Blick über die Klintlandschaft.*
— *Für kulturell Interessierte bietet Højerup auf engem Raum verschiedene Sehenswürdigkeiten:*
1. *Die Gamle Kirke von Højerup direkt am Klippenrand, 30 m über dem Meeresspiegel.*
2. *Die Fischerhütte „Mindehuset" neben der Kirche. Sie zeigt die Wohnverhältnisse einer Fischerfamilie von vor 200 Jahren.*
3. *Stevns Museum. Es beherbergt u. a. viele Stein- und Knochenfunde aus der Frühgeschichte der Menschheit und eine Buddelschiffsammlung.*

Kulturelles

Die alte Kirche von Højerup wurde um 1250 oberhalb des Klippenrandes erbaut. Im Laufe der Zeit kam es immer wieder zu Kreideabbrüchen, da das Meer die weiche Schreibkreide an der Basis beständig auswäscht. Beim letzten großen Abbruch 1928 stürzten ein großer Teil des Kirchenchores und der Friedhof ins Meer. Der Bereich wurde daraufhin untermauert und anstelle des Chores wurde ein Aussichtsbalkon geschaffen.
Die Sage erzählt, daß die Kirche, aus Schaden klug geworden, sich jede Weihnachtsnacht um einen Hahnentritt landeinwärts bewegen würde.

Fakse Bugt

SEEKARTEN: D 40, 64, 329, 478; DK 161, 187, 190

Zwischen Møns Klint und Rødvig erstreckt sich die weite, nach Osten offene, ca. 12 sm breite Fakse Bugt. Vom Sund oder von Schweden kommend passiert man sie meistens non stop, um in den Bøgestrøm einzulaufen. So bleiben der landschaftlich reizvolle **Præstø Fjord** und die schönen Strände der Halbinsel **Feddet** oft unbeachtet an Steuerbord liegen. Wie schade!

Rødvig

POSITION: 55° 15,2′ N - 12° 22,6′ E
SEEKARTEN: D 478, 3002; DK 187, 190

Allgemeine Beschreibung

Der kleine Hafen Rødvig ist bei Seglern sehr beliebt. Er wird jährlich von 6000 — 7000 Yachten angelaufen und ist häufig überfüllt. Wem es im Hafen zu lebendig zugeht, der kann sich im Westteil der gleichnamigen Bucht zwischen Hafen und Fællesskov Rev auf Reede vor Anker legen. Der Uferstreifen besteht aus Sandstrand.

Ansteuerung

Sie erfolgt aus östlicher Richtung und ist problemlos. Zu beachten sind die Stellnetze in der Bucht!

Ankerplatz

Im Westteil der Bucht zwischen Fællesskov Rev und Hafen. Die 2-m-Linie verläuft ca. 200 m vom Ufer entfernt. Der Ankergrund besteht aus Sand bzw. Ton.
Man liegt geschützt bei Winden aus westlichen Richtungen und aus Nord.

Versorgungsmöglichkeiten

Aller Art findet man in Rødvig.

Nächster Hafen

Rødvig (max. 0,8 sm)

Freizeittips

- *Bademöglichkeit.*
- *Ein Fußpfad führt von Rødvig oberhalb der Kreideklippen entlang bis zum Leuchtfeuer Stevns Fyr (ca. 10 km Fußweg).*
- *Fahrt mit der 1879 eingeweihten Museumsbahn vom Gut Gjorslev nach Køge.*

Kulturelles

Der Hafen von Rødvig wurde als Verladeplatz des Gutes Gjorslev in der Mitte des letzten Jahrhunderts angelegt. 1879 wurde der Ort Endstation der privaten ostseeländischen Eisenbahn. Heute verkehrt die kleine Bahn immer noch, jedoch nicht mehr zum Transport von Gütern, sondern zur Freude der Touristen. Zielort ist Køge.

Feddet — Ostküste

POSITION: 55° 10,5′ N - 12° 06,8′ E
SEEKARTEN: D 478, 3002; DK 187, 190

Allgemeine Beschreibung

Die knapp 5 km lange, flache, im Norden bewaldete und im Süden heidebewachsene Halbinsel Feddet trennt den Præstø Fjord von der Fakse Bugt. Entlang des Ostufers zieht sich ein feiner, breiter Sandstrand, der in eine niedrige Dünenkette übergeht. Die Schönheit dieser Landschaft zieht viele Feriengäste an.

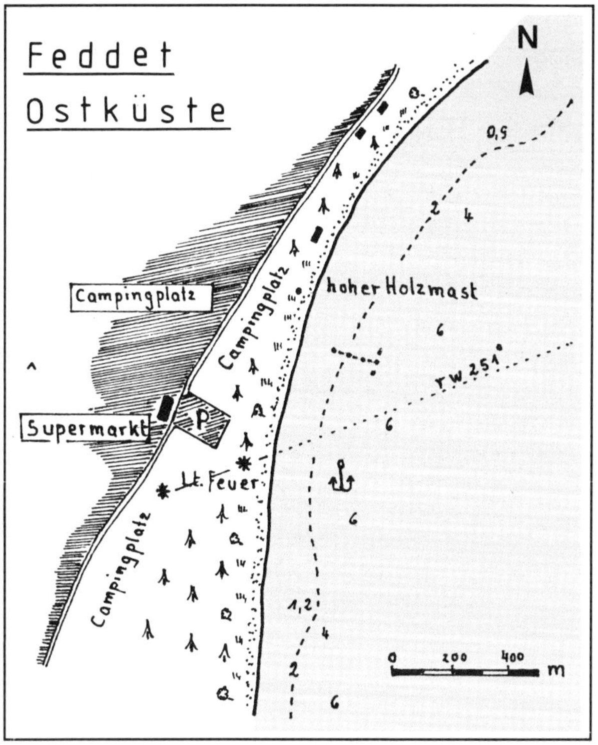

Ansteuerung

Aus der Fakse Bugt kommend, steuert man zunächst die Nord-Untiefentonne Nordmandshage an. Danach segelt man weiter mit Kurs rw. 251°. Die Gittermasten der Richtfeuer sollten genau voraus sein.

Ankerplatz

Es kann vor der ganzen Länge des Ostufers der Halbinsel geankert werden. Am besten ankert man etwas südlich oder nördlich der Richtfeuer ca. 180 m vom Ufer entfernt auf ca. 2 — 3 m Wassertiefe. Zum Ufer hin wird es schnell flach! Der Ankergrund besteht aus Sand und Lehm, z. T. mit Seegras bewachsen.

Versorgungsmöglichkeiten

Kaufmann beim Campingplatz an der Hauptstraße (ca. 500 m Fußweg).

Nächster Hafen

Fakse Ladeplads (ca. 3 sm)

Freizeittips

Bester Badestrand, gut geeignet für Strandspiele, wie z. B. das „Flaschenwerfen":

Flaschenwerfen

Mitspieler: *Beliebig viele.*

Material: *Je Mitspieler eine bis zum Rand mit Wasser gefüllte Flasche; ein kleiner Ball oder eine selbstgemachte „Affenfaust".*

Spielregeln: *Die Flaschen werden in einer Reihe aufgestellt. Von einer Wurflinie aus sollen die Flaschen der Mitspieler mit dem Ball umgeworfen werden. Derjenige, dessen Flasche umfällt, muß sie sofort wieder aufstellen. Sieger ist die „Flasche", die am längsten gefüllt bleibt.*

Kulturelles

An diesem Sandstrand ist ganz deutlich der Spülsaum zu erkennen, der aus Algen und Tang besteht. Besonders nach heftigen Oststürmen werden neues Treibgut und Tang angespült. Unter den Tangbüscheln verbergen sich kleine Krebstierchen: die Tangflöhe. Hebt man einen modernden Tangbüschel plötzlich hoch, führen die überraschten Tierchen wilde Sprünge aus. Sie leben vom Tang und bauen ihn wieder ab. Das Weibchen des Tangflohs trägt ihre Jungen in ihrer Bruttasche mit sich herum.
Vielleicht findet man im Spülsaum auch Holzstücke, die Spuren des Pfahlwurmes zeigen. Überall im Holz sieht man seine Gänge. Um die Tiere zu sehen, muß man das Holz aufspalten.

Præstø Fjord

SEEKARTEN: D 478, 3002; DK 161, 187, 190

Das Præstø Fjord ist nur durch das enge Fahrwasser des Vrangstrømen mit der Fakse Bugt verbunden. Er gleicht eher einem ruhigen Binnensee als einem Fjord.

Es kann im gesamten Uferbereich des Præstø Fjords geankert werden. Jedoch wird ein Landgang vielerorts durch einen breiten Schilfgürtel erschwert. Kleine Fischerstege, die an verschiedenen Stellen bis ins freie Wasser führen, wie z. B. am Nordufer bei **Leestrup Strand,** erleichtern das Anlegen mit dem Beiboot.

Ein weiterer guter Ankerplatz befindet sich nördlich des **Hollænderskov** am Südwestufer des Fjordes. Dort ankert man sicher bei Winden aus Südost bis Südwest.

Den schönsten Ankerplatz findet man tief im Fjord vor dem Westufer der **Halbinsel Feddet** (siehe Beschreibung).

Beim Segeln im Præstø Fjord ist auf die häufigen Stellnetze zu achten!

Feddet — Westküste

POSITION: 55° 10,4′ N - 12° 05,5′ E
SEEKARTEN: D 478, 3002; DK 161, 187, 190

Allgemeine Beschreibung

Im nordöstlichen Scheitel des Præstø Fjords, nördlich des kleinen Fischerhafens, befindet sich ein schöner, sehr ruhiger Ankerplatz. Das Ufer säumt ein dichter, breiter Schilfgürtel, hinter dem sich ein Kiefernwald erhebt.

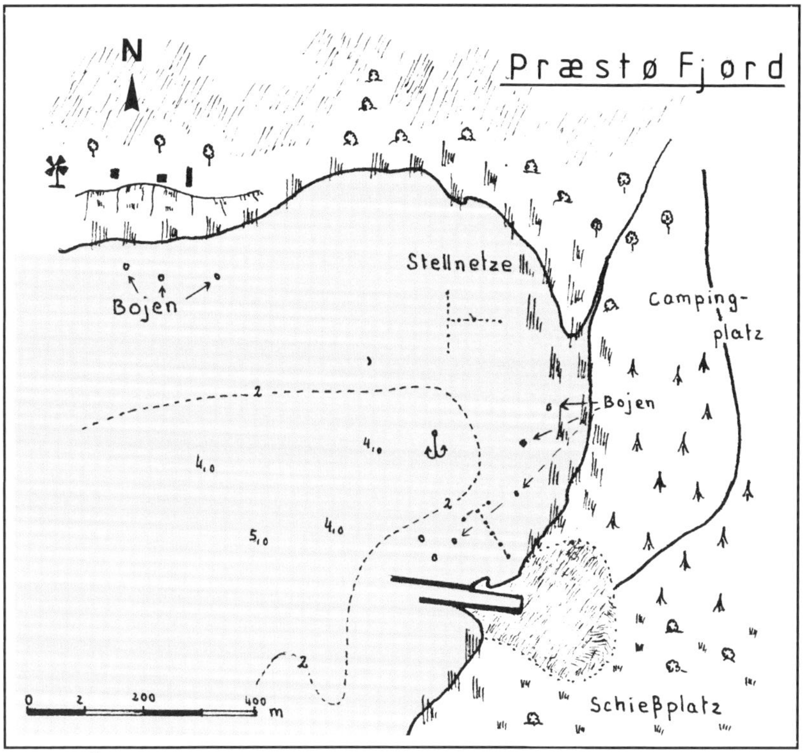

Ansteuerung

Hat man den Vrangstrømen passiert, segelt man vom letzten Tonnenpaar der Fahrrinne 0,6 sm mit Kurs Nord, um sich von der unbezeichneten östlichen Untiefe Bredehage freizuhalten. Danach nimmt man den weithin sichtbaren Windgenerator recht voraus. Peilt der kleine Bootshafen an Steuerbord querab, ändert man den Kurs in den inneren Teil der Bucht.

Achtung
Stellnetze im Uferbereich.

Ankerplatz

Sehr ruhig ankert man nördlich des kleinen Bootshafens (Wassertiefe ca. 1 m) ungefähr 250 m vom Ufer entfernt auf 4 m Wassertiefe. In der Nähe liegen einige Bojen für Kleinboote aus.
Der Ankergrund besteht aus Schlamm/Schlick.
In Lee des Waldes liegt man geschützt bei Winden aus Nord bis Südost.
Zum Landgang eignet sich am besten der kleine Hafen.

Versorgungsmöglichkeiten

Kaufmann auf dem Campingplatz von Feddet, der ca. 1 km nördlich liegt.

Nächster Hafen

Præstø (5 sm)

Freizeittips

- *Da der Præstø Fjord sehr geschützt ist, eignet er sich gut zum Optisegeln und Surfen.*
- *Einen sehr schönen Badestrand findet man am Ostufer der Halbinsel Feddet.*
- *Für die kleinen und großen Bootsbaumeister:*
  „Kon Tiki"
  Kennst Du Thor Heyerdahl und sein Segelfloß „Kon Tiki"? Na klar!

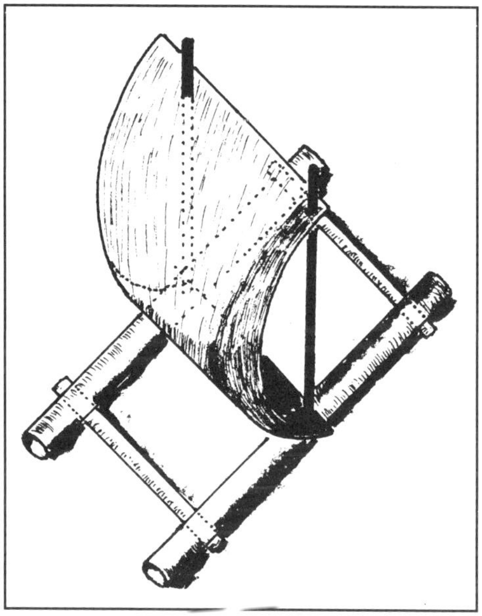

Trockene Schilfstengel, zwei dünne Stöcke als Mast und ein Blatt Papier für das Breitsegel reichen aus, um ein Segelfloß zu bauen. Als Werkzeug braucht man einen Bohrer oder den Marlspieker des Taschenmessers. Etwas Bindfaden oder Kleber können der Konstruktion mehr Festigkeit verleihen. Richtig spannend wird es, wenn man mit mehreren Flößen Regatta segelt!

Ulvshale

POSITION: 55° 02,5′ N - 12° 17,2′ E
SEEKARTEN: D 40, 478; DK 161, 187

Allgemeine Beschreibung

Die Nordwestecke der Insel Møn ist die Halbinsel Ulvshale. Ihre Besonderheit sind die ausgedehnten Strand- und Sumpfwiesen, die unter Naturschutz stehen. Im Süden erstreckt sich das Erholungsgebiet von Fællesskov Strand mit einem Campingplatz. Der feine Sandstrand zieht viele Wasserfreunde und Sonnenanbeter an. Die hinter dem Strand verlaufende Straße verbindet den Ort Nyord mit Stege.

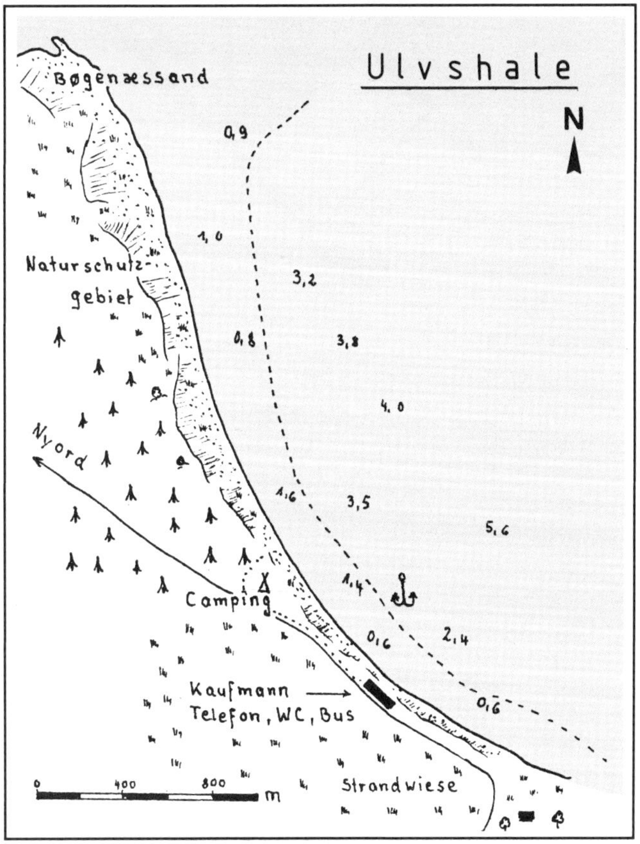

Ansteuerung

Die Ansteuerung ist einfach. Von Süden kommend, folgt man dem Küstenverlauf der Insel Møn. Ulvshale ist gut an dem Wald und dem am südlichen Waldrand gelegenen großen Campingplatz zu erkennen.

Ankerplatz

Am besten ankert man südlich des Waldes in Höhe des Campingplatzes ca. 200 m vom Ufer entfernt auf 2 — 3 m Wassertiefe. Der Ankergrund besteht aus Sand.
In der weiten, sanft geschwungenen Bucht Søhunde Havn liegt man gut bei Winden aus Südwest bis Nordwest.

Versorgungsmöglichkeiten

Kaufmann und Telefon auf dem Campingplatz. Dort befindet sich auch die Bushaltestelle (Bus nach Nyord/Stege).

Nächster Hafen

Klintholm (ca. 16 sm)

Freizeittips

— *Baden, Surfen und Motorbootfahren nur südlich des Waldes! Der Küstenbereich zwischen dem Wald und dem nördlich gelegenen Bogenæs Sand steht unter Naturschutz. Dort darf in der Zeit vom 15. 5. — 15. 9. weder gesurft noch mit dem Motorboot gefahren werden! Hunde und Katzen sind an Land an einer Leine zu führen!*
— *Sehr gute Möglichkeiten zur Vogelbeobachtung. Der nächste Beobachtungsstand befindet sich nördlich des Campingplatzes. Man geht ca. 30 Min. am Strand entlang in nördliche Richtung. Dort trifft man auf einen Heckenweg, der zum auf der Wiese liegenden Beobachtungsstand führt (Fernglas nicht vergessen!).*

Kulturelles

Ulvshale und Nyord bilden Dänemarks größtes zusammenhängendes Strand- und Sumpfwiesengebiet. In jedem Sommer brüten dort große Vogelkolonien. Von den Beobachtungsständen aus lassen sie sich gut studieren.
Die Strandwiesen sind unentbehrlich für die Erhaltung vieler Vogelarten. Leider gibt es nur noch wenige davon. Durch Trockenlegung, Baulandgewinnung oder Umwandlung in Schuttplätze wurden große Flächen vernichtet.

Møns Klint

POSITION: 55° 04′ N - 12° 48′ E
SEEKARTEN: D 40; DK 187

Allgemeine Beschreibung

Die 8 km langen, hohen Kreideklippen zwischen Møn Leuchtfeuer im Süden und Leuchtfeuer Hellehavn Nakke im Norden sind ein faszinierendes Naturschauspiel. Blendend hell leuchtet die weiße Steilküste in der Sonne. Ankern vor dieser Kulisse ist ein besonderes Erlebnis.

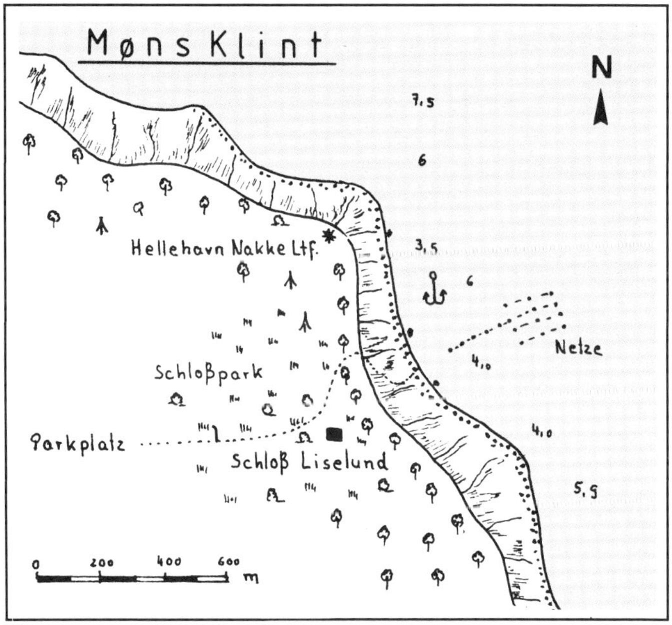

Ansteuerung

Von Klintholm folgt man dem Küstenverlauf ost- bzw. nordwärts bis in Höhe des Leuchtfeuers Hellehavn Nakke. Etwas südlich davon liegt die Bucht vor dem Schloß Liselund. Man findet tiefes Wasser bis dicht vor dem Ufer.
Vorsicht ist vor den zahlreichen Stellnetzen geboten, die sich besonders im südlichen Teil des Klints bis zu 1,5 sm seewärts erstrecken!

Achtung
Lange Stellnetze vor der Küste.

Ankerplatz

Der beste Ankerplatz vor dem Klint befindet sich in Höhe des Schlosses Liselund zwischen der „Teufelsschlucht" im Süden, durch die eine Treppe vom Strand zum Klippenrand führt, und dem Leuchtfeuer Hellehavn Nakke. Hier liegen keine großen Steine und nur wenige Stellnetze vor dem Ufer. Es kann dicht unterhalb des Klints über Lehmgrund geankert werden. Einzelne Tangfelder!
In der Abdeckung der hohen Kreideklippen liegt man gut bei Winden aus Südwest bis Nordwest. Bei Starkwind muß jedoch mit Fallwinden und starkem Strom (meist nordwärts setzend) gerechnet werden!

Versorgungsmöglichkeiten

Keine

Nächster Hafen

Klintholm (ca. 7 sm)

Freizeittips

- *Sehenswert ist der Schloßpark von Liselund aus dem 17. Jahrhundert mit seinen farbenprächtigen Pfauen im Freigelände.*
- *Fußpfad entlang der Kreideklippen südwärts. Achtung: Nach lang anhaltenden Regenfällen kommt es immer wieder zu Abbrüchen am Klippenrand!*
- *Oberhalb der Klippen wächst ein ausgedehnter „Kreideklippenwald", in dem man die seltenen, unter Naturschutz stehenden Orchideen Korallenwurz, Helm-Knabenkraut und Spitzorchis finden kann. Das Ausgraben und Abpflücken ist verboten!*
- *Die Kreideklippen sind bekannt für ihren Fossilienreichtum wie Muscheln, Kieselschwämme, Armfüßler oder Korallen.*

Kulturelles

Møns Klint bildete sich vor ca. 75 Mio. Jahren. Am Grund eines ca. 200 m tiefen Meeres lagerte sich die Schreibkreide als Kalkschlamm ab und bedeckte die dort lebenden Meerestiere, die heutigen Versteinerungen. Vor ca. 20000 Jahren preßten die Gletscher der Eiszeit einzelne Schollen der Schreibkreide in die Höhe und formten so das Klint.

Bornholm

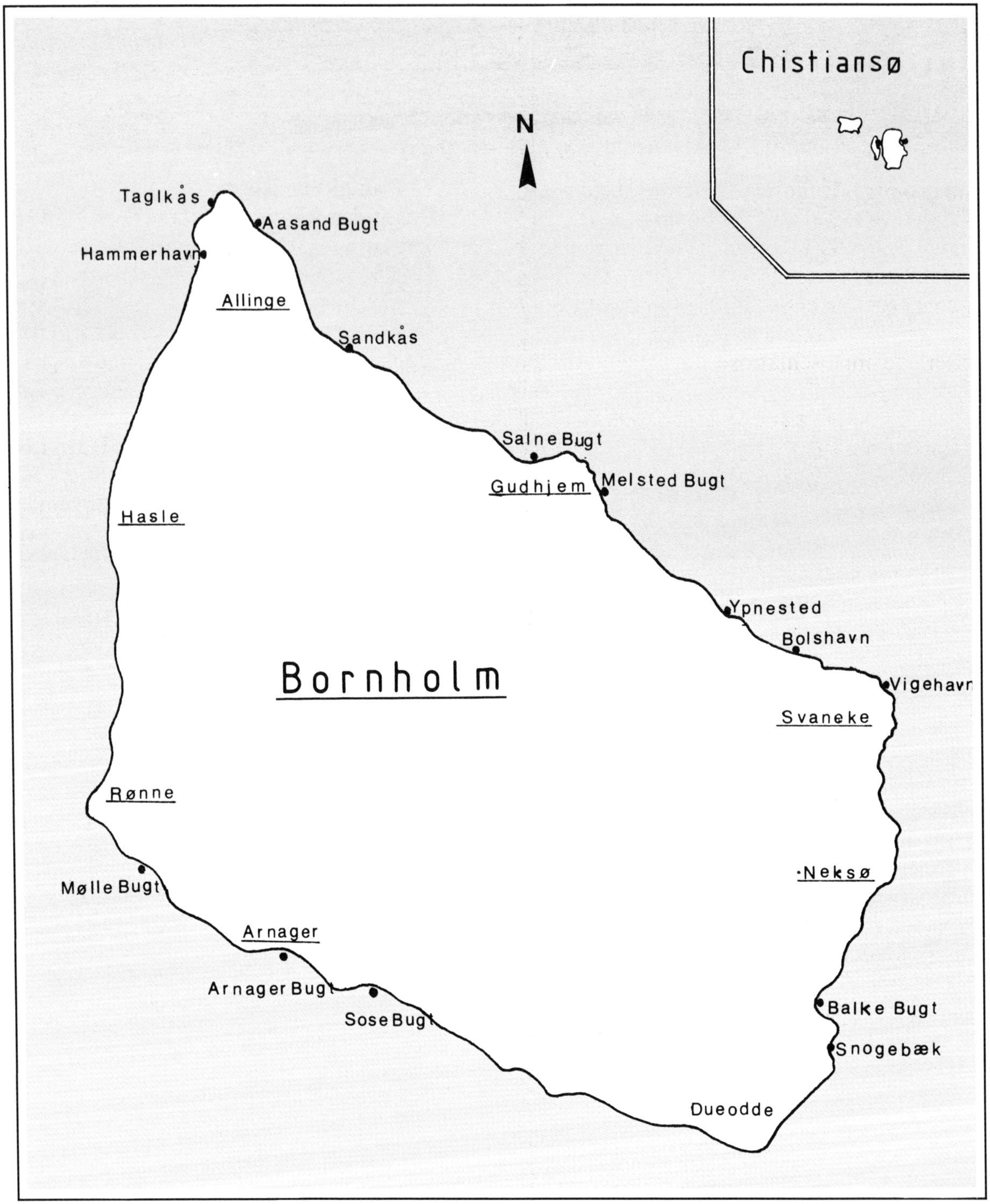
Chistiansø
N
Taglkås
Aasand Bugt
Hammerhavn
Allinge
Sandkås
Salne Bugt
Gudhjem
Melsted Bugt
Hasle
Ypnested
Bolshavn
Bornholm
Vigehavn
Svaneke
Rønne
Mølle Bugt
Neksø
Arnager
Arnager Bugt
Sose Bugt
Balke Bugt
Snogebæk
Dueodde

Bornholm

SEEKARTEN: D 159, DK 189

Das Ankern vor Bornholms Küsten setzt ein wachsames Auge für Wind und Wetter voraus. Bei auflandigen Winden läuft schnell eine unangenehme bzw. gefährliche Dünung oder See auf die Küste zu. Alle Ankerbuchten sind bei auflandigem Wind ungeschützt. Trotzdem kann man bei einer stabilen Wetterlage ohne schlaflose Nächte das Ankern genießen. Besonders rund um Bornholm bietet es eine gute Alternative zu den kleinen, häufig überfüllten und teuren Fischerhäfen.

Bornholms Küsten weisen für das Ankern drei Charakteristika auf:

1. **Die Westküste zwischen Rønne und Hammeren** ist wenig gegliedert und bietet keine ausgeprägten natürlichen Ankerbuchten.
   Bei östlichen Winden kann man, je nach Geschmack, dicht unter dem Ufer der meist hohen, bewaldeten Küste seinen Anker fallen lassen. Ziehen die Wetterboten von Südwesten herauf, sollte man jedoch diese Küste meiden!

2. **Hammeren bis Snogebæk**
   Zwischen Hammeren im Norden und Snogebæk im Südosten hat die Küste Schärencharakter. Tiefe Einschnitte mit steilen Felsen, Felsnadeln, vorgelagerten Untiefen und Klippen prägen das Bild der Ostküste.
   Man sollte sich nur mit sehr genauen Karten näher als 0,5 sm an die Küste heran trauen. Die vielen Einschnitte und Buchten erscheinen verlockend. Aber Vorsicht, Vorsicht vor den vielen Unterwasserfelsen und -riffen!
   Die von uns beschriebenen Buchten sind eine Auswahl und liegen über die ganze Ostküste verteilt. Mit entsprechender navigatorischer Achtsamkeit dürfte ihr Anlaufen unproblematisch sein.

3. **Snogebæk bis Rønne**
   Der Süden Bornholms ist ein Paradies für „Badefreunde" und Familien mit Kindern. In den weiten Buchten trifft man auf herrliche Sandstrände und klares Wasser. Alle haben jedoch den Nachteil, daß sie gegen die bei uns vorherrschenden Westwinde weitgehend ungeschützt sind. Außer dem winzigen Hafen von Arnager ist kein sicherer Hafen schnell erreichbar.
   Die Buchten zwischen Boderne Havn und Gedebak Odde sind wegen der häufigen Schießübungen zum Ankern nicht zu empfehlen!
   Beim Segeln vor der Südküste achte man auf die vielen vorgelagerten Untiefen, die dem Segler gefährlich werden können.

4. **Christiansø**
   Die größte Insel der Inselgruppe Ertholmene liegt ca. 10 sm nordöstlich von Gudhjem. Auch sie bietet mehrere reizvolle Ankermöglichkeiten.
   Für das Aufsuchen dieser Plätze gelten die gleichen grundsätzlichen Erwägungen und Vorsichtsmaßnahmen wie für die Ankerplätze rund um Bornholm.
   Ferner ist zu beachten, daß nur die beiden größten Inseln dieser Inselgruppe, Christiansø und Frederiksø, besucht werden dürfen. Für alle übrigen Inselchen und Schären besteht ein ganzjähriges Betretungsverbot! Sie stehen wegen ihrer einzigartigen Flora und Fauna unter Naturschutz.

Westküste zwischen Rønne und Hammeren

Hammerhavn

POSITION: 55° 17′ N - 14° 46′ E
SEEKARTEN: D 159; DK 189

Allgemeine Beschreibung

Hammerhavn liegt an der Nordwestspitze Bornholms, knapp 2 sm vom Leuchtfeuer Hammerodde entfernt. Es wird auch Sæne Havn genannt, da der Hafen Ende des letzten Jahrhunderts durch den Bau von Schutzmolen quer über die Sæne Bugt entstand.
Die eigentliche Hafenanlage mit Mole und Anleger befindet sich im Nordteil der Sæne Bugt. Nach Süden geht die Bucht in einen schmalen Sandstrand über, hinter dem sie steil zum 61 m hohen Galgebakke aufsteigt.

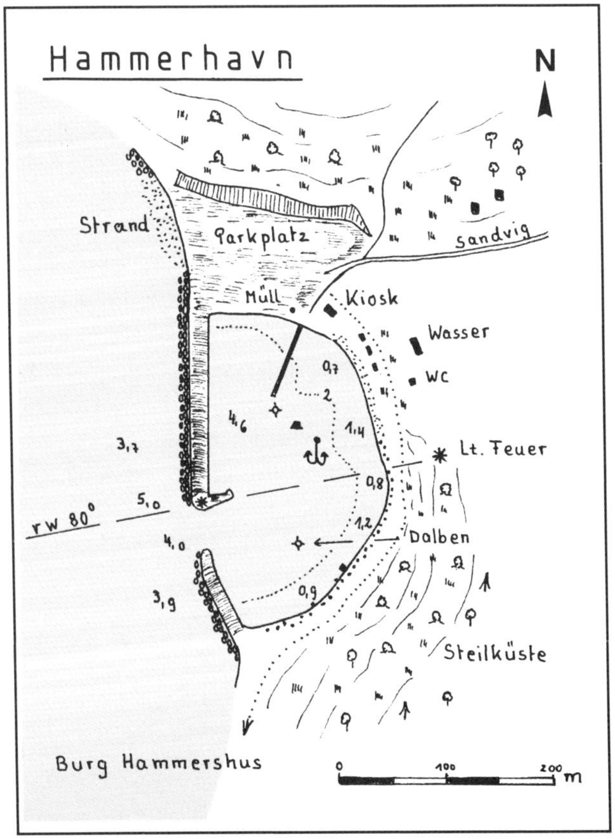

Ansteuerung

Hammerhavn kann direkt von See angelaufen werden. Ein Richtfeuer/Richtbakenpaar leitet mit Kurs rw. 80° direkt in den Hafen.
Das Anlaufen ist bei starkem, westlichem Wind gefährlich, da dann ein starker Querstrom vor der Einfahrt setzt und Brandung entsteht!

> **Achtung**
> Bei Starkwind und Sturm aus West ist ein An- bzw. Auslaufen nicht empfehlenswert!

Ankerplatz

Es kann überall in der Bucht geankert werden. Achtung: Im Südteil steht ein Dalben! Der Ankergrund besteht aus Sand mit vereinzeltem Seegrasbewuchs. In der Bucht liegt man bei allen Winden geschützt. Bei westlichen Winden steht Schwell hinein. Dann verholt man sich besser an die Nordmole oder an den Steg.

Tip: Unterhalb der Ruine Hammerhus gibt es ein paar enge, tief in den Fels hineinführende Kluften, wie den Tørre Ovn oder den Våde Ovn, die auch für ein größeres Boot ausreichende Wassertiefe haben.
Der Våde Ovn, „nasser Ofen“, ist z. B. eine 38 m lange Felsspalte, deren Wände 12 m senkrecht emporsteigen. Die Wassertiefe beträgt ca. 4 m. Besonders schön ist es hier gegen Abend, wenn die Felsen in der tiefstehenden Sonne rötlich aufleuchten.
Allerdings sind diese „Öfen“ auch Touristenattraktionen!

Versorgungsmöglichkeiten

- Im Hafenbereich Müllbehälter, WC, Wasser, Telefon, Kiosk, Strom (an den Laternenpfählen);
- Einkaufsmöglichkeit, Post und Bank in Sandvig (ca. 2 km Fußweg — am schönsten entlang des Ufers des Hammer Søs — oder Bus).

Nächster Hafen

Vang (ca. 2 sm)

Freizeittips

- *Badestrand nördlich des Hafens.*
- *Besuch der Schloßruine Hammerhus, von der aus man einen weiten Blick über die See hat.*
- *Ein Netz von Wanderwegen führt in die nähere Umgebung der Sæne Bugt (u. a. zum Hammerodde Fyr, Møseløkke — einem arbeitenden Steinwerkmuseum, dem Hammer Sø, der Heidelandschaft Slotslyngen im Süden). Lohnenswert ist auch ein Spaziergang zum ca. 500 m nordöstlich des Hafens gelegenen Opalsøen, ein See, der sich am Grund eines alten Steinbruchs gebildet hat. Hier wurde Ende des letzten Jahrhunderts der Granit, der zum Bau des Nord-Ostsee-Kanals verwendet wurde, gebrochen. Das Gebiet gehörte einer deutschen Firma, die es 1873 von der Gemeinde Allinge-Sandvig käuflich erwarb. Sie baute auch den Hafen Hammerhavn. 1914 gingen durch Verkauf die Eigentumsrechte wieder an den dänischen Staat über.*

Kulturelles

Hammerhus war im Mittelalter eine mächtige Festungsanlage, deren Besitzer mehrfach wechselten. Um sie wurde erbittert gekämpft, denn ihr Besitz bedeutete gleichzeitig, die Herrschaft über die Insel auszuüben.
In späterer Zeit wurde die Festung Staatsgefängnis. So berichtet ein Chronist, daß die „Gefangenen, lebendig aufgefressen von Läusen und Maden, in einem faulen Kerker" lebten.

Taglkås

POSITION: 55° 17,9′ N - 14° 46,2′ E
SEEKARTEN: D 159; DK 189

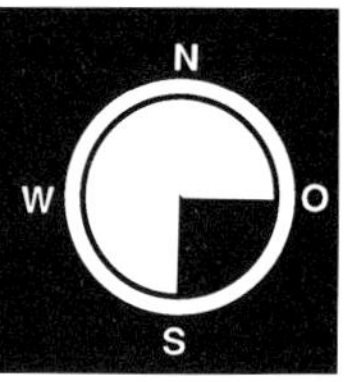

Allgemeine Beschreibung

An der Westseite des steilen Granitfelsens Hammeren, ca. 400 m südlich des Leuchtfeuers Hammerodde, liegt die ca. 100 m breite, von roten Felsen umrahmte Bucht Taglkås.
Im Scheitel befindet sich ein kleiner, aus grobem Kies bestehender Strand, hinter dem das Ufer zum heidebewachsenen Felsen Hammer Odde aufsteigt.
Diese landschaftlich reizvolle, kleine Bucht ist bei einer ruhigen, stabilen Wetterlage ein sehr schöner Ankerplatz.

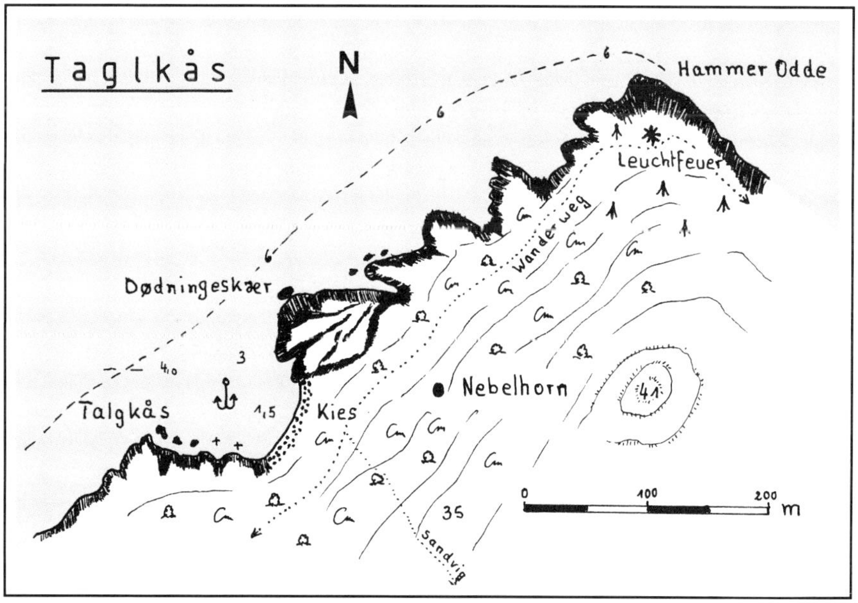

Ansteuerung

Segelt man an Bornholms Küste nordwärts, dann ist Taglkås die letzte größere Bucht, bevor Hammer Odde gerundet wird. Als Ansteuerungshilfe kann das eben nordöstlich der Bucht stehende Nebelhorn dienen.

Man achte beim Einlaufen auf die zu beiden Seiten der Bucht liegenden flachen Felsen, die teilweise überspült sind.

Ankerplatz

Wegen der geringen Breite der Bucht und den flach auslaufenden Felsen sollte man in der Mitte ankern und das Boot mit Leinen zum Land vermooren.
Die Wassertiefe beträgt ca. 2 — 3 m. Der Ankergrund besteht aus Sand und Kraut.
Bei Taglkås ankert man ruhig bei Winden aus Ost bis Süd.

Versorgungsmöglichkeiten

Keine bzw. in Sandvig (ca. 1 km Fußweg)

Nächster Hafen

Hammerhavn (ca. 1,5 sm) bzw. Sandvig (ca. 1 sm)

Freizeittips

— *Besonders schön ist es im August, wenn die Heide in Blüte steht.*
— *Im Frühjahr und Herbst können viele durchziehende Vogelschwärme beobachtet werden, die sich hier zu einer Rast niederlassen (u. a. der Seeadler).*
Kormorane und Turmfalken halten sich im Sommer an den Vogelfelsen der Westseite auf.
— *Ein schöner Fußweg führt vorbei an Hammerodde Fyr rund um Hammer Odde.*

Leuchtfeuer Hammerodde

— *Ca. 600 m südlich der Bucht Taglkås trifft man in einer Niederung am Ufer auf die Ruine „Salomons Kapel". In ihrer Nähe entspringt die Salomons-Quelle, deren Wasser früher als wunderwirkend angesehen wurde.*

Kulturelles

Im Mittelalter wurde von diesem Küstenabschnitt aus Heringsfang betrieben. Die gefangenen Fische wurden gleich an Ort und Stelle für die katholische Fastenzeit eingesalzen.

Hammeren-Snogebæk

Aasand Bugt

POSITION: 55° 17,5′ N - 14° 40,7′ E
SEEKARTEN: D 159; DK 189

Allgemeine Beschreibung

Ca. 1/2 sm südöstlich des Leuchtfeuers Hammerodde liegt die schöne Aasand Bugt. Im Norden begrenzt durch die roten Granitfelsen des Hammer Knuden geht sie nach Süden in eine weite Bucht mit breitem, feinem Sandstrand über, an den sich im Südosten der Fischer- und Ferienort Sandvig mit dem kleinen Hafen anschließt.
Im späten Frühjahr zur Ginsterblüte oder im August zur Heideblüte werden des Seglers Augen von der Natur besonders verwöhnt.

Ansteuerung

Die Bucht wird aus Richtung Nordost bis Ost direkt von See aus angesteuert. Als Ansteuerungshilfe können die im Südteil der Bucht stehenden großen Hotels dienen. Man halte sich gut von den nördlichen Felsen frei, die sich als Klippen unter Wasser weiter fortsetzen.
Im südöstlichen Teil der Bucht liegt eine unbezeichnete Unterwasserklippe, die gut an der Brandungswelle zu erkennen ist.

> **Achtung**
> Unbezeichnete Unterwasserklippe im südöstlichen Teil der Bucht.

Ankerplatz

Man ankere in der Mitte der Bucht auf 2 — 4 m Wassertiefe. Der Ankergrund besteht überwiegend aus Sand.
Bei Winden aus Süd über West bis Nordwest ankert man gut in der Abdeckung der ansteigenden, felsigen Küste.

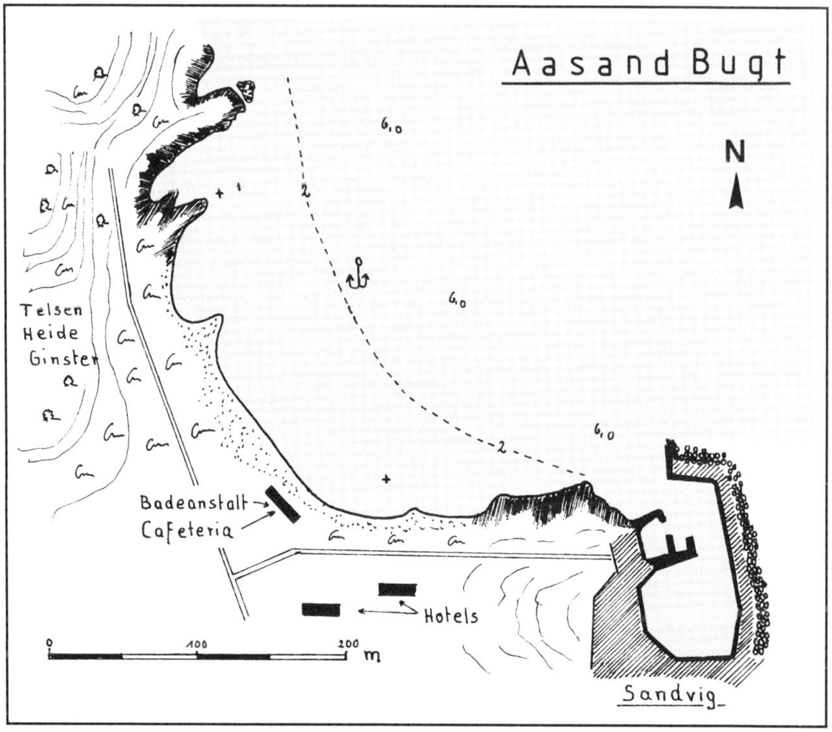

Versorgungsmöglichkeiten

Alle Versorgungsmöglichkeiten in Sandvig.

Nächster Hafen

Sandvig im Südostteil der Bucht bzw. Allinge (1,2 sm)

Freizeittips

- *Direkt hinter dem Strand befindet sich das Hallenschwimmbad „Østersøbad“ mit Wellen- und Brandungsanlage (erwärmtes Meerwasser).*
- *Spaziergang durch das malerische Sandvig. Trotz der allmählichen Umwandlung dieses Ortes in einen Touristenort hat sich Sandvig den Charme eines kleinen Fischerdorfes bewahrt.*

- *Ein guter Fußweg führt entlang der Klippen zum Leuchtfeuer Hammerodde (ca. 1 km)*
- *Lohnenswert ist auch der Besuch des 1,5 km südlich gelegenen Madsebakke, einem Felsen, der mit zahlreichen Felszeichnungen (Helleristninger) versehen ist, wie Schiffen, Menschen, Radkreuzen und Schalengruben. Madsebakke ist die größte Sammlung von Felszeichnungen in Dänemark. Ihnen wird religiöse Bedeutung beigemessen.*
  So gelangt man dorthin: Man folgt der Hauptstraße von Sandvig in Richtung Allinge bis zur Schule. Ihr gegenüber biegt man rechts in die Sackgasse Madseløkke ein, die man bis zum Ende hochgeht. Dort stößt man auf einen ausgeschilderten Weg, der linkerhand an einem Feld entlangführt. Nach ca. 150 m hat man die Felsplatte erreicht.

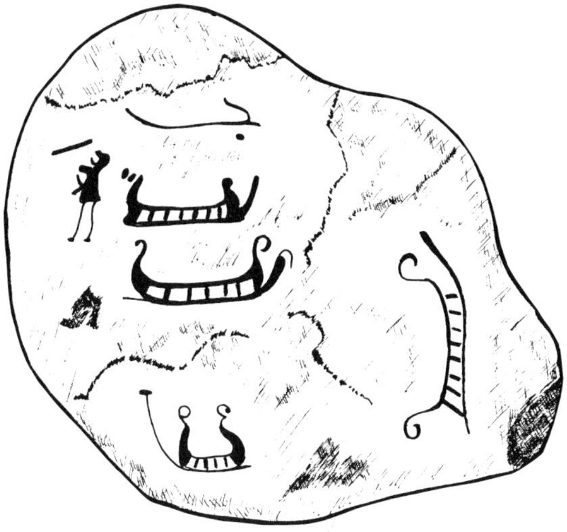

Felszeichnungen Madsebakke

Sandkås

POSITION: 55° 15,5′ N - 14° 49,3′ E
SEEKARTEN: D 159; DK 189

Allgemeine Beschreibung

Sandkås ist ein beliebter Ferienort. Die weitgeschwungene Bucht liegt ca. 0,8 sm nordwestlich von Tejn. Mehrere vorspringende Felsnadeln unterteilen sie in kleinere Buchten, in deren Scheitel sich meistens ein feiner Sandstrand befindet. Auf dem schnell ansteigenden, waldreichen Ufergelände stehen zahlreiche Ferienhäuser und Hotels.

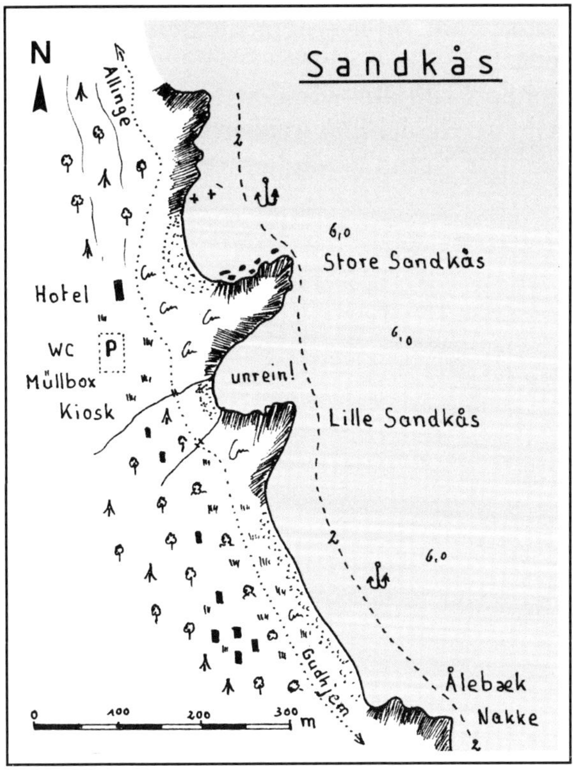

Ansteuerung

Von Tejn kommend ist Sandkås die erste weite Bucht mit Sandstrand. Sie kann problemlos angelaufen werden.

Die kleine Bucht nördlich von Store Sandkås erkennt man an dem Campingplatz, der etwas nördlich davon auf den Klippen liegt.

Achtung
Die Bucht zwischen Store und Lille Sandkås ist unrein (Unterwasserklippen / Steine).

Ankerplatz

Am besten ankert man in der kleinen Bucht nördlich Store Sandkås oder zwischen Lille Sandkås und Ålebæk Nakke. Man liegt auf ca. 3 m Wassertiefe. Der Ankergrund besteht überwiegend aus Sand.
In Lee der hohen Küste ankert man gut bei Süd- bis Westwinden.

Versorgungsmöglichkeiten

— Oberhalb der Bucht nördlich Store Sandkås Parkplatz mit WC, Müllbehälter und Kiosk.
— An der Hauptstraße in Richtung Tejn Münzwäscherei bei der Hotel-Pension Sandy Hook (Ndr. Sandvej 12a). Sie hat täglich von 9.00 — 21.00 Uhr geöffnet.

Nächster Hafen

Tejn (ca. 0,8 sm)

Freizeittips

— *Sehr schöner Badestrand.*
— *Nördlich des Campingplatzes Steingräberfeld.*
— *Schöner Fußweg entlang der Klippen nach Allinge bzw. Tejn.*

Kulturelles

Über Feldwege, vorbei am Hof Lærkegård, gelangt man zur kleinsten, weithin sichtbaren Rundkirche Bornholms: Ols Kirke.
Sie steht auf einem 112 m hohen Hügel.

Olskirche

Die Rundkirchen wurden im 12. Jahrhundert von Erzbischof Eskil zum Schutz gegen die slawischen Wenden erbaut. Die architektonische Verbindung aus Kirche und Burganlage ist typisch für Bornholm und gewährte den Bewohnern ein Mindestmaß an Schutz bei den häufigen, räuberischen Überfällen beutehungriger Nachbarn.

Salne Bugt

POSITION: 55° 12,7′ N - 14° 56,9′ E
SEEKARTEN: D 159; DK 189

Allgemeine Beschreibung

Die Salne Bugt ist eine der beiden Badebuchten Gudhjems.
Sie liegt ca. 1 sm westlich von Gudhjem und ist eine landschaftlich schöne, ruhige Ankerbucht, die von einem Laubwald umgeben ist. Das Ufer steigt von dem steinigen Strand aus steil an.

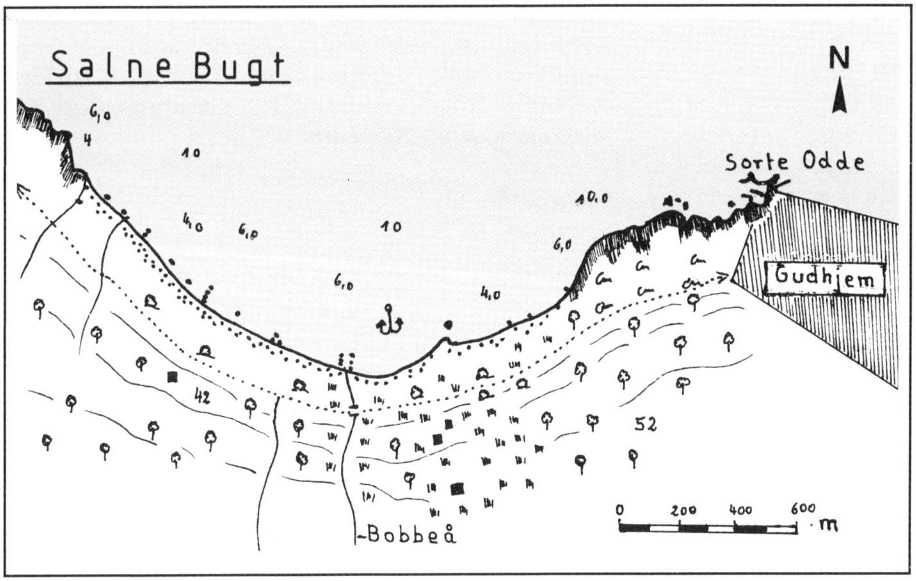

Ansteuerung

Von Gudhjem Nordhafen (Nørresand) segelt man in einer Entfernung von ca. 250 m entlang der Küste westwärts. Dieser Kurs führt direkt in die Salne Bugt.

Ankerplatz

Der beste Ankerplatz befindet sich bei der Mündung der Bobbeå. Dort ist der Landgang mit dem Beiboot am leichtesten.

Man liegt 200 m vom Ufer entfernt auf etwa 4 m Wassertiefe. Der Ankergrund besteht aus grobem Kies mit Sand und Seegras.
In Lee des steilen Ufers ankert man sicher bei Winden aus Ost über Süd bis West.

> **Achtung**
> Im Flachwasserbereich liegen zahlreiche große Steine, die das An-Land-Kommen mit dem Beiboot schwierig machen.

Versorgungsmöglichkeiten

In Gudhjem, zu erreichen über den Klippenpfad (ca. 1,5 km)

Nächster Hafen

Gudhjem-Nordhafen (ca. 1 sm)

Freizeittips

— *Ein Fußpfad führt entlang der Bucht ostwärts nach Gudhjem bzw. westwärts bis zu den sehenswerten Helligdomsklipperne. Es handelt sich um enge, tiefe Einschnitte mit steil aufragenden Felswänden und schmalen, scharfkantigen Felsnadeln (ca. 4 km Fußweg).*

— *Am Strand und im Flachwasser kann man schöne, kleine Steine finden, die sich gut zu* ***Schmuckstücken*** *verarbeiten lassen:*
Steine mit einer interessanten Zeichnung oder Form überzieht man am besten mit einer Schicht Klarlack oder Kunstharz (Isolierspray). Einfarbige Steine können auch phantasievoll bemalt werden. Klebt man eine Perle mit Loch an den Stein, so erhält man einen Anhänger. Kleine Damen, die Broschen bevorzugen, kaufen sich im Bastel- oder Schmuckgeschäft eine Broschennadel und kleben diese hinter ihren Schmuckstein.
Auf den Ålands sieht man z. B. solche schönen Schmuckstücke aus Granit in vielen Juwelierläden.

Melsted Bugt

POSITION: 55° 12,1′ N - 14° 55,0′ E
SEEKARTEN: D 159; DK 189

Allgemeine Beschreibung

Die Melsted Bugt, ca. 500 m südlich vom kleinen Fischerhafen Melsted, ist mit seinem feinen Sandstrand der bevorzugte Badeort Gudhjems. Sanddünen und verstreute Laub- und Kiefernbaumgruppen gestalten das Hinterland. Im Norden läuft die Bucht in einer sandigen, verschilften Huk aus, und im Süden wird sie durch eine felsige Landspitze, auf der ein Hotel steht, begrenzt.

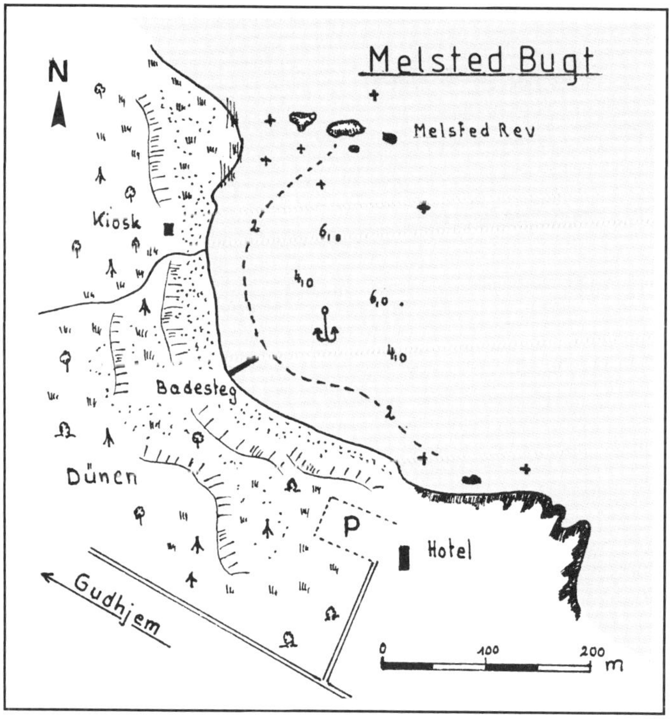

Ansteuerung

1. **Von Gudhjem kommend**
   läuft man südostwärts parallel zur Küste, bis man den kleinen Hafen von Melsted passiert und das Melsted Rev gerundet hat. Wegen der zahlreichen Untiefen und Klippen halte man sich mindestens 0,3 sm vom Ufer entfernt.
2. **Aus Süden kommend**
   ist der Campingplatz von Kongensmark eine gute Landmarke.
   Ca. 300 m nordwestlich davon liegt die Melsted Bugt.

> **Achtung**
> Im nördlichen Teil der Bucht befindet sich eine unbezeichnete Untiefe (Stein), über der Wasser brandet.

Ankerplatz

Man ankert ca. 150 m vom Ufer entfernt auf 3 — 4 m Wassertiefe. Der Ankergrund besteht aus Sand (z. T. mit Seegras). In der Melsted Bugt liegt man gut bei Winden aus Süd bis West.

Versorgungsmöglichkeiten

— Kiosk am Strand nördlich der Melsted Å, Restaurant im Hotel.
— Alle übrigen Versorgungseinrichtungen in Gudhjem (ca. 30 Min. Fußweg entlang der Küste oder Busverbindung).

Nächster Hafen

Melsted (1/4 sm) oder Gudhjem (ca. 1,5 sm)

Freizeittips

— *Sehr schöne Badebucht mit feinem, weißem Sandstrand.*
— *Folgt man dem Klippenweg südostwärts, erreicht man die Mündung der Kobbeå. Ein Fußweg führt entlang des romantischen Kobbedal bachaufwärts zum Wasserfall „Stavehøl" (ca. 3 km).*
— *An der Straße nach Gudhjem liegt der unter Denkmalschutz stehende, gelbgetünchte ehemalige Bauernhof „Melsted Gård", ein typisches Beispiel für die alte Bornholmer Bauweise. In ihm ist heute ein landwirtschaftliches Museum eingerichtet.*

Ypnested

POSITION: 55° 09,7′ N - 15° 02,8′ E
SEEKARTEN: D 159; DK 189

N W O S

Allgemeine Beschreibung

Die halbkreisförmig geschwungene Bucht von Ypnested liegt 2 sm nordwestlich von Listed. Sie wird von flach auslaufenden, felsigen Landspitzen eingefaßt, die sich als Unterwasserklippen fortsetzen.
Im Scheitel der Bucht liegt ein kleiner Fischerhafen. Das sich jenseits erstreckende Land ist zum Teil bewaldet oder wird landwirtschaftlich genutzt.

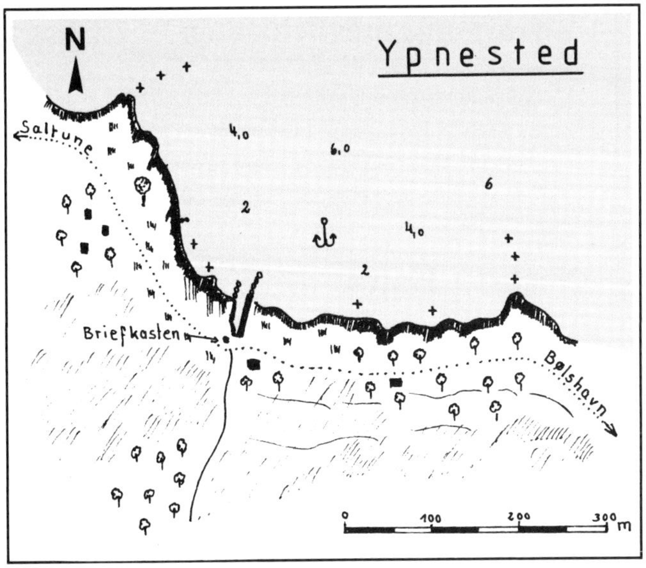

Ansteuerung

Von Listed kommend segelt man parallel zur Küste nordwestwärts vorbei an dem Ort Bølshavn bis zum folgenden Laubwald. Die nächste Bucht heißt Ypnested.

Achtung

Man halte sich beim Einlaufen in die Bucht gut frei von den felsigen Huken mit ihren vorgelagerten Unterwasserklippen. Die 10-m-Linie verläuft ca. 200 m vom Ufer entfernt.

Ankerplatz

Am besten ankert man in der Mitte der Bucht vor dem Kleinstboothafen. Die Wassertiefe beträgt etwa 2 — 4 m. Der Ankergrund besteht aus Sand, z. T. mit Seegras.
Die Bucht bietet guten Schutz bei Winden aus Süd bis West. Der kleine Hafen eignet sich gut zum Anlegen mit dem Beiboot, da dicht unter dem Ufer zahlreiche große Steine liegen.

Versorgungsmöglichkeiten

— Briefkasten beim kleinen Hafen von Ypnested.
— Kaufmann in Bølshavn (ca. 1 km Fußweg).

Nächster Hafen

Listed (ca. 2 sm)

Freizeittips

Von Ypnested führt ein Pfad entlang der Küste bis nach Saltune. Er wurde in früherer Zeit als „Rettungsstieg" angelegt.
Lohnenswert ist der Weg bis Randkløveskåret, denn er führt an vielen einzigartigen Klippen vorbei. Die Randkløveskåret ist eine enge, d. h. nur 6 m breite Kluft mit 15 m steil aufragenden Wänden, die 50 m weit in den Felsen hineinführt (ca. 2 km Fußweg).

Kulturelles

Im letzten Jahrhundert wurden entlang der felsigen Küste Bornholms sogenannte „Rettungsstiege" angelegt. Dies sind schmale Pfade, die direkt an den Klippen entlangführen.
Die Küstenwacht konnte so bei stürmischem Wetter von Land aus den Schiffbrüchigen zu Hilfe kommen. Eine Rettung mit kleinen Booten war zwischen den Klippen bei derartigen Wetterverhältnissen zu gefährlich.

Bølshavn

POSITION: 55° 09,5′ N - 15° 04,5′ E
SEEKARTEN: D 159; DK 189

Allgemeine Beschreibung

Ca. 250 m nördlich des kleinen Hafens Bølshavn befindet sich eine hübsche, kleine Bucht, die sich als Tagesliegeplatz eignet. Am Rande eines Laubwaldes stehen dort die letzten Häuser des Fischerortes. Die Bucht wird von Felsen eingefaßt.
In ihrem nördlichen Teil liegt die steinige Untiefe Mågeflej, auf der die See brandet.

Ansteuerung

Von Süden kommend läuft man an dem Hafen Bølshavn vorbei und in die nächste nördlich gelegene Bucht.
Die Untiefe Mågeflej, die parallel zum Nordufer der Bucht verläuft, bleibt dabei an Steuerbord.

> **Achtung**
> Unbezeichnete, steinige Untiefe Mågeflej im Nordteil der Bucht. Auf ihr steht Brandung.

Ankerplatz

Es kann zwischen der südlichen Huk und der nördlichen, steinigen Untiefe Mågeflej auf 2 — 4 m Wassertiefe geankert werden.
Der Ankergrund besteht aus Sand bzw. Lehm.
In der Bucht liegt man geschützt bei Winden aus Süd bis West. Der 1,2 m tiefe Hafen Bølshavn eignet sich gut zum Anlegen mit dem Beiboot.

Versorgungsmöglichkeiten

- Toiletten und Müllbehälter beim Hafen von Bølshavn.
- Kaufmann im Ort (am nördlichen Ortsausgang an der Hauptstraße).

Nächster Hafen

Listed (ca. 1,3 sm)

Freizeittips

Ca. 2,5 km von Bølshavn entfernt steht in einem kleinen Laubwald bei Louisenlund Bornholms größte Ansammlung von Bautasteinen.
Einige der 51 Steine sind bis zu 2,50 m hoch!

Bautasteine bei Louisenlund

Nach Louisenlund folge man der Hauptstraße südostwärts. Kurz vor dem Ortsausgang zweigt nach rechts eine Straße ab, die in Richtung Østermarie / Ibskirke führt. Dieser folgt man bis zur Kreuzung Østermarie / Svaneke (ca. 1,7 km). Weiter geht es nach links, bis man nach 50 m rechts in die Straße nach Ibskirke einbiegt. Nach 250 m liegt zur rechten Hand das von einem Steinmäuerchen eingefaßte Louisenlund.

Vigehavn

POSITION: 55° 08,5′ N - 15° 08,5′ E
SEEKARTEN: D 159; DK 189

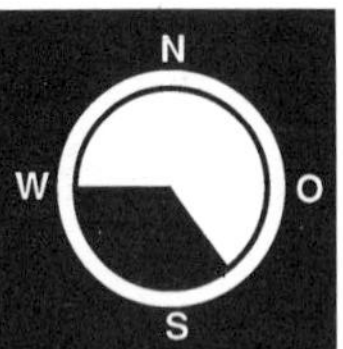

Allgemeine Beschreibung

Vigehavn, nördlich von Svaneke, ist ein ca. 500 m tiefer Felseinschnitt. Die Bucht wird im Norden durch Møllenakke und im Süden durch die Huk Vagtbod Nakke begrenzt. Vor dem steilen Westufer liegen einige große Felsbrocken. Oberhalb dieses Uferabschnittes befindet sich am Rande eines Nadelwaldes ein Campingplatz. Im Scheitel der Bucht liegt der kleine Hafen Vigehavn (ca. 1 m Wassertiefe). Auf dem östlichen Vagtbod Nakke steht eine große Fischräucherei mit fünf Räucheröfen.

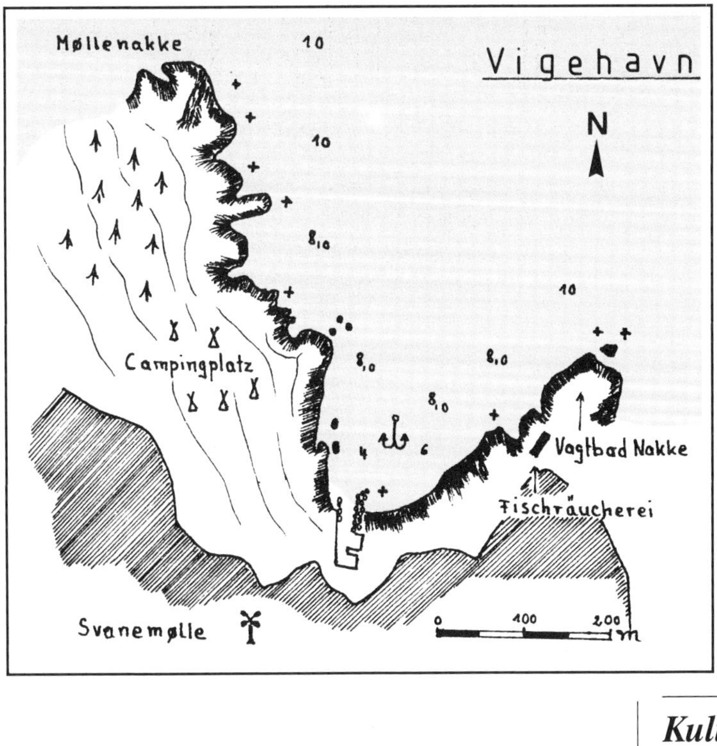

Ansteuerung

Vom Hafen Svaneke segelt man in einem Mindestabstand von 200 m nordwärts um die Halbinsel Vagtbod Nakke herum in die Bucht Vigehavn.
Gute, weithin sichtbare Ansteuerungsmarken sind die oberhalb der Bucht stehende Mühle „Svanemølle“ und ein ca. 250 m weiter nördlich gelegener markanter Wasserturm, der die Form einer Bake hat.
Beim Einlaufen halte man sich in der Mitte der Bucht, da den Ufern Steine und Unterwasserklippen vorgelagert sind.

Ankerplatz

Man ankert auf ca. 4 — 5 m Wassertiefe. Der Ankergrund besteht aus Sand und Lehm. In Lee der hohen Felsenküste liegt man sicher bei Winden aus Südost über Süd bis West.

Versorgungsmöglichkeiten

- Müllbehälter in Vigehavn.
- Svaneke verfügt über alle Versorgungseinrichtungen, u. a. Schiffsbedarf in der Oluf Høst Gade; Münzwäscherei: Cafè Svanen, Havnebryggen 5 (beim Hafen Svaneke); Fahrradverleih: Svaneke Cykeludlejning, Søndergade 14.

Nächster Hafen

Svaneke (ca. 0,5 sm); Listed (ca. 1,5 sm)

Freizeittips

- *Svaneke lädt zum Bummeln ein. Es ist ein kleiner, sehenswerter Ort mit malerischen Fachwerkhäusern.*
- *Eine Abwechslung für Kinder wäre ein Ausflug zum 3 km entfernten „Brændesgårdhaven“, einem großen Natur- und Vergnügungspark mit Seilbahnen, großem Spielplatz, Minigolfanlage usw.*

Kulturelles

Auf dem Friedhof von Svaneke ist der Runenstein „Gylden-

stenen" zu sehen. Er wurde in der Nähe von Østermarie gefunden, wo er zweckentfremdet als Brücke über einen Graben an der Gyldenså diente. Seine Inschrift lautet: „Bove ließ (den Stein) für seinen guten Vater Økild errichten. Christ helfe der Seele".

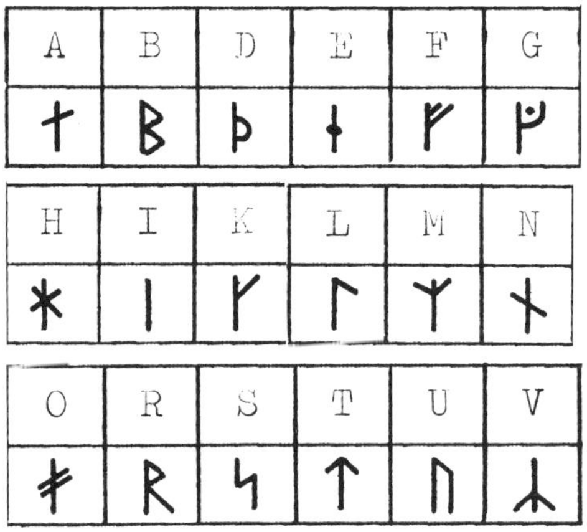

Bornholmer Runenalphabet
(Kirche Åkirkeby/Beschriftung des Taufbeckens)

Balke Bugt

POSITION: 55° 02,3′ N - 15° 06,9′ E
SEEKARTEN: D 159; DK 189

Allgemeine Beschreibung

Die Balke Bugt, ca. 2 sm südöstlich von Neksø, ist eine weite Bucht mit feinem, breitem Sandstrand. Sie wird im Süden durch das Salthammer Rev begrenzt. In den Dünen liegt ein großes Sommerhausgebiet. Der nördliche Teil der Bucht gehört zum Gebiet Balkalyngen, einer unter Naturschutz stehenden Heidelandschaft. Hier ist das Ufer niedrig, felsig und zum Teil mit Schilf bewachsen.
Der kleine Hafen von Balke (0,9 m Wassertiefe) eignet sich nur für das Dingi!

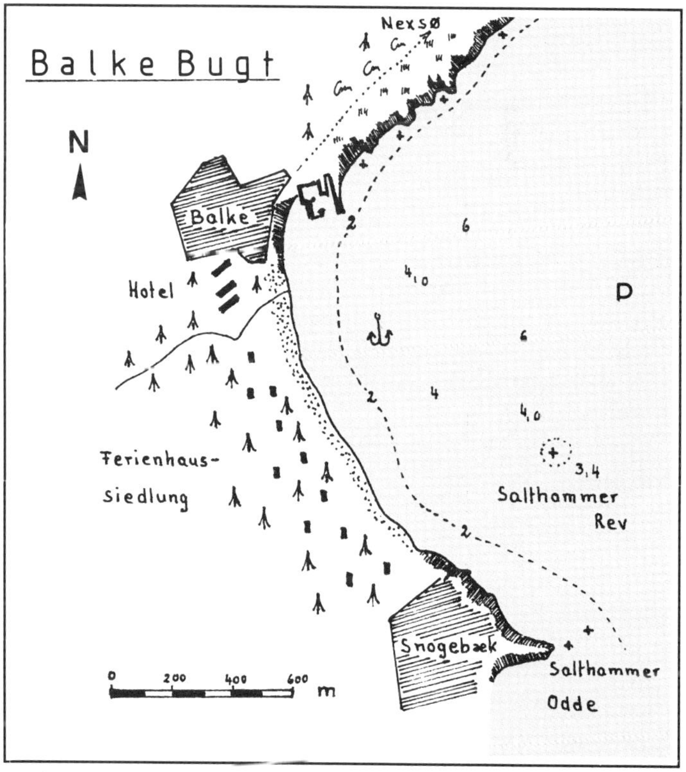

Ansteuerung

1. **Von Neksø aus**
   kann die Bucht einfach angelaufen werden, indem man dem Küstenverlauf in einem Mindestabstand von 500 m südwärts folgt.
2. **Aus Südwesten kommend**
   rundet man das Salthammer Rev, welches sich ca. 1,3 sm seewärts erstreckt. Es ist durch eine Ost-Untiefentonne gekennzeichnet. Danach kann mit Westkurs in die Bucht eingelaufen werden.
   Vorsicht: Etwas nördlich von Salthammer Rev liegt ein einzelner Unterwasserfels mit 3,4 m Wasser!

Achtung

Salthammer Rev und einzelner Stein mit 3,4 m Wasser.

Ankerplatz

Am besten ankert man vor dem langen Sandstrand auf ca. 4 m Wassertiefe. Wen der Badebetrieb stört, der ankert ruhig dicht unter dem heidebewachsenen nördlichen Ufer. Die 2-m-Linie verläuft hier nur ca. 50 m von Land entfernt. Der Ankergrund besteht aus Sand.
In der Balke Bugt findet man gute Ankerplätze bei Winden aus Südwest bis Nordwest. Bei Südwind läuft Schwell in die Bucht.

Versorgungsmöglichkeiten

- Kaufmann in Balke (Frederiksvej 58 bzw. Vestre Strandvej 12, einschließlich Fahrradverleih).
- Alle übrigen Versorgungseinrichtungen in Neksø (ca. 3 km).

Nächster Hafen

Neksø (ca. 2 sm)

Freizeittips

- *Die Balke Bugt ist bekannt für ihren schönen Badestrand.*
- *Geologisch Interessierte können am Klippenrand des Heidegebietes Balkalyngen die seltenen, versteinerten Strömungsrippeln finden. Diese haben sich in dem rund 700 Millionen Jahre alten Neksø-Sandstein gebildet, als dieses Gebiet von einem flachen Meer bedeckt war.*

Versteinerte Seegangsrippeln

- *Hinter dem Ferienhausgebiet und der Küstenstraße liegt das Moorgebiet Hundse Myr, in welchem man auf ein reiches Vogelleben trifft.*

Snogebæk — Rønne

Snogebæk

POSITION: 55° 01,4′ N - 15° 07,1′ E
SEEKARTEN: D 159; DK 189

Allgemeine Beschreibung

Die hübsche Bucht Snogebæk liegt ca. 3 sm nordöstlich Dueodde Pynt. Sie reicht von der Huk Broens Odde bis Salthammer Odde im Norden. Von Broens Odde bis zum Bach Stangebæk erstreckt sich ein feiner Sandstrand. Dahinter versteckt sich in einem Laubwald eine Ferienhauskolonie. Das alte Fischerdorf mit dem kleinen Hafen Snogebæk bildet die nördliche Begrenzung der Bucht.

Ansteuerung

1. **Von Süden kommend**
   halte man sich gut frei von der Untiefe Broens Rev, welche sich 0,4 sm seewärts erstreckt. Das Ende des Riffs ist mit einer roten Spierentonne mit Zylinder gekennzeichnet, die nicht „geschnitten" werden sollte.
   Vor der Mündung der Stangebæk hat sich eine Sandbank gebildet!
2. **Von Norden kommend**
   runde man in einem Mindestabstand von 0,25 sm das steinige Salthammer Rev. Danach kann man gut frei vom Wellenbrecher des Hafens Snogebæk in die Bucht einlaufen.

Achtung

Untiefen Broens Rev und Salthammer Rev sowie Sandbank vor der Mündung der Stangebæk.

Ankerplatz

Snogebæk ist eine Alternative zur Balke Bugt. Landschaftlich am reizvollsten ist der Ankerplatz im Südteil der Bucht vor dem Sandstrand etwas südlich der Stangebæk. Die 2-m-Linie verläuft ca. 100 m vom Ufer entfernt. Danach steigt der Grund schnell an. Der Ankergrund besteht aus Sand. Man liegt hier geschützt bei Winden aus Südwest bis Nordwest.

Versorgungsmöglichkeiten

- Beim Hafen Snogebæk: Wasser, Müllbehälter, Kiosk.
- Im Ort: Kaufmann und Fahrradverleih (Pension Strandbo, Turistvej 11) Fußweg max. 800 m.

Nächster Hafen

Snogebæk (max. 0,6 sm)

Freizeittips

- *Sehr schöner Badestrand.*
- *Lohnenswert ist ein Spaziergang entlang des Strandes zum Dueodde Leuchtfeuer. Von dem 48 m hohen Turm hat man einen großartigen Rundblick über die See und die Dünenlandschaft Südbornholms.*
  Ein Kiosk und ein Restaurant befinden sich in der Nähe des Campingplatzes.
  Gute Angelmöglichkeiten beim Broens Rev.

Kulturelles

Der äußerst feine Sand um Dueodde wurde in früherer Zeit als Löschsand exportiert und in vielen Kanzleien von den Schreibern benutzt.

Sose Bugt

POSITION: 55° 02,5′ N - 14° 50,4′ E
SEEKARTEN: D 159; DK 189

Allgemeine Beschreibung

Die Sose Bugt, knapp 3 sm östlich von Arnager, ist ein landschaftliches Kleinod. Ein feiner Sandstrand umschließt die Bucht und geht im Westteil in eine bewaldete Steilküste über. Dort, wo die Soseå in die Bucht mündet, ist das Gelände hügelig und mit Gras und Baumgruppen bestanden.
Einige Fischerhütten stehen auf der Huk Sose Odde, auf dessen Strand kleine, bunte Fischerboote hoch und trocken liegen.

2. **Von Osten kommend**
   ist das Schießgebiet von Raghammer Odde zu passieren. Schießübungen werden auf dem viereckigen Turm von Raghammer Odde und an einem Signalmast bei Boderne angezeigt (ein roter Ball).

Achtung

Untiefen Arnager Rev und Blak; Schießgebiet Raghammer Odde.

Ankerplatz

Es kann überall in der Bucht geankert werden. Am schönsten liegt man jedoch vor der weißen Steilküste aus Kreide im nördlichen Teil der Bucht. Die 2-m-Linie verläuft ca. 100 m vom Ufer entfernt. Der Ankergrund besteht überwiegend aus Sand. Vor dem hohen Ufer ankert man gut bei Winden aus Nordwest bis Nordost.

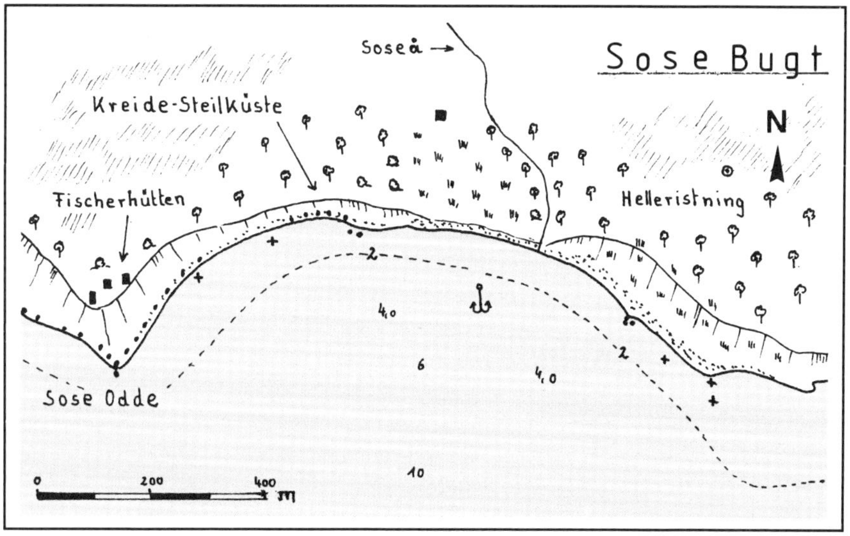

Versorgungsmöglichkeiten

Keine

Nächster Hafen

Arnager (ca. 2,2 sm)

Freizeittips

— *Im weißen Kreideabbruch kann man Schwalben beim Brüten und Füttern ihrer Jungen beobachten.*
— *Auf einer Felsplatte am Waldrand östlich der Soseå sind Felszeichnungen (sog. Helleristninger) zu sehen.*

Ansteuerung

1. **Von Westen kommend**
   halte man sich gut frei vom Arnager Rev, das durch eine Süd-Untiefentonne gekennzeichnet ist, und der steinigen Untiefe Blak südlich von Sose Odde, an deren Südostseite eine gelbe Tonne mit einem Kreuz als Topzeichen steht.
   Danach läuft man mit Nordkurs in die Bucht ein.

Kulturelles

Die religiöse Bedeutung der Felszeichnungen ist noch nicht eindeutig geklärt. Es wird vermutet, daß sie in Verbindung mit dem Ackerbau stehen (Hoffen auf Sonnenschein und eine gute Ernte), da sie nur auf Felsen in unmittelbarer Nähe fruchtbarer Ackerflächen entdeckt wurden und nicht an Küstenklippen.

Arnager Bugt

POSITION: 55° 03,3′ N - 14° 47,3′ E
SEEKARTEN: D 159; DK 189

Allgemeine Beschreibung

Die Arnager Bugt an der Südwestküste Bornholms ist im Westen durch das Arnager Rev geschützt. Dort befindet sich am Ende einer 200 m langen Brücke der kleine Hafen von Arnager. Östlich davon zieht sich eine hohe, zum Teil bewaldete Steilküste an der Bucht entlang, die nur wenig Raum für einen schmalen Kiesel- und Sandstrand läßt.

Ansteuerung

1. **Von Westen kommend**
   muß zunächst das Arnager Rev gerundet werden, welches sich ca. 1 1/2 sm seewärts erstreckt. Nach dem Runden der Süd-Untiefentonne kann man mit nordwestlichem Kurs in die Bucht segeln.
   Es ist auf die in der Bucht liegende Fischzuchtanlage zu achten!
2. **Von Südosten kommend**
   beachte man die steinige Untiefe Blak, die ca. 0,7 sm südlich von Sose Odde liegt. An ihrer Ostseite steht eine gelbe Tonne mit Kreuz. Sie gehört zum Schießgebiet Raghammer Odde.

Achtung

Untiefen Arnager Rev und Blak; Fischzuchtanlage in der Mitte der Bucht.

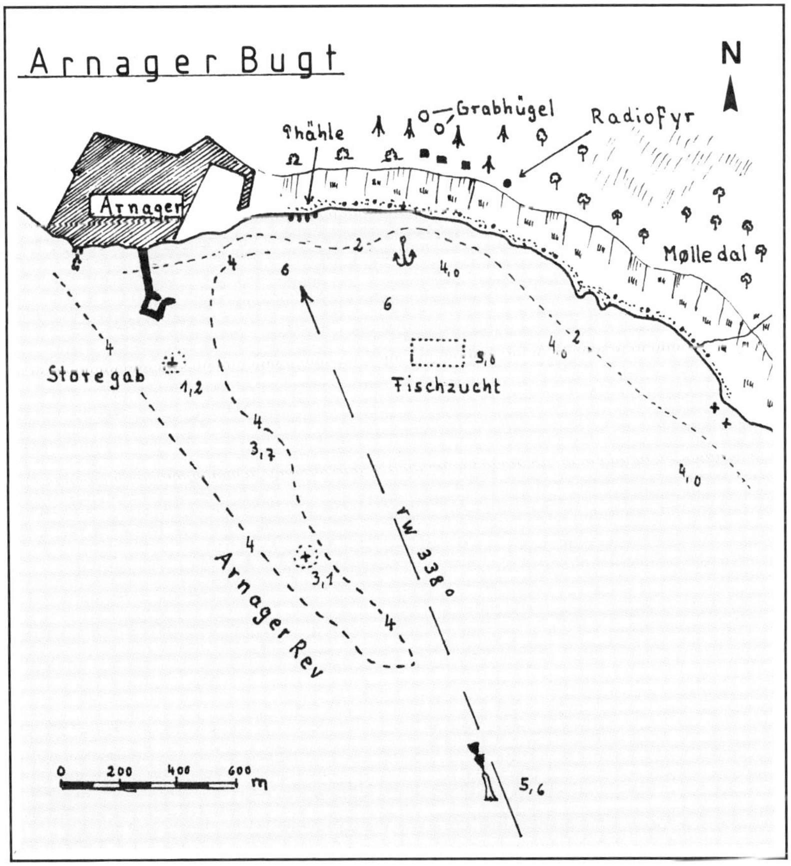

Ankerplatz

Am besten ankert man vor der mit Nadelwald bestandenen Steilküste ca. 100 m vom Ufer entfernt auf 2 — 3 m Wasser.
Der Ankergrund besteht aus Sand mit einigen Seegrasfeldern.
In Lee des steilen Ufers ankert man gut bei Winden aus Nordwest bis Nordost.

Versorgungsmöglichkeiten

- WC und Müllbehälter am Hafen.
- Kaufmann, Telefon, Post und Bank in Arnager.

Nächster Hafen

Arnager (direkt in der Bucht)

Freizeittips

Hobby-Geologen finden rund um Arnager ein interessantes Tätigkeitsfeld: Westlich vom Hafen gelangt man nach ein paar hundert Metern zu einem kleinen Steilküstenabschnitt, dem so-

genannten Arnager-Kalk. In ihm sind zahlreiche Versteinerungen enthalten, wie z.B. versteinerte Schnecken, Muscheln und Gliederfüßler.

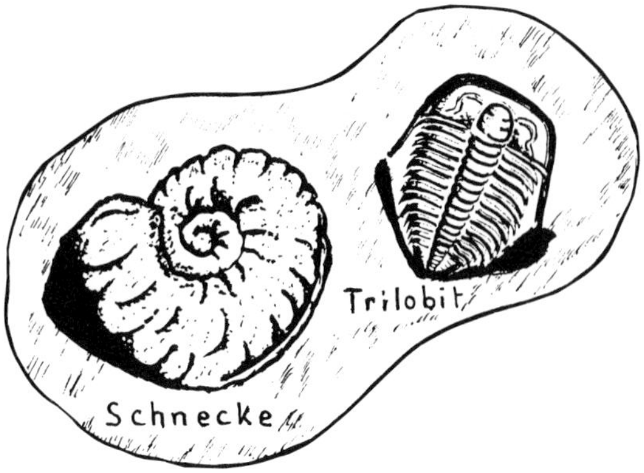

Versteinerungen im Arnager-Kalk

Wendet man sich vom Hafen aus ostwärts, kommt man nach ca. 1 km am Strand entlang zu einer großen Kluft, dem Madsegrav. Hier wurde während des Ersten Weltkrieges Phosphoriet abgebaut, der als Kunstdünger dienen sollte. Doch hatte man keinen Erfolg damit. Noch heute sieht man diese grau-grünen, aus der frühen Kreidezeit stammenden Steine mit eingeschlossenen schwarzen Klößen am Strand verstreut liegen.

Kulturelles

Die durch das Arnager Rev nach Westen gut geschützte Bucht sollte im 17. Jahrhundert zu einem Kriegshafen ausgebaut werden. Nachdem jedoch hier im Winter 1684 die Fregatte „Stjernen" im Eis unterging, wurde dieser Plan wieder aufgegeben.

Møllebugt

POSITION: 55° 04,8′ N - 14° 43,3′ E
SEEKARTEN: D 159; DK 189

N W O S

Allgemeine Beschreibung

Die Møllebugt, ca. 2 sm südöstlich von Rønne, ist eine „Bilderbuchbucht" mit feinem Sandstrand. Das Ufer steigt steil an und hat stellenweise Dünencharakter. Am westlichen Ende steht ein Hotel. Nach Osten erstreckt sich das im Wald versteckte Ferienhausgebiet von Stampen.

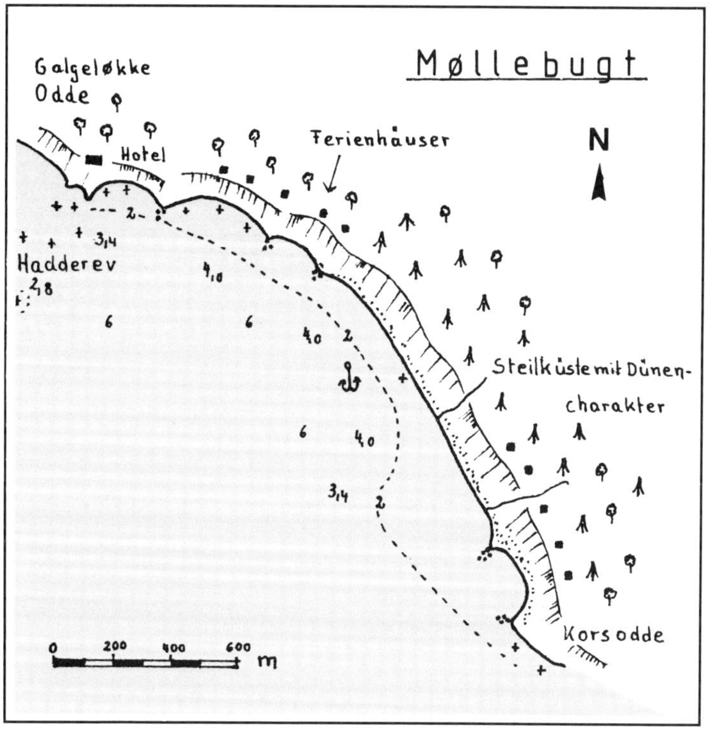

Ansteuerung

Vom Hafen Rønne führt der Kurs rw. 160° zur Süd-Untiefentonne des steinigen Hadderevs, welches sich von Galgeløkke ca. 0,7 sm seewärts erstreckt. Beim Runden bleibt die Untiefentonne an Backbord. Danach kann man problemlos in die Bucht einlaufen.

> **Achtung**
> Durch die Bucht verlaufen einige Unterwasserkabel (siehe Seekarte)!

Ankerplatz

Am schönsten liegt man im Mittelteil der Bucht unterhalb des mit Kiefern bewachsenen Steilufers. Die 2-m-Linie verläuft hier ca. 100 m vom Ufer entfernt. Der Ankergrund besteht aus Sand. Man ankert auf 3 — 4 m Wasser. Im nordöstlichen Teil liegen dicht vor dem Ufer große Steine. In der Abdeckung der Steilküste ankert man sicher bei Winden aus Nord bis Ost.

Versorgungsmöglichkeiten

— In Rønne. Im Nordostteil der Bucht verläuft die Küstenstraße nach Rønne ca. 100 m hinter dem Ufer. An ihr gibt es mehrere Bushaltestellen.
— Hotel mit Restaurant (siehe Plan).

Nächster Hafen

Rønne (ca. 2 sm)

Freizeittips

— *Sehr guter Badestrand.*
— *Wandermöglichkeiten auf dem Steilufer, im Wald oder am Strand entlang nach Galgeløkke.*
Im Dünenwald wächst das für nordische Länder typische Moosglöckchen (Linnaea boreális), ein kriechender Halbstrauch mit rötlichen bis roten, glockenförmigen Blüten, die nach Vanille duften (Blütezeit Juni bis August).

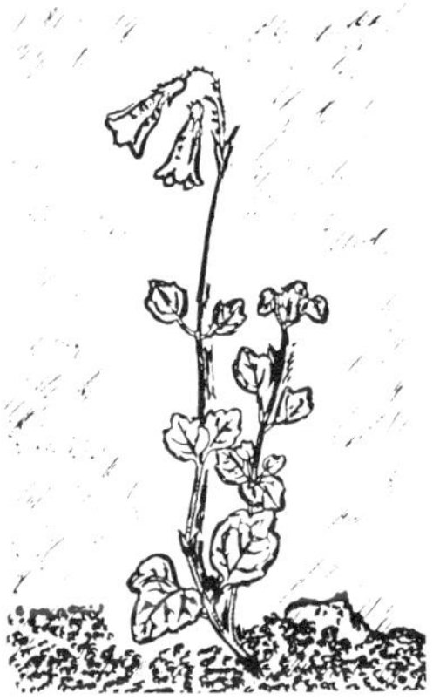

Moosglöckchen

Kulturelles

Während der Eiszeit gehörte die Møllebugt zum Delta eines gewaltigen Schmelzwasserflusses aus dem östlichen Teil Bornholms. Ihr verdanken wir auch die mächtigen Kiesablagerungen bei Galgeløkke, die einen Besuch lohnen.

Christiansø

POSITION: 55° 19,2′ N - 15° 11,3′ E
SEEKARTEN: D 159; DK 189

Allgemeine Beschreibung

Christiansø ist die größte Insel der Ertholmene (Erbseninseln). Fünf weitere Inseln und viele kleine Schären bilden den ganzen Archipel. Der höchste Punkt liegt 22 m über dem Meeresspiegel. Die gesamte Inselgruppe steht unter Naturschutz. Sie beherbergt Dänemarks größte Entenvogelkolonie.
Zur Zeit wohnen 120 Menschen auf Christiansø und Frederiksø. Jährlich kommen ca. 50 000 bis 60 000 Touristen, um sich das Festungswerk in der Ostsee anzuschauen.
Um Christiansø gibt es drei Ankerplätze:

1. **Nördlicher Teil der Durchfahrt zwischen Frederiksø und Christiansø (Nordhafen),**
2. **Kongens Have und**
3. **Bjelkes Port an der Ostküste von Christiansø.**

1. Nördlicher Teil der Durchfahrt zwischen Frederiksø und Christiansø (Nordhafen)

Ansteuerung

1. **Von Süden kommend**
   kann man durch die Drehbrücke in den Nordhafen gelangen.
2. **Von Norden kommend**
   bleibt das Skaaninge Rev ca. 500 m an Steuerbord. Mit Kurs rw. 190° auf das Leuchtfeuer im Nordhafen läuft man sicher auf den Ankerplatz zu.
   Gut sichtbar sind schon von weitem der runde Festungsturm (Lille Tårn) auf Frederiksø und die weiße Bake an der Nordspitze der Insel.

Ankerplatz

Im Nordhafen liegt man sehr geschützt gegen alle Winde, außer aus Nord bis Nordost.
Man ankert auf ca. 4 — 6 m Wassertiefe oder benutzt einen der Festmacherringe, die in die Felsen eingelassen sind.

> **Achtung**
> Bei starken Winden läuft ein kräftiger Strom zwischen den beiden Inseln.

2. Kongens Have

ist ein ca. 100 m langer und 20 m breiter Felseinschnitt an der Ostseite von Christiansø.

Ansteuerung

Kongens Have erkennt man gut an dem gelben Haus, das in der Verlängerung der Felsbucht liegt. An der Nord- und Südseite der Bucht liegen Unterwasserklippen.
Am besten steuert man den Ankerplatz direkt von Osten an und hält sich in der Mitte der Bucht. Im Innenteil liegen mehrere Unterwasserklippen!

Ankerplatz

Am südlichen äußeren Felsvorsprung ist ein eingelassener Festmacherring. Am besten vermoort man sich an dem Ring und den umliegenden Felsen oder man ankert in dem Felseinschnitt auf ca. 2 — 3 m Wassertiefe über steinigem Grund.
Vorsicht: Der Anker kann unter den großen Steinen festklemmen!
Im Kongens Have liegt man bei westlichen Winden sehr geschützt.

3. Bjelkes Port

ist eine kleine Felsbucht südlich Kongens Have an der Ostküste von Christiansø. Sie liegt sehr geschützt hinter den Festungswällen.

Ansteuerung

1. **Von Süden kommend**
   ist es sicherer, die Untiefe Høgebur und die Klippen Østerskær gut an Backbord zu lassen, als dicht unter Land durchzulaufen. Danach kann man mit Kurs West in die Felsbucht einlaufen.
2. **Von Norden kommend**
   läuft man einfach in einem Mindestabstand von 150 m parallel zur Küste südwärts bis zum Bjelkes Port.

Ankerplatz

Man ankert auf 2 — 4 m Wassertiefe mit steinigem Grund. Vorsichtshalber sollte man Leinen zu den Felsen ausbringen. Bei Winden aus Westsüdwest bis Nordnordwest ankert man dort ruhig und geschützt.

Versorgungsmöglichkeiten

Sie sind auf Christiansø beschränkt.
— Es gibt einen kleinen Inselkaufmann, von dem man auch Treibstoff und Wasser in kleinen Mengen beziehen kann.
— Post und Kro beim Anleger.
— In der Saison Fährverbindung mit Svaneke, Gudhjem und Allinge.

Nächster Hafen

Christiansø — Südhafen

Freizeittips

Christiansø ist ein Eldorado für Historiker und Naturkundler:
— *Die gut erhaltenen Festungsanlagen auf Christiansø und Frederiksø bieten Erwachsenen und Kindern eine Vielzahl von Entdeckungsmöglichkeiten.*
— *Ab April kann von Frederiksø aus das Brutverhalten von Alk und Trottellumme auf Græsholm mit dem Fernglas beobachtet werden. Es sind die einzigen Brutkolonien dieser Vögel in Dänemark. Græsholm darf aus diesem Grund nicht betreten werden!*

Kulturelles

Christian V. ließ 1684 — 1687 auf Christiansø und Frederiksø eine Festung errichten.
Der Inselhafen diente damals als Basis für Kaperfahrten gegen England. 1808 kreuzten die Engländer als Erwiderung mit einer Flotte vor der Festung auf und belegten sie mit Beschuß.
Zu einer Eroberung kam es nicht, da die Engländer nach diesem Gefecht wieder heimwärts segelten.
Größer als die militärische Bedeutung der Insel war die als Gefängnisinsel. Die Gefangenen wurden in ihren finsteren und modrigen Verließen eingekerkert und mußten Granit sprengen, den man als Ballast für die Segelschiffe benötigte.

Die dänische Nordseeküste

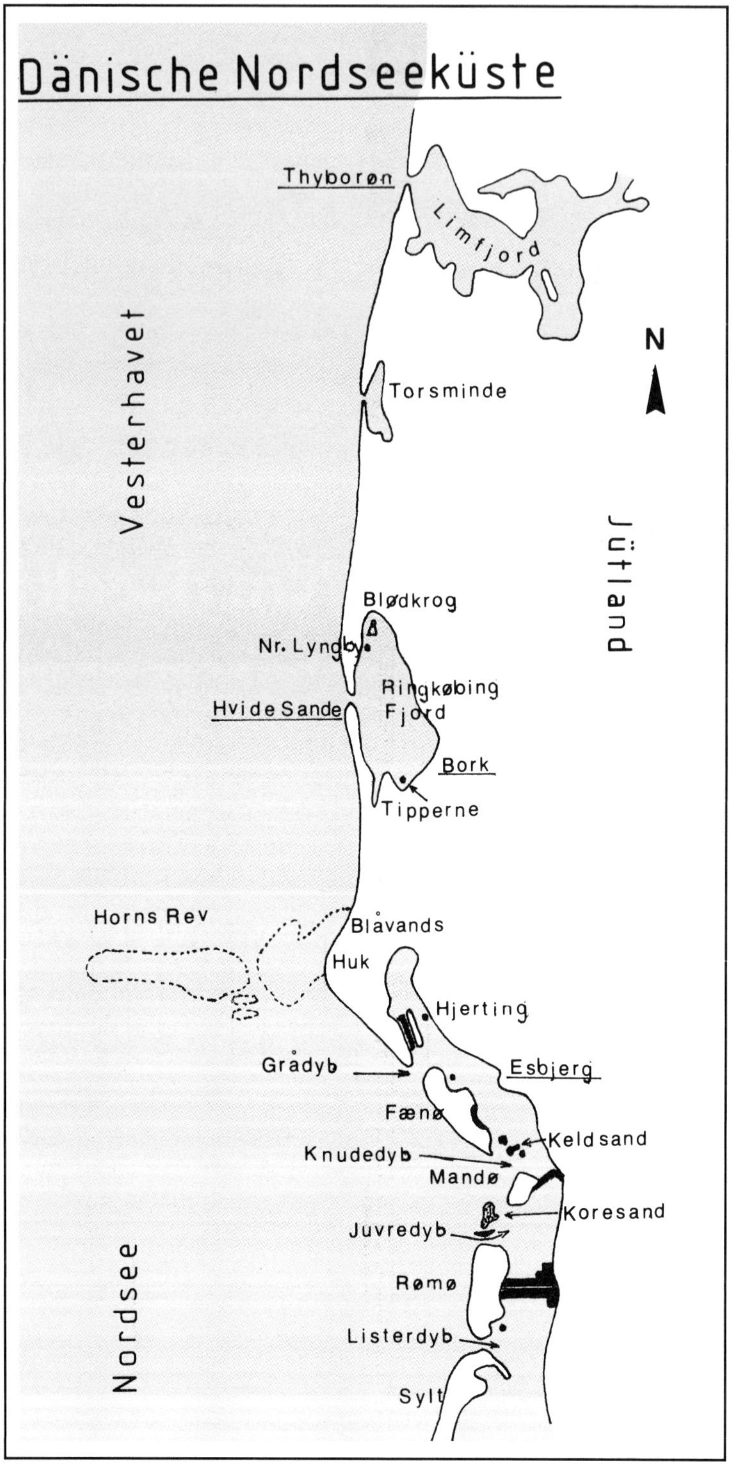
Dänische Nordseeküste
Thyborøn
Limfjord
N
Vesterhavet
Torsminde
Jütland
Blødkrog
Nr. Lyngby
Ringkøbing
Fjord
Hvide Sande
Bork
Tipperne
Horns Rev
Blåvands
Huk
Hjerting
Grådyb
Esbjerg
Fænø
Keldsand
Knudedyb
Mandø
Koresand
Juvredyb
Rømø
Listerdyb
Sylt
Nordsee

Die dänische Nordseeküste

SEEKARTEN: D 81, 82, 83, 109; DK 93, 94, 99, 108

Noch vor wenigen Jahren war in den einsamen Watten vor der deutschen und dänischen Nordseeküste die unmittelbare Begegnung mit der ursprünglichen Natur möglich. Irgendwo in der Weite zwischen Himmel, Meer und Sänden konnte der Anker sich in den Grund graben. — Winzig klein erschienen Boot und Mensch.

Vorbei, der Naturpark Wattenmeer und die dänischen Naturschutzbestimmungen haben dem ein Ende gesetzt. Auch die weit in die Nordsee hineinreichenden Schießgebiete machen das Segeln unter der dänischen Westküste zu einem nervenbelastenden Törn. Ein Versuch, trotz alledem in dieses Revier vorzustoßen, scheiterte letztlich an der kleinmaßstäbigen Karte DK 94, die das Gebiet zwischen Rømø und Fanø abdeckt.

Das Lister Dyb und Rømø Dyb sind bei auflaufendem Wasser und mäßigen westlichen Winden problemlos zu durchsegeln. Jedoch ist das Ankern hinter **Rømø** wenig reizvoll.

Auch das nördlichere, betonnte Juvre Dyb kann gut befahren werden. Will man jedoch durchs Østerdyb, um hinter dem **Kore Sand** zu ankern, oder nach **Manø,** so versperrt eine sich ständig ändernde Barre die Zufahrt. Selbst bei Hochwasser bleibt das Passieren ein hohes Risiko für eine Kielyacht.
Geblieben ist der einzig gute **Ankerplatz hinter dem Keldsand.** Aber auch dort, sowie bei der kleinen Sandbank Trinden, ist der Zutritt vom 1. 4. — 16. 9. verboten. Es bleibt ein Hauch von Wattenromantik und das schlechte Gewissen, die schutzbedürftige Tierwelt doch durch die Anwesenheit zu stören.

Deshalb sind diese Ankerplätze auch nicht von uns in die Beschreibungen aufgenommen worden.

Die nördlichste Durchfahrt durch die vorgelagerten Sände ist das Grådyb, das selbst bei starken westlichen Winden noch angelaufen werden kann. Wer nicht nach Esbjerg segeln möchte, findet bei ruhigem Wetter im **Hjerting Løb** vor der Steilküste nördlich von Hjerting gute Ankermöglichkeiten. Auffällig ist der rötliche Sandstrand, vor dem einige kleine Boote an Bojen schaukeln. Der Tidenhub bei Esbjerg beträgt ca. 1,30 m.

Von dort kann man das sehr schöne Kiefern-/Heidegebiet Marbæk Plantage mit den kleinen Seen durchwandern oder mit dem Beiboot die schmale Varde Å befahren. Sie schlängelt sich durch eine Wiesenlandschaft bis zum gemütlichen Ort Varde.

Achtung: Das Hobo Dyb hinter der Insel Langli darf ganzjährig nicht befahren werden.

Zwischen Esbjerg und Hvide Sande, der Zufahrt zum Ringkøbing Fjord, liegen 51 sm über die offene Nordsee und das gefährliche Horne Rev. Einen Schutzhafen oder Ankerplatz gibt es nicht. Vor dem Start sollte man sich deshalb gründlich mit der Wetterentwicklung beschäftigen.

Hat man die Schleuse zum Ringkøbing Fjord passiert, so öffnet sich ein weites, flaches Binnenmeer mit mehreren guten Ankerplätzen, die eingehend beschrieben werden. Wir meinen, daß es durchaus lohnenswert ist, sich einmal auf diesem selten besuchten Segelrevier umzuschauen.

Bei der Benutzung dänischen Kartenmaterials ist zu berücksichtigen, daß in diesem das Kartennull ca. 0,3 m höher liegt als in deutschen Karten.

Der mittlere Tidenhub beträgt:

Rømø Südküste	ca. 1,70 m
Fanø	ca. 1,30 m
Esbjerg	ca. 1,30 m

Reservatsbestimmungen im dänischen Wattenmeer

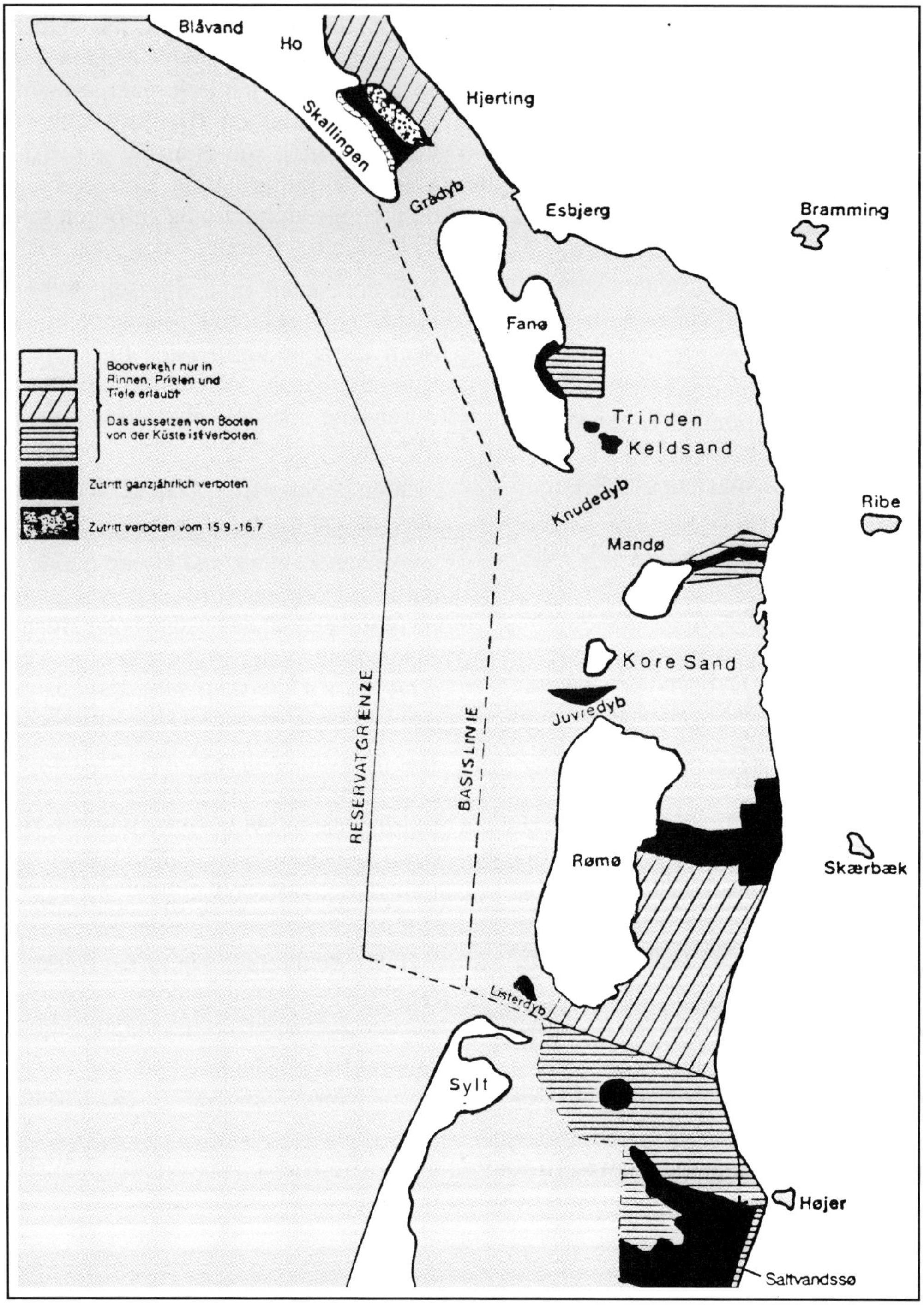

Ringkøbing Fjord

SEEKARTEN: D 83; D 99

Der Ringkøbing Fjord ist heute ein 285 km² großer Binnensee, der nur durch das schmale Holmsland Klit von der Nordsee getrennt ist.

Deutsche Segler besuchen dieses Revier selten, obwohl es, nur ca. 42 sm südlich von Thyborøn, für eine seetüchtige Yacht ein abwechslungsreicher Tagestörn ist.

Nach der Schleuse von Hvide Sande weitet sich das geschützte Gewässer. Kleine, gemütliche Häfen und Städtchen laden zum Verweilen ein. Aber nicht diese, sonden der Reiz der eigenartigen Landschaft, den man besonders gut beim Ankern empfindet, hinterlassen einen bleibenden Eindruck.

Im Ringkøbing Fjord liegen zwei bedeutende Vogelschutzgebiete: Die flache, schilfbewachsene Insel Klægebanke und Tipperne. Sie sind Brut- und Mauserplatz für viele Seevögel und Rastplatz für durchziehende Vogelschwärme. Aus diesem Grund herrscht für beide Gebiete ein ganzjähriges Betretungs- und für die umliegenden Gewässer ein Befahrungsverbot.

Eine Kammerschleuse bei Hvide Sande trennt die Nordsee vom Fjord. Sie wird kostenlos zu folgenden Zeiten geöffnet: 6.30 — 7.30 Uhr
9.00 — 10.00 Uhr 12.30 — 13.30 Uhr
16.00 — 17.00 Uhr 19.00 — 20.00 Uhr

Außerhalb dieser Zeiten kann die Schleuse nur unter Voranmeldung und gegen Entrichtung einer Gebühr benutzt werden. Der Schleusenwart ist erreichbar über UKW, Kanal 16 (Arbeitskanäle 12 und 13).

Es ist zu beachten, daß im Schleusenkanal ein starker Strom setzen kann.

Geschwindigkeiten von 6 — 7 Knoten sind nicht selten. Die Stromgeschwindigkeit wird am Signalmast, der am nördlichen Ende der Entwässerungsschleuse steht, angezeigt:

1. Ein langer, schwarzer Kegel, Spitze nach oben: starker Strom von See.
2. Ein langer, schwarzer Kegel, Spitze nach unten: starker Strom aus dem Fjord.

Im Fjord beträgt die größte Wassertiefe 5 m. Zu den Ufern hin nimmt sie schnell ab. Auch verändert sie sich ständig durch Flugsandablagerungen. Die Angaben der offiziellen dänischen Seekarte DK 99 sollte man mit gebührender Vorsicht betrachten. Aktuelle Informationen über Tiefenlinien und Seemarken sind in einer Seekarte des Ringkøbing Sejlclubs enthalten. Sie ist bei Bøllerups Boghandel, Nygade 12, 6950 Ringkøbing, Tel. 05 / 32 04 11, zu kaufen.

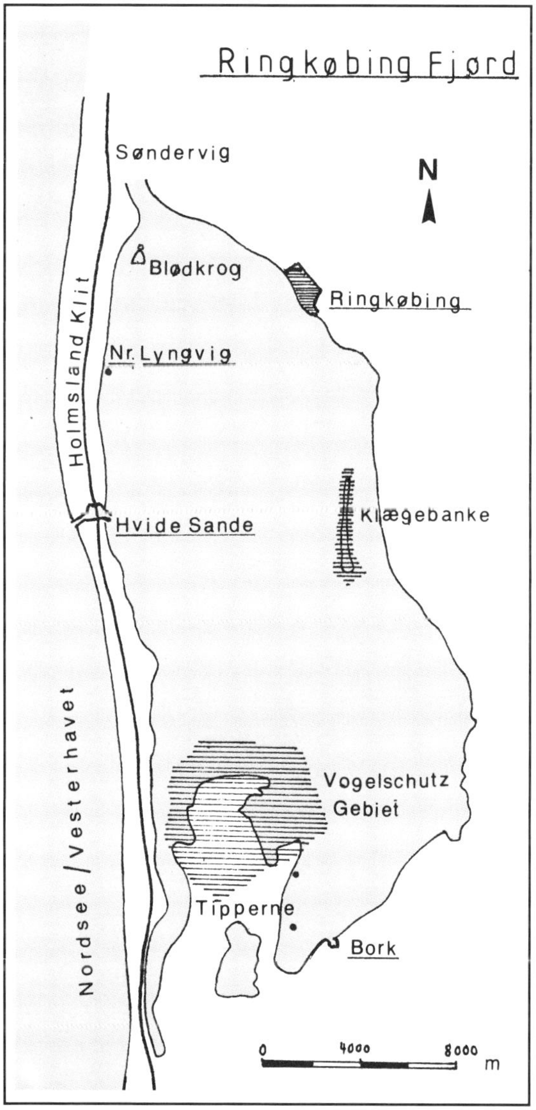

Tipperne

POSITION: 55° 51,9′ N - 68° 16,25′ E
SEEKARTEN: D 83; DK 99

Allgemeine Beschreibung

Tipperne heißt der nördliche Teil der Halbinsel Værnengene im Süden des Ringkøbing Fjords. Entstanden durch Landgewinnungsmaßnahmen und Sandablagerungen, besonders nach dem Bau der Schleuse in Hvide Sande, erstrecken sich hinter einem Schilfgürtel ausgedehnte Weideflächen, unterbrochen von Strandseen und Sumpfwiesen. Nur wenige Fußpfade führen durch dieses Gebiet. Dort findet man einen herrlichen Ankerplatz in der Skidenbugt.

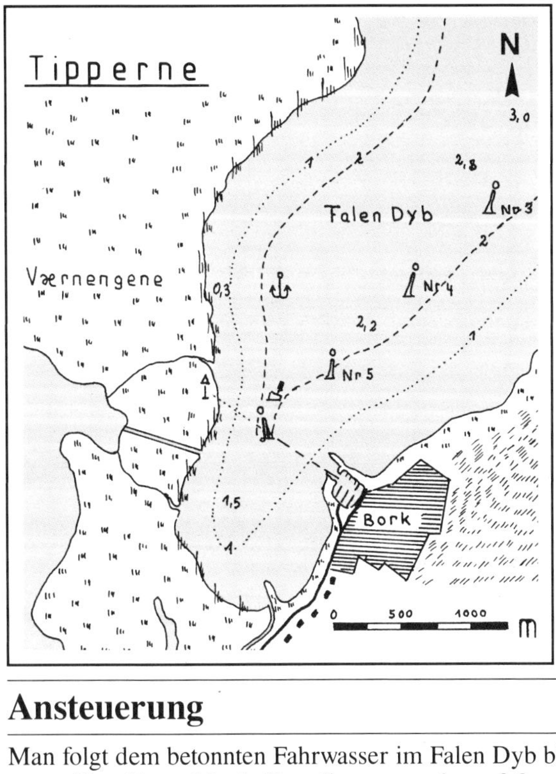

Ansteuerung

Man folgt dem betonnten Fahrwasser im Falen Dyb bis zur rot-weißen Tonne Nr. 4, über die man noch ca. 0,2 sm hinausläuft. Danach ändert man den Kurs auf West direkt zur Skidenbugt.

Achtung

Durch Sandablagerungen verändert sich die Wassertiefe im Falen Dyb ständig.

Ankerplatz

Man ankert ca. 0,25 sm östlich der Halbinsel auf 2,50 m Wassertiefe.
Der Grund besteht aus Sand und Schlick. Dort liegt das Boot gut bei Winden aus Südwest bis Nordwest.

Versorgungsmöglichkeiten

Keine bzw. in Bork (ca. 0,9 sm mit dem Beiboot);
beim Parkplatz (in der Mitte der Halbinsel Tipperne) Wasser und Müllbehälter.

Nächster Hafen

Bork (ca. 0,9 sm)

Freizeittips

— *Tipperne und Værnengene sowie die sie umgebenden Wasserflächen sind wertvolle Vogelbrutgebiete und Rastplätze von Zugvögeln. Jährlich rasten dort u. a. 5 000 — 6 000 Kurzschnabelgänse auf ihrem Weg von und nach Spitzbergen.*
Tipperne ist Naturreservat und darf ganzjährig nicht betreten werden.
In den umliegenden Gebieten sollte man möglichst die Pfade benutzen, um die Vögel nicht zu stören. Beim Parkplatz befindet sich eine Naturinformation mit einem Aussichtsstand.

— *Da der Südteil der Bucht sehr flach und geschützt ist, ist er zum sommerlichen Eldorado der Surfer geworden.*

Kulturelles

Tipperne leitet sich von dem dänischen Wort „tip" ab und deutet auf einen bestimmten Grasbewuchs hin. Noch im 18. Jahrhundert war die Halbinsel das bedeutendste Gebiet für Salzwasserwiesen mit Grasarten, die die häufigen Salzwasserüberschwemmungen vertrugen. Dies änderte sich 1931 mit dem Bau der Schleusen in Hvide Sande. Seitdem wächst der Schilfgürtel, da die Meerwasserüberschwemmungen aufhörten. Heute findet man auf Tipperne nur noch Reste des ursprünglichen Bewuchses, wie z. B. den Queller.

Nørre Lyngvig

POSITION: 56° 03,2' N - 08° 08,8' E
SEEKARTEN: D 83; DK 99

Allgemeine Beschreibung

Nørre Lyngvig ist ein kleiner Ort ca. 3 sm nördlich von Hvide Sande. Zahlreiche Ferienhäuser ducken sich in die Dünenlandschaft. Auf der Fjordseite liegt ein winziger Hafen für Kleinboote und Fjordfischer. Der Uferrand ist verschilft. Im seichten Fjordwasser stehen mehrere Reihen Stellnetze.
Nørre Lyngvig ist ein beliebter Ankerplatz für die Segler aus Ringkøbing.

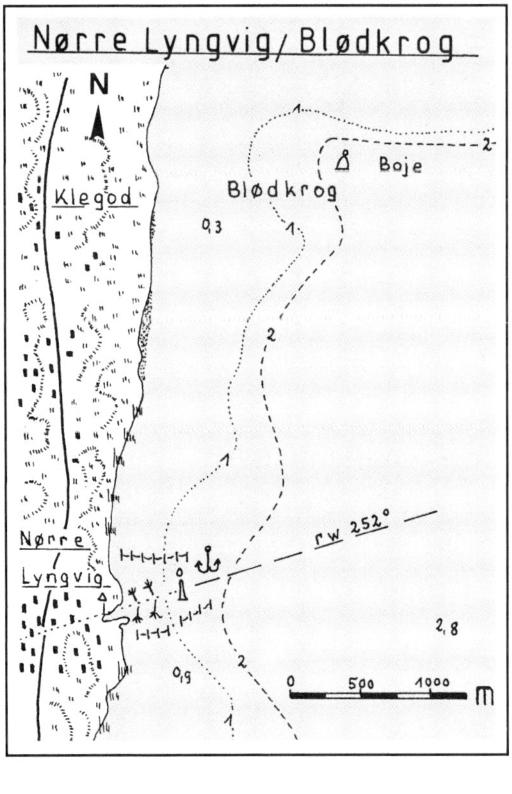

Ansteuerung

Von der rot-weißen Ansteuerungstonne zum Fjordhavn von Hvide Sande segelt man rechtweisend Nord, bis das markante Leuchtfeuer Lyngvig rw. 252° peilt. Der Turm, die rotweiße Ansteuerungstonne und die Bake beim Hafen bilden jetzt eine Linie. In dieser Peilung kann man sicher bis zum Ankerplatz etwas nördlich der Tonne segeln.

Achtung
Zahlreiche Stellnetze vor dem Ufer.

Ankerplatz

Am besten ankert man etwas nördlich der Ansteuerungstonne. Dort beträgt die Wassertiefe ca. 2 m im Gegensatz zur Angabe in der Seekarte. Mit einer fortschreitenden Verlandung des Fjordes und veränderlichen Wassertiefen muß aber stets gerechnet werden. Der Grund besteht aus Sand und Schlick. Man liegt ruhig bei Winden aus Südwest bis Nordwest. Der kleine Hafen eignet sich gut für einen Besuch mit dem Beiboot.

Versorgungsmöglichkeiten

Wasser und Müllbehälter am Hafen, Kaufmann und Kro an der Hauptstraße.

Nächster Hafen

Ringkøbing (ca. 4 sm)

Freizeittips

— *Besteigung des Leuchtturms Lyngvig (ca. 2 km entfernt). Von ihm aus hat man einen hervorragenden Blick auf die Nordsee, Holmsland Klit und den Ringkøbing Fjord.*
— *Am Fuß des Leuchtfeuers steht ein kleines Museum. Es informiert über das Tier- und Pflanzenleben der Nordsee, der Dünen und des Fjordes.*
— *Wanderung durch die großartige Dünenlandschaft an der Nordseeküste. Nur 20 Minuten entfernt liegt dieses Paradies zum Greifen nahe.*

Kulturelles

Stellnetze findet man in stehenden oder flachen, fließenden Gewässern. Am Ende der langen Leitnetze befindet sich eine Reuse, die den Fang aufnimmt. Je nach Standort gibt es verschiedene Stellkombinationen für den Rückfangsack. Die Einsatzzeit reicht vom Frühjahr bis zum Herbst.

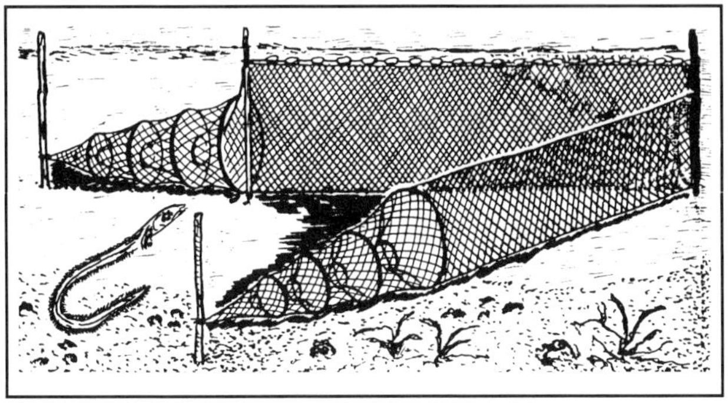

Stellnetz mit Rückfangsack

Dünenlandschaft

Blødkrog

POSITION: 56° 04,74′ N - 08° 09,28′ E
SEEKARTEN: D 83; DK 99

Allgemeine Beschreibung

Etwas nördlich von Nørre Lyngvig, im Nordwestteil des Ringkøbing Fjords, findet man den Blødkrog; Strandwiesen und schilfgesäumte Ufer so weit das Auge reicht. Jenseits der Durchgangsstraße zur Nordsee hin wellt sich Dünenkette auf Dünenkette mit ausgedehnten Ferienhauskolonien. Im Blødkrog liegt eine feste Ankerboje des Ringkøbing Sejlclubs aus.

Plan siehe „Nørre Lyngvig"

Ansteuerung

Von der grünen Tonne Nr. 8 der Rinne nach Ringkøbing segelt man mit Kurs rw. 293° direkt zur ca. 2,5 sm entfernten Festmacherboje.

Ankerplatz

Die Wassertiefe bei der Boje beträgt 2 m. Man liegt dort ruhig bei Winden aus Südwest über West bis Nord, unruhig dagegen bei Winden ab mittlerer Stärke aus Ostnordost bis Südsüdwest.

Versorgungsmöglichkeiten

Großer Supermarkt an der Hauptstraße bei Klegod.

Nächster Hafen

Ringkøbing (ca. 3 sm)

Freizeittips

- *Wanderung über Holmsland Klit zur ca. 2 Kilometer entfernten Nordseeküste.*
- *In gut 2 sm Entfernung sieht man auf der östlichen Seite des Ringkøbing Fjords die alte Gammesogn Kirke.*

Anhang

Beurteilungskriterien für Anker, Kette und Leine

GL-Vorschriften zur Größe von Anker, Ankerkette und Trosse

Auszug aus den Vorschriften des Germanischen Lloyds

Ausrüstungs-zahl	Ver-drängung	Gewicht für		Ketten		Schlepp- und Ankertrossen aus Polyamid	
		1. Anker	2. Anker	Länge gesamt	Durch-messer	Länge	Durch-messer
m^3	t	kg	kg	m	mm	m	mm
1	2	3	4	5	6	7	8
	1	7,5	—	—	—		14
bis 10	2	14	12—(11)	45	6		16
bis 15	3	16	13—(11)	48	6		18
bis 20	4	17	14—(12)	50	7	5 L	18
bis 25	5	18	15 (12)	52	7		18
bis 30	6	20	17 (14)	54	7		18
bis 40	8	23	20 (16)	58	8		20
bis 55	12	28	24 (19)	65	8		22
bis 70	17	33	28 (22)	72	(9)		22
bis 90	23	39	33 (26)	80	10	4,75 L	22
bis 110	29	46	39 (31)	86	10		24
bis 130	36	53	45 (36)	94	(11)		24
bis 155	44	62	53 (42)	105	13		24
bis 180	52	71	60 (48)	114	13	4,5 L	24
bis 210	57	83	71 (56)	124	13		26

Anmerkungen zur Tabelle:

Das Ankergewicht ist abhängig von der Verdrängung der vollständig ausgerüsteten und beladenen Yacht und der sogenannten Ausrüstungszahl, die sich aus der Formel 0,6 x L x B x H + $^1/_2$ Inhalt der Aufbauten ergibt:

Berechnung der Ausrüstungszahl

0,6 x L x B x H + $^1/_2$ Inhalt der Aufbauten.

In dieser Zahl ist

L = Länge der Yacht errechnet als Mittelwert aus der Länge in der Wasserlinie (LW) bei voller Ausrüstung und Länge über Deck (LD)

$$L = \frac{LW + LD}{2}$$

B = Breite der Yacht, gemessen an der breitesten Stelle

H = Seitenhöhe der Yacht

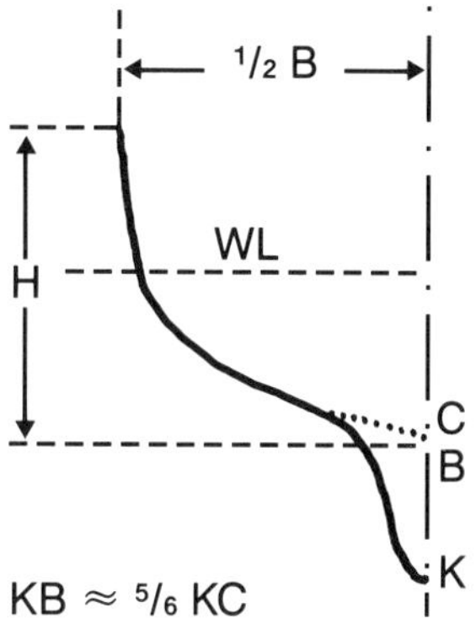

Liegen die Werte der Yacht zwischen den Abstufungen der Tabelle, so ist das Ankergewicht durch Interpolation (Zwischenwertbildung) zu bestimmen.

Der Durchmesser, die Länge der Kette und der Ankertrosse sollten sicherheitshalber nach der nächsthöheren Stufe festgelegt werden.
Die in Spalte 3 und 4 in Klammern angegebenen Werte gelten für „Anker mit hoher Haltekraft". Vom Germanischen Lloyd (GL) sind als Anker mit hoher Haltekraft zugelassen: Heuss-Spezial-Anker, D'Hone-Anker, Pool-Anker, Danforth-Anker, CQR-Anker.
Die in Spalte 6 angegebenen Ketten beziehen sich auf steglose Ketten nach DIN 766. Die Kettenenden müssen mit starken, vergrößerten Kettengliedern versehen sein.
Bei Segelyachten mit einer Verdrängung unter 5 t darf statt der Ankerkette ein Kettenvorläufer gefahren werden, der mindestens gleich der Wasserlinienlänge und mindestens 8 mm Durchmesser betragen sollte.
Die Kettenlänge darf um 50% unterschritten werden, wenn die entsprechende Schlepptrosse als Ankertrosse an die Ankerkette geschäkelt werden kann.

Bruchlast von Ankerketten

Ankerkette nach DIN 766, Form A, kalibriert und spillgängig

Durchmesser in mm	6	8	10	13
Dauerbelastung kp	350	630	1000	1600
Bruchlast in kg	1800	3200	5000	8480

Eigenschaften von Polyamidtauwerk (Nylon, Perlon)

Bruchlasten von Polyamidtauwerk

	Durchmesser in mm					
	10	12	14	16	18	20
Bruchlast kp Perlon	1900	2750	3500 (3540)	4500 (4580)	5700 (5850)	7000
Nylon, 8fach geflochten	2080	3000	4100	5300	6700	8300

Vorteile:

Nylon und Perlon eignen sich aufgrund des hohen Dehnungskoeffizienten am besten als Ankertrosse. Die Bruchdehnung beträgt je nach Herstellungsart des Tauwerks 35 — 55%. Bei nassem Tauwerk entspricht die Bruchfestigkeit ca. 85% der Festigkeit im trockenen Zustand.
Polyamidtauwerk ist fast unbegrenzt verrottungsbeständig und unempfindlich gegen Öle, Bakterien und Säuren.

Nachteile:

Nylon und Perlon sind lichtempfindlich, verlieren dadurch an Festigkeit und härten nach.

Geflochtenes Tauwerk eignet sich besser als geschlagenes, weil es weicher ist.

Fast alle Chemiefasern sind empfindlich gegen Hitze und Reibung. Man sollte sie deshalb besonders aufmerksam vor dem Schamfielen schützen.

Kunstfaserleinen

(Auszüge aus dem Merkblatt F6 der See-Berufsgenossenschaft Hamburg)

Schwere Unfälle haben sich beim Brechen nicht ausreichend bemessener Kunstfaserleinen ereignet. Das Brechen kündigt sich weder optisch noch durch warnende Geräusche an. Es tritt plötzlich ein. Die Leinen schnellen wegen der hohen Dehnung mit hoher Kraft zurück.

Festigkeitsverluste entstehen durch:

a) Spleißen (ca. 10%)
b) Sonneneinstrahlung
c) innere Erwärmung bei Arbeitsaufnahme
d) äußere Erwärmung durch Reibung (Klüse, Spillkopf usw.)
e) Abrieb und Verschleiß beim Gebrauch.

Werden Leinen geknotet, ist mit einem Festigkeitsverlust von 50% zu rechnen.

Angemessen dimensionierte Kunstfaserleinen werden beim Gebrauch nicht überbeansprucht. Die Lebensdauer der Leinen kann sich auf das Drei- bis Fünffache erhöhen.

Beim Gebrauch von Kunstfaserleinen ist zu beachten:

a) Die Oberfläche von Winden, Spillköpfen, Klüsen, Umlenkrollen und Pollern muß glatt und frei von Rost und Farbe sein, bewegliche Teile sind gut gangbar zu halten.
b) Scharfe Kanten sind gefährlich.
c) Zutschen möglichst vermeiden.
d) Jedes Schamfielen vermeiden.
e) Bei Verwendung als Vorläufer Kauschen einspleißen.
f) Stopper aus Kunstfaser mit hoher Dehnung verwenden.
g) Niemals in Richtung einer unter Kraft stehenden Leine aufhalten.

Bei der Pflege von Kunstfaserleinen ist zu beachten:

Nach Antritt der Seereise unter Deck verstauen oder mit Persenningen abdecken (Sonneneinstrahlung).

Von Zeit zu Zeit sorgfältig auf innere und äußere Schäden untersuchen. Bei stark beanspruchten Leinen kann sich das Material durch innere Reibung (Wärme) zersetzen, was auch durch Pulverisierung zwischen den Kardeelen zu erkennen ist. Polyamidtauwerk kann hart werden.

Ankertypen und ihre spezielle Eignung

Ankertyp	Eigenschaften
CQR-Anker 	Anker mit hoher Haltekraft; gräbt sich auf Sand, Kies schnell ein. Bei Seegras gräbt sich selbst ein schwerer Anker schwer ein. Für harten Schlick ist die Spitze zu stumpf, so daß der Anker sich sehr schwer oder gar nicht eingräbt.
Stockanker 	Haltekraft ist abhängig vom Gewicht, vergleichbar gering. Auf steinigen Ankergründen Anker mit den besten Eigenschaften. Unhandlich, schwer.
D'Hone-Anker 	Anker mit hoher Haltekraft; ideal für Sandböden, gräbt sich schnell ein. Bei Seegras faßt nur ein schwerer Anker. Für harten Schlick sind die Flunken zu stumpf, Anker gräbt sich schwer oder gar nicht ein.
Danforth / Baas-Anker 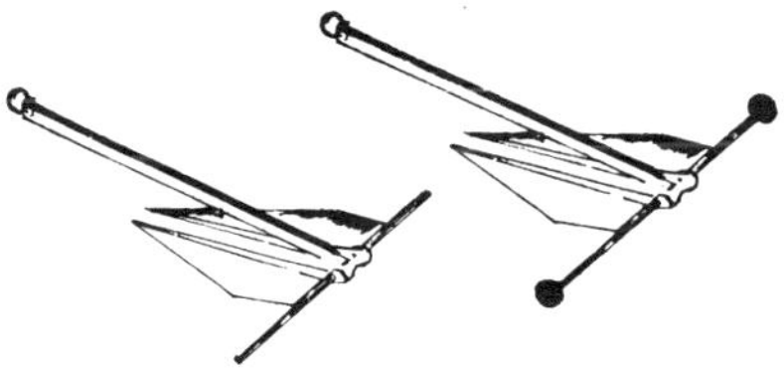	Anker mit hoher Haltekraft; besonders bei hartem Schlickboden geeignet, da die Flunken spitz sind. Die Rollen beim Baas-Anker verhindern ein Kippen des Ankers, aber auch ein tiefes Eingraben.
Bruce-Anker 	Anker mit hoher Haltekraft; besonders für Sandgrund geeignet. Bei Seegras und hartem Schlick kommt der Anker leicht ins Rutschen und gräbt sich schwer ein. Keine beweglichen Teile, die verklemmen können. Gut für Tidengewässer geeignet.
Seagrip 	Neuartige Ankerkonstruktion mit guter Haltekraft; Anker gräbt sich tief ein, läßt sich gut beim Verhaken mit fremdem Grundgeschirr wieder klarieren, gut zu verstauen. Besonders als Heckanker an vielbesuchten Ankerplätzen geeignet.

Beurteilungskriterien für den Ankergrund

Grundbeschaffenheit und Eignung zum Ankern

Grundbeschaffenheit	Eignung zum Ankern
1. Sand und Ton	Anker gräbt sich gut ein, bester Ankergrund.
2. weicher Schlick	Anker hält je nach Schlickdicke.
3. Schlamm	Der Anker kann bei starker Belastung ins Gleiten kommen. Als Dauerankerplatz unsicher.
4. Kies und kleine Steine	Der Anker hält. Bei hartem Untergrund gräbt der Anker sich manchmal nur zum Teil ein. Kleine Steine können das Ankergelenk blockieren.
5. Große Steine	Der Anker verhakt sich leicht und hält — oftmals so fest, daß er aufgegeben werden muß. Nur mit Ankerboje und Trippleine ankern, um das Geschirr gegen die Zugrichtung wieder befreien zu können.
6. Felsboden	Als Ankergrund ungeeignet.
7. Tang und Seegras	Als Ankergrund wenig geeignet. Nur schwere Anker können das Kraut durchschlagen und sich eventuell eingraben.

Hinweise zur Grundbeschaffenheit in Seekarten

Bezeichnung in dänisch / englisch deutsch	Abkürzung (alte Bezeichnung in Klammern)	Bezeichnung in dänisch / englisch / deutsch	Abkürzung (alte Bezeichnung in Klammern)
1. Bund Ground Grund	G (Bd.)	8. Rullesten Shingle Geröll/Kiesel	
2. Sand Sand Sand	S (Sd.)	9. Småsten Pebbles kleine Steine	P (sm. St.)
Fint sand Fine sand feiner Sand	fS (f. Sd.)	10. Sten Stones Steine	St
Mellemfint Sand Medium sand mittelfeiner Sand	mS	Mellemstore sten Cobbles mittelgroße Steine	Cb
Groft Sand Coarse sand grober Sand	cS (gv. Sd.)	11. Klippe Rock, Rocky große Steine/Klippen	R (K.)
3. Mudder Mud, Muddy Mud	M	12. Kridt Chalk Kalk	Ck (Kr.)
4. Slik Ooze Schlick	Si (Sl.)	13. Skaller Shells Muscheln	Sh (Sk.)
5. Mergel Marl Mergel		14. Østers Oysters Austern	Oy
6. Ler Clay Ton	Cy (L.)	15. Muslinger Mussels Muscheln	Ms
7. Grus Gravel Kies	G	16. Tang, graes Sea-weed, Grass Tang, Seegras, Kelp	Wd (T., Gr.)

Abkürzungen in dänischen Seekarten

Bezeichnung in dänisch / englisch deutsch	Abkürzung (alte Bezeichnung in Klammern)	Bezeichnung in dänisch / englisch / deutsch	Abkürzung (alte Bezeichnung in Klammern)
1. Fin Fine fein	f	10. Sort Black schwarz	B (s.)
2. Grov Coarse grob	c (gv.)	11. Violet Violet violett	Vi
3. Blød Soft weich	so (b.)	12. Blå Blue blau	Bu (bl.)
4. Hård Hard hart	h	13. Grøn Green grün	G (gr.)
5. Lille, små Small klein/schmal	Ll (sm.)	14. Gul Yellow gelb	Y (gl.)
6. Stor, store Large groß	St. (st.)	15. Orange Orange Orange	Or (or.)
7. Stribet Streaky gestreift	str.	16. Rød Red rot	R (r.)
8. Prikket Speckled punktiert	pr.	17. Grå Grey Grau	g.
9. Hvid White weiß	W (hv.)		

Beurteilungskriterien für Yachtbeiboote

Grundsätzlich unterscheidet man Beiboote aus den Materialien Holz, Kunststoff, Aluminium und hochfestem Trevira, die entweder starr, faltbar oder aufblasbar auf dem Markt angeboten werden. Je nach Verwendungszweck ist die Materialbeschaffenheit und Bauweise ein wichtiges Entscheidungskriterium.
In jeder Kategorie gibt es geeignete und ungeeignete Fabrikate:

1. **Starre Beiboote** haben konstruktionsbedingt meistens bessere Rudereigenschaften als aufblasbare; oft schwer, robust. Sie sind keinem so hohen Verschleiß unterworfen wie Schlauchboote aus Trevira.

2. **Faltbare Yachtbeiboote** aus Holz, Kunststoff oder Aluminium sind ein guter Kompromiß zwischen Schlauchbooten und starren Booten: gute Rudereigenschaften, robust und sehr platzsparend an Deck verstaubar, schnell betriebsklar. Das Bananaboot läßt sich ohne Wasserabweiser nur bis ca. 4 kn schleppen, dann saugt es sich fest und läuft voll.

3. a) **Schlauchboote** mit einfachem **Gummiboden** lassen sich leicht zusammenpacken, sind pflegearm und leicht. Man kann schlecht auf dem Boden stehen, und Feuchtigkeit sammelt sich in den Vertiefungen; schlechte Isolation bei niedrigen Wassertemperaturen.

   b) Ein aufblasbarer **Doppelboden** bietet höhere Standfestigkeit, zusätzlichen Auftrieb bei Beschädigung und bessere Isolation bei niedrigen Wassertemperaturen.
   Das Boot läßt sich schlechter zusammenpacken, da die Luft aus den Kammern gedrückt werden muß.

   c) Ein einlegbarer **Holzboden** bietet die beste Standfestigkeit. Der Boden sollte möglichst aus pflegeleichtem Teakholz bestehen. Sand zwischen dem Holzboden und der Trevirahaut wirkt wie Schleifpapier und läßt sich schlecht entfernen. Starre Bodenbretter lassen sich schlechter verstauen als ein aufrollbarer Lattenboden.

   d) Die **Ventile** der Luftkammern sollten einen großen Durchmesser, einen guten Rückschlagmechanismus und einen praktischen Bajonettverschluß haben. Zu enge Ventilöffnungen bieten beim Aufblasen einen hohen Widerstand.

   e) Der **Blasebalg** sollte eine Doppelhubfunktion besitzen und uneingeschränkt salzwasserbeständig sein. Das Hubvolumen muß der Bootsgröße entsprechen.

   f) Alle Schlauchboote sind besonders **kinderfreundlich,** kaum Verletzungsgefahr und auch als Badebassin einsetzbar.

4. **Riemen** sollten möglichst einteilig sein. Steckverbindungen korrodieren leicht und lassen sich dann schwer bewegen, Steckhülsen verbiegen. Riemen und Zepter sollten möglichst eine Einheit bilden, damit sie bei schwierigen Manövern nicht über Bord gehen.

5. Alle **Beschläge** sollten aus seewasserbeständigem, rostfreiem Stahl (V4A) bestehen.

6. Die umlaufende **Greifleine** sollte einen Mindestdurchmesser von 10 mm haben, um ausreichend griffig zu sein.

7. Das **Schleppauge** sollte einen Mindestdurchmesser von 12 — 15 mm haben.

Vor dem Kauf eines Beibootes sollte man möglichst die Rudereigenschaften, das Schleppverhalten und den Auftrieb in vollgeschlagenem Zustand testen oder sich eine Herstellergarantie geben lassen.

Naturschutzregeln und -bestimmungen in Dänemark

Zehn goldene Regeln für das Verhalten von Wassersportlern in der Natur

Die Regeln sind gemeinsam vom Deutschen Segler-Verband und vom Deutschen Motoryachtverband erarbeitet worden.

Helfen Sie mit, die Lebensmöglichkeiten von Pflanzenwelt und Tierwelt in Gewässern und Feuchtgebieten zu bewahren und zu fördern. Viel zu viele Pflanzen- und Tierarten sind bereits in ihrem Bestand gefährdet. Beachten Sie insbesondere die folgenden Regeln:

1. Meiden Sie das Einfahren in Röhrichtbestände, Schilfgürtel und in alle sonstigen dicht und unübersichtlich bewachsenen Uferpartien. Meiden Sie darüber hinaus Kies-, Sand- und Schlammbänke (Rast- und Aufenthaltsplatz von Vögeln) sowie Ufergehölze. Meiden Sie auch seichte Gewässer (Laichgebiet), insbesondere solche mit Wasserpflanzen.
2. Halten Sie einen ausreichenden Mindestabstand zu Röhrichtbeständen, Schilfgürteln und anderen unübersichtlich bewachsenen Uferpartien sowie Ufergehölzen — auf breiten Flüssen beispielsweise 30 bis 50 m. Halten Sie einen ausreichenden Mindestabstand zu Vogelansammlungen auf dem Wasser — wenn möglich mehr als 100 m
3. Befolgen Sie in Naturschutzgebieten unbedingt die geltenden Vorschriften. Häufig ist Wassersport in Naturschutzgebieten ganzjährig, zumindest zeitweise, völlig untersagt oder nur unter ganz bestimmten Bedingungen möglich.
4. Nehmen Sie in „Feuchtgebieten von internationaler Bedeutung" (Lageskizze anbei) bei der Ausübung von Wassersport besondere Rücksicht. Diese Gebiete dienen als Lebensstätte seltener Tier- und Pflanzenarten und sind daher besonders schutzwürdig.
5. Benutzen Sie beim Landen die dafür vorgesehenen Plätze oder solche Stellen, an denen sichtbar kein Schaden angerichtet werden kann.
6. Nähern Sie sich auch von Land her nicht Schilfgürteln und der sonstigen dichten Ufervegetation, um nicht in den Lebensraum von Vögeln, Fischen, Kleintieren und Pflanzen einzudringen und diese zu gefährden.
7. Laufen Sie im Bereich der Watten keine Seehundbänke an, um die Tiere nicht zu stören oder zu vertreiben. Halten Sie mindestens 300 bis 500 m Abstand zu Seehundliegeplätzen und Vogelansammlungen, und bleiben Sie hier auf jeden Fall in der Nähe des markierten Fahrwassers. Fahren Sie hier mit langsamer Fahrstufe.
8. Beobachten und fotografieren Sie Tiere möglichst nur aus der Ferne.
9. Helfen Sie, das Wasser sauber zu halten. Abfälle gehören nicht ins Wasser, insbesondere nicht der Inhalt von Chemietoiletten. Diese Abfälle müssen genauso wie Altöle in bestehenden Sammelstellen der Häfen abgegeben werden. Benutzen Sie in Häfen selbst ausschließlich die sanitären Anlagen an Land. Lassen Sie beim Stilliegen den Motor Ihres Bootes nicht unnötig laufen, um die Umwelt nicht zusätzlich durch Lärm und Abgase zu belasten.
10. Machen Sie sich diese Regeln zu eigen, informieren Sie sich vor Ihren Fahrten über die für Ihr Fahrtgebiet bestehenden Bestimmungen. Sorgen Sie dafür, daß diese Kenntnisse und Ihr eigenes vorbildliches Verhalten gegenüber der Umwelt auch an die Jugend und vor allem an nichtorganisierte Wassersportler weitergegeben werden.

Dänische Schutzgebiete für Robben und Küstenvögel

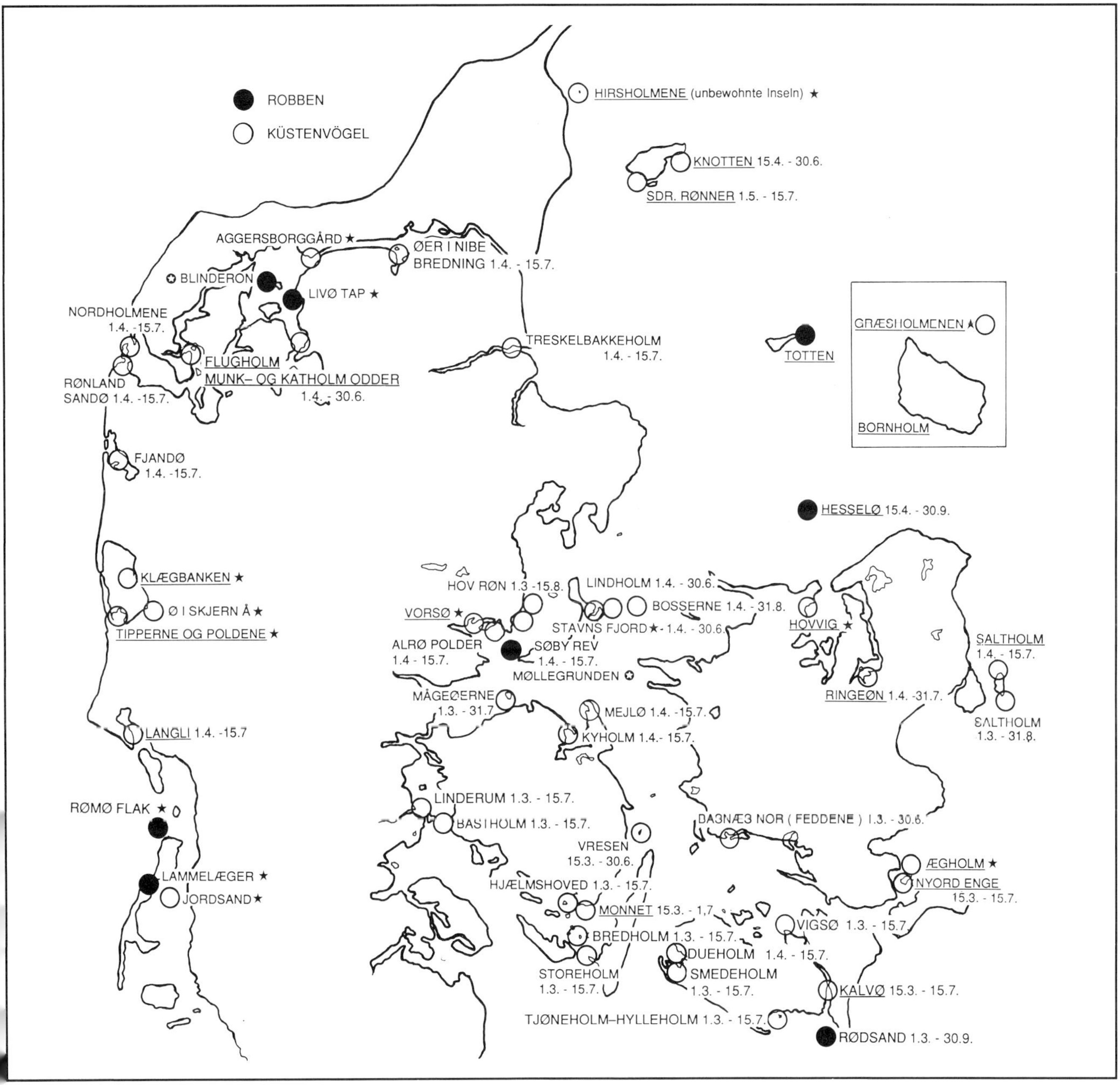

Anfragen über die Reservate, deren Namen unterstrichen sind, können an das Ministerium für Umweltschutz, Generaldirektorat für Natur- und Denkmalschutz gerichtet werden. Anfragen, die die übrigen Schutzgebiete betreffen, sind an die Wildverwaltung des Landwirtschaftsministeriums zu richten.

★ Jeglicher Zutritt das ganze Jahr hindurch verboten

✪ Im Zeitraum 1. 3. bis 30. 9. ist jeglicher Zutritt zu den Wasserflächen des Reservats verboten

Dänisches Naturschutzgesetz Nr. 530 vom 10. Oktober 1984 — Auszug

§ 55 — Wälder

In Wäldern, die dem Staat, den Gemeinden, Kirchen, Pfarrämtern und öffentlichen Stiftungen gehören und zu denen eine öffentliche Straße oder ein Fußweg führt und zu denen laut Gesetz im allgemeinen der Zutritt erlaubt ist, sind dem Publikum Verkehr und Aufenthalt nach den Regeln gestattet, die vom Minister für Umwelt festgelegt werden.

Absatz 2:
In privaten Wäldern, zu denen eine öffentliche Straße oder ein Fußweg führt oder zu denen im übrigen ein Zugang auf gesetzlicher Basis möglich ist, sind dem Publikum Verkehr und Aufenthalt unter folgenden Bedingungen gestattet:

Absatz 3:
1. Der Verkehr darf nur zu Fuß erfolgen.
2. Der Verkehr darf nur auf vorhandenen Wegen stattfinden.
3. In der Zeit von Sonnenuntergang bis 7 Uhr darf der Verkehr nicht stattfinden.
4. Ein Aufenthalt innerhalb einer Entfernung von 50 Metern um Wohnhäuser herum ist nicht gestattet.
5. Hunde dürfen nur an der Leine mitgeführt werden.

Absatz 7:
Der Verkehr und Aufenthalt in den Wäldern erfolgen auf eigene Gefahr.

Absatz 8:
Der Waldbesitzer oder sein Vertreter können von jedem, der im Wald auf andere Weise als erlaubt verkehrt, Auskunft über Name, Stellung, Wohnort des Betreffenden verlangen. Werden die Auskünfte verweigert oder erscheinen sie als unglaubwürdig, kann der Betreffende zur nächsten Polizeidienststelle geführt werden.

Ergänzende Vorschriften für das Verhalten im Wald:

— Radfahren ist auf den öffentlichen Wegen im Wald erlaubt, wenn kein besonderes Verbot besteht.
— Das Jagen sowie das Sammeln von Vogeleiern ist ohne Erlaubnis verboten.
— Das Sammeln von Beeren, Nüssen, Blumen, Kräutern, Pilzen, Laub und Moosen ist für den privaten Gebrauch in vernünftigem Rahmen erlaubt.
Der Waldbesitzer kann das Sammeln auf einen bestimmten Zeitraum oder bestimmte Tage beschränken!
— Es ist verboten, Bäume und Büsche zu beschädigen.
— Es ist verboten, jegliche Form von offenem Feuer im Wald zu entfachen.
Brennende oder glimmende Gegenstände dürfen nicht weggeworfen werden.
— Das Rauchen ist in der Zeit vom 1. März bis 31. Oktober in Heidegebieten, grasbewachsenen Waldsäumen, Nadelwäldern, Laub- und Nadelwaldschonungen und deren unmittelbarer Umgebung verboten.
— Das Verursachen störender Geräuschquellen (Transistorradios, tragbare Fernsehgeräte usw.) ist verboten.
— Es ist verboten, Abfall im Wald wegzuwerfen oder zu vergraben.

Dünen

Für den Aufenthalt in den Dünenwäldern, auf Heideflächen u.a.m. gelten dieselben Regeln wie für die übrigen staatlichen Wälder:
— Es ist verboten, die Vegetation zu zerstören.
— Die neu angepflanzten Sandhalme, die an vielen Stellen in den Dünen in deutlichen Reihen stehen, sind zu schonen.
— So weit wie möglich sollten dort, wo Fußwege nicht angelegt sind, die natürlichen Pfade benutzt werden.
— In den Dünenwäldern ist die Feuergefahr in den Frühlings- und Sommermonaten oft sehr groß. Ein Zigarettenstummel, der unbedacht weggeworfen wird, oder das Auskratzen einer Pfeife kann schon ein Großfeuer verursachen!
Sollte ein Feuer entstehen, ist jeder, der darauf aufmerksam wird, verpflichtet, das Feuer zu bekämpfen. Eine schnelle Hilfeleistung hat den allergrößten Wert!
Oft ist es möglich, ein beginnendes Feuer am Boden dadurch zu löschen, daß es ausgetreten wird. Schaffen Sie es nicht, so müssen Sie die Feuerwehr benachrichtigen (Telefon 000) und, wenn möglich, auch das Forstpersonal.

§ 56 — Unbestellte Gebiete (Mischgebiete: Wiesen, Gebüsch, Hecken)

— In unbestellten Gebieten, zu denen eine öffentliche Straße oder ein Fußweg führt oder zu denen im übrigen ein Zugang auf gesetzlicher Basis möglich ist, sind ein Verkehr zu Fuß sowie ein kurzfristiger Aufenthalt erlaubt. Der Verkehr und der Aufenthalt erfolgen auf eigene Gefahr.
— Hunde sind an der Leine zu führen.
— **Auf Gebieten in Privatbesitz dürfen der Verkehr und der Aufenthalt** nur bis zu 150 Meter Entfernung von Wohnhäusern erfolgen.

§ 63

Auf fremdem Eigentum dürfen ohne Zustimmung des Besitzers keine Abfälle oder ähnliches weggeworfen oder abgelagert werden.

§ 66

Mit einer Geldbuße wird derjenige bestraft, der den genannten Paragraphen zuwiderhandelt.

Nautisch wichtige Begriffe in Seekarten sowie Abkürzungen (dänisch/deutsch)

å, flod, elv, bæk		Bach, Fluß
båe		Klippe
båke		Bake
bakke, høj		Hügel
banke		Sandbank
bjerg	Bj	Berg
blå	Bu, bl	blau
blinkfyr		Blinkfeuer
borg		Schloß
bredning		Breite
bro, pier		Brücke, Pier, Anlegesteg
bugt	B	Bucht
bund		Boden, Grund
by		Stadt
dyben		Tiefe
eng		Wiese
færge		Fähre
farvand		Fahrwasser
fastfyr		Festfeuer
fjord	Fj	Förde
flak		Flach, seichte Stelle
fyrskib		Feuerschiff
fyrtårn		Leuchtfeuer
gård		Gehöft
gab		Rinne
gammel	Gl	alt
gennemsejling		Durchfahrt
grund		Untiefe
hage		niedrige Landzunge
halvø		Halbinsel
havn		Hafen
høj		Hügel
holm		Insel
hoved		Landvorsprung, Huk
inden		innen
indløb		Einfahrt
kirke		Kirche
klint		Steilküste
klit		Düne
kro		Gastwirtschaft
løb		Fahrrinne

lund		Wäldchen
lynfyr		Blitzfeuer
lystbåde havn		Yachthafen
mærke		Marke
mellem		zwischen
middel		Mitte
mølle		Mühle
mudder		Schlamm
næb		krumme Landzunge
næs		Huk
nakke		Landenge, -zunge
nor		Haff, Lagune
ny		neu
odde, næs		Huk
ø, øer		Insel, Inseln
på grund		festsitzen
pæl		Pfahl
pynt	Pt	Huk, Gipfel
red		Reede
rende		Fahrrinne, Seegat
rev		Riff
revle		Sandbank, Barre
rød	R	rot
røse		Steinhaufen
sandås, -bakke		Sandhügel
skær		Schäre, Klippe, Stein
skov		Wald
sømærke		Seezeichen, Bake
stage, stang		Spiere
strøm		Strom, Strömung
strømrase		Stromkappelung
svingbro		Drehbrücke
tårn		Turm
toldbod		Zollamt
vand		Wasser
varde		Steinbake
vejr		Wetter
vejrmelding		Wetterbericht
vig		Bucht
vrag		Wrack
yderhavn		Außenhafen

Nützliche Adressen

— Dänischer Seglerverband:

Dansk Sejlunion
Indrættens hus, Brøndby Station 20
DK-2600 Glostrup
Tel. 02/45 55 55 (12.00 — 16.30 Uhr)

— Dänischer Motorbootverband:

Dansk Motorbåds Union
Nyhavn 47
DK-1256 København K
Tel. 01/13 50 13
(mittwochs 17.00 — 19.00 Uhr,
sonstige Werktage 10.00 — 14.00 Uhr)

— Oberste Zollbehörde:

Direktoratet for Toldvæsenet
Amaliegade 44
DK-1256 København K
Tel. 01/15 73 00

— Ministerium für Umweltschutz:

Generaldirektorat für Natur und Denkmalschutz
Amaliegade 13
DK-1256 København K
Tel. 01/11 95 65

— Büro für Wildschutzgebiete:

Strandvejen 4
DK-8410 Rønde
Tel. 06/37 25 00

— Dänisches Fremdenverkehrsamt:

Glockengießerwall 2
2000 Hamburg 1
Tel. 040/32 78 03-04

Im Text erwähnte Spiele (Register)

Alphabetisches Namensregister

(Alphabetische Zuordnung dän. „ø", = dtsch. „oe", dän. „å" = dtsch. „a", dän. „æ" = dtsch. „ae")
Name in Versalien = Übersichtskarte und/oder allgemeine Beschreibung

Gebietsübersicht

I. Flensburger Förde — Åbenrå Fjord
II. Kleiner Belt
III. Gewässer südlich Fünens
IV. Gewässer nördlich Fünens
V. Kattegat
VI. Limfjord
VII. Smålands Fahrwasser
VIII. Großer Belt
IX. Ise- und Roskildefjord
X. Der Sund
XI. Bornholm
XII. Dänische Nordseeküste